OEUVRES
DE
PROSPER MÉRIMÉE.

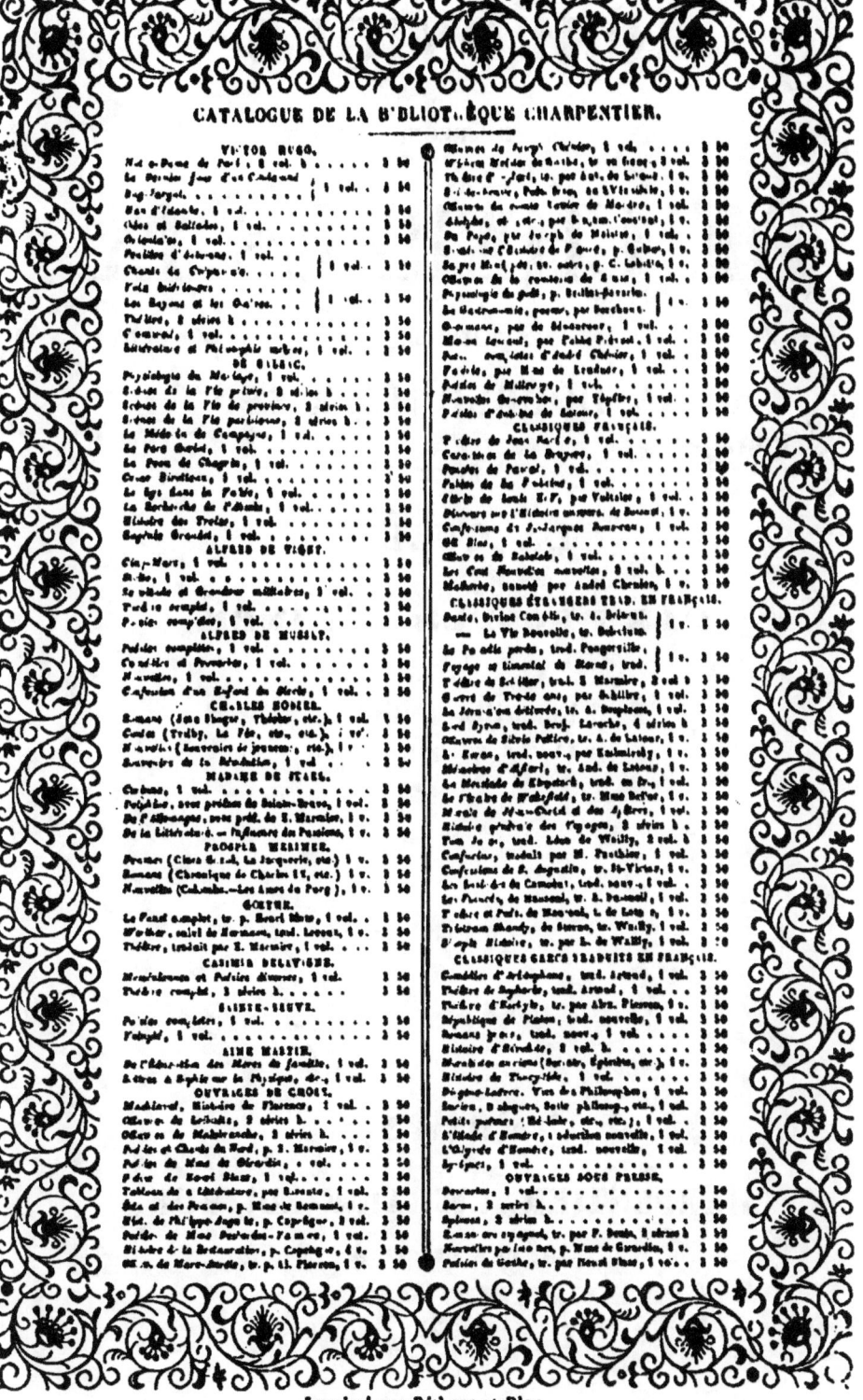

CHRONIQUE
DU RÈGNE
DE CHARLES IX
SUIVIE DE
LA DOUBLE MÉPRISE,
ET DE
LA GUZLA,

PAR PROSPER MÉRIMÉE.

Nouvelles Éditions,
REVUES ET CORRIGÉES.

PARIS,
CHARPENTIER, LIBRAIRE-ÉDITEUR,
29, RUE DE SEINE.

1842.

PRÉFACE.

J'avais lu un assez grand nombre de mémoires et de pamphlets relatifs à la fin du seizième siècle. J'ai voulu faire un extrait de mes lectures, et cet extrait, le voici.

Je n'aime dans l'histoire que les anecdotes, et parmi les anecdotes je préfère celles où j'imagine trouver une peinture vraie des mœurs et des caractères à une époque donnée. Ce goût n'est pas très-noble; mais, je l'avoue à ma honte, je donnerais volontiers Thucydide pour des mémoires authentiques d'Aspasie ou d'un esclave de Périclès; car les mémoires, qui sont des causeries familières de l'auteur avec son lecteur, fournissent seuls ces portraits de l'*homme* qui m'amusent et qui m'intéressent. Ce n'est point dans Mezeray, mais dans Montluc, Brantôme, d'Aubigné, Tavannes, La Noue, etc., que l'on se fait une idée du *Français* au seizième siècle. Le style de ces auteurs contemporains en apprend autant que leurs récits.

Par exemple, je lis dans l'Estoile cette note concise:

« La demoiselle de Châteauneuf, l'une des mignonnes du roi
» avant qu'il n'allât en Pologne, s'étant mariée par amourettes
» avec Antinotti, Florentin, comite des galères à Marseilles,
» et l'ayant trouvé paillardant, le tua virilement de ses propres
» mains. »

Au moyen de cette anecdote et de tant d'autres, dont Brantôme est plein, je refais dans mon esprit un caractère, et je ressuscite une dame de la cour de Henri III.

Il est curieux, ce me semble, de comparer ces mœurs avec les nôtres, et d'observer dans ces dernières la décadence des passions énergiques au profit de la tranquillité et peut-être du bonheur. Reste la question de savoir si nous valons mieux que nos ancêtres, et il n'est pas aussi facile de la décider;

car, à des temps différents, les idées ont beaucoup varié au sujet des mêmes actions.

C'est ainsi que vers 1500 un assassinat ou un empoisonnement n'inspiraient pas la même horreur qu'ils excitent aujourd'hui. Un gentilhomme tuait son ennemi en trahison. Le meurtrier demandait sa grâce, l'obtenait, et reparaissait dans le monde sans que personne pensât à lui faire mauvais visage. Quelquefois même, si l'assassinat était l'effet d'une vengeance légitime, on parlait de son auteur comme on parle aujourd'hui d'un galant homme lorsque, grièvement offensé par un faquin, il le tue en duel.

Il me paraît donc évident que les actions des hommes du seizième siècle ne doivent pas être jugées avec nos idées du dix-neuvième. Ce qui est crime dans un état de civilisation perfectionné n'est que trait d'audace dans un état de civilisation moins avancé, et peut-être est-ce une action louable dans un temps de barbarie. Le jugement qu'il convient de porter de la *même action* doit, on le sent, varier aussi *suivant les pays*, car entre un peuple et un peuple il y a autant de différence qu'entre un siècle et un autre siècle [1].

Mehemet Ali, à qui les beys des Mamelucks disputaient le pouvoir en Égypte, invite un jour les principaux chefs de cette milice à une fête dans l'enceinte de son palais. Eux entrés, les portes se referment. Des Albanais les fusillent à couvert du haut des terrasses, et dès lors Mehemet Ali règne seul en Égypte.

Eh bien! nous traitons avec Mehemet Ali; il est même estimé des Européens, et dans tous les journaux il passe pour un grand homme: on dit qu'il est le bienfaiteur de l'Égypte. Cependant, quoi de plus horrible que de faire tuer des gens sans défense? A la vérité, ces sortes de guet-apens sont autorisés par l'usage du pays et par l'impossibilité de sortir d'affaire autrement. C'est alors qu'on s'applique la maxime de Figaro: *Ma per Dio, l'utilità!*

Si un ministre, que je ne nommerai pas, avait trouvé des

[1] Ne peut-on pas étendre cette règle jusqu'aux individus? et le fils d'un voleur, qui vole, est-il aussi coupable qu'un homme *éduqué* qui fait une banqueroute frauduleuse?

PRÉFACE.

Albanais disposés à fusiller à son ordre, et si dans un dîner d'apparat il eût dépêché les membres marquants du côté gauche, son action eût été *dans le fait* la même que celle du pacha d'Égypte, *et en morale* cent fois plus coupable. L'assassinat n'est plus dans nos mœurs. Mais ce ministre destitua beaucoup d'électeurs libéraux, employés obscurs du gouvernement ; il effraya les autres, et obtint ainsi des élections à son goût. Si Mehemet Ali eût été ministre en France, il n'en eût pas fait davantage ; et sans doute le ministre français en Égypte aurait été obligé d'avoir recours à la fusillade, les destitutions ne pouvant produire assez d'effet sur le moral des Mamelucks [1].

La Saint-Barthélemy fut un grand crime, même pour le temps; mais, je le répète, un massacre au seizième siècle n'est point le même crime qu'un massacre au dix-neuvième. Ajoutons que la plus grande partie de la nation y prit part de fait ou d'assentiment; elle s'arma pour courir sus aux huguenots, qu'elle considérait comme des étrangers et des ennemis.

La Saint-Barthélemy fut comme une insurrection nationale, semblable à celle des Espagnols en 1809 ; et les bourgeois de Paris, en assassinant des hérétiques, croyaient fermement obéir à la voix du ciel.

Il n'appartient pas à un faiseur de contes comme moi de donner dans ce volume le précis des événements historiques de l'année 1572; mais, puisque j'ai parlé de la Saint-Barthélemy, je ne puis m'empêcher de présenter ici quelques idées qui me sont venues à l'esprit en lisant cette sanglante page de notre histoire.

A-t-on bien compris les causes qui ont amené ce massacre ? A-t-il été longuement médité, ou bien est-il le résultat d'une détermination soudaine ou même du hasard?

A toutes ces questions, aucun historien ne me donne de réponses satisfaisantes.

Ils admettent comme preuves des bruits de ville et de prétendues conversations, qui ont bien peu de poids quand il s'agit de décider un point historique de cette importance.

Les uns font de Charles IX un prodige de dissimulation ;

[1] Cette préface a été écrite en 1829.

les autres le représentent comme un bourru, fantasque et impatient. Si, long-temps avant le 24 août, il éclate en menaces contre les protestants, preuve qu'il méditait leur ruine de longue main ; s'il les caresse, preuve qu'il dissimulait.

Je ne veux citer que certaine histoire qui se trouve rapportée partout, et qui prouve avec quelle légèreté on admet tous les bruits les moins probables.

Environ un an avant la Saint-Barthélemy, on avait déjà fait, dit-on, un plan de massacre. Voici ce plan : on devait bâtir aux Prés-aux-Clercs une tour en bois ; on aurait placé dedans le duc de Guise avec des gentilshommes et des soldats catholiques, et l'amiral avec les protestants l'aurait attaquée comme pour donner au roi le spectacle d'un siége. Cette espèce de tournoi une fois engagé, à un signal convenu, les catholiques auraient chargé leurs armes et tué leurs ennemis, surpris avant qu'ils eussent le temps de se mettre en défense. On ajoute, pour embellir l'histoire, qu'un favori de Charles IX, nommé Lignerolles, aurait indiscrètement dévoilé toute la trame en disant au roi, qui maltraitait de paroles des seigneurs protestants : *Ah ! sire, attendez encore. Nous avons un fort qui nous vengera de tous les hérétiques.* Notez, s'il vous plaît, que pas une planche de ce fort n'était encore debout. Sur quoi, le roi prit soin de faire assassiner ce babillard. Ce projet était, dit-on, de l'invention du chancelier Birague, à qui l'on prête cependant ce mot, qui annonce des intentions bien différentes : *que, pour délivrer le roi de ses ennemis, il ne demandait que quelques cuisiniers.* Ce dernier moyen était bien plus praticable que l'autre, que son extravagance rendait à peu près impossible. En effet, comment les soupçons des protestants n'auraient-ils pas été réveillés par les préparatifs de cette petite guerre, où les deux partis, naguère ennemis, auraient été ainsi mis aux prises ? Ensuite, pour avoir bon marché des huguenots, c'était un mauvais moyen que de les réunir en troupe et de les armer. Il est évident que, si l'on eût comploté alors de les faire tous périr, il valait bien mieux les assaillir isolés et désarmés.

Pour moi, je suis fermement convaincu que le massacre n'a pas été prémédité, et je ne puis concevoir que l'opinion contraire ait été adoptée par des auteurs qui s'accordent en même temps pour représenter Catherine comme une femme très-méchante, il est vrai, mais comme une des têtes les plus profondément politiques de son siècle.

Laissons de côté la morale pour un moment, et examinons ce plan prétendu sous le point de vue de l'utilité. Or, je soutiens qu'il n'était pas utile à la cour, et de plus qu'il a été exécuté avec tant de maladresse, qu'il faut supposer que ceux qui l'ont projeté étaient les plus extravagants des hommes.

Que l'on examine si l'autorité du roi devait gagner ou perdre à cette exécution, et si son intérêt était de la souffrir.

La France était divisée en trois grands partis : celui des protestants, dont l'amiral était le chef depuis la mort du prince de Condé ; celui du roi, le plus faible ; et celui des Guises ou des ultra-royalistes du temps.

Il est évident que le roi, ayant également à craindre des Guises et des protestants, devait chercher à conserver son autorité en tenant ces deux factions aux prises. En écraser une, était se mettre à la merci de l'autre.

Le système de bascule était dès lors assez connu et pratiqué. C'est Louis XI qui a dit : « *Diviser pour régner.* »

Maintenant examinons si Charles IX était dévot ; car une dévotion excessive aurait pu lui suggérer une mesure opposée à ses intérêts. Mais tout annonce au contraire que, s'il n'était pas un esprit fort, ce n'était pas non plus un fanatique. D'ailleurs sa mère, qui le dirigeait, n'aurait jamais hésité à sacrifier ses scrupules religieux, si toutefois elle en avait, à son amour pour le pouvoir [1].

Mais supposons que Charles ou sa mère, ou, si l'on veut, son gouvernement, eussent, contre toutes les règles de la politique, résolu de détruire les protestants en France, cette ré-

---

[1] On a cité, comme un trait de dissimulation profonde, un mot de Charles IX qui ne me paraît au contraire qu'une boutade grossière d'un homme fort indifférent en matière de religion. Le pape faisait des difficultés pour donner les dispenses nécessaires au mariage de Marguerite de Valois, sœur de Charles IX, avec Henri IV, alors protestant : « Si le Saint-Père refuse, dit le roi, je prendrai ma sœur Margoton sous le bras, et j'irai la marier en plein prêche. »

solution une fois prise, il est probable qu'ils auraient médité mûrement les moyens les plus propres à en assurer la réussite. Or, ce qui vient d'abord à l'esprit comme le parti le plus sûr, c'est que le massacre ait lieu dans toutes les villes du royaume à la fois, afin que les réformés, attaqués partout par des forces supérieures [1], ne pussent se défendre nulle part. Un seul jour aurait suffi pour les détruire. C'est ainsi qu'Assuérus avait conçu le massacre des Juifs.

Cependant nous lisons que les premiers ordres du roi pour massacrer les protestants sont datés du 28 août, c'est-à-dire quatre jours après la Saint-Barthélemy, et lorsque la nouvelle de cette grande boucherie avait dû précéder les dépêches du roi et donner l'alarme à tous ceux de la Religion.

Il eût été surtout nécessaire de s'emparer des places de sûreté des protestants. Tant qu'elles restaient en leur pouvoir, l'autorité royale n'était pas assurée. Ainsi, dans l'hypothèse d'un complot des catholiques, il est manifeste qu'une des plus importantes mesures à prendre aurait été de s'emparer de La Rochelle le 24 août, et d'avoir en même temps une armée dans le midi de la France, afin d'empêcher toute réunion des réformés [2].

Rien de tout cela ne fut fait.

Je ne puis croire que les mêmes hommes aient pu méditer un crime dont les suites devaient être si importantes, et l'exécuter aussi mal. Les mesures furent si mal prises en effet, que quelques mois après la Saint-Barthélemy la guerre éclata derechef, que les réformés en eurent certainement toute la gloire, et qu'ils en retirèrent même des avantages nouveaux.

Enfin, l'assassinat de Coligny, qui eut lieu deux jours avant la Saint-Barthélemy, n'achève-t-il pas de réfuter la supposition

---

1 La population de la France était d'à peu près vingt millions d'âmes. On estime que lors des secondes guerres civiles les protestants n'étaient pas plus d'un million cinq cent mille; mais ils avaient proportionnellement plus de richesses, plus de soldats et plus de généraux.

2 Aux secondes guerres civiles, les protestants s'emparèrent le même jour, et par surprise, de plus de la moitié des places fortes de France. Les catholiques pouvaient en faire de même.

d'un complot? Pourquoi tuer le chef avant le massacre général? N'était-ce point le moyen d'effrayer les huguenots et de les obliger à se mettre sur leurs gardes?

Je sais que quelques auteurs attribuent au duc de Guise seul l'attentat commis sur la personne de l'amiral; mais, outre que l'opinion publique accusa le roi de ce crime [1], et que l'assassin en fut récompensé *par le roi*, je tirerais encore de ce fait un argument contre la conspiration. En effet, si elle eût existé, le duc de Guise devait nécessairement y prendre part; et alors pourquoi ne pas retarder de deux jours sa vengeance de famille, afin de la rendre certaine? pourquoi compromettre ainsi la réussite de toute l'entreprise seulement dans l'espoir d'avancer de deux jours la mort de son ennemi?

Ainsi, tout me paraît prouver que ce grand massacre n'est point la suite d'une conjuration d'un roi contre une partie de son peuple. La Saint-Barthélemy me semble l'effet d'une insurrection populaire qui ne pouvait être prévue, et qui fut improvisée.

Je vais donner en toute humilité mon explication de l'énigme.

Coligny avait traité trois fois avec son souverain de puissance à puissance : c'était une raison pour en être haï. Jeanne d'Albret morte, les deux jeunes princes, le roi de Navarre et le prince de Condé, étant trop jeunes pour exercer de l'influence, Coligny était véritablement le seul chef du parti réformé. A sa mort, les deux princes, au milieu du camp ennemi, et pour ainsi dire prisonniers, étaient à la disposition du roi. Ainsi la mort de Coligny, et de Coligny seul, était importante pour assurer la puissance de Charles, qui peut-être n'avait pas oublié un mot du duc d'Albe : *Qu'une tête de saumon vaut mieux que dix mille grenouilles.*

Mais, si du même coup le roi se débarrassait de l'amiral et du duc de Guise, il est évident qu'il devenait maître absolu.

Voici le parti qu'il dut prendre : ce fut de faire assassiner l'amiral, ou, si l'on veut, d'insinuer cet assassinat au duc de Guise, puis de faire poursuivre ce prince comme meurtrier, an-

---

[1] Maurevel fut surnommé *le tueur du roi*. Voyez Brantôme.

nonçant qu'il allait l'abandonner à la vengeance des huguenots. On sait que le duc de Guise, coupable ou non de la tentative de Maurevel, quitta Paris en toute hâte, et que les réformés, en apparence protégés par le roi, se répandirent en menaces contre les princes de la maison de Lorraine.

Le peuple de Paris était à cette époque horriblement fanatique. Les bourgeois, organisés militairement, formaient une espèce de garde nationale, qui pouvait prendre les armes au premier coup de tocsin. Autant le duc de Guise était chéri des Parisiens pour la mémoire de son père et pour son propre mérite, autant les huguenots, qui deux fois les avaient assiégés, leur étaient odieux. L'espèce de faveur dont ces derniers jouissaient à la cour au moment où une sœur du roi épousait un prince de leur religion redoublait leur arrogance et la haine de leurs ennemis. Bref, il suffisait d'un chef qui se mît à la tête de ces fanatiques et qui leur criât : *Frappez*, pour qu'ils courussent égorger leurs compatriotes hérétiques.

Le duc, banni de la cour, menacé par le roi et par les protestants, dut chercher un appui auprès du peuple. Il assemble les chefs de la garde bourgeoise, leur parle d'une conspiration des hérétiques, les engage à les exterminer avant qu'elle n'éclate, et alors *seulement* le massacre est médité. Comme entre le plan et l'exécution il ne se passa que peu d'heures, on explique facilement le mystère dont la conjuration fut accompagnée et le secret si bien gardé par tant d'hommes; ce qui autrement semblerait bien extraordinaire, *car les confidences vont bon train à Paris*[1].

Il est difficile de déterminer quelle part le roi prit au massacre; s'il n'approuva pas, il est certain qu'il laissa faire. Après deux jours de meurtres et de violences, il désavoua tout et voulut arrêter le carnage[2]. Mais on avait déchaîné les fureurs du peuple, et il ne s'apaise point pour un peu de sang. Il lui fallut plus de soixante mille victimes. Le monarque fut obligé de se laisser entraîner au torrent qui le dominait. Il révoqua

1 Mot de Napoléon.
2 Il attribuait l'assassinat de Coligny et le massacre au *duc de Guise* et aux princes de la maison de Lorraine.

ses ordres de clémence, et bientôt en donna d'autres pour étendre l'assassinat à toute la France.

Telle est mon opinion sur la Saint-Barthélemy, et je dirai avec lord Byron en la présentant :

« I only say, suppose this supposition. »
D. JUAN, cant. I, st. LXXXV.

1829.

CHRONIQUE
DU RÈGNE
DE CHARLES IX.

CHAPITRE I.

LES REITRES.

> « The black bands came over
> The Alps and their snow,
> With Bourbon the rover
> They past the broad Po. »
> LORD BYRON : *The deformed transformed.*

Non loin d'Étampes, en allant du côté de Paris, on voit encore un grand bâtiment carré, avec des fenêtres en ogives, ornées de quelques sculptures grossières. Au-dessus de la porte est une niche qui contenait autrefois une madone de pierre; mais dans la révolution elle eut le sort de bien des saints et des saintes, et fut brisée en cérémonie par le président du club révolutionnaire de Larcy. Depuis on a remis à sa place une autre vierge, qui n'est que de plâtre à la vérité, mais qui, au moyen de quelques lambeaux de soie et de quelques grains de verre, représente encore assez bien, et donne un air respectable au cabaret de Claude Giraut.

Il y a plus de deux siècles, c'est-à-dire en 1572, ce bâtiment était destiné, comme à présent, à recevoir les voyageurs altérés; mais il avait alors une tout autre apparence. Les murs étaient couverts d'inscriptions attestant les fortunes diverses d'une guerre civile. A côté de ces mots : *Vive monsieur le prince*[1]! on lisait : *Vive le duc de Guise! mort aux huguenots!* Un peu plus loin, un soldat avait dessiné avec du charbon une potence et un pendu, et, de peur de méprise, il avait ajouté au bas cette inscription : *Gaspard de Châtillon.* Cependant il paraissait que les protestants avaient ensuite dominé dans ces parages, car le nom de leur chef avait été biffé, et remplacé par celui du duc de Guise. D'autres inscriptions à demi effacées, assez difficiles à lire, et plus encore à exprimer en termes décents, prouvaient que le roi et sa mère avaient été aussi peu respectés que ces chefs de parti. Mais c'était la pauvre madone qui semblait avoir eu le plus à souffrir des fureurs civiles et religieuses. La statue, écornée en vingt endroits par des balles, attestait le zèle des soldats huguenots à détruire ce qu'ils appelaient « des images païennes. » Tandis que le dévot catholique ôtait respectueusement son bonnet en passant devant la statue, le cavalier protestant se croyait obligé de lui lâcher un coup d'arquebuse; et, s'il l'avait touchée, il s'estimait autant que s'il eût abattu la bête de l'Apocalypse et détruit l'idolâtrie.

Depuis plusieurs mois, la paix était faite entre les deux sectes rivales; mais c'était des lèvres et non du cœur qu'elle avait été jurée. L'animosité des deux partis subsistait toujours aussi implacable. Tout rappelait que la guerre cessait à peine, tout annonçait que la paix ne pouvait être de longue durée.

L'auberge du *Lion-d'Or* était remplie de soldats. A leur accent étranger, à leur costume bizarre, où les re-

[1] Le prince de Condé.

connaissait pour ces cavaliers allemands nommés *reîtres*[1], qui venaient offrir leurs services au parti protestant, surtout quand il était en état de les bien payer. Si l'adresse de ces étrangers à manier leurs chevaux, et leur dextérité à se servir des armes à feu, les rendaient redoutables un jour de bataille, d'un autre côté, ils avaient la réputation, peut-être encore plus justement acquise, de pillards consommés et d'impitoyables vainqueurs. La troupe qui s'était établie dans l'auberge était d'une cinquantaine de cavaliers : ils avaient quitté Paris la veille, et se rendaient à Orléans pour y tenir garnison.

Tandis que les uns pansaient leurs chevaux attachés à la muraille, d'autres attisaient le feu, tournaient les broches et s'occupaient de la cuisine. Le malheureux maître de l'auberge, le bonnet à la main et la larme à l'œil, contemplait la scène de désordre dont sa cuisine était le théâtre. Il voyait sa basse-cour détruite, sa cave au pillage, ses bouteilles dont on cassait le goulot sans que l'on daignât les déboucher; et le pis, c'est qu'il savait bien que, malgré les sévères ordonnances du roi pour la discipline des gens de guerre, il n'avait point de dédommagement à attendre de ceux qui le traitaient en ennemi. C'était une vérité reconnue dans ce temps malheureux, qu'en paix ou en guerre, une troupe armée vivait toujours à discrétion partout où elle se trouvait.

Devant une table de chêne, noircie par la graisse et la fumée, était assis le capitaine des reîtres. C'était un grand et puissant homme de cinquante ans environ, avec un gros nez aquilin, le teint fort enflammé, les cheveux

---

[1] Par corruption du mot allemand *reuter*, cavalier.

grisonnants et rares, couvrant à peine une large cicatrice qui commençait à l'oreille gauche, et qui venait se perdre dans son épaisse moustache. Il avait ôté sa cuirasse et son casque, et n'avait conservé qu'un pourpoint de cuir de Hongrie, noirci par le frottement des armes, et soigneusement rapiécé en plusieurs endroits. Son sabre et ses pistolets étaient déposés sur un banc à sa portée, et il n'avait sur lui d'autres armes qu'un large poignard, qu'un homme prudent ne quittait que pour se mettre au lit.

A sa gauche était assis un jeune homme, haut en couleur, grand et assez bien fait. Son pourpoint était brodé, et dans tout son costume on remarquait un peu plus de recherche que dans celui de son compagnon. Ce n'était pourtant que le cornette du capitaine.

Deux jeunes femmes, de vingt à vingt-cinq ans, leur tenaient compagnie, assises à la même table. Il y avait un mélange de misère et de luxe dans leurs vêtements, qui n'avaient pas été faits pour elles, et que les chances de la guerre semblaient avoir mis entre leurs mains. L'une portait une espèce de corps en damas broché d'or, mais tout terni, avec une simple robe de toile. L'autre avait une robe de velours violet avec un chapeau d'homme, de feutre gris, orné d'une plume de coq. Toutes les deux étaient jolies; mais leurs regards hardis et la liberté de leurs discours se ressentaient de l'habitude qu'elles avaient de vivre avec des soldats. Elles avaient quitté l'Allemagne sans emploi bien réglé. La robe de velours était Bohême : elle savait tirer les cartes et jouer de la mandoline. L'autre avait des connaissances en chirurgie, et semblait tenir une place distinguée dans l'estime du cornette.

Ces quatre personnes, chacune en face d'une grande

bouteille et d'un verre, devisaient ensemble et buvaient en attendant que le dîner fût cuit.

La conversation languissait, comme entre gens affamés, quand un jeune homme d'une taille élevée, et assez élégamment vêtu, arrêta devant la porte de l'auberge le bon cheval alezan qu'il montait. Le trompette des reîtres se leva du banc sur lequel il était assis, et, s'avançant vers l'étranger, prit la bride du cheval. L'étranger se préparait à le remercier pour ce qu'il regardait comme un acte de politesse ; mais il fut bientôt détrompé, car le trompette ouvrit la bouche du cheval, et considéra ses dents d'un œil de connaisseur ; puis, reculant de quelques pas, et regardant les jambes et la croupe du noble animal, il secoua la tête de l'air d'un homme satisfait : — Beau cheval, montsir, que vous montez là ! dit-il en son jargon ; et il ajouta quelques mots en allemand qui firent rire ses camarades, au milieu desquels il alla se rasseoir.

Cet examen sans cérémonie n'était pas du goût du voyageur ; cependant il se contenta de jeter un regard de mépris sur le trompette, et mit pied à terre sans être aidé de personne.

L'hôte, qui sortit alors de sa maison, prit respectueusement la bride de ses mains, et lui dit à l'oreille, assez bas pour que les reîtres ne l'entendissent pas : — Dieu vous soit en aide, mon jeune gentilhomme ! mais vous arrivez bien à la male heure ; car la compagnie de ces parpaillots, à qui saint Christophe puisse tordre le cou ! n'est guère agréable pour de bons chrétiens comme vous et moi.

Le jeune homme sourit amèrement : — Ces messieurs, dit-il, sont des cavaliers protestants ?

— Et des reîtres, par-dessus le marché, continua

l'aubergiste. Que Notre-Dame les confonde ! depuis une heure qu'ils sont ici, ils ont brisé la moitié de mes meubles. Ce sont tous des pillards impitoyables comme leur chef, M. de Châtillon, ce bel Amiral de Satan.

— Pour une barbe grise comme vous, répondit le jeune homme, vous montrez peu de prudence. Si par aventure vous parliez à un protestant, il pourrait bien vous répondre par quelque bon horion. Et, en disant ces paroles, il frappait sa botte de cuir blanc avec la houssine dont il se servait à cheval.

— Comment !..., quoi !..., vous huguenot !..., protestant ! veux-je dire, s'écria l'aubergiste stupéfait. Il recula d'un pas, et considéra l'étranger de la tête aux pieds, comme pour chercher dans son costume quelque signe d'après lequel il pût deviner à quelle religion il appartenait. Cet examen et la physionomie ouverte et riante du jeune homme le rassurant peu à peu, il reprit plus bas : — Un protestant avec un habit de velours vert ! un huguenot avec une fraise à l'espagnole ! oh ! cela n'est pas possible ! Ah ! mon jeune seigneur, tant de braverie ne se voit pas chez les hérétiques. Sainte Marie ! un pourpoint de fin velours, c'est trop beau pour ces crasseux-là !

La houssine siffla à l'instant, et, frappant le pauvre aubergiste sur la joue, fut pour lui comme la profession de foi de son interlocuteur.

— Insolent bavard ! voilà pour t'apprendre à retenir ta langue. Allons ! mène mon cheval à l'écurie, et qu'il ne manque de rien.

L'aubergiste baissa tristement la tête, et emmena le cheval sous une espèce de hangar, murmurant tout bas mille malédictions contre les hérétiques allemands et français ; et si le jeune homme ne l'eût suivi pour voir comment son cheval serait traité, la pauvre bête eût sans doute été privée de son souper en qualité d'hérétique.

L'étranger entra dans la cuisine et salua les personnes qui s'y trouvaient rassemblées, en soulevant avec grâce le bord de son grand chapeau ombragé d'une plume jaune et noire. Le capitaine lui ayant rendu son salut, tous les deux se considérèrent quelque temps sans parler.

— Capitaine, dit le jeune étranger, je suis un gentilhomme protestant, et je me réjouis de rencontrer ici quelques-uns de mes frères en religion. Si vous l'avez pour agréable, nous souperons ensemble.

Le capitaine, que la tournure distinguée et l'élégance du costume de l'étranger avaient prévenu favorablement, lui répondit qu'il lui faisait honneur. Aussitôt mademoiselle Mila, la jeune Bohême dont nous avons parlé, lui fit place sur son banc, à côté d'elle; et, comme elle était fort serviable de son naturel, elle lui donna même son verre, que le capitaine remplit à l'instant.

— Je m'appelle Dietrich Hornstein, dit le capitaine, choquant son verre contre celui du jeune homme. Vous avez sans doute entendu parler du capitaine Dietrich Hornstein? C'est moi qui menai les Enfants-Perdus à la bataille de Dreux et puis à celle d'Arnay-le-Duc.

L'étranger comprit cette manière détournée de lui demander son nom; il répondit : — J'ai le regret de ne pouvoir vous dire un nom aussi célèbre que le vôtre, capitaine; je veux parler du mien, car celui de mon père est bien connu dans nos guerres civiles. Je m'appelle Bernard de Mergy.

— A qui dites-vous ce nom-là! s'écria le capitaine en remplissant son verre jusqu'au bord. J'ai connu votre père, M. Bernard de Mergy ; je l'ai connu depuis les premières guerres, comme l'on connaît un ami intime. A sa santé, monsieur Bernard.

Le capitaine avança son verre et dit quelques mots en allemand à sa troupe. Au moment où le vin touchait ses lèvres, tous ses cavaliers jetèrent en l'air leurs chapeaux en poussant une acclamation. L'hôte crut que c'était un signal de massacre, et se jeta à genoux. Bernard lui-même fut un peu surpris de cet honneur extraordinaire ; cependant il se crut obligé de répondre à cette politesse germanique, en buvant à la santé du capitaine.

Les bouteilles, déjà vigoureusement attaquées avant son arrivée, ne pouvaient plus suffire pour ce toast nouveau.

— Lève-toi, cafard, dit le capitaine, en se tournant du côté de l'hôte qui était encore à genoux ; lève-toi, et va nous chercher du vin. Ne vois-tu pas que les bouteilles sont vides ?

Et le cornette, pour lui en donner la preuve, lui en jeta une à la tête. L'hôte courut à la cave.

— Cet homme est un insolent fieffé, dit Mergy, mais vous auriez pu lui faire plus de mal que vous n'auriez voulu si cette bouteille l'avait attrapé.

— Bah ! dit le cornette en riant d'un gros rire.

— La tête d'un papiste, dit Mila, est plus dure que cette bouteille, bien qu'elle soit encore plus vide.

Le cornette rit plus fort, et fut imité par tous les assistants, et même par Mergy, qui cependant souriait à la jolie bouche de la Bohême plus qu'à sa cruelle plaisanterie.

On apporta du vin, le souper suivit, et, après un instant de silence, le capitaine reprit, la bouche pleine :

— Si j'ai connu M. de Mergy! Il était colonel des gens de pied lors de la première entreprise de M. le Prince. Nous avons couché deux mois de suite dans le même logis pendant le premier siége d'Orléans. Et comment se porte-t-il présentement?

— Assez bien pour son grand âge, Dieu merci! Il m'a parlé bien souvent des reîtres, et des belles charges qu'ils firent à la bataille de Dreux.

— J'ai connu aussi son fils aîné..... votre frère, le capitaine George. Je veux dire avant....

Mergy parut embarrassé.

— C'était un brave à trois poils, continua le capitaine; mais, malepeste! il avait la tête chaude. J'en suis fâché pour votre père, son abjuration aura dû lui faire beaucoup de peine.

Mergy rougit jusqu'au blanc des yeux; il balbutia quelques mots pour excuser son frère; mais il était facile de voir qu'il le jugeait encore plus sévèrement que le capitaine des reîtres.

— Ah! je vois que cela vous fait de la peine, dit le capitaine; eh bien! n'en parlons plus. C'est une perte pour la religion, et une grande acquisition pour le roi, qui, dit-on, le traite fort honorablement.

— Vous venez de Paris, interrompit Mergy, cherchant à détourner la conversation; M. l'Amiral est-il arrivé? Vous l'avez vu sans doute? Comment se porte-t-il maintenant?

— Il arrivait de Blois avec la cour comme nous partions. Il se porte à merveille; frais et gaillard. Il a encore vingt guerres civiles dans le ventre, le cher homme! Sa majesté le traite avec tant de distinction, que tous les papaux en crèvent de dépit.

— Vraiment! Jamais le roi ne pourra reconnaître assez son mérite.

— Tenez, hier j'ai vu le roi sur l'escalier du Louvre, qui serrait la main de l'Amiral. M. de Guise, qui venait derrière, avait l'air piteux d'un basset qu'on fouette; et moi, savez-vous à quoi je pensais? Il me semblait voir l'homme qui montre le lion à la foire; il lui fait donner la patte comme on fait d'un chien; mais, quoique Gilles fasse bonne contenance et beau semblant, cependant il n'oublie jamais que la patte qu'il tient a de terribles griffes. Oui, par ma barbe! on eût dit que le roi sentait les griffes de l'Amiral.

— L'Amiral a le bras long, dit le cornette. (C'était une espèce de proverbe dans l'armée protestante.)

— C'est un bien bel homme pour son âge, observa mademoiselle Mila.

— Je l'aimerais mieux pour amant qu'un jeune papiste, repartit mademoiselle Trudchen, l'amie du cornette.

— C'est la colonne de la religion, dit Mergy, voulant aussi donner sa part de louanges.

— Oui, mais il est diablement sévère sur la discipline, dit le capitaine en secouant la tête. Son cornette cligna de l'œil d'un air significatif, et sa grosse physionomie se contracta pour faire une grimace qu'il croyait être un sourire.

— Je ne m'attendais pas, dit Mergy, à entendre un vieux soldat comme vous, capitaine, reprocher à M. l'Amiral l'exacte discipline qu'il faisait observer dans son armée.

— Oui, sans doute, il faut de la discipline; mais enfin on doit aussi tenir compte au soldat de toutes les peines qu'il endure, et ne pas lui défendre de prendre du bon temps quand par hasard il en trouve l'occasion. Bah ! chaque homme a ses défauts ; et, quoiqu'il m'ait fait pendre, buvons à la santé de M. l'Amiral.

— L'Amiral vous a fait pendre ! s'écria Mergy ; vous êtes bien gaillard pour un pendu.

— Oui ! *sacrament !* il m'a fait pendre ; mais je ne suis pas rancunier, et buvons à sa santé.

Avant que Mergy pût renouveler ses questions, le capitaine avait rempli tous les verres, ôté son chapeau et ordonné à ses cavaliers de pousser trois hourras. Les verres vidés et le tumulte apaisé, Mergy reprit :

— Pourquoi donc avez-vous été pendu, capitaine ?

— Pour une bagatelle : un méchant couvent de Saintonge pillé, puis brûlé par hasard.

— Oui, mais tous les moines n'étaient pas sortis, interrompit le cornette en riant à gorge déployée de sa plaisanterie.

— Eh ! qu'importe que pareille canaille brûle un peu plus tôt ou un peu plus tard ? Cependant l'Amiral, le croiriez-vous, M. de Mergy ? l'Amiral s'en fâcha tout de bon ; il me fit arrêter, et, sans plus de cérémonie, son grand-prévôt jeta son dévolu sur moi. Alors tous ses gentilshommes et tous les seigneurs qui l'entouraient, jusqu'à M. de Lanoue, qui, comme on le sait, n'est pas tendre pour le soldat (car Lanoue, disent-ils, noue et ne dénoue pas) ; tous les capitaines le prièrent de me pardonner, mais lui refusa tout net. Ventre de loup ! comme il était en colère ! il mâchait son cure-dent de rage ; et vous savez le proverbe : *Dieu nous garde des patenôtres de M. de Montmorency et du cure-dent de M. l'Amiral !* — Dieu m'absolve ! disait-il, il faut tuer la picorée tandis qu'elle n'est encore que petite fille ; si nous la laissons devenir grande dame, c'est elle qui nous tuera. Là-dessus arrive le ministre, son livre sous le bras; on nous mène tous deux sous un certain chêne.... il me semble que je le vois encore, avec une branche en avant, qui avait l'air d'avoir poussé là tout exprès; on m'attache la corde au cou.... Toutes les fois que je pense à cette corde-là, mon gosier devient sec comme de l'amadou.

— Voici pour l'humecter, dit Mila; et elle remplit jusqu'au bord le verre du narrateur.

Le capitaine le vida d'un seul trait, et poursuivit de la sorte :

— Je ne me regardais déjà ni plus ni moins qu'un gland de chêne, quand je m'avisai de dire à l'Amiral : — Eh! monseigneur, est-ce qu'on pend ainsi un homme qui a commandé les Enfants-Perdus à Dreux? Je le vis cracher son cure-dent, et en prendre un neuf. Je me dis : — Bon ! c'est bon signe. Il appela le capitaine Cormier, et lui parla bas; puis il dit au prévôt : — Allons, hissez-moi cet homme. Et là-dessus il tourne les talons. On me hissa tout de bon, mais le brave Cormier mit l'épée à la main et coupa aussitôt la corde, de sorte que je tombai de ma branche, rouge comme une écrevisse cuite.

— Je vous félicite, dit Mergy, d'en avoir été quitte à si bon compte. — Il considérait le capitaine avec attention, et semblait éprouver quelque peine à se trouver dans la compagnie d'un homme qui avait mérité justement la potence; mais, dans ce temps malheureux, les crimes étaient si fréquents qu'on ne pouvait guère les juger avec autant de rigueur qu'on le ferait aujourd'hui. Les cruautés d'un parti autorisaient en quelque sorte les représailles, et les haines de religion étouffaient presque tout sentiment de sympathie nationale.

D'ailleurs, s'il faut dire la vérité, les agaceries secrètes de mademoiselle Mila, qu'il commençait à trouver très-jolie, et les fumées du vin qui opéraient plus efficacement sur son jeune cerveau que sur les têtes endurcies des reîtres, tout cela lui donnait alors une indulgence extraordinaire pour ses compagnons de table.

— J'ai caché le capitaine dans un chariot couvert pendant plus de huit jours, dit Mila, et je ne l'en laissais sortir que la nuit.

— Et moi, ajouta Trudchen, je lui apportais à manger et à boire : il est là pour le dire.

— L'Amiral fit semblant d'être fort en colère contre Cormier; mais tout cela était une farce jouée entre eux deux. Pour moi, je fus long-temps à la suite de l'armée, n'osant jamais me montrer devant l'Amiral; enfin, au siége de Longnac, il me découvrit dans la tranchée, et il me dit : — Dietrich, mon ami, puisque tu n'es pas pendu, va te faire arquebuser. Et il me montrait la brèche; je compris ce qu'il voulait dire, je montai bravement à l'assaut, et je me présentai à lui le lendemain, dans la grande rue, tenant à la main mon chapeau percé d'une arquebusade. — Monseigneur, lui dis-je, j'ai été arquebusé comme j'ai été pendu; il sourit et me donna sa bourse en disant : — Voilà pour t'avoir un chapeau neuf. Depuis ce temps nous avons toujours été bons amis. Ah! quel beau sac que celui de cette ville de Longnac! l'eau m'en vient à la bouche rien que d'y penser!

— Ah! quels beaux habits de soie! s'écria Mila.

— Quelle quantité de beau linge! s'écria Trudchen.

— Comme nous avons donné chez les religieuses du grand couvent! dit le cornette. Deux cents arquebusiers à cheval logés avec cent religieuses!...

— Il y en eut plus de vingt qui abjurèrent le papisme, dit Mila, tant elles trouvèrent les huguenots de leur goût.

— C'était là, s'écria le capitaine, c'était là qu'il faisait beau voir nos argoulets[1] allant à l'abreuvoir avec les chasubles des prêtres sur le dos, nos chevaux mangeant l'avoine sur l'autel, et nous buvant le bon vin des prêtres dans leurs calices d'argent !

Il tourna la tête pour demander à boire, et vit l'aubergiste les mains jointes et les yeux levés au ciel avec une expression d'horreur indéfinissable.

— Imbécile ! dit le brave Dietrich Hornstein en levant les épaules. Comment peut-il se trouver un homme assez sot pour croire à toutes les fadaises que débitent les prêtres papistes ! Tenez, M. de Mergy, à la bataille de Montcontour je tuai d'un coup de pistolet un gentilhomme du duc d'Anjou ; en lui ôtant son pourpoint, savez-vous ce que je vis sur son estomac ? un grand morceau de soie tout couvert de noms de saints. Il prétendait par là se garantir des balles. Parbleu ! je lui appris qu'il n'y a point de scapulaire que ne traverse une balle protestante.

— Oui, des scapulaires, interrompit le cornette ; mais dans mon pays on vend des parchemins qui garantissent du plomb et du fer.

— Je préférerais une cuirasse bien forgée, de bon acier, dit Mergy, comme celles que fait Jacob Leschot, dans les Pays-Bas.

— Écoutez donc, reprit le capitaine, il ne faut pas nier qu'on puisse rendre dur ; moi, qui vous parle, j'ai vu à Dreux un gentilhomme frappé d'une arquebusade

[1] Éclaireurs, troupes légères.

au beau milieu de la poitrine ; il connaissait la recette de l'onguent qui rend dur, et s'en était frotté sous son buffle ; eh bien ! on ne voyait pas même la marque noire et rouge que laisse une contusion.

— Et ne croyez-vous pas plutôt que ce buffle dont vous parlez suffisait seul pour amortir l'arquebusade ?

— Oh ! vous autres Français, vous ne voulez croire à rien. Mais que diriez-vous si vous aviez vu comme moi un gendarme silésien mettre sa main sur une table, et personne ne pouvoir l'entamer à grands coups de couteau ? Mais vous riez et vous ne croyez pas que cela soit possible ; demandez à Mila. Vous voyez bien cette fille-là ? elle est d'un pays où les sorciers sont aussi communs que les moines dans ce pays-ci ; c'est elle qui vous en conterait des histoires effrayantes. Quelquefois, dans les longues soirées d'automne, quand nous sommes assis en plein air autour du feu, les cheveux m'en dressent à la tête, des aventures qu'elle nous conte.

— Je serais ravi d'en entendre une, dit Mergy ; belle Mila, faites-moi ce plaisir.

— Oui, Mila, poursuivit le capitaine, raconte-nous quelque histoire pendant que nous achèverons de vider ces bouteilles.

— Écoutez-moi donc, dit Mila ; et vous, mon jeune gentilhomme, qui ne croyez à rien, vous allez, s'il vous plaît, garder vos doutes pour vous seul.

— Comment pouvez-vous dire que je ne crois à rien ? lui répondit Mergy à voix basse ; sur ma foi, je crois que vous m'avez ensorcelé, car je suis déjà tout amoureux de vous.

Mila le repoussa doucement, car la bouche de Mergy touchait presque sa joue ; et, après avoir jeté à droite et à gauche un regard furtif pour s'assurer que tout le monde l'écoutait, elle commença de la sorte :

— Capitaine, vous avez été sans doute à Hameln ?
— Jamais.
— Et vous, cornette ?
— Ni moi non plus.
— Comment ! ne trouverai-je personne qui ait été à Hameln ?
— J'y ai passé un an, dit un cavalier en s'avançant.
— Eh bien ! Fritz, tu as vu l'église de Hameln ?
— Plus de cent fois.
— Et ses vitraux coloriés ?
— Certainement.
— Et qu'as-tu vu peint sur ces vitraux ?
— Sur ces vitraux ?... A la fenêtre à gauche, je crois qu'il y a un grand homme noir qui joue de la flûte, et des petits enfants qui courent après lui.
— Justement. Eh bien ! je vais vous conter l'histoire de cet homme noir et de ses enfants.

Il y a bien des années, les gens de Hameln furent tourmentés par une multitude innombrable de rats qui venaient du Nord par troupes si épaisses que la terre en était toute noire, et qu'un charretier n'aurait pas osé faire traverser à ses chevaux un chemin où ces animaux défilaient. Tout était dévoré en moins de rien ; et dans une grange c'était une moindre affaire pour ces rats de manger un tonneau de blé que ce n'est pour moi de boire un verre de ce bon vin.

Elle but, s'essuya la bouche et continua.

— Souricières, ratières, piéges, poison étaient inutiles. On avait fait venir de Bremen un bateau chargé de onze cents chats ; mais rien n'y faisait. Pour mille qu'on en tuait, il en revenait dix mille, et plus affamés que les premiers. Bref, s'il n'était venu remède à ce fléau, pas un grain de blé ne fût resté dans Hameln, et tous les habitants seraient morts de faim.

Voilà qu'un certain vendredi se présente devant le bourgmestre de la ville un grand homme, basané, sec, grands yeux, bouche fendue jusqu'aux oreilles, habillé d'un pourpoint rouge, avec un chapeau pointu, de grandes culottes garnies de rubans, des bas gris et des souliers avec des rosettes couleur de feu. Il avait un petit sac de peau au côté. Il me semble que je le vois encore.

Tous les yeux se tournèrent involontairement vers la muraille sur laquelle Mila fixait ses regards.

— Vous l'avez donc vu? demanda Mergy.

— Non pas moi, mais ma grand'mère; et elle se souvenait si bien de sa figure qu'elle aurait pu faire son portrait.

— Et que dit-il au bourgmestre?

— Il lui offrit, moyennant cent ducats, de délivrer la ville du fléau qui la désolait. Vous pensez bien que le bourgmestre et les bourgeois y topèrent d'abord. Aussitôt l'étranger tira de son sac une flûte de bronze; et, s'étant planté sur la place du marché, devant l'église, mais en lui tournant le dos, notez bien, il commença à jouer un air étrange, et tel que jamais flûteur allemand n'en a joué. Voilà qu'en entendant cet air, de tous les greniers, de tous les trous de murs, de dessous les chevrons et les tuiles des toits, rats et souris, par centaines, par milliers, accoururent à lui. L'étranger, toujours flûtant, s'achemina vers le Weser; et là, ayant tiré ses chausses, il entra dans l'eau suivi de tous les rats de Hameln, qui furent aussitôt noyés. Il n'en restait plus qu'un seul dans toute la ville, et vous allez voir pourquoi. Le magicien, car c'en était un, demanda à un traînard, qui n'était pas encore entré dans le Weser, pourquoi Klauss, le rat blanc, n'était pas encore venu. — Seigneur, répondit le rat, il est si vieux qu'il ne peut plus marcher. — Va donc le chercher toi-même, répondit le magicien. Et le rat de rebrousser chemin vers la ville, d'où il ne tarda pas à revenir avec un vieux gros rat blanc, si vieux, si vieux, qu'il ne pouvait pas se traîner. Les deux rats, le plus jeune tirant le vieux par la queue, entrèrent tous les deux dans le Weser, et se noyèrent comme leurs camarades. Ainsi la ville en fut purgée. Mais, quand l'étranger se présenta à l'hôtel-de-ville pour toucher la récompense promise, le bourgmestre et les bourgeois, réfléchissant qu'ils n'avaient plus rien à craindre des rats, et s'imaginant qu'ils auraient bon marché d'un homme sans protecteurs, n'eurent pas honte de lui offrir dix ducats, au lieu des cent qu'ils avaient promis. L'étranger réclama; on le renvoya bien loin. Il menaça alors de se faire payer plus cher s'ils ne maintenaient leur marché au pied de la lettre. Les bourgeois firent de grands éclats de rire à cette menace, et le mirent à la porte de l'hôtel-de-ville, l'appelant *beau preneur de rats!* injure que répétèrent les enfants de la ville en le suivant par les rues jusqu'à la Porte-Neuve. Le vendredi suivant, à l'heure de midi, l'étranger reparut sur la place du marché, mais cette fois avec un chapeau de couleur de pourpre, retroussé d'une façon toute bizarre. Il tira de son sac une flûte bien différente de la première; et, dès qu'il eut commencé d'en jouer, tous les garçons de la ville, depuis six jusqu'à quinze ans, le suivirent et sortirent de la ville avec lui.

— Et les habitants de Hameln les laissèrent emmener? demandèrent à la fois Mergy et le capitaine.

— Ils les suivirent jusqu'à la montagne de Kopenberg, auprès d'une caverne qui est maintenant bouchée. Le joueur de flûte entra dans la caverne et tous les enfants avec lui. On entendit quelque temps le son de la flûte; il diminua peu à peu; enfin l'on n'entendit plus rien. Les enfants avaient disparu, et depuis lors on n'en eut jamais de nouvelles.

La bohémienne s'arrêta pour observer sur les traits de ses auditeurs l'effet produit par son récit.

Le reître qui avait été à Hameln prit la parole et dit: — Cette histoire est si vraie que, lorsqu'on parle à Hameln de quelque événement extraordinaire, on dit: Cela est arrivé vingt ans, dix ans, après la sortie de nos enfants.... le seigneur de Falkenstein pilla notre ville soixante ans après la sortie de nos enfants.

— Mais le plus curieux, dit Mila, c'est que dans le même temps parurent, bien loin de là, en Transylvanie, certains enfants qui parlaient bon allemand, et qui ne pouvaient dire d'où ils venaient. Ils se marièrent dans le pays, apprirent leur langue à leurs enfants, d'où vient que jusqu'à ce jour on parle allemand en Transylvanie.

— Et ce sont les enfants de Hameln que le diable a transportés là? dit Mergy en souriant.

— J'atteste le ciel que cela est vrai, s'écria le capitaine, car j'ai été en Transylvanie, et je sais bien qu'on y parle allemand, tandis que tout autour on parle un baragouin infernal.

L'attestation du capitaine valait bien des preuves comme il y en a tant.

— Voulez-vous que je vous dise votre bonne aventure? demanda Mila à Mergy.

— Volontiers, répondit Mergy en passant son bras gauche autour de la taille de la bohémienne, tandis qu'il lui donnait sa main droite ouverte.

Mila la considéra pendant près de cinq minutes sans parler, et secouant la tête de temps en temps d'un air pensif.

— Eh bien! ma belle enfant, aurai-je pour ma maîtresse la femme que j'aime?

Mila lui donna une chiquenaude sur la main, — Heur et malheur, dit-elle; des yeux bleus font du mal et du bien. Le pire, c'est que tu verseras ton propre sang.

Le capitaine et le cornette gardèrent le silence; paraissant tous les deux également frappés de la fin sinistre de cette prophétie.

L'aubergiste faisait de grands signes de croix à l'écart.

— Je croirai que tu es véritablement sorcière, dit Mergy, si tu peux me dire ce que je vais faire tout à l'heure.

— Tu m'embrasseras, murmura la bohémienne à son oreille.

— Elle est sorcière! s'écria Mergy en l'embrassant. Il continua de s'entretenir tout bas avec la jolie devineresse, et leur bonne intelligence semblait s'accroître à chaque instant.

Trudchen prit une espèce de mandoline, qui avait à peu près toutes ses cordes, et préluda par une marche allemande. Alors, voyant autour d'elle un cercle de soldats, elle chanta dans sa langue une chanson de guerre, dont les reîtres entonnèrent le refrain à tue-tête. Le capitaine, excité par son exemple, se mit à chanter, d'une voix à faire casser tous les verres, une vieille chanson huguenote, dont la musique était au moins aussi barbare que les paroles :

« Le prince de Condé,
» Il a été tué;
» Mais monsieur l'Amiral
» Est encore à cheval
» Avec La Rochefoucault,
» Pour chasser tous les papaux,
» Papaux, papaux, papaux. »

Tous les reîtres, échauffés par le vin, commencèrent à chanter chacun un air différent. Les plats et les bouteilles couvrirent le plancher de leurs débris; la cuisine retentit de juremens, d'éclats de rire et de chansons bachiques. Bientôt cependant le sommeil, favorisé par les fumées du vin d'Orléans, fit sentir son pouvoir à la plupart des acteurs de cette scène de bacchanale. Les soldats se couchèrent sur des bancs; le cornette, après avoir posé deux sentinelles à la porte, se traîna en chancelant vers son lit; le capitaine, qui avait conservé encore le sentiment de la ligne droite, monta sans louvoyer l'escalier qui conduisait à la chambre de l'hôte, qu'il avait choisie comme la meilleure de l'auberge.

Et Mergy et la bohémienne? Avant la chanson du capitaine, ils avaient disparu l'un et l'autre.

CHAPITRE II.

LE LENDEMAIN D'UNE FÊTE.

UN PORTEUR.
Je dis que je veux avoir de l'argent tout à l'heure.
MOLIÈRE, *les Précieuses ridicules.*

Il était grand jour depuis long-temps quand Mergy s'éveilla, la tête encore un peu troublée par les souvenirs de la soirée précédente. Ses habits étaient étendus pêle-mêle dans la chambre, et sa valise était ouverte à terre. Se levant sur son séant, il considéra quelque temps cette scène de désordre en se frottant la tête, comme pour rappeler ses idées. Ses traits exprimaient à la fois la fatigue, l'étonnement et l'inquiétude.

Un pas lourd se fit entendre sur l'escalier de pierre qui conduisait à sa chambre. La porte s'ouvrit sans que l'on eût daigné frapper, et l'aubergiste entra avec une mine encore plus refrognée que la veille; mais il était facile de lire dans ses regards une expression d'impertinence qui avait remplacé celle de la peur.

Il jeta un coup d'œil sur la chambre, et se signa comme saisi d'horreur à la vue de tant de confusion.

— Ah! ah! mon jeune gentilhomme, s'écria-t-il, encore au lit? Çà, levons-nous, car nous allons avoir nos comptes à régler.

Mergy, bâillant d'une manière effrayante, mit une jambe hors du lit : — Pourquoi tout ce désordre? pourquoi ma valise est-elle ouverte? demanda-t-il d'un ton au moins aussi mécontent que celui de l'hôte.

— Pourquoi, pourquoi? répondit celui-ci; qu'en sais-je? Je me soucie bien de votre valise. Vous avez mis ma maison dans un bien plus grand désordre. Mais, par saint Eustache, mon bon patron, vous me le paierez.

Comme il parlait, Mergy passait son haut-de-chausses d'écarlate, et, par le mouvement qu'il faisait, sa bourse tomba de sa poche ouverte. Il faut que le son qu'elle rendit lui parût autre qu'il ne s'y attendait, car il la ramassa sur-le-champ avec inquiétude et l'ouvrit.

— On m'a volé! s'écria-t-il en se tournant vers l'aubergiste.

Au lieu de vingt écus d'or que contenait sa bourse, il n'en trouvait que deux.

Maître Eustache haussa les épaules et sourit d'un air de mépris.

— On m'a volé, répéta Mergy en nouant sa ceinture à la hâte. J'avais vingt écus d'or dans cette bourse, et je prétends les ravoir ; c'est dans votre maison qu'ils m'ont été pris.

— Par ma barbe ! j'en suis bien aise, s'écria insolemment l'aubergiste ; cela vous apprendra à vous arranger de sorcières et de voleuses. Mais, ajouta-t-il plus bas, qui se ressemble s'assemble. Tout ce bon gibier de Grève, hérétiques, sorciers et voleurs, se hantent et fratent ensemble.

— Que dis-tu, maraud ? s'écria Mergy d'autant plus en colère qu'il sentait intérieurement la vérité du reproche ; et, comme tout homme dans son tort, il saisissait aux cheveux l'occasion d'une querelle.

— Je dis, répliqua l'aubergiste en élevant la voix et mettant le poing sur la hanche, je dis que vous avez tout cassé dans ma maison, et je prétends que vous me payiez jusqu'au dernier sou.

— Je paierai mon écot, et pas un liard de plus. Où est le capitaine Corn... Hornstein ?

— On m'a bu, continua maître Eustache criant toujours plus haut, on m'a bu plus de deux cents bouteilles de bon vieux vin, mais vous m'en répondez.

Mergy avait fini de s'habiller tout à fait. — Où est le capitaine ? cria-t-il d'une voix tonnante.

— Il est parti il y a plus de deux heures ; et puisse-t-il aller au diable ainsi que tous les huguenots en attendant que nous les brûlions tous !

Un vigoureux soufflet fut la seule réponse que Mergy put trouver dans le moment.

La surprise et la force du coup firent reculer l'aubergiste de deux pas. Le manche de corne d'un grand couteau sortait d'une poche de sa culotte ; il y porta la main. Sans doute quelque grand malheur serait arrivé s'il eût cédé au premier mouvement de sa colère. Mais la prudence arrêta l'effet de son courroux en lui faisant remarquer que Mergy étendait la main vers le chevet de son lit, d'où pendait une longue épée. Il renonça aussitôt à un combat inégal, et descendit précipitamment l'escalier en criant à tue-tête : — Au meurtre ! au feu !

Maître du champ de bataille, mais fort inquiet des suites de sa victoire, Mergy boucla son ceinturon, y passa ses pistolets, ferma sa valise, et, la tenant à la main, il résolut d'aller porter sa plainte au juge le plus proche. Il ouvrit sa porte, et il mettait le pied sur la première marche de l'escalier, quand une troupe ennemie se présenta inopinément à sa rencontre.

L'hôte marchait le premier, une vieille hallebarde à la main ; trois marmitons armés de broches et de bâtons le suivaient de près ; un voisin avec une arquebuse rouillée formait l'arrière-garde. De part et d'autre on ne s'attendait pas à se rencontrer sitôt. Cinq ou six marches seulement séparaient les deux partis ennemis.

Mergy laissa tomber sa valise, et saisit un de ses pistolets. Ce mouvement hostile fit voir à maître Eustache et à ses acolytes combien leur ordre de bataille était vicieux. Ainsi que les Perses à la bataille de Salamine, ils avaient négligé de choisir une position où leur nombre pût se déployer avec avantage. Le seul de leur troupe qui portât une arme à feu, ne pouvait s'en servir sans blesser ses compagnons qui le précédaient ; tandis que les pistolets du huguenot, enfilant toute la longueur de l'escalier, semblaient devoir les renverser tous du même coup. Le petit claquement que fit le chien du pistolet quand Mergy l'arma retentit à leurs oreilles, et leur parut presque aussi effrayant qu'aurait été l'explosion même de l'arme. D'un mouvement spontané, la colonne ennemie fit volte-face, et courut chercher dans la cuisine un champ de bataille plus vaste et plus avantageux. Dans le désordre inséparable d'une retraite précipitée, l'hôte, voulant tourner sa hallebarde, l'embarrassa dans ses jambes et tomba. En ennemi généreux, dédaignant de faire usage de ses armes, Mergy se contenta de lancer sur les fugitifs sa valise, qui, tombant sur eux comme un quartier de roc, et accélérant son mouvement à chaque marche, acheva la déroute. L'escalier demeura vide d'ennemis, et la hallebarde rompue restait pour trophée.

Mergy descendit rapidement dans la cuisine, où déjà l'ennemi s'était reformé sur une seule ligne. Le porteur d'arquebuse avait son arme haute et soufflait sa mèche allumée. L'hôte tout couvert de sang, car son nez avait été violemment meurtri dans sa chute, se tenait derrière ses amis, tel que Ménélas blessé derrière les rangs des Grecs. Au lieu de Machaon ou de Podalire, sa femme, les cheveux en désordre et son bonnet dénoué, lui essuyait la figure avec une serviette sale.

Mergy prit son parti sans balancer. Il marcha droit à celui qui tenait l'arquebuse, et lui présenta la bouche de son pistolet à la poitrine.

— Jette ta mèche ou tu es mort! s'écria-t-il.

La mèche tomba à terre, et Mergy, appuyant sa botte sur le bout de corde enflammé, l'éteignit. Aussitôt tous les confédérés mirent bas les armes en même temps.

— Pour vous, dit Mergy en s'adressant à l'hôte, la petite correction que vous avez reçue de moi vous apprendra sans doute à traiter les étrangers avec plus de politesse : si je voulais, je vous ferais retirer votre enseigne par le bailli du lieu ; mais je ne suis pas méchant. Voyons, combien vous dois-je pour mon écot ?

Maître Eustache, remarquant qu'il avait désarmé son redoutable pistolet, et qu'en parlant il le remettait à sa ceinture, reprit un peu de courage, et, tout en s'essuyant, il murmura tristement :

— Briser les plats, battre les gens, casser le nez aux bons chrétiens... faire un vacarme d'enfer... je ne sais pas comment, après cela, on peut dédommager un honnête homme.

— Voyons, reprit Mergy en souriant. Votre nez cassé, je vous le paierai ce qu'il vaut selon moi. Pour vos plats brisés, adressez-vous aux reîtres ; c'est leur affaire. Reste à savoir ce que je vous dois pour mon souper d'hier.

L'hôte regardait sa femme, ses marmitons et son voisin, comme s'il eût voulu leur demander à la fois conseil et protection.

— Les reîtres, les reîtres ! dit-il... voir de leur argent, ce n'est pas chose aisée ; leur capitaine m'a donné trois livres, et le cornette un coup de pied.

Mergy prit un des écus d'or qui lui restaient. — Allons, dit-il, séparons-nous bons amis. Et il le jeta à maître Eustache, qui, au lieu de tendre la main, le laissa dédaigneusement tomber sur le plancher.

— Un écu ! s'écria-t-il, un écu pour cent bouteilles cassées ; un écu pour ruiner une maison ; un écu pour battre les gens !

— Un écu, rien qu'un écu ! reprit la femme sur un ton aussi lamentable. Il vient ici des gentilshommes catholiques qui parfois font un peu de tapage ; mais au moins ils savent le prix des choses.

Si Mergy avait été plus en fonds, il aurait sans doute soutenu la réputation de libéralité de son parti.

— A la bonne heure, répondit-il sèchement, mais ces gentilshommes catholiques n'ont pas été volés. Décidez-vous, ajouta-t-il; prenez cet écu, ou vous n'aurez rien. Et il fit un pas comme pour le reprendre.

La femme le ramassa sur-le-champ.

— Allons! qu'on m'amène mon cheval; et toi, quitte cette broche et porte ma valise.

— Votre cheval, mon gentilhomme? dit l'un des valets de maître Eustache en faisant une grimace.

L'hôte, malgré son chagrin, releva la tête, et ses yeux brillèrent un instant d'une expression de joie maligne.

— Je vais vous l'amener moi-même, mon bon seigneur; je vais vous amener votre bon cheval. Et il sortit tenant toujours la serviette devant son nez. Mergy le suivit.

Quelle fut sa surprise quand, au lieu du beau cheval alezan qui l'avait amené, il vit un petit cheval pie, vieux, couronné, et défiguré encore par une large cicatrice à la tête! En place de sa selle de fin velours de Flandre, il voyait une selle de cuir garnie de fer, telle enfin qu'en avaient les soldats.

— Que signifie ceci? où est mon cheval?

— Que votre seigneurie prenne la peine d'aller le demander à messieurs les reîtres protestants, répondit l'hôte avec une feinte humilité; ces dignes étrangers l'ont emmené avec eux; il faut qu'ils se soient trompés à cause de la ressemblance.

— Beau cheval! dit un des marmitons; je parierais qu'il n'a pas plus de vingt ans.

— On ne pourra nier que ce soit un cheval de bataille, dit un autre ; voyez quel coup de sabre il a reçu sur le front.

— Quelle superbe robe! ajouta un autre, c'est comme la robe d'un ministre, noir et blanc.

Mergy entra dans l'écurie, qu'il trouva vide.

— Eh! pourquoi avez-vous souffert qu'on emmenât mon cheval? s'écria-t-il avec fureur.

— Dame! mon gentilhomme, dit celui des valets qui avait soin de l'écurie, c'est le trompette qui l'a emmené, et il m'a dit que c'était un troc arrangé entre vous deux.

La colère suffoquait Mergy, et dans son malheur il ne savait à qui s'en prendre.

— J'irai trouver le capitaine, murmurait-il entre ses dents, et il me fera justice du coquin qui m'a volé.

— Certainement, dit l'hôte, votre seigneurie fera bien ; car ce capitaine...... comment s'appelle-t-il? Il avait toujours la mine d'un bien honnête homme.

Et Mergy avait déjà fait intérieurement la réflexion que le capitaine avait favorisé, sinon commandé le vol.

— Vous pourrez, par la même occasion, ajouta l'hôte, vous pourrez ravoir vos écus d'or de cette jeune demoiselle : elle se sera trompée, sans doute, en faisant ses paquets au petit jour.

— Attacherai-je la valise de votre seigneurie sur le cheval de votre seigneurie? demanda le garçon d'écurie du ton le plus respectueux et le plus désespérant.

Mergy comprit que plus il resterait, plus il aurait à souffrir des plaisanteries de cette canaille. La valise attachée, il s'élança sur sa mauvaise selle ; mais le cheval, se sentant un maître nouveau, conçut le désir malin d'éprouver ses connaissances dans l'art de l'équitation. Il ne tarda pas beaucoup cependant à s'apercevoir qu'il

avait affaire à un excellent cavalier, moins que jamais
disposé à souffrir ses gentillesses ; aussi, après quelques
ruades, bien payées par de grands éperons bien poin-
tus, il prit le sage parti d'obéir et de prendre un grand
trot de voyage. Mais il avait épuisé une partie de sa vigueur dans sa lutte avec son cavalier ; et il lui arriva ce
qui arrive toujours aux rosses en pareil cas, il tomba,
comme l'on dit, en manquant des quatre pieds. Notre
héros se releva aussitôt, légèrement moulu, mais encore plus furieux à cause des huées qui s'élevèrent
aussitôt contre lui. Il balança même un instant s'il n'i-
rait pas en tirer vengeance à grands coups de plat d'é-
pée ; cependant, par réflexion, il se contenta de faire
comme s'il n'entendait pas les injures qu'on lui adressait de loin, et plus lentement il reprit le chemin d'Orléans, poursuivi à distance par une bande d'enfants,
dont les plus âgés chantaient la chanson de *Jehan Pe-
taquin* [1], tandis que les petits criaient de toutes leurs
forces : *Au huguenot ! au huguenot ! les fagots !*

Après avoir chevauché assez tristement pendant près
d'une demi-lieue, il réfléchit qu'il n'attraperait probablement pas les reîtres ce jour-là ; que son cheval était
sans doute vendu ; qu'enfin il était plus que douteux
que ces messieurs consentissent à le lui rendre. Peu à
peu il s'accoutuma à l'idée que son cheval était perdu
sans retour ; et comme dans cette supposition il n'avait
rien à faire sur la route d'Orléans, il reprit celle de
Paris, ou plutôt une traverse, pour éviter de passer devant la malencontreuse auberge témoin de ses désastres.
Insensiblement, et comme il s'était habitué de bonne
heure à chercher le bon côté de tous les événements de

---

[1] Personnage ridicule d'une vieille chanson populaire.

cette vie, il considéra qu'il était fort heureux, à tout prendre, d'en être quitte à si bon compte ; il aurait pu être entièrement volé, peut-être assassiné, tandis qu'il lui restait encore un écu d'or, à peu près toutes ses hardes, et un cheval qui, pour être laid, pouvait cependant le porter. S'il faut tout dire, le souvenir de la jolie Mila lui arracha plus d'une fois un sourire. Bref, après quelques heures de marche et un bon déjeuner, il fut presque touché de la délicatesse de cette honnête fille, qui n'emportait que dix-huit écus d'une bourse qui en contenait vingt. Il avait plus de peine à se réconcilier avec la perte de son bel alezan, mais il ne pouvait s'empêcher de convenir qu'un voleur plus endurci que le trompette aurait emmené son cheval sans lui en laisser un à la place.

Il arriva le soir à Paris, peu de temps avant la fermeture des portes, et il se logea dans une hôtellerie de la rue Saint-Jacques.

CHAPITRE III.

LES JEUNES COURTISANS.

> JACHIMO. ....The ring is won.
> POSTHUMUS. The stone's too hard to come by
> JACHIMO.   Not a whit,
>   Your lady being so easy.
>   SHAKSPEARE, *Cymbeline.*

En venant à Paris Mergy espérait être puissamment recommandé à l'amiral Coligny, et obtenir du service dans l'armée qui allait, disait-on, combattre en Flandre sous les ordres de ce grand capitaine. Il se flattait que des amis de son père, pour lesquels il apportait des lettres, appuieraient ses démarches et lui serviraient d'introducteurs à la cour de Charles, et auprès de l'Amiral, qui avait aussi une espèce de cour. Mergy savait que son frère jouissait de quelque crédit, mais il était encore fort indécis s'il devait le rechercher. L'abjuration de George Mergy l'avait presque entièrement séparé de sa famille, pour laquelle il n'était guère plus qu'un étranger. Ce n'était pas le seul exemple d'une famille désunie par la différence des opinions religieuses. Depuis long-temps le père de George avait défendu que le nom de l'*apostat* fût prononcé en sa présence, et il avait appuyé sa rigueur par ce passage de l'Évangile : *Si votre œil droit vous donne un sujet de scandale, arrachez-le.* Bien que le jeune Bernard ne partageât pas, à beaucoup près, cette inflexibilité, cependant le changement de son frère lui paraissait une tache honteuse pour l'honneur de sa famille, et nécessairement les sentiments de tendresse fraternelle devaient avoir souffert de cette opinion.

Avant de prendre un parti sur la conduite qu'il devait tenir à son égard, avant même de rendre ses lettres de recommandation, il pensa qu'il fallait aviser aux moyens de remplir sa bourse vide, et, dans cette intention, il sortit de son hôtellerie pour aller chez un orfèvre du pont Saint-Michel, qui devait à sa famille une somme qu'il avait charge de réclamer.

A l'entrée du pont il rencontra quelques jeunes gens vêtus avec beaucoup d'élégance, et qui, se tenant par le bras, barraient presque entièrement le passage étroit que laissaient sur le pont la multitude de boutiques et d'échoppes qui s'élevaient comme deux murs parallèles, et dérobaient complètement la vue de la rivière aux passants. Derrière ces messieurs marchaient leurs laquais, chacun portant à la main, dans le fourreau, une de ces longues épées à deux tranchants que l'on appelait des duels, et un poignard dont la coquille était si large qu'elle servait au besoin de bouclier. Sans doute le poids de ces armes paraissait trop lourd à ces jeunes gentilshommes, ou peut-être étaient-ils bien aises de montrer à tout le monde qu'ils avaient des laquais richement habillés.

Ils semblaient en belle humeur, du moins à en juger par leurs éclats de rire continuels. Si une femme bien mise passait auprès d'eux, ils la saluaient avec un mélange de politesse et d'impertinence; tandis que plusieurs de ces étourdis prenaient plaisir à coudoyer rudement de graves bourgeois en manteaux noirs, qui se retiraient en murmurant tout bas mille imprécations contre l'insolence des gens de cour. Un seul de la troupe marchait la tête baissée, et semblait ne prendre aucune part à leurs divertissements.

— Dieu me damne! George, s'écria un de ces jeunes gens en le frappant sur l'épaule, tu deviens furieusement maussade. Il y a un gros quart d'heure que tu n'as ouvert la bouche. As-tu donc envie de te faire chartreux?

Le nom de George fit tressaillir Mergy, mais il n'entendit pas la réponse de la personne que l'on avait appelée de ce nom.

— Je gage cent pistoles, reprit le premier, qu'il est encore amoureux de quelque dragon de vertu. Pauvre ami! je te plains; c'est avoir du malheur que de rencontrer une cruelle à Paris.

— Va-t'en chez le magicien Rudbeck, dit un autre, il te donnera un philtre pour te faire aimer.

— Peut-être, dit un troisième, peut-être que notre

ami le capitaine est amoureux d'une religieuse. Ces diables de huguenots, convertis ou non, en veulent aux épouses du bon Dieu.

Une voix, que Mergy reconnut à l'instant, répondit avec tristesse : Parbleu ! je serais moins triste s'il ne s'agissait que d'amourettes ; mais, ajouta-t-il plus bas, de Pons, que j'avais chargé d'une lettre pour mon père, est revenu, et m'a rapporté qu'il persistait à ne plus vouloir entendre parler de moi.

— Ton père est de la vieille roche, dit un des jeunes gens ; c'est un de ces vieux huguenots qui voulurent prendre Amboise.

En cet instant, le capitaine George, ayant tourné la tête par hasard, aperçut Mergy. Poussant un cri de surprise, il s'élança vers lui les bras ouverts. Mergy n'hésita pas un instant, il lui tendit les bras et le serra contre son sein. Peut-être, si la rencontre eût été moins imprévue, eût-il essayé de s'armer d'indifférence ; mais la surprise rendit à la nature tous ses droits. Dès ce moment ils se revirent comme des amis qui se retrouvent après un long voyage.

Après les embrassades et les premières questions le capitaine George se tourna vers ses amis, dont quelques-uns s'étaient arrêtés à contempler cette scène. — Messieurs, dit-il, vous voyez cette rencontre inattendue. Pardonnez-moi donc si je vous quitte pour aller entretenir un frère que je n'ai pas vu depuis près de sept ans.

— Parbleu ! nous n'entendons pas que tu nous quittes aujourd'hui. Le dîner est commandé, et il faut que tu en sois. Celui qui parlait ainsi le saisit en même temps par son manteau.

— Béville a raison, dit un autre, et nous ne te laisserons point aller.

— Eh! mordieu! reprit Béville, que ton frère vienne dîner avec nous. Au lieu d'un bon compagnon, nous en aurons deux.

— Excusez-moi, dit alors Mergy, mais j'ai plusieurs affaires à terminer aujourd'hui. J'ai des lettres à remettre...

— Vous les remettrez demain.

— Il est nécessaire qu'elles soient rendues aujourd'hui,... et, ajouta Mergy en souriant et un peu honteux, je vous avouerai que je suis sans argent, et qu'il faut que j'en aille chercher...

— Ah! par ma foi! l'excuse est bonne! s'écrièrent-ils tous à la fois. Nous ne souffrirons pas que vous refusiez de dîner avec d'honnêtes chrétiens comme nous, pour aller emprunter à des juifs.

— Tenez, mon cher ami, dit Béville en secouant avec affectation une longue bourse de soie passée dans sa ceinture, faites état de moi comme de votre trésorier. Le *passe-dix* m'a bien traité depuis une quinzaine.

— Allons! allons! ne nous arrêtons pas et allons dîner au *More*, reprirent tous les jeunes gens.

Le capitaine regardait son frère encore indécis. — Bah! tu auras bien le temps de remettre tes lettres. Pour de l'argent, j'en ai; ainsi viens avec nous. Tu vas faire connaissance avec la vie de Paris.

Mergy se laissa entraîner. Son frère le présenta à tous ses amis l'un après l'autre : le baron de Vaudreuil, le chevalier de Rheincy, le vicomte de Béville, etc. Ils accablèrent de caresses le nouveau-venu, qui fut obligé de leur donner l'accolade à tous l'un après l'autre. Béville l'embrassa le dernier.

— Oh! oh! s'écria-t-il, Dieu me damne! camarade,

je sens odeur d'hérétique. Je gage ma chaîne d'or contre une pistole que vous êtes de la Religion.

— Il est vrai, monsieur, et je ne suis pas si bon religieux que je devrais.

— Voyez si je ne distingue pas un huguenot entre mille ! Ventre de loup ! comme messieurs les parpaillots prennent un air sérieux quand ils parlent de leur religion.

— Il me semble qu'on ne devrait jamais parler en plaisantant d'un pareil sujet.

— M. de Mergy a raison, dit le baron de Vaudreuil ; et vous, Béville, il vous arrivera malheur pour vos mauvaises railleries des choses sacrées.

— Voyez un peu cette mine de saint, dit Béville à Mergy ; c'est le plus fieffé libertin de nous tous, et pourtant il s'avise de temps en temps de nous prêcher.

— Laissez-moi pour ce que je suis, Béville, dit Vaudreuil. Si je suis libertin, c'est que je ne puis m'en empêcher ; mais du moins je respecte ce qui est respectable.

— Pour moi, je respecte beaucoup... ma mère ; c'est là seule honnête femme que j'aie connue. Au surplus, mon brave, catholiques, huguenots, papistes, juifs ou Turcs, ce m'est tout un ; je me soucie de leurs querelles comme d'un éperon cassé.

— Impie ! murmura Vaudreuil. Et il fit le signe de la croix sur sa bouche, en se cachant toutefois du mieux qu'il put avec son mouchoir.

— Il faut que tu saches, Bernard, dit le capitaine George, que tu ne trouveras guère parmi nous de disputeurs comme notre savant maître Théobald Wolfsteinius. Nous faisons peu de cas des conversations théologiques, et nous employons mieux notre temps, Dieu merci.

— Peut-être, répondit Mergy avec un peu d'aigreur, peut-être aurait-il été préférable pour toi que tu eusses écouté attentivement les doctes dissertations du digne ministre que tu viens de nommer.

— Trêve sur ce sujet, petit frère ; plus tard je t'en reparlerai peut-être : je sais que tu as de moi une opinion..... N'importe..... Nous ne sommes pas ici pour parler de ces sortes de choses..... Je crois que je suis un honnête homme, et tu le verras sans doute un jour..... Brisons là, il ne faut penser maintenant qu'à nous amuser.

Il passa sa main sur son front comme pour chasser une idée pénible.

— Cher frère !.... dit tout bas Mergy en lui serrant la main. George répondit par un autre serrement de main ; et tous deux s'empressèrent de rejoindre leurs compagnons, qui les précédaient de quelques pas.

En passant devant le Louvre, d'où sortaient nombre de personnes richement habillées, le capitaine et ses amis saluaient ou embrassaient presque tous les seigneurs qu'ils rencontraient. Ils présentaient en même temps le jeune Mergy, qui, de cette manière, fit connaissance en un instant avec une infinité de personnages célèbres à cette époque. En même temps il apprenait leurs sobriquets (car alors chaque homme marquant avait le sien), ainsi que les histoires scandaleuses qui se débitaient sur leur compte.

— Voyez-vous, lui disait-on, ce conseiller si pâle et si jaune? c'est messire *Petrus de finibus*, en français Pierre Séguier, qui, dans tout ce qu'il entreprend, se démène tant et si bien, qu'il arrive toujours à ses fins. Voici le *petit capitaine Brûle-bancs*, Thoré de Montmorency; voici l'archevêque des bouteilles [1] qui se tient assez droit sur sa mule, attendu qu'il n'a pas encore dîné. — Voici un des héros de votre parti, le brave comte de La Rochefoucault, surnommé l'ennemi des choux. Dans la dernière guerre, il a fait cribler d'arquebusades un malheureux carré de choux que sa mauvaise vue lui faisait prendre pour des lansquenets.

En moins d'un quart d'heure Mergy sut le nom des amants de presque toutes les dames de la cour, et le nombre de duels auxquels leur beauté avait donné lieu. Il vit que la réputation d'une dame était en proportion des morts qu'elle avait causées; ainsi, madame de Courtavel, dont l'amant en pied avait tué deux de ses rivaux, était en bien plus grand renom que la pauvre comtesse de Pomerande qui n'avait donné lieu qu'à un petit duel et une blessure légère.

Une femme d'une riche taille, montée sur une mule blanche conduite par un écuyer, et suivie de deux laquais, attira l'attention de Mergy; ses habits étaient à la mode la plus nouvelle, et tout roides à force de broderies. Autant que l'on en pouvait juger, elle devait être jolie; on sait qu'à cette époque les dames ne sortaient que le visage couvert d'un masque. Le sien était de velours noir : on voyait, ou plutôt on devinait, d'après ce qui paraissait par les ouvertures des yeux, qu'elle devait avoir la peau d'une blancheur éblouissante et les yeux d'un bleu foncé.

Elle ralentit le pas de sa mule en passant devant les jeunes gens; et même elle sembla regarder avec quel-

[1] L'archevêque de Guise.

que attention Mergy, dont la figure lui était inconnue. Sur son passage on voyait toutes les plumes des chapeaux balayer la terre, et elle inclinait la tête avec grâce pour rendre les nombreux saluts que lui adressait la haie d'admirateurs qu'elle traversait. Comme elle s'éloignait, un léger souffle de vent souleva le bas de sa longue robe de satin et laissa voir, comme un éclair, un petit soulier de velours blanc et quelques pouces d'un bas de soie rose.

— Quelle est cette dame que tout le monde salue? demanda Mergy avec curiosité.

— Déjà amoureux! s'écria Béville. Au reste, elle n'en fait jamais d'autres; huguenots et papistes, tous sont amoureux de la comtesse Diane de Turgis.

— C'est une des beautés de la cour, ajouta George, une des plus dangereuses circés pour nos jeunes galants. Mais, peste! ce n'est pas une citadelle facile à prendre.

— Combien compte-t-elle de duels? demanda en riant Mergy.

— Oh! elle ne compte que par vingtaines, répondit le baron de Vaudreuil; mais le bon, c'est qu'elle a voulu se battre elle-même : elle a envoyé un cartel dans les formes à une dame de la cour, qui avait pris le pas sur elle.

— Quel conte! s'écria Mergy.

— Ce ne serait pas la première, dit George, qui se fût battue de notre temps : elle a envoyé un cartel bien en règle et en bon style à la Sainte-Foix, l'appelant au combat à mort, à l'épée et au poignard, et en chemise, comme ferait un duelliste *raffiné*[1].

---

[1] Cette épithète désignait les duellistes de profession.

— J'aurais bien voulu être le second d'une de ces dames pour les voir toutes les deux en chemise, dit le chevalier de Rheincy.

— Et le duel eut-il lieu? demanda Mergy.

— Non, répondit George; on les raccommoda.

— Ce fut lui qui les raccommoda, dit Vaudreuil; il était alors l'amant de la Sainte-Foix.

— Fi donc! pas plus que toi, dit George d'un ton fort discret.

— La Turgis est comme Vaudreuil, dit Béville; elle fait un salmigondis de la religion et des mœurs du temps: elle veut se battre en duel, ce qui est, je crois, un péché mortel, et elle entend deux messes par jour.

— Laisse-moi donc tranquille avec ma messe, s'écria Vaudreuil.

— Oui, elle va à la messe, reprit Rheincy, mais c'est pour s'y faire voir sans masque.

— C'est pour cela, je crois, que tant de femmes vont à la messe, observa Mergy, enchanté de trouver une occasion de railler la religion qu'il ne professait pas.

— Et au prêche, dit Béville. Quand le sermon est fini, on éteint les lumières, et alors il se passe de belles choses. Par la mort! cela me donne furieusement envie de me faire luthérien.

— Et vous croyez à ces contes absurdes? reprit Mergy d'un ton de mépris.

— Si je les crois! Le petit Ferrand, que nous connaissons tous, allait au prêche d'Orléans pour voir la femme d'un notaire, une femme superbe, ma foi! il me faisait venir l'eau à la bouche rien qu'en m'en parlant. Il ne pouvait la voir que là; heureusement qu'un de ses amis, huguenot, lui avait dit le mot de passe: il entrait au prêche ; et dans l'obscurité je vous laisse à penser si notre camarade employait son temps.

— Cela est impossible, dit sèchement Mergy.

— Impossible ! et pourquoi ?

— Parce que jamais un protestant n'aurait la bassesse d'amener un papiste dans un prêche.

Cette réponse fut suivie de grands éclats de rire.

— Ah ! ah ! dit le baron de Vaudreuil, vous croyez que, parce qu'un homme est huguenot, il ne peut être ni voleur, ni traître, ni commissionnaire de galanteries ?

— Il tombe de la lune, s'écria Rheincy.

— Moi, dit Béville, si j'avais à faire remettre un poulet à une huguenote, je m'adresserais à son ministre.

— C'est, sans doute, répondit Mergy, que vous êtes habitué à donner de semblables commissions à vos prêtres ?

— Nos prêtres,..... dit Vaudreuil rougissant de colère.

— Finissez ces ennuyeuses discussions, interrompit George remarquant « l'offensante aigreur de chaque repartie ; » laissons là les cafards de toutes les sectes. Je propose que le premier qui prononcera le mot de huguenot, de papiste, de protestant, de catholique, soit mis à l'amende.

— Approuvé ! s'écria Béville ; il sera tenu de nous régaler de bon vin de Cahors à l'hôtellerie où nous allons dîner.

Il y eut un moment de silence.

— Depuis la mort de ce pauvre Lannoy, tué devant Orléans, la Turgis n'a pas d'amant connu, dit George, qui ne voulait pas laisser ses amis sur des idées théologiques.

— Qui oserait affirmer qu'une femme de Paris n'a pas d'amant ? s'écria Béville ; ce qui est sûr, c'est que Comminges la serre de bien près.

— C'est pour cela que le petit Navarette a lâché prise, dit Vaudreuil ; il a craint un si terrible rival.

— Comminges fait donc le jaloux ? demanda le capitaine.

— Il est jaloux comme un tigre, répondit Béville, et il prétend tuer tous ceux qui oseront aimer la belle comtesse ; de sorte que, pour ne pas rester sans amant, elle sera obligée de prendre Comminges.

— Quel est donc cet homme si redoutable ? demanda Mergy, qui éprouvait une vive curiosité, sans pouvoir s'en rendre compte, pour tout ce qui regardait de près ou de loin la comtesse de Turgis.

— C'est, lui répondit Rheincy, un de nos plus fameux *raffinés* ; et comme vous venez de la province, je veux bien vous expliquer le beau langage. Un raffiné est un galant homme dans la perfection, un homme qui se bat quand le manteau d'un autre touche le sien, quand on crache à quatre pieds de lui, et pour tout autre motif aussi légitime.

— Comminges, dit Vaudreuil, mena un jour un homme au Pré-aux-Clercs [1] ; ils ôtent leurs pourpoints et tirent l'épée. — N'es-tu pas Berny d'Auvergne ? demanda Comminges. — Point du tout, répond l'autre ; je m'appelle Villequier, et je suis de Normandie. — Tant pis, repartit Comminges, je t'ai pris pour un autre ; mais, puisque je t'ai appelé, il faut nous battre. Et il le tua bravement.

[1] Lieu classique alors pour les duels. Le Pré-aux-Clercs s'étendait en face du Louvre, sur le terrain compris entre la rue des Petits-Augustins et la rue du Bac.

Chacun cita quelque trait de l'adresse ou de l'humeur querelleuse de Comminges. La matière était riche, et cette conversation les mena jusque hors de la ville, à l'auberge du *More*, située au milieu d'un jardin, près du lieu où l'on bâtissait le château des Tuileries, commencé en 1564. Plusieurs gentilshommes de la connaissance de George et de ses amis s'y rencontrèrent, et l'on se mit à table en nombreuse compagnie.

— Mergy, qui était assis à côté du baron de Vaudreuil, observa qu'en se mettant à table il faisait le signe de la croix, et récitait à voix basse et les yeux fermés cette singulière prière :

Laus Deo, pax vivis, salutem defunctis, et beata viscera Virginis Mariæ quæ portaverunt æterni Patris Filium!

— Savez-vous le latin, monsieur le baron? lui demanda Mergy.

— Vous avez entendu ma prière?

— Oui, mais je vous avoue que je ne l'ai pas comprise.

— A vous dire le vrai, je ne sais pas le latin et je ne sais pas trop ce que cette prière veut dire; mais je la tiens d'une de mes tantes qui s'en est toujours bien trouvée, et, depuis que je m'en sers, je n'en ai vu que de bons effets.

— J'imagine que c'est un latin catholique, et par conséquent nous autres huguenots ne pouvons le comprendre.

— A l'amende! à l'amende! s'écrièrent à la fois Béville et le capitaine George. Mergy s'exécuta de bonne grâce, et l'on couvrit la table de nouvelles bouteilles qui ne tardèrent pas à mettre la compagnie en belle humeur.

La conversation devint bientôt plus bruyante, et Mergy profita du tumulte pour causer avec son frère sans faire attention à ce qui se passait autour d'eux.

Ils furent tirés de leur *a parte* à la fin du second service par le bruit d'une violente dispute qui venait de s'élever entre deux des convives.

— Cela est faux! s'écriait le chevalier de Rheincy.

— Faux! dit Vaudreuil. Et sa figure, naturellement pâle, devint comme celle d'un cadavre.

— C'est la plus vertueuse, la plus chaste des femmes, continua le chevalier.

Vaudreuil sourit amèrement et leva les épaules. Tous les yeux étaient fixés sur les acteurs de cette scène, et chacun paraissait vouloir attendre dans une neutralité silencieuse le résultat de la querelle.

— De quoi s'agit-il, messieurs, et pourquoi ce tapage? demanda le capitaine, toujours prêt à s'opposer à toute infraction à la paix.

— C'est notre ami le chevalier, répondit tranquillement Béville, qui veut que la Sillery, sa maîtresse, soit chaste, tandis que notre ami de Vaudreuil prétend qu'elle ne l'est pas, et qu'il en sait quelque chose.

Un éclat de rire général qui s'éleva aussitôt augmenta la fureur de Rheincy, qui regardait avec des yeux enflammés de rage et Vaudreuil et Béville.

— Je pourrais montrer de ses lettres, dit Vaudreuil.

— Je t'en défie! s'écria le chevalier.

— Eh bien! dit Vaudreuil avec un ricanement très-méchant, je vais lire une de ses lettres à ces messieurs. Ils connaissent peut-être son écriture aussi bien que moi, car je n'ai pas la prétention d'être seul honoré de ses billets et de ses bonnes grâces. Voici un billet que j'ai reçu d'elle aujourd'hui même. Et il parut fouiller dans sa poche comme pour en tirer une lettre.

— Tu mens par ta gorge !

La table était trop large pour que la main du baron pût toucher son adversaire, assis en face de lui. — Je te ferai avaler le démenti jusqu'à ce qu'il t'étouffe, s'écria-t-il. Et il accompagna cette phrase d'une bouteille qu'il lui jeta à la tête. Rheincy évita le coup, et, renversant sa chaise dans sa précipitation, il courut à la muraille pour décrocher son épée qu'il y avait suspendue.

Tous se levèrent, quelques-uns pour s'entremettre dans la querelle, la plupart pour éviter d'en être trop près.

— Arrêtez, fous que vous êtes ! s'écria George en se mettant devant le baron, qui se trouvait le plus près de lui. Deux amis doivent-ils se battre pour une misérable femmelette ?

— Une bouteille jetée à la tête vaut un soufflet, dit froidement Béville. Allons, chevalier, mon ami, flamberge au vent !

— Franc jeu ! franc jeu ! faites place ! s'écrièrent presque tous les convives.

— Holà ! Jeannot, ferme la porte, dit nonchalamment l'hôte du *More*, habitué à voir des scènes semblables ; si les archers passaient, cela pourrait interrompre ces gentilshommes et nuire à ma maison.

— Vous battrez-vous dans une salle à manger comme des lansquenets ivres ? poursuivit George, qui voulait gagner du temps ; attendez au moins à demain.

— A demain soit, dit Rheincy. Et il fit le mouvement de remettre son épée dans le fourreau.

— Il a peur, notre petit chevalier, dit Vaudreuil.

Aussitôt Rheincy, écartant tous ceux qui se trouvaient sur son passage, s'élança sur son ennemi. Tous deux s'attaquèrent avec fureur. Mais Vaudreuil avait eu le temps de rouler avec soin une serviette autour de son bras gauche, et il s'en servait avec adresse pour parer les coups de taille ; tandis que Rheincy, qui avait négligé une semblable précaution, reçut une blessure à la main gauche dès les premières passes. Cependant il ne laissait pas de combattre avec courage, appelant son laquais et lui demandant son poignard. Béville arrêta le laquais, prétendant que, Vaudreuil n'ayant pas de poignard, son adversaire ne devait pas en avoir non plus. Quelques amis du chevalier réclamèrent, des paroles fort aigres furent échangées; et sans doute le duel se fût changé en une escarmouche, si Vaudreuil n'y eût mis fin en renversant son adversaire frappé d'un coup dangereux à la poitrine. Il mit promptement le pied sur l'épée de Rheincy pour l'empêcher de la ramasser, et leva la sienne pour lui donner le coup de grâce. Les lois du duel permettaient cette atrocité.

— Un ennemi désarmé ! s'écria George. Et il lui arracha son épée.

La blessure du chevalier n'était pas mortelle, mais il perdait beaucoup de sang. On le pansa du mieux qu'on put avec des serviettes, pendant qu'avec un rire forcé il disait entre ses dents que l'affaire n'était pas finie.

Bientôt parurent un moine et un chirurgien qui se disputèrent quelque temps le blessé. Le chirurgien cependant eut la préférence, et, ayant fait transporter son patient au bord de la Seine, il le conduisit dans un bateau jusqu'à son logement.

Tandis que des valets emportaient les serviettes ensanglantées et lavaient le pavé rougi, d'autres apportalent de nouvelles bouteilles. Pour Vaudreuil, après avoir soigneusement essuyé son épée il la remit au fourreau, fit le signe de la croix, puis, avec un imperturbable sang-froid, il tira de sa poche une lettre; et d'abord, ayant réclamé le silence, il lut la première ligne qui excita de grands éclats de rire.

« *Mon chéri, cet ennuyeux chevalier qui m'obsède...* »

— Sortons d'ici, dit Mergy à son frère avec une expression de dégoût.

Le capitaine le suivit. La lettre occupait l'attention générale, et leur absence ne fut pas remarquée.

CHAPITRE IV.

LE CONVERTI.

> DON JUAN.
> Quoi ! tu prends pour de bon argent ce que je viens de dire, et tu crois que ma bouche était d'accord avec mon cœur ?
> MOLIÈRE, *le Festin de Pierre.*

Le capitaine George rentra dans la ville avec son frère, et le conduisit à son logement. En marchant, ils échangèrent à peine quelques paroles; la scène dont ils venaient d'être les témoins leur avait laissé une impression pénible qui leur faisait involontairement garder le silence.

Cette querelle et le combat irrégulier qui l'avait suivie n'avaient rien d'extraordinaire à cette époque. D'un bout de la France à l'autre, la susceptibilité chatouilleuse de la noblesse donnait lieu aux événements les plus funestes; au point que, d'après un calcul modéré, sous le règne de Henri III et sous celui de Henri IV, la fureur des duels coûta la vie à plus de gentilshommes que dix années de guerres civiles.

Le logement du capitaine était meublé avec élégance. Des rideaux de soie à fleurs et des tapis de couleurs variées attirèrent d'abord les yeux de Mergy, accoutumés à plus de simplicité. Il entra dans un cabinet que son frère appelait son *oratoire*, le mot de boudoir n'étant pas encore inventé. Un prie-dieu en chêne fort bien sculpté, une madone peinte par un artiste italien, et un bénitier garni d'un grand rameau de buis, semblaient justifier la pieuse désignation de cette chambre ; tandis qu'un lit de repos couvert de damas noir, une glace de Venise, un portrait de femme, des armes et des instruments de musique indiquaient des habitudes un peu mondaines de la part de son propriétaire.

Mergy jeta un coup d'œil méprisant sur le bénitier et le rameau de buis, qui lui rappelaient tristement l'apostasie de son frère. Un petit laquais apporta des confitures, des dragées et du vin blanc : le thé et le café n'étaient pas encore en usage, et le vin remplaçait toutes ces boissons élégantes pour nos simples aïeux.

Mergy, un verre à la main, reportait toujours ses regards de la madone au bénitier, et du bénitier au prie-dieu. Il soupira profondément, et, regardant son frère nonchalamment étendu sur le lit de repos : — Te voilà donc tout à fait papiste ! dit-il. Que dirait notre mère si elle était ici ?

Cette idée parut affecter douloureusement le capitaine. Il fronça ses sourcils épais, et fit un geste de la main comme pour prier son frère de ne pas entamer un tel sujet ; mais celui-ci poursuivit impitoyablement.

— Est-il possible que tu aies abjuré du cœur la

croyance de notre famille, comme tu l'as abjurée des lèvres ?

— La croyance de notre famille !.... Elle n'a jamais été la mienne.... Qui ? moi... croire aux sermons hypocrites de vos ministres nasillards !... moi !...

— Sans doute ! et il vaut mieux croire au purgatoire, à la confession, à l'infaillibilité du pape ! il vaut mieux s'agenouiller devant les sandales poudreuses d'un capucin ! Un temps viendra où tu ne croiras pas pouvoir dîner sans réciter la prière du baron de Vaudreuil !

— Écoute, Bernard, je hais les disputes, surtout celles où il s'agit de religion ; mais il faut bien que tôt ou tard je m'explique avec toi, et, puisque nous en sommes là-dessus, finissons-en : je vais te parler à cœur ouvert.

— Ainsi tu ne crois pas à toutes les absurdes inventions des papistes ?

Le capitaine haussa les épaules, et fit résonner un de ses larges éperons en laissant tomber le talon de sa botte sur le plancher. Il s'écria : — Papistes ! huguenots ! superstition des deux parts. Je ne sais point croire ce que ma raison me montre comme absurde. Nos litanies et vos psaumes, toutes ces fadaises se valent. Seulement, ajouta-t-il en souriant, il y a quelquefois de bonne musique dans nos églises, tandis que chez vous c'est une guerre à mort aux oreilles délicates.

— Belle supériorité pour ta religion, et il y a là de quoi lui faire des prosélytes !

— Ne l'appelle pas ma religion, car je n'y crois pas plus qu'à la tienne. Depuis que j'ai su penser par moi-même, depuis que ma raison a été à moi...

— Mais.....

— Ah ! trêve de sermons. Je sais par cœur tout ce

que tu vas me dire. Moi aussi, j'ai eu mes espérances, mes craintes. Crois-tu que je n'ai pas fait des efforts puissants pour conserver les heureuses superstitions de mon enfance? J'ai lu tous nos docteurs pour y chercher des consolations contre les doutes qui m'effrayaient, et je n'ai fait que les accroître. Bref, je n'ai pu, et je ne puis croire. Croire est un don précieux qui m'a été refusé, mais pour rien au monde je ne chercherais à en priver les autres.

— Je te plains!

— A la bonne heure, et tu as raison. — Protestant, je ne croyais pas au prêche : catholique, je ne crois pas davantage à la messe. Eh! morbleu! les atrocités de nos guerres civiles ne suffiraient-elles pas pour déraciner la foi la plus robuste?

— Ces atrocités sont l'ouvrage des hommes seuls, et des hommes qui ont perverti la parole de Dieu.

— Cette réponse n'est pas de toi; mais tu trouveras bon que je ne sois pas encore convaincu. Votre Dieu, je ne le comprends pas, je ne puis le comprendre... Et si je croyais, ce serait, comme dit notre ami Jodelle, *sous bénéfice d'inventaire.*

— Puisque les deux religions te sont indifférentes, pourquoi donc cette abjuration qui a tant affligé ta famille et tes amis?

— J'ai vingt fois écrit à mon père pour lui expliquer mes motifs et me justifier; mais il a jeté mes lettres au feu sans les ouvrir, et il m'a traité plus mal que si j'avais commis quelque grand crime.

— Ma mère et moi, nous désapprouvions cette rigueur excessive; et sans les ordres.....

— Je ne sais ce qu'on a pensé de moi. Peu m'importe! Voici ce qui m'a déterminé à une démarche que je ne referais pas, sans doute, si elle était à refaire.....

— Ah ! j'ai toujours pensé que tu t'en repentais.

— M'en repentir ! non ; car je ne crois pas avoir fait une mauvaise action. Lorsque tu étais encore au collége, apprenant le latin et le grec, j'avais endossé la cuirasse, ceint l'écharpe blanche,[1], et je combattais à nos premières guerres civiles. Votre petit prince de Condé, qui a fait faire tant de fautes à votre parti, votre prince de Condé s'occupait de vos affaires quand ses amours lui en laissaient le temps. Une dame m'aimait, le prince me la demanda ; je la lui refusai, il devint mon ennemi mortel. Il prit dès lors à tâche de me mortifier de toutes les manières.

« Ce petit prince si joli
» Qui toujours baise sa mignonne, »

il me désignait aux fanatiques du parti comme un monstre de libertinage et d'irréligion. Je n'avais qu'une maîtresse, et j'y tenais. Pour ce qui est de l'irréligion...., je laissais les autres en paix : pourquoi me déclarer la guerre ?

— Je n'aurais jamais cru le prince capable d'un trait aussi noir.

— Il est mort, et vous en avez fait un héros. C'est ainsi que va le monde. Il avait des qualités : il est mort en brave, je lui ai pardonné. Mais alors il était puissant, et un pauvre gentilhomme comme moi lui semblait criminel s'il osait lui résister.

Le capitaine se promena quelque temps par la chambre, et continua d'un ton de voix qui trahissait une émotion toujours croissante :

[1] Les réformés avaient adopté cette couleur.

— Tous les ministres, tous les cagots de l'armée furent bientôt déchaînés après moi. Je me souciais aussi peu de leurs aboiements que de leurs sermons. Un gentilhomme du prince, pour lui faire sa cour, m'appela *paillard* devant tous nos capitaines. Il y gagna un soufflet, et je le tuai. Il y avait bien douze duels par jour dans notre armée, et nos généraux avaient l'air de ne pas s'en apercevoir. On fit une exception pour moi, et le prince me destinait à servir d'exemple à toute l'armée. Les prières de tous les seigneurs et, je suis obligé d'en convenir, celles de l'Amiral, me valurent ma grâce. Mais la haine du prince ne fut pas satisfaite. Au combat de Jazeneuil, je commandais une compagnie de pistoliers; j'avais été des premiers à l'escarmouche: ma cuirasse faussée de deux arquebusades, mon bras gauche traversé d'un coup de lance montraient que je ne m'y étais pas épargné. Je n'avais plus que vingt hommes autour de moi, et un bataillon des Suisses du roi marchait contre nous. Le prince de Condé m'ordonne de faire une charge..... je lui demande deux compagnies de reîtres....., et..... il m'appela lâche!

Mergy se leva, et s'approcha de son frère avec intérêt. Le capitaine poursuivit, les yeux étincelants de colère, et se promenant toujours :

— Il m'appela lâche devant tous ces gentilshommes dans leurs armures dorées, qui, peu de mois après, l'abandonnèrent à Jarnac, et le laissèrent tuer. Je crus qu'il fallait mourir; je m'élançai sur les Suisses en jurant que, si, par fortune, j'en échappais, je ne tirerais jamais l'épée pour un prince aussi injuste. Grièvement blessé, jeté à bas de mon cheval, j'allais être tué, quand un des gentilshommes du duc d'Anjou, Béville, ce fou avec qui nous avons dîné, me sauva la vie, et me présenta au duc. On me traita bien. J'avais soif de vengeance. On me cajola, on me pressa de prendre du service auprès de mon bienfaiteur, le duc d'Anjou ; on me cita ce vers :

Omne solum forti patria est, ut piscibus æquor.

Je voyais avec indignation les protestants appeler les étrangers dans notre patrie..... Mais pourquoi ne pas te dire la seule raison qui me détermina ? je voulais me venger, et je me fis catholique dans l'espoir de rencontrer le prince de Condé sur un champ de bataille et de le tuer. C'est un lâche qui s'est chargé de lui payer ma dette..... La manière dont il a été tué m'a presque fait oublier ma haine..... Je le vis sanglant, en butte aux outrages des soldats ; j'arrachai ce cadavre de leurs mains et je le couvris de mon manteau. — J'étais engagé avec les catholiques ; je commandais un escadron de leur cavalerie, je ne pouvais plus les quitter. Heureusement je crois avoir rendu quelques services à mon ancien parti ; j'ai tâché, autant qu'il m'a été possible, d'adoucir les fureurs d'une guerre de religion, et j'ai eu le bonheur de sauver plusieurs de mes anciens amis.

— Olivier de Basseville publie partout qu'il te doit la vie.

— Me voilà donc catholique, dit George d'une voix plus calme. Cette religion en vaut bien une autre ; car il est si facile de s'accommoder avec leurs dévots ! Vois cette jolie madone, c'est le portrait d'une courtisane italienne ; les cagots admirent ma piété en se signant devant la prétendue Vierge. Crois-moi, j'ai bien meilleur marché avec eux qu'avec nos ministres. Je puis vivre comme je veux, en faisant de très-légers sacrifices à l'opinion de la canaille. Eh bien ! il faut aller à la messe : j'y vais de temps en temps regarder les jolies femmes. Il faut un confesseur : parbleu ! j'ai un brave cordelier, ancien arquebusier à cheval, qui, pour un écu, me donne un billet de confession, et par-dessus le marché se charge de remettre mes billets doux à ses jolies pénitentes. Mort de ma vie ! vive la messe !

Mergy ne put s'empêcher de sourire.

— Tiens, poursuivit le capitaine, voici mon livre de messe. Et il lui jeta un livre richement relié, dans un étui de velours, et garni de fermoirs d'argent. — Ces Heures-là valent bien vos livres de prières.

Mergy lut sur le dos : HEURES DE LA COUR.

— La reliure est belle, dit-il d'un air de dédain en lui rendant le livre.

Le capitaine l'ouvrit et le lui rendit en souriant. Mergy lut alors sur la première page : *La vie très-horrifique du grand Gargantua, père de Pantagruel, composée par M. Alcofribas, abstracteur de Quintessence.*

— Parlez-moi de ce livre-là ! s'écria le capitaine en riant ; j'en fais plus de cas que de tous les volumes de théologie de la bibliothèque de Genève.

— L'auteur de ce livre était, dit-on, rempli de savoir, mais il n'en a pas fait un bon usage.

George haussa les épaules.

— Lis ce volume, Bernard, et tu m'en parleras après.

Mergy prit le livre, et après un moment de silence :

— Je suis fâché qu'un dépit, légitime sans doute, t'ait entraîné à un coup de tête dont tu te repentiras sans doute un jour.

Le capitaine baissait la tête, et ses yeux attachés sur le tapis étendu sous ses pieds semblaient en observer curieusement les dessins. — Ce qui est fait est fait, dit-il enfin avec un soupir étouffé. Peut-être un jour reviendrai-je au prêche, ajouta-t-il plus gaîment. Mais brisons là, et promets-moi de ne plus me parler de choses aussi ennuyeuses.

— J'espère que tes propres réflexions feront plus que mes discours ou mes conseils.

— Soit! maintenant causons de tes affaires. Quelle est ton intention en venant à la cour?

— J'espère être assez recommandé à M. l'Amiral pour qu'il veuille bien m'admettre au nombre de ses gentilshommes dans la campagne qu'il va faire dans les Pays-Bas.

— Mauvais plan. Il ne faut pas qu'un gentilhomme qui se sent du courage et une épée au côté prenne ainsi de gaieté de cœur le rôle de valet. Entre comme volontaire dans les gardes du roi; dans ma compagnie de chevau-légers, si tu veux. Tu feras la campagne, ainsi que nous tous, sous les ordres de l'Amiral, mais au moins tu ne seras le domestique de personne.

— Je n'ai aucune envie d'entrer dans la garde du roi ; j'y ai même quelque répugnance. J'aimerais assez à être soldat dans ta compagnie, mais mon père veut que je fasse ma première campagne sous les ordres immédiats de M. l'Amiral.

— Je vous reconnais bien là, messieurs les huguenots! Vous prêchez l'union, et, plus que nous, vous êtes entichés de vos vieilles rancunes.

— Comment?

— Oui, le roi est toujours à vos yeux un tyran; un *Achab*, comme vos ministres l'appellent. Que dis-je? ce n'est pas même un roi, c'est un usurpateur; et depuis la mort de *Louis XIII*[1], c'est *Gaspard Ier* qui est roi de France.

— Quelle mauvaise plaisanterie !

— Au reste, autant vaut que tu sois au service du vieux Gaspard qu'à celui du duc de Guise ; M. de Châtillon est un grand capitaine, et tu apprendras la guerre sous lui.

— Ses ennemis mêmes l'estiment.

— Il y a cependant certain coup de pistolet qui lui a fait du tort.

— Il a prouvé son innocence, et, d'ailleurs, sa vie entière dément le lâche assassinat de Poltrot.
— Connais-tu l'axiome latin : *Fecit cui profuit?* Sans ce coup de pistolet, Orléans était pris.

— Ce n'était, à tout prendre, qu'un homme de moins dans l'armée catholique.

— Oui, mais quel homme ! N'as-tu donc jamais entendu ces deux mauvais vers, qui valent bien ceux de vos psaumes ?

>Autant que sont de Guisards demeurés,
>Autant a-t-il en France de Mérés [2].

— Menaces puériles, et rien de plus. La kyrielle serait longue si j'avais à raconter tous les crimes des Guisards.

— Au reste, pour rétablir la paix en France, si j'étais roi, voici ce que je voudrais faire. Je ferais mettre

---

[1] Le prince Louis de Condé, qui fut tué à Jarnac, était accusé par les catholiques de prétendre à la couronne. — L'amiral de Coligny s'appelait Gaspard.

[2] Poltrot de Méré, qui assassina le grand François, duc de Guise, au siège d'Orléans, au moment où la ville était réduite aux abois. Coligny se justifia assez mal d'avoir commandé ou de n'avoir pas empêché ce meurtre.

les Guises et les Châtillons dans un bon sac de cuir, bien cousu et bien noué; puis je les ferais jeter à l'eau avec cent mille livres de fer, de peur qu'un seul n'échappât. Il y a encore quelques gens que je voudrais mettre dans mon sac.

— Il est heureux que tu ne sois pas roi de France.

La conversation prit alors une tournure plus enjouée : on abandonna la politique comme la théologie; et les deux frères se racontèrent toutes les petites aventures qui leur étaient advenues depuis qu'ils avaient été séparés. Mergy fut assez franc pour faire les honneurs de son histoire de l'auberge du *Lion d'Or* : son frère en rit de bon cœur, et le plaisanta beaucoup sur la perte de ses dix-huit écus et de son beau cheval alezan.

Le son des cloches d'une église voisine se fit entendre.

— Parbleu! s'écria le capitaine, allons au sermon ce soir; je suis persuadé que tu t'y amuseras.

— Je te remercie, mais je n'ai pas encore envie de me convertir.

— Viens, mon cher, c'est le frère Lubin qui doit prêcher aujourd'hui. C'est un cordelier qui rend la religion si plaisante, qu'il y a toujours foule pour l'entendre. D'ailleurs, toute la cour doit aller à Saint-Jacques aujourd'hui; c'est un spectacle à voir.

— Et madame la comtesse de Turgis y sera-t-elle, et ôtera-t-elle son masque?

— A propos, elle ne peut manquer de s'y trouver. Si tu veux te mettre sur les rangs, n'oublie pas, à la sortie du sermon, de te placer à la porte de l'église pour lui offrir de l'eau bénite. Voilà encore une des jolies cérémonies de la religion catholique. Dieu! que de jolies mains j'ai pressées, que de billets doux j'ai remis, en offrant de l'eau bénite!

— Je ne sais, mais cette eau bénite me dégoûte tellement que je crois que pour rien au monde je n'y mettrais le doigt.

Le capitaine l'interrompit par un éclat de rire. Tous deux prirent leurs manteaux et se rendirent à l'église Saint-Jacques, où déjà bonne et nombreuse compagnie se trouvait rassemblée.

CHAPITRE V.

LE SERMON.

> « Bien fendu de gueule, beau despêcheur d'heures, beau desbrideur de messes, beau descrotteur de vigiles; pour tout dire sommairement : vrai moine si oncques en fut, depuis que le monde moinant moina de moinerie. »
>
> RABELAIS.

Comme le capitaine George et son frère traversaient l'église pour chercher une place commode et près du prédicateur, leur attention fut attirée par des éclats de rire qui partaient de la sacristie ; ils y entrèrent et virent un gros homme, à la mine réjouie et enluminée, revêtu de la robe de Saint-François, et engagé dans une conversation fort animée avec une demi-douzaine de jeunes gens richement vêtus.

— Allons, mes enfants, disait-il, dépêchez, les dames s'impatientent ; donnez-moi mon texte.

— Parlez-nous des bons tours que ces dames jouent à leurs maris, dit un des jeunes gens, que George reconnut aussitôt pour Béville.

— La matière est riche, j'en conviens, mon garçon ;

mais que puis-je dire qui vaille le sermon du prédicateur de Pontoise, qui s'écria : « Je m'en vais jeter mon bonnet à la tête de celle d'entre vous qui a planté le plus de cornes à son mari ! » Sur quoi il n'y eut pas une seule femme dans l'église qui ne se couvrît la tête du bras ou de la mante, comme pour parer le coup.

— Oh ! père Lubin, dit un autre, je ne suis venu au sermon qu'à cause de vous : contez-nous aujourd'hui quelque chose de gaillard, là ; parlez-nous un peu du péché d'amour, qui est présentement si fort à la mode.

— A la mode ! oui, à votre mode, messieurs, qui n'avez que vingt-cinq ans ; mais moi j'en ai cinquante bien comptés. A mon âge on ne peut plus parler d'amour. J'ai oublié ce que c'est que ce péché-là.

— Ne faites pas la petite bouche, père Lubin ; vous sauriez discourir là-dessus maintenant aussi bien que jamais : nous vous connaissons.

— Oui, prêchez sur la luxure, ajouta Béville, toutes ces dames diront que vous êtes plein de votre sujet.

Le cordelier répondit à cette plaisanterie par un clignement d'œil malin, dans lequel perçaient l'orgueil et le plaisir qu'il éprouvait à s'entendre reprocher un vice de jeune homme.

— Non, je ne veux pas prêcher là-dessus, parce que nos belles de la cour ne voudraient plus se confesser à moi si je me montrais trop sévère sur cet article-là ; et, en conscience, si j'en parlais, ce serait pour montrer comment on se damne à tout jamais... pourquoi ?... pour une minute de bon temps.

— Eh bien !... Ah ! voici le capitaine ! Allons, George, donne-nous un texte de sermon. Le père Lubin s'est engagé à prêcher sur le premier sujet que nous lui fournirons.

— Oui, dit le moine; mais dépêchez-vous, mort de ma vie! car je devrais déjà être en chaire.

— Peste, père Lubin! vous jurez aussi bien que le roi, s'écria le capitaine.

— Je parie qu'il ne jurerait pas dans son sermon, dit Béville.

— Pourquoi pas, si l'envie m'en prenait? répondit hardiment le père Lubin.

— Je parie dix pistoles que vous n'oseriez pas.

— Dix pistoles? Tope!

— Béville, dit le capitaine, je suis de moitié dans ton pari.

— Non, non, repartit celui-ci, je veux gagner tout seul l'argent du beau père; et s'il jure, ma foi! je ne regretterai pas mes dix pistoles : juremens de prédicateur valent bien dix pistoles.

— Et moi, je vous annonce que j'ai déjà gagné, dit le père Lubin; je commence mon sermon par trois jurons. Ah! messieurs les gentilshommes, vous croyez que, parce que vous portez une rapière au côté et une plume au chapeau, vous avez seuls le talent de jurer? Nous allons voir.

En parlant ainsi, il sortait de la sacristie; et dans un instant il fut en chaire. Aussitôt le plus profond silence régna dans l'assemblée.

Le prédicateur parcourut des yeux la foule qui se pressait autour de sa chaire, comme pour chercher son parieur; et lorsqu'il l'eut découvert, adossé contre une colonne précisément en face de lui, il fronça les sourcils, mit le poing sur la hanche, et, du ton d'un homme en colère, commença de la sorte :

« Mes chers frères,

» *Par la vertu! par la mort! par le sang!...*

Un murmure de surprise et d'indignation interrompit le prédicateur, ou plutôt remplit la pause qu'il laissait à dessein.

» ..... de Dieu, continua le cordelier *d'un ton de* » *nez fort dévot*, nous sommes sauvés et délivrés de » l'enfer. »

Un éclat de rire universel l'interrompit une seconde fois. Béville tira sa bourse de sa ceinture, et la secoua avec affectation devant le prédicateur, avouant ainsi qu'il avait perdu.

« Eh bien ! mes frères, continua l'imperturbable frère » Lubin, vous voilà bien contents, n'est-ce pas ? *Nous* » *sommes sauvés et délivrés de l'enfer*. Voilà de » belles paroles, pensez-vous ; nous n'avons plus qu'à » nous croiser les bras et à nous réjouir. Nous sommes » quittes de ce vilain feu d'enfer. Pour celui du purga- » toire, ce n'est que brûlure de chandelle, qui se guérit » avec l'onguent d'une douzaine de messes. Sus, man- » geons, buvons, allons voir Catin.

» Ah ! pécheurs endurcis que vous êtes ! voilà sur » quoi vous comptez ! Or çà, c'est frère Lubin qui » vous le dit, vous comptez sans votre hôte.

» Vous croyez donc, messieurs les hérétiques, hu- » guenots huguenotisants, vous croyez donc que c'est » pour vous délivrer de l'enfer que notre Sauveur a bien » voulu se laisser mettre en croix? Quelque sot ! Ah ! » ah ! vraiment oui ! c'est pour pareille canaille qu'il » aurait versé son précieux sang ! C'eût été, révérence » parlant, jeter des *perles* aux *pourceaux*; et, tout » au contraire, notre Seigneur jetait les *pourceaux* » aux *perles* : car les *perles* sont dans la mer, et no- » tre Seigneur jeta deux mille *pourceaux* dans la mer.

» *Et ecce impetu abiit totus grex præceps in*

» *maré*. Bon voyage, messieurs les pourceaux, et
» puissent tous les hérétiques prendre le même che-
» min ! »

Ici l'orateur toussa et s'arrêta un moment pour regarder l'assemblée et jouir de l'effet que produisait son éloquence sur les fidèles. Il reprit :

« Ainsi, messieurs les huguenots, convertissez-vous,
» et faites diligence ; autrement,... foin de vous ! vous
» n'êtes ni sauvés ni délivrés de l'enfer : donc tournez-
» moi les talons au prêche, et vive la messe !

» Et vous, mes chers frères les catholiques, vous
» vous frottez les mains et vous vous léchez les doigts,
» vous pensant déjà aux faubourgs du paradis. Fran-
» chement, mes frères, il y a plus loin de la cour où
» vous vivez en paradis (même en prenant par la tra-
» verse) que de Saint-Lazare à la porte Saint-Denis.

» LA VERTU, LA MORT, LE SANG DE DIEU *vous ont*
» *sauvés et délivrés de l'enfer...* Oui, en vous dé-
» livrant du péché originel, d'accord ; mais gare à vous
» si Satan vous rattrape ! Et je vous le dis : *Circuit*
» *quærens quem devoret.*

» O mes chers frères, Satan est un escrimeur qui en
» remontrerait à Grand-Jean, à Jean Petit et à l'Anglais ;
» et, je vous le dis en vérité, rudes sont les assauts qu'il
» nous livre !

» Car, aussitôt que nous quittons nos jaquettes pour
» prendre des hauts-de-chausses, je veux dire dès que
» nous sommes en âge de pécher *mortellement*,
» messire Satan nous appelle sur le *Pré-aux-Clercs*
» de la vie. Les armes que nous apportons sont les divins
» sacrements ; lui, il porte tout un arsenal : ce sont nos
» péchés, armes offensives et défensives à la fois.

» Il me semble le voir entrer en champ-clos, la *Gour-*

7

» *maudise* sur le ventre : voilà sa cuirasse ; la *Paresse*
» lui sert d'éperons ; à sa ceinture est la *Luxure*, c'est
» un estoc dangereux ; l'*Envie* est sa dague ; il porte
» l'*Orgueil* sur la tête comme un gendarme porte son
» armet ; il garde dans sa poche l'*Avarice* pour s'en
» servir au besoin ; et pour la *Colère*, avec les injures
» et tout ce qui s'ensuit, il les tient dans sa bouche :
» ce qui vous fait voir qu'il est armé jusqu'aux dents.

» Quand Dieu a donné le signal, Satan ne vous dit
» pas, comme ces duellistes courtois : Mon gentilhomme,
» êtes-vous en garde ? mais il fond sur le chrétien, tête
» baissée, sans dire : Gare ! Le chrétien, qui s'aperçoit
» qu'il va recevoir une botte de *Gourmandise* au mi-
» lieu de l'estomac, pare avec le *Jeûne*. »

Ici le prédicateur, pour se rendre plus intelligible,
décrocha un crucifix et commença à s'en escrimer,
poussant des bottes et faisant des parades, comme un
maître d'armes ferait avec son fleuret pour démontrer
un coup difficile.

« Satan, en se retirant, lui décharge un grand fen-
» dant de *Colère* ; puis, faisant une feinte d'*Hypocri-
» sie*, vous lui pousse en quarte une botte d'*Orgueil*.
» Le chrétien se couvre d'abord avec la *Patience*,
» puis il riposte à l'*Orgueil* avec une botte d'*Hu-
» milité*. Satan, irrité, lui donne d'abord un coup
» d'estoc de *Luxure* ; mais, le voyant rendu sans effet
» par une parade de *Mortifications*, il se jette à corps
» perdu sur son adversaire, lui donnant à la fois un
» croc-en-jambe de *Paresse* et un coup de dague
» d'*Envie*, tandis qu'il essaie de lui faire entrer
» l'*Avarice* dans le cœur. C'est alors qu'il faut avoir
» bon pied, bon œil. Par le *Travail* on se délivre du
» croc-en-jambe de *Paresse*, de la dague d'*Envie*

» par l'*Amour du prochain* (parade bien difficile,
» mes frères); et, quant à la botte d'*Avarice*, il n'y a
» que la *Charité* qui puisse la détourner.

» Mais, mes frères, combien y en a-t-il d'entre vous,
» attaqués ainsi en tierce et en quarte, d'estoc et de
» taille, qui trouveraient une parade toujours prête à
» toutes les bottes de *l'ennemi?* J'ai vu plus d'un
» champion porté par terre, et alors, s'il n'a pas bien
» vite recours à la *Contrition*, il est perdu; et ce
» dernier moyen, il faut en user plus tôt que plus tard.
» Vous croyez, vous autres courtisans, qu'un *peccavi*
» n'est pas long à dire. Hélas! mes frères, combien de
» pauvres moribonds veulent dire *peccavi*, à qui la
» voix manque sur le *pec!* et crac! voilà une âme em-
» portée par le diable; l'aille chercher qui voudra. »

Le frère Lubin continua encore quelque temps à donner carrière à son éloquence; et, lorsqu'il abandonna la chaire, un amateur du beau langage remarqua que son sermon, qui n'avait duré qu'une heure, contenait trente-sept pointes et d'innombrables traits d'esprit semblables à ceux que je viens de citer. Catholiques et protestants avaient également applaudi au prédicateur, qui demeura long-temps au pied de la chaire, entouré d'une foule empressée qui venait de toutes les parties de l'église pour lui offrir des félicitations.

Pendant le sermon, Mergy avait plusieurs fois demandé où était la comtesse de Turgis; son frère l'avait inutilement cherchée des yeux. Ou la belle comtesse n'était pas dans l'église, ou bien elle se cachait à ses admirateurs dans quelque coin obscur.

— Je voudrais, disait Mergy en sortant, je voudrais que toutes les personnes qui viennent d'assister à cet absurde sermon entendissent sur-le-champ les simples exhortations d'un de nos ministres...

— Voici la comtesse de Turgis, lui dit tout bas le capitaine en lui serrant le bras.

Mergy tourna la tête, et vit passer sous le portail obscur, avec la rapidité de l'éclair, une femme fort richement parée, et que conduisait par la main un jeune homme blond, mince, fluet, d'une mine efféminée, et dont le costume offrait une négligence peut-être étudiée. La foule s'ouvrait devant eux avec un empressement mêlé de terreur. Ce cavalier était le terrible Comminges.

Mergy eut à peine le temps de jeter un coup d'œil sur la comtesse. Il ne pouvait se rendre compte de ses traits, et cependant ils avaient fait sur lui une grande impression; mais Comminges lui avait mortellement déplu, sans qu'il pût s'expliquer pourquoi. Il s'indignait de voir un homme si faible en apparence et déjà possesseur de tant de renommée. — Si par hasard, pensa-t-il, la comtesse aimait quelqu'un dans cette foule, cet odieux Comminges le tuerait! il a juré de tuer tous ceux qu'elle aimera. Il mit involontairement la main sur la garde de son épée; mais aussitôt il eut honte de ce transport. — Que m'importe, après tout? Je ne lui envie pas sa conquête, que d'ailleurs j'ai à peine vue. Cependant ces idées lui avaient laissé une impression pénible; et pendant tout le chemin de l'église à la maison du capitaine, il garda le silence.

Ils trouvèrent le souper servi. Mergy mangea peu; et, aussitôt que la table fut enlevée, il voulut retourner à son hôtellerie. Le capitaine consentit à le laisser partir, mais sous la promesse qu'il viendrait le lendemain s'établir définitivement dans sa maison.

Il n'est pas besoin de dire que Mergy trouva chez son frère argent, cheval, etc., et de plus la connaissance du tailleur de la cour et du seul marchand où un gentilhomme curieux d'être bien vu des dames pouvait acheter ses gants, ses fraises *à la confusion* et ses souliers *à cric* ou *à pont-levis*.

Enfin, la nuit étant tout à fait noire, il retourna à son auberge accompagné de deux laquais de son frère, armés de pistolets et d'épées; car les rues de Paris, après huit heures du soir, étaient alors plus dangereuses que la route de Séville à Grenade ne l'est encore aujourd'hui.

CHAPITRE VI.

UN CHEF DE PARTI.

> Jocky of Norfolk be not too bold
> For Dickon thy master is bought and sold.
> SHAKSPEARE, *K. Richard III*.

Bernard de Mergy, de retour dans son humble auberge, jeta tristement les yeux sur son ameublement usé et terni. Quand il compara dans son esprit les murs de sa chambre, autrefois blanchis à la chaux, maintenant enfumés et noircis, avec les brillantes tentures de soie de l'appartement qu'il venait de quitter; quand il se rappela cette jolie madone peinte, et qu'il ne vit sur la muraille devant lui qu'une vieille image de saint, alors une idée assez vile entra dans son âme. Ce luxe, cette élégance, les faveurs des dames, les bonnes grâces du roi, tant de choses désirables enfin, n'avaient coûté à George qu'un seul mot, un seul mot bien facile à prononcer, puisqu'il suffisait qu'il partît des lèvres, et que l'on n'allait pas interroger le fond des cœurs. Aussitôt se présentèrent à sa mémoire les noms de plusieurs protestants qui, en abjurant leur religion, s'étaient élevés aux honneurs; et comme le diable se fait arme de tout, la parabole de l'enfant prodigue revint à son esprit, mais avec cette étrange moralité, que l'on ferait plus de fête à un huguenot converti qu'à un catholique persévérant.

Ces pensées, qui se reproduisaient sous toutes les formes et comme malgré lui, l'obsédaient, tout en lui inspirant du dégoût. Il prit une *Bible* de Genève, qui avait appartenu à sa mère, et lut pendant quelque temps. Plus calme alors, il posa le livre, et, avant de fermer les yeux, il fit en lui-même le serment de vivre et de mourir dans la religion de ses pères.

Malgré sa lecture et son serment, ses rêves se ressentirent des aventures de la journée. Il rêva de rideaux de soie de pourpre, de vaisselle d'or; puis les tables étaient renversées, les épées brillaient, et le sang coulait avec le vin. Puis la madone peinte s'animait; elle sortait de son cadre et dansait devant lui. Il cherchait à fixer ses traits dans sa mémoire, et alors seulement il s'apercevait qu'elle portait un masque noir. Mais ses yeux bleu-foncé et ces deux lignes de peau blanche qui perçaient à travers les ouvertures du masque!.... Les cordons du masque tombaient, une figure céleste apparaissait, mais sans contours fixes; c'était comme l'image d'une nymphe dans une eau troublée. Involontairement il baissait les yeux; bien vite il les relevait, et ne voyait plus que le terrible Comminges, une épée sanglante à la main.

Il se leva de bonne heure, fit porter chez son frère

son léger bagage, et, refusant de visiter avec lui les curiosités de la ville, il se rendit seul à l'hôtel de Châtillon pour présenter à l'Amiral la lettre dont son père l'avait chargé.

Il trouva la cour de l'hôtel encombrée de valets et de chevaux, parmi lesquels il eut de la peine à se frayer un passage jusqu'à une vaste antichambre remplie d'écuyers et de pages, qui, bien qu'ils n'eussent d'autres armes que leurs épées, ne laissaient pas de former une garde imposante autour de l'Amiral. Un huissier en habit noir, jetant les yeux sur le collet de dentelle de Mergy et sur une chaîne d'or que son frère lui avait prêtée, ne fit aucune difficulté de l'introduire sur-le-champ dans la galerie où se trouvait son maître.

Des seigneurs, des gentilshommes, des ministres de l'Évangile, au nombre de plus de quarante personnes, tous debout, la tête découverte et dans une attitude respectueuse, entouraient l'Amiral. Il était très-simplement vêtu et tout en noir. Sa taille était haute, mais un peu voûtée, et les fatigues de la guerre avaient imprimé sur son front chauve plus de rides que les années. Une longue barbe blanche tombait sur sa poitrine. Ses joues, naturellement creuses, le paraissaient encore davantage à cause d'une blessure dont la cicatrice enfoncée était à peine cachée par sa longue moustache; à la bataille de Moncontour un coup de pistolet lui avait percé la joue et cassé plusieurs dents. L'expression de sa physionomie était plutôt triste que sévère, et l'on disait que depuis la mort du brave Dandelot[1] personne ne l'avait vu sourire. Il était debout, la main appuyée sur une table couverte de cartes et de plans, au milieu desquels s'é-

[1] Son frère.

levait une énorme Bible in-4°. Des cure-dents épars au milieu des cartes et des papiers rappelaient une habitude dont on le raillait souvent. Assis au bout de la table, un secrétaire paraissait fort occupé à écrire les lettres qu'il donnait ensuite à l'Amiral pour les signer.

À la vue de ce grand homme, qui pour ses coreligionnaires était plus qu'un roi, car il réunissait en une seule personne le héros et le saint, Mergy se sentit frappé de tant de respect, qu'en l'abordant il mit involontairement un genou en terre. L'Amiral, surpris et fâché de cette marque extraordinaire de vénération, lui fit signe de se relever, et prit avec un peu d'humeur la lettre que le jeune enthousiaste lui remit. Il jeta un coup d'œil sur les armoiries du cachet. — C'est de mon vieux camarade le baron de Mergy, dit-il, et vous lui ressemblez tellement, jeune homme, qu'il faut que vous soyez son fils.

— Monsieur, mon père aurait désiré que son grand âge lui eût permis de venir lui-même vous présenter ses respects.

— Messieurs, dit Coligny après avoir lu la lettre et se tournant vers les personnes qui l'entouraient, je vous présente le fils du baron de Mergy, qui a fait plus de deux cents lieues pour être des nôtres. Il paraît que nous ne manquerons pas de volontaires pour la Flandre. Messieurs, je vous demande votre amitié pour ce jeune homme; vous avez tous la plus haute estime pour son père.

Aussitôt Mergy reçut à la fois vingt accolades et autant d'offres de service.

— Avez-vous déjà fait la guerre, Bernard, mon ami? demanda l'Amiral. Avez-vous jamais entendu le son des arquebusades?

Mergy répondit en rougissant qu'il n'avait pas encore eu le bonheur de combattre pour la religion.

— Félicitez-vous plutôt, jeune homme, de n'avoir pas eu l'occasion de répandre le sang de vos concitoyens, dit Coligny d'un ton grave ; grâce à Dieu, ajouta-t-il avec un soupir, la guerre civile est terminée ! la religion respire, et, plus heureux que nous, vous ne tirerez votre épée que contre les ennemis de votre roi et de votre patrie. Puis, mettant la main sur l'épaule du jeune homme : — J'en suis sûr, vous ne démentirez pas le sang dont vous sortez. Selon l'intention de votre père, vous servirez d'abord avec mes gentilshommes ; et, quand nous rencontrerons les Espagnols, prenez-leur un étendard, et aussitôt vous aurez une cornette dans mon régiment.

— Je vous jure, s'écria Mergy d'un ton résolu, qu'à la première rencontre je serai cornette, ou bien mon père n'aura plus de fils.

— Bien, mon brave garçon, tu parles comme parlait ton père. Puis il appela son intendant. — Voici mon intendant maître Samuel ; et, si tu as besoin d'argent pour t'équiper, tu t'adresseras à lui.

L'intendant s'inclina devant Mergy, qui se hâta de présenter ses remercîments et ses refus. — Mon père et mon frère, dit-il, pourvoient amplement à mon entretien.

— Votre frère ?..... C'est le capitaine George Mergy qui, depuis les premières guerres, a abjuré sa religion ?

Mergy baissa tristement la tête ; ses lèvres remuèrent, mais on n'entendit pas sa réponse.

— C'est un brave soldat, continua l'Amiral ; mais qu'est-ce que le courage sans la crainte de Dieu ! Jeune homme, vous avez dans votre famille un modèle à suivre et un exemple à éviter.

— Je tâcherai d'imiter les actions glorieuses de mon frère... et non son changement.

— Allons, Bernard, venez me voir souvent, et faites état de moi comme d'un ami. Vous n'êtes pas ici en trop bon lieu pour les mœurs, mais j'espère vous en tirer bientôt pour vous mener là où il y aura de la gloire à conquérir.

Mergy s'inclina respectueusement et se retira dans le cercle qui entourait l'Amiral.

— Messieurs, dit Coligny reprenant la conversation que l'arrivée de Mergy avait interrompue, je reçois de tous côtés de bonnes nouvelles. Les assassins de Rouen ont été punis...

— Ceux de Toulouse ne le sont point, dit un vieux ministre à la physionomie sombre et fanatique.

— Vous vous trompez, monsieur. La nouvelle m'en est parvenue à l'instant. De plus, la chambre mi-partie [1] est déjà établie à Toulouse. Chaque jour Sa Majesté nous prouve que sa justice est la même pour tous.

Le vieux ministre secoua la tête d'un air incrédule.

Un vieillard à barbe blanche, et vêtu de velours noir, s'écria : — Sa justice est la même, oui ! les Châtillon, les Montmorency et les Guise tous ensemble, Charles et sa digne mère voudraient les abattre tous d'un seul coup.

— Parlez plus respectueusement du roi, M. de Bonissan, dit Coligny d'un ton sévère. Oublions, oublions

[1] Par le traité qui termina la troisième guerre civile, on avait établi dans plusieurs parlements des chambres de justice dont la moitié des conseillers professaient la religion calviniste. Ils devaient connaître des affaires entre catholiques et protestants.

enfin de vieilles rancunes. Que l'on ne dise pas que les catholiques pratiquent mieux que nous le divin précepte de l'oubli des injures.

— Par les os de mon père! cela leur est plus facile qu'à nous, murmura Bonissan. Vingt-trois de mes proches martyrisés ne sortent pas si aisément de ma mémoire.

Il parlait ainsi avec aigreur, quand un vieillard fort cassé, d'une mine repoussante, et enveloppé dans un manteau gris tout usé, entra dans la galerie, fendit la presse et remit un papier cacheté à Coligny.

— Qui êtes-vous? demanda celui-ci sans rompre le cachet.

— Un de vos amis, répondit le vieillard d'une voix rauque. Et il sortit sur-le-champ.

— J'ai vu cet homme sortir ce matin de l'hôtel de Guise, dit un jeune gentilhomme.

— C'est un magicien, dit un autre.

— Un empoisonneur, dit un troisième.

— Le duc de Guise l'envoie pour empoisonner M. l'Amiral.

— M'empoisonner! dit l'Amiral en haussant les épaules, m'empoisonner dans une lettre!

— Rappelez-vous les gants de la reine de Navarre [1], s'écria Bonissan.

— Je ne crois pas plus au poison des gants qu'au poison de la lettre; mais je crois que le duc de Guise ne peut commettre une lâcheté!

Il allait ouvrir la lettre, quand Bonissan se jeta sur

---

[1] « Sa mort fut causée, » dit d'Aubigné (Hist. univ., t. II, ch. II), « par un poison, que des gants de senteur communiquèrent au cerveau, façon de messer René, Florentin, exécrable depuis mesmes aux ennemis de cette princesse. »

lui et lui saisit les mains en s'écriant : — Ne la décachetez pas, ou vous allez respirer un venin mortel !

Tous les assistants se pressèrent autour de l'Amiral, qui faisait quelques efforts pour se débarrasser de Bonissan.

— Je vois sortir une vapeur noire de la lettre, s'écria une voix.

— Jetez-la ! jetez-la ! fut le cri général.

— Laissez-moi, fous que vous êtes, disait l'Amiral en se débattant. Dans l'espèce de lutte qu'il avait à soutenir, le papier tomba sur le plancher.

— Samuel, mon ami, s'écria Bonissan, montrez-vous bon serviteur. Ouvrez-moi ce paquet, et ne le rendez à votre maître qu'après vous être assuré qu'il ne contient rien de suspect.

La commission n'était pas du goût de l'intendant. Sans balancer, Mergy ramassa la lettre et rompit le cachet. Aussitôt il se trouva fort à l'aise au centre d'un cercle vide, chacun s'étant reculé comme si une mine allait éclater au milieu de l'appartement ; pourtant nulle vapeur maligne ne sortit : personne même n'éternua. Un papier assez sale, avec quelques lignes d'écriture, était tout ce que contenait cette enveloppe si redoutée.

Les mêmes personnes qui avaient été les premières à s'écarter furent aussi les premières à se rapprocher en riant aussitôt que toute apparence de danger eut disparu.

— Que signifie cette impertinence ? s'écria Coligny avec colère, et se débarrassant enfin de l'étreinte de Bonissan ; ouvrir une lettre qui m'est adressée !

— Monsieur l'Amiral, si par hasard ce papier eût contenu quelque poison assez subtil pour vous tuer par la respiration, il eût mieux valu qu'un jeune homme comme moi en fût victime que vous, dont l'existence est si précieuse pour la religion.

Un murmure d'admiration s'éleva autour de lui. Coligny lui serra la main avec attendrissement, et après un moment de silence : — Puisque tu as tant fait que de décacheter cette lettre, dit-il avec bonté, lis-nous ce qu'elle contient.

Mergy lut aussitôt ce qui suit :

« Le ciel est éclairé à l'occident de lueurs sanglan-
» tes. Des étoiles ont disparu dans le firmament, et des
» épées enflammées ont été vues dans les airs. Il faut
» être aveugle pour ne pas comprendre ce que ces si-
» gnes présagent. Gaspard ! ceins ton épée, chausse tes
» éperons, ou bien dans peu de jours les *geais* se re-
» paîtront de ta chair. »

— Il désigne les Guises par ces *geais*, dit Bonissan ; le nom d'un oiseau est mis là au lieu de la lettre qui se prononce de même.

L'Amiral leva les épaules avec dédain, et tout le monde garda le silence ; mais il était évident que la prophétie avait fait une certaine impression sur l'assemblée.

— Que de gens à Paris qui ne s'occupent que de sottises ! dit froidement Coligny. Ne dit-on pas qu'il y a près de dix mille coquins à Paris qui ne vivent d'autre métier que de celui de prédire l'avenir ?

— L'avis, tel qu'il est, n'est pas à mépriser, dit un capitaine d'infanterie. Le duc de Guise a dit assez publiquement qu'il ne dormirait tranquille que lorsqu'il vous aurait donné de l'épée dans le ventre.

— Il est si facile à un assassin de pénétrer jusqu'à vous ! ajouta Bonissan. A votre place, je n'irais au Louvre que cuirassé.

— Allez, mon camarade, répondit l'Amiral, ce n'est pas à de vieux soldats comme nous que s'adressent les assassins. Ils ont plus peur de nous que nous d'eux.

Il s'entretint alors pendant quelque temps de la campagne de Flandre et des affaires de la religion. Plusieurs personnes lui remirent des placets pour les présenter au roi ; il les recevait tous avec bonté, adressant à chaque solliciteur des paroles affables. Dix heures sonnèrent, et il demanda son chapeau et ses gants pour se rendre au Louvre. Quelques-uns des assistants prirent alors congé de lui : un grand nombre le suivit pour lui servir de cortége et de garde à la fois.

CHAPITRE VII.

Du plus loin que le capitaine aperçut son frère, il lui cria : — Eh bien ! as-tu vu Gaspard Ier ? Comment t'a-t-il reçu ?

— Avec une bonté que je n'oublierai jamais.

— Je m'en réjouis fort.

— Oh ! George, quel homme !...

— Quel homme ! Un homme à peu près comme un autre ; ayant un peu plus d'ambition et un peu plus de patience que mon laquais, sans parler de la différence de l'origine. La naissance de M. de Châtillon a fait beaucoup pour lui.

— Est-ce sa naissance qui lui a montré l'art de la guerre, et qui en a fait le premier capitaine de notre temps ?

— Non, sans doute, mais son mérite ne l'a pas empêché d'être toujours battu. — Bah ! laissons cela. Aujourd'hui tu as vu l'Amiral, c'est fort bien ; à tout sei-

gneur, tout honneur, et il fallait commencer par faire
ta cour à M. de Châtillon. Maintenant... veux-tu venir
demain à la chasse ? et là, je te présenterai à quelqu'un
qui vaut bien aussi la peine qu'on le voie ; je veux dire
Charles, roi de France.

— J'irais à la chasse du roi !

— Sans doute, et tu y verras les plus belles femmes
et les plus beaux chevaux de la cour. Le rendez-vous
est au château de Madrid, et nous devons y être demain de bonne heure. Je te donnerai mon cheval gris
pommelé, et je te garantis que tu n'auras pas besoin
de l'éperonner pour être toujours sur les chiens.

Un laquais remit à Mergy une lettre que venait d'apporter un page du roi. Mergy l'ouvrit, et sa surprise
fut égale à celle de son frère en y trouvant un brevet
de cornette. Le sceau du roi était attaché à cette pièce,
d'ailleurs en très-bonne forme.

— Peste ! s'écria George, voilà une faveur bien soudaine ! Mais comment diable Charles IX, qui ne sait
pas que tu es au monde, t'envoie-t-il un brevet de cornette ?

Je crois en avoir l'obligation à M. l'Amiral, dit
Mergy. Et il raconta alors à son frère l'histoire de la
lettre mystérieuse qu'il avait décachetée avec tant de
courage. Le capitaine rit beaucoup de la fin de l'aventure, et l'en railla sans pitié.

CHAPITRE VIII.

DIALOGUE ENTRE LE LECTEUR ET L'AUTEUR.

— Ah ! monsieur l'auteur, quelle belle occasion
vous avez là de faire des portraits ! Et quels portraits !

Vous allez nous mener au château de Madrid, au milieu de la cour. Et quelle cour ! Vous allez nous la montrer, cette cour franco-italienne ? Faites-nous connaître l'un après l'autre tous les caractères qui s'y distinguent. Que de choses nous allons apprendre ! et qu'une journée passée au milieu de tant de grands personnages doit être intéressante !

— Hélas ! monsieur le lecteur, que me demandez-vous là ? Je voudrais bien avoir le talent d'écrire une Histoire de France ; je ne ferais pas des contes. Mais, dites-moi, pourquoi voulez-vous que je vous fasse faire connaissance avec des gens qui ne doivent point jouer de rôle dans mon roman ?

— Mais vous avez le plus grand tort de ne pas leur y faire jouer un rôle. Comment ! vous me transportez à l'année 1572, et vous prétendez esquiver les portraits de tant d'hommes remarquables ! Allons ; il n'y a pas à hésiter. Commencez ; je vous donne la première phrase : *La porte du salon s'ouvrit, et l'on vit paraître...*

— Mais, monsieur le lecteur, il n'y avait pas de *salon* au château de Madrid ; les salons...

— Eh bien ! *La grande salle était remplie d'une foule... etc... parmi laquelle on distinguait... etc.*

— Que voulez-vous qu'on y distingue ?

— Parbleu ! *primo*, Charles IX !...

— *Secundo ?*

— Halte-là. Décrivez d'abord son costume, puis vous me ferez son portrait physique, enfin son portrait moral. C'est aujourd'hui la grande route pour tout faiseur de romans.

— Son costume ? Il était habillé en chasseur, avec un grand cor de chasse passé autour du cou.

— Vous êtes bref.

— Pour son portrait physique.... Attendez.... Ma foi, vous feriez bien d'aller voir son buste au Musée d'Angoulême. Il est dans la seconde salle, n° 98.

— Mais, monsieur l'auteur, j'habite la province; voulez-vous que j'aille à Paris tout exprès pour voir un buste de Charles IX?

— Eh bien! figurez-vous un jeune homme assez bien fait, la tête un peu enfoncée dans les épaules; il tend le cou, et présente gauchement le front en avant; le nez est un peu gros; il a les lèvres minces, longues, et la supérieure très-avancée; son teint est blafard, et ses gros yeux verts ne regardent jamais la personne avec laquelle il s'entretient. Au reste, on ne lit pas écrit dans ses yeux : SAINT-BARTHÉLEMY, ni rien de semblable. Point : seulement son expression est plutôt stupide et inquiète que dure et farouche. Vous vous la représenterez assez bien en pensant à un jeune Anglais entrant seul dans un vaste salon où tout le monde est assis. Il traverse une haie de femmes bien parées, qui se taisent quand il passe. Accrochant la robe de l'une, heurtant la chaise de l'autre, à grand' peine il parvient jusqu'à la maîtresse de la maison; et alors seulement il s'aperçoit qu'en descendant de voiture à la porte de l'hôtel, la manche de son habit, rencontrant la roue, s'est couverte de crotte. Il n'est pas que vous n'ayez vu de ces mines effarées; peut-être même vous êtes-vous regardé dans une glace avant que l'usage du monde vous eût parfaitement rassuré sur votre entrée!...

— Et Catherine de Médicis?

— Catherine de Médicis? Diable! je n'y songeais pas. Je pense que c'est pour la dernière fois que j'écris son nom : c'est une grosse femme encore fraîche, et, comme l'on dit, assez bien pour son âge, avec un gros nez et des lèvres pincées, comme quelqu'un qui éprouve les premières atteintes du mal de mer. Elle a les yeux à demi fermés; elle bâille à tout moment; sa voix est monotone, et dit du même ton : *Ah! qui me délivrera de cette odieuse Béarnaise?* et : *Madeleine, donnez du lait sucré à mon chien de Naples.*

— Bon! mais faites-lui dire quelques mots un peu plus remarquables. Elle vient de faire empoisonner Jeanne d'Albret, au moins le bruit en a couru, et cela doit paraître.

— Point du tout; car si cela paraissait, où serait cette dissimulation si célèbre? Ce jour-là, d'ailleurs, j'en suis bien informé, elle ne parla d'autre chose que du temps.

— Et Henri IV? et Marguerite de Navarre? Montrez-nous Henri brave, galant, bon surtout; Marguerite glissant un billet doux dans la main d'un page pendant que Henri, de son côté, serre la main d'une des dames d'honneur de Catherine.

— Pour Henri IV, personne ne devinerait dans ce petit garçon étourdi le héros et le futur roi de France. Il a déjà oublié sa mère, morte depuis quinze jours seulement. Il ne parle qu'à un piqueur, engagé dans une dissertation à perte de vue sur les fumées du cerf que l'on va lancer. Je vous en fais grâce, surtout si, comme je l'espère, vous n'êtes pas chasseur.

— Et Marguerite?

— Elle était un peu indisposée, et gardait la chambre.

— Bonne manière de s'en débarrasser. Et le duc d'Anjou? et le prince de Condé? et le duc de Guise? et Tavannes, Retz, La Rochefoucault, Téligny ? et Thoré ? et Méru ? et tant d'autres ?

— Ma foi, vous les connaissez mieux que moi. Je vais vous parler de mon ami Mergy.

— Ah ! je m'aperçois que je ne trouverai pas dans votre roman ce que j'y cherchais.

— Je le crains.

CHAPITRE IX.

LE GANT.

*Cayó se un escarpin de la derecha
Mano, que de la izquierda importa poco
A la senora Blanca, y amor loco
A dos fidalgos disparó la flecha.*
　　　　　LOPE DE VEGA. *El guante de doña Blanca.*

La cour était au château de Madrid. La reine-mère, entourée de ses dames, attendait dans sa chambre que le roi vînt déjeuner avec elle avant de monter à cheval ; et le roi, suivi des princes, traversait lentement une galerie où se tenaient tous les hommes qui devaient l'accompagner à la chasse. Il écoutait avec distraction les discours que lui adressaient les courtisans, et leur répondait souvent avec brusquerie. Quand il passa devant les deux frères, le capitaine fléchit le genou, et présenta le nouveau cornette. Mergy, s'inclinant profondément, remercia Sa Majesté de l'honneur qu'il venait d'en recevoir avant de l'avoir mérité.

— Ah ! c'est vous dont mon père l'Amiral m'a parlé ! Vous êtes le frère du capitaine George ?

— Oui, sire.

— Êtes-vous catholique ou huguenot ?

— Sire, je suis protestant.

— Ce que j'en dis, ce n'est que par curiosité; car le diable m'emporte si je me soucie de la religion de ceux qui me servent bien.

Le roi, après ces paroles mémorables, entra chez la reine.

Quelques moments après, un essaim de femmes se répandit dans la galerie, et semblait envoyé pour faire prendre patience aux cavaliers. Je ne parlerai que d'une seule des beautés de cette cour si fertile en beautés: je veux dire de la comtesse de Turgis, qui joue un grand rôle dans cette histoire. Elle portait un habillement d'amazone à la fois leste et galant, et elle n'avait pas encore mis son masque. Son teint d'une blancheur éblouissante, mais uniformément pâle, faisait ressortir ses cheveux d'un noir de jais; ses sourcils bien arqués, en se touchant légèrement par l'extrémité, donnaient à sa physionomie un air de dureté ou plutôt d'orgueil, sans rien ôter à la grâce de l'ensemble de ses traits. On ne distinguait d'abord dans ses grands yeux bleus qu'une expression de fierté dédaigneuse; mais dans une conversation animée on voyait bientôt sa pupille grandir et se dilater comme celle d'un chat; ses regards devenaient de feu; et il était difficile, même à un fat consommé, d'en soutenir quelque temps l'action magique.

— La comtesse de Turgis! Qu'elle est belle aujourd'hui! murmuraient les courtisans. Et chacun se pressait pour la mieux voir. Mergy, qui se trouva sur son passage, fut tellement frappé de sa beauté, qu'il resta immobile, et ne pensa à se ranger pour lui faire passage que lorsque les larges manches de soie de la comtesse touchèrent son pourpoint.

Elle remarqua son émotion, peut-être avec plaisir, et

daigna fixer un instant ses beaux yeux sur ceux de Mergy, qui se baissèrent aussitôt, tandis que ses joues se couvraient d'une vive rougeur. La comtesse sourit, et en passant laissa tomber un de ses gants devant notre héros, qui, toujours immobile et hors de lui, ne pensa pas même à le ramasser. Aussitôt un jeune homme blond (ce n'était autre que Comminges), qui se trouvait derrière Mergy, le poussa rudement pour passer devant lui, se saisit du gant, et, après l'avoir baisé avec respect, le remit à madame de Turgis. Celle-ci, sans le remercier, se tourna vers Mergy, qu'elle regarda quelque temps, mais avec une expression de mépris foudroyante : puis remarquant auprès de lui le capitaine George : — Capitaine, dit-elle très-haut, dites-moi d'où nous vient ce grand dadais ? Sûrement c'est quelque huguenot, à en juger par sa courtoisie.

Un éclat de rire général acheva de déconcerter le malheureux qui en était l'objet.

— C'est mon frère, madame, répondit George un peu moins haut ; il est à Paris depuis trois jours, et, sur mon honneur, il n'est pas plus gauche que n'était Lannoy avant que vous ne prissiez soin de le former.

La comtesse rougit un peu. — Capitaine, voilà une méchante plaisanterie. Ne parlez pas mal des morts. Tenez, donnez-moi la main ; j'ai à vous entretenir de la part d'une dame qui n'est pas trop contente de vous.

Le capitaine lui prit respectueusement la main, et la conduisit dans une embrasure de fenêtre éloignée ; mais, en marchant, elle se retourna encore une fois pour regarder Mergy.

Encore tout ébloui de l'apparition de la belle comtesse, qu'il brûlait de regarder, et sur laquelle il n'osait lever les yeux, Mergy se sentit frapper doucement sur l'épaule. Il se retourna, et vit le baron de Vaudreuil, qui, le prenant par la main, le conduisit à l'écart pour lui parler; disait-il, sans crainte d'être interrompu.

— Mon cher ami, dit le baron, vous êtes tout nouveau dans ce pays, et peut-être ne savez-vous pas encore comment vous y conduire?

Mergy le regarda d'un air étonné.

— Votre frère est occupé, et ne peut vous donner de conseils; si vous le permettez, je le remplacerai.

— Je ne sais, monsieur, ce qui....

— Vous avez été gravement offensé, et, vous voyant dans cette attitude pensive, je ne doute pas que vous ne songiez aux moyens de vous venger.

— Me venger? et de qui? demanda Mergy, rougissant jusqu'au blanc des yeux.

— N'avez-vous pas été heurté rudement tout à l'heure par le petit Comminges? Toute la cour a vu l'affaire, et s'attend que vous allez la prendre fort à cœur.

— Mais, dit Mergy, dans une salle où il y a tant de monde, il n'est pas extraordinaire que quelqu'un m'ait poussé involontairement.

— Monsieur de Mergy, je n'ai pas l'honneur d'être fort connu de vous, mais votre frère est mon grand ami, et il peut vous dire que je pratique, autant qu'il m'est possible, le divin précepte de l'oubli des injures. Je ne voudrais pas vous embarquer dans une mauvaise querelle, mais en même temps je crois de mon devoir de vous dire que Comminges ne vous a pas poussé par *mégarde*. Il vous a poussé parce qu'il voulait vous faire affront; et, ne vous eût-il pas poussé, il vous a offensé cependant, car, en ramassant le gant de la Turgis, il a usurpé un droit qui vous appartenait. Le gant était à vos pieds, *ergo* vous *seul* aviez le droit de le ramasser et de la rendre.... Tenez, d'ailleurs, tournez-vous, vous verrez au bout de la galerie Comminges qui vous montre au doigt et se moque de vous.

Mergy, s'étant retourné, aperçut Comminges entouré de cinq ou six jeunes gens à qui il racontait en riant quelque chose qu'ils paraissaient écouter avec curiosité. Rien ne prouvait qu'il fût question de lui dans ce groupe; mais, sur la parole de son charitable conseiller, Mergy sentit une violente colère se glisser dans son cœur.

— Je veux aller le trouver après la chasse, dit-il, et je saurai de lui....

— Oh! ne remettez jamais une bonne résolution comme celle-là; en outre, vous offensez bien moins Dieu en appelant votre adversaire aussitôt après l'injure, que si vous le faisiez après avoir eu le temps de la réflexion. Dans un moment de vivacité, ce qui n'est qu'un péché véniel, vous prenez rendez-vous pour vous battre; et, si vous vous battez ensuite, c'est seulement pour ne pas faire un péché bien plus grand, celui de manquer à votre parole. Mais j'oublie que je parle à un protestant. Quoi qu'il en soit, prenez tout de suite rendez-vous avec lui, je m'en vais vous aboucher sur-le-champ.

— J'espère qu'il ne se refusera pas à me faire les excuses qu'il me doit.

— Pour cela, mon camarade, détrompez-vous; Comminges n'a jamais dit : *J'ai eu tort*. Du reste, il est fort galant homme, et vous donnera toute satisfaction.

Mergy fit un effort pour calmer son émotion et pour prendre un air d'indifférence.

— Si j'ai été insulté, dit-il, il me faut une satisfaction. Quelle qu'elle soit, je saurai l'exiger.

— A merveille, mon brave; j'aime à voir votre audace, car vous n'ignorez pas que Comminges est une de nos meilleures épées. Par ma foi ! c'est un gentilhomme qui a les armes bien dans la main. Il a pris à Rome des leçons de Brambilla, et Petit-Jean ne veut plus tirer contre lui.

En parlant ainsi, il regardait attentivement la figure un peu pâle de Mergy, qui semblait cependant plus ému de l'offense qu'effrayé de ses suites.

— Je voudrais bien vous servir de second dans cette affaire; mais, outre que je communie demain, je suis engagé avec M. de Rheincy, et je ne puis tirer l'épée contre un autre que lui [1].

— Je vous remercie, monsieur; si nous en venons à des extrémités, mon frère me servira de second.

— Le capitaine s'entend à merveille à ces sortes d'affaires. En attendant, je vais vous amener Comminges pour que vous vous expliquiez avec lui.

Mergy s'inclina, et, se tournant vers le mur, il s'occupa de préparer les termes du défi, et de composer son visage.

Il y a une certaine grâce à faire un défi qui s'acquiert, comme bien d'autres, par l'habitude. Notre héros en était à sa première *affaire,* par conséquent il éprouvait un peu d'embarras; mais, dans ce moment, il craignait moins de recevoir un coup d'épée que de dire quelque chose qui ne fût pas d'un gentilhomme. A peine était-il parvenu à rédiger dans sa tête une phrase ferme et polie que le baron de Vaudreuil, en le prenant par le bras, la lui fit oublier à l'instant.

Comminges, le chapeau à la main, et s'inclinant avec une politesse fort impertinente, lui dit d'une voix mielleuse : — Vous désirez me parler, monsieur ?

[1] C'était un principe pour un raffiné de n'entrer dans aucune nouvelle querelle tant qu'il en avait une arriérée.

la colère fit monter le sang au visage de Mergy; il répondit sur-le-champ, et d'une voix plus ferme qu'il n'aurait espéré : — Vous vous êtes conduit envers moi avec impertinence, et je désire une satisfaction de vous.

Vaudreuil fit un signe de tête approbateur; Comminges se redressa, et, mettant le poing sur la hanche, posture de rigueur alors en pareil cas, dit avec beaucoup de gravité : — Vous vous portez *demandeur*, monsieur, et j'ai le choix des armes, en qualité de *défendeur*.

— Nommez celles qui vous conviennent.

Comminges eut l'air de réfléchir un instant.

— L'estoc[1], dit-il, est une bonne arme, mais les blessures peuvent défigurer, et, à notre âge, ajouta-t-il en souriant, on ne se soucie guère de montrer à sa maîtresse une balafre au beau milieu de la figure. La rapière ne fait qu'un petit trou, mais il est suffisant. (Et il sourit encore.) Je choisis donc la rapière et le poignard.

— Fort bien, dit Mergy. Et il fit un pas pour s'éloigner.

— Un instant, s'écria Vaudreuil, vous oubliez de convenir d'un rendez-vous.

— C'est au Pré-aux-Clercs, dit Comminges, que se rend toute la cour; et si monsieur n'a pas quelque autre endroit de prédilection?....

— Au Pré-aux-Clercs, soit.

— Quant à l'heure... je ne me lèverai pas avant huit heures, pour raisons à moi connues.... Vous m'entendez.... Je ne couche pas chez moi ce soir, et je ne pourrai me trouver au Pré que vers neuf heures.

[1] Grande épée à deux tranchants.

— A neuf heures donc.

Mergy, en détournant les yeux, aperçut assez près de lui la comtesse de Turgis qui venait de laisser le capitaine engagé dans une conversation avec une autre dame. On sent qu'à la vue du bel auteur de cette méchante affaire notre héros arma ses traits d'un renfort de gravité et de feinte insouciance.

— Depuis quelque temps, dit Vaudreuil, la mode est de se battre en caleçons rouges. Si vous n'en avez pas de tout faits, je vous en ferai apporter une paire. Le sang ne paraît pas, et cela est plus propre.

— Cela me semble une puérilité, répondit Comminges.

Mergy sourit d'assez mauvaise grâce.

— Eh bien! mes amis, dit alors le baron de Vaudreuil, qui semblait au milieu de son élément, maintenant il ne s'agit plus que de convenir des *seconds* et des *tiers*[1] pour votre rencontre.

— Monsieur est nouveau-venu à la cour, dit Comminges, et peut-être aurait-il de la peine à trouver un *tiers*; ainsi, par condescendance pour lui, je me contenterai d'un second seulement.

Mergy, avec quelque effort, contracta ses lèvres de manière à sourire.

— On ne peut être plus courtois, dit le baron. Et, en vérité, c'est plaisir que d'avoir affaire à un gentilhomme aussi accommodant que M. de Comminges.

— Comme vous avez besoin d'une rapière de même longueur que la mienne, reprit Comminges, je vous recommande Laurent, au Soleil-d'Or, rue de la Féronnerie; c'est le meilleur armurier de la ville. Dites-lui

[1] Souvent les témoins n'étaient pas de simples spectateurs; ils se battaient entre eux. On disait *seconder*, *tiercer* quelqu'un.

que vous venez de ma part, et il vous accommodera bien.

En achevant ces mots, il fit une pirouette, et, avec beaucoup de calme, il se remit au milieu du groupe de jeunes gens qu'il venait de quitter.

— Je vous félicite, monsieur Bernard, dit Vaudreuil, vous vous êtes bien tiré de votre défi. Comment donc! mais c'est fort bien. Comminges n'est pas habitué à s'entendre parler de la sorte. On le craint comme le feu, surtout depuis qu'il a tué le grand Canillac; car pour Saint-Michel qu'il a tué il y a deux mois, il n'en retira pas grand honneur. Saint-Michel n'était pas des plus habiles, tandis que Canillac avait déjà tué cinq ou six gentilshommes, sans attraper même une égratignure. Il avait étudié à Naples sous Borelli, et on disait que Lansac lui avait légué en mourant la botte secrète avec laquelle il a fait tant de mal. A la vérité, continua-t-il, comme se parlant à lui-même, Canillac avait pillé l'église d'Auxerre, et jeté par terre des hosties consacrées; il n'est pas surprenant qu'il en ait été puni.

Mergy, que ces détails étaient loin d'amuser, se croyait obligé cependant de continuer la conversation, de peur que quelque soupçon offensant pour son courage ne vînt à l'esprit de Vaudreuil.

— Heureusement, dit-il, je n'ai pillé aucune église, et je n'ai touché de ma vie à une hostie consacrée; ainsi j'ai un danger de moins à courir.

— Il faut que je vous donne encore un avis. Quand vous croiserez le fer avec Comminges, prenez bien garde à l'une de ses feintes, qui a coûté la vie au capitaine Tomaso. Il s'écria que la pointe de son épée était cassée. Tomaso mit alors son épée au-dessus de sa tête, s'attendant à un fendant; mais l'épée de Comminges était bien entière, car elle entra jusqu'à un pied de la garde dans la poitrine de Tomaso, qu'il découvrait, ne s'attendant pas à un coup de pointe.... Mais vous vous servez de rapières, et il y a moins de danger.

— Je ferai de mon mieux.

— Ah! écoutez encore. Choisissez un poignard dont la coquille soit solide; cela est fort utile pour parer. Voyez-vous cette cicatrice à ma main gauche? c'est pour être sorti un jour sans poignard. Le jeune Tallard et moi, nous eûmes querelle, et, faute de poignard, je pensai perdre la main gauche.

— Et fut-il blessé? demanda Mergy d'un air distrait.

— Je le tuai, grâce à un vœu que je fis à monseigneur saint Maurice, mon patron. Ayez aussi du linge et de la charpie sur vous, cela ne peut pas nuire. On n'est pas toujours tué tout roide. Vous ferez bien aussi de faire mettre votre épée sur l'autel pendant la messe... Mais vous êtes protestant.... Encore un mot. Ne vous faites pas un point d'honneur de ne pas rompre; au contraire, faites-le marcher; il manque d'haleine, essoufflez-le, et, quand vous trouverez votre belle, une bonne estocade dans la poitrine, et votre homme est à bas.

Il aurait continué encore long-temps à donner d'aussi bons conseils, si un grand bruit de cors qui se fit entendre n'eût annoncé que le roi allait monter à cheval. La porte de l'appartement de la reine s'ouvrit, et Leurs Majestés, en costume de chasse, se dirigèrent vers le perron.

Le capitaine George, qui venait de quitter sa dame, revint à son frère, et, lui frappant sur l'épaule, lui dit d'un air joyeux: — Par la messe, tu es un heureux vaurien! Voyez-vous ce beau fils avec sa moustache de chat? il n'a qu'à se montrer, et voilà toutes les femmes folles de lui. Sais-tu que la belle comtesse vient de me parler de toi pendant un quart d'heure? Allons, courage! Pendant la chasse, galope toujours à côté d'elle, et sois le plus galant que tu pourras. Mais que diable as-tu? on dirait que tu es malade; tu as la mine plus longue qu'un ministre qu'on va brûler. Allons, morbleu! de la gaieté!

— Je n'ai pas grande envie d'aller à la chasse, et je voudrais....

— Si vous ne suivez pas la chasse, dit tout bas le baron de Vaudreuil, Comminges croira que vous avez peur.

— Allons! dit Mergy en passant la main sur son front brûlant. Il jugea qu'il valait mieux attendre la fin de la chasse pour confier son aventure à son frère. Quelle honte, pensa-t-il, si madame de Turgis croyait que j'ai peur,.... si elle pensait que l'idée d'un duel prochain m'empêche de prendre plaisir à la chasse !

CHAPITRE X.

LA CHASSE.

> MERCUTIO.
> The very butcher of a silk button, a duellist, a duellist, a gentleman of the very first house, — of the first and second cause : Ah! the immortal passado! the *punto riverso*.
> SHAKSPEARE, *Romeo and Juliet*.

Un grand nombre de dames et de gentilshommes richement vêtus, montés sur des chevaux superbes, s'agitaient en tout sens dans la cour du château. Le son des trompes, les cris des chiens, les bruyantes plaisanteries des cavaliers, formaient un vacarme délicieux pour les oreilles d'un chasseur, et exécrable pour toute autre oreille humaine.

Mergy suivit machinalement son frère dans la cour, et, sans savoir comment, il se trouva près de la belle comtesse, déjà masquée et montée sur un andalou fougueux qui frappait la terre du pied et mâchait son mors avec impatience ; mais, sur ce cheval qui aurait occupé toute l'attention d'un cavalier ordinaire, elle semblait aussi à son aise qu'assise sur un fauteuil dans son appartement.

Le capitaine s'approcha, sous prétexte de resserrer la gourmette de l'andalou.

— Voici mon frère, dit-il à l'amazone à demi-voix, mais assez haut cependant pour être entendu de Mergy. Traitez doucement le pauvre garçon ; il en a dans l'aile depuis un certain jour qu'il vous a vue au Louvre.

— J'ai déjà oublié son nom, répondit-elle assez brusquement. Comment s'appelle-t-il ?

— Bernard. Remarquez-vous, madame, que son écharpe est de la même couleur que vos rubans ?

— Sait-il monter à cheval ?

— Vous en jugerez.

Il la salua, et courut auprès d'une fille d'honneur de la reine, à laquelle il rendait des soins depuis quelque temps. A demi penché sur l'arçon de sa selle, et la main sur la bride du cheval de la dame, il oublia bientôt son frère et sa belle et fière compagne.

— Vous connaissez donc Comminges, monsieur de Mergy ? demanda madame de Turgis.

— Moi, madame ?... fort peu, répondit-il en balbutiant.

— Mais vous lui parliez tout à l'heure ?

— C'était pour la première fois.

— Je crois avoir deviné ce que vous lui avez dit. Et sous son masque ses yeux semblaient vouloir lire jusqu'au fond de l'âme de Mergy.

Une dame, en abordant la comtesse, interrompit leur entretien, à la grande satisfaction de Mergy, qu'il embarrassait prodigieusement. Toutefois il continua de suivre la comtesse, sans trop savoir pourquoi ; peut-être espérait-il causer ainsi quelque peine à Comminges qui l'observait de loin.

On sortit du château. Un cerf fut lancé, et s'enfonça dans les bois ; toute la chasse le suivit, et Mergy observa, non sans quelque étonnement, l'adresse de madame de Turgis à manier son cheval, et l'intrépidité avec laquelle elle lui faisait franchir tous les obstacles qui se présentaient sur son passage. Mergy dut à la bonté du barbe qu'il montait de ne pas se séparer d'elle ; mais, à sa grande mortification, le comte de Comminges, aussi bien monté que lui, l'accompagnait aussi, et malgré la rapidité d'un galop impétueux, malgré l'attention toute particulière qu'il mettait à la chasse, il parlait souvent à l'amazone, tandis que Mergy enviait en silence sa légèreté, son insouciance, et surtout son talent de dire des riens agréables, qui, à en juger par le déplaisir qu'il en ressentait, devaient amuser la comtesse. Au reste, les deux rivaux, animés d'une noble émulation, ne trouvaient pas de palissades assez hautes, pas de fossés assez larges pour les arrêter, et vingt fois ils risquèrent de se rompre le cou.

Tout d'un coup la comtesse, se séparant du gros de la chasse, entra dans une allée du bois faisant un angle avec celle que le roi et sa suite parcouraient.

— Que faites-vous ? s'écria Comminges ; vous perdez la

vole ; n'entendez-vous point de ce côté les cors et les chiens ?

— Eh bien ! prenez l'autre allée ; qui vous arrête ?

Comminges ne répondit rien et la suivit. Mergy fit de même, et, quand ils se furent enfoncés dans l'allée de quelque cent pas, la comtesse ralentit l'allure de son cheval. Comminges à sa droite et Mergy à sa gauche l'imitèrent aussitôt.

— Vous avez là un bon cheval de bataille, monsieur de Mergy, dit Comminges ; on ne lui voit pas une goutte de sueur.

— C'est un barbe qu'un Espagnol a vendu à mon frère. Voici la marque d'un coup d'épée qu'il a reçu à Moncontour.

— Avez-vous fait la guerre ? demanda la comtesse à Mergy.

— Non, madame.

— Ainsi, vous n'avez jamais reçu d'arquebusade ?

— Non, madame.

— Ni de coup d'épée ?

— Non plus.

Mergy crut s'apercevoir qu'elle souriait. Comminges relevait sa moustache d'un air goguenard.

— Rien ne sied mieux à un jeune gentilhomme, dit-il, qu'une belle blessure ; qu'en dites-vous, madame ?

— Oui, si elle est bien gagnée.

— Qu'entendez-vous par bien gagnée ?

— Oui, une blessure est glorieuse, gagnée sur un champ de bataille ; mais dans un duel ce n'est plus de même ; je ne connais rien de plus méprisable.

— M. de Mergy, je le présume, vous a parlé avant de monter à cheval ?

— Non, dit sèchement la comtesse.

— Mergy conduisit son cheval auprès de Comminges :

— Monsieur, lui dit-il tout bas, aussitôt que nous aurons rejoint la chasse nous pourrons entrer dans un haut taillis, et là je vous prouverai, j'espère, que je ne voudrais rien faire pour éviter votre rencontre.

Comminges le regarda d'un air où se peignait un mélange de pitié et de plaisir.

— A la bonne heure, je veux bien vous croire, répondit-il ; mais, quant à la proposition que vous me faites, je ne puis l'accepter ; nous ne sommes pas des goujats, pour nous battre tout seuls ; et nos amis, qui doivent être de la fête, ne nous pardonneraient pas de ne pas les avoir attendus.

— Comme il vous plaira, monsieur, dit Mergy. Et il se remit à côté de madame de Turgis, dont le cheval avait pris quelques pas d'avance sur le sien. La comtesse marchait la tête baissée sur sa poitrine, et semblait tout entière à ses pensées. Ils arrivèrent tous les trois en silence jusqu'à un carrefour qui terminait l'allée dans laquelle ils s'étaient engagés.

— N'est-ce pas la trompe que nous entendons ? demanda Comminges.

— Il me semble que le son vient de ce taillis à notre gauche, dit Mergy.

— Oui, c'est bien le cor, j'en suis sûr maintenant, et même un cor de Bologne. Dieu me damne ! si ce n'est pas le cor de mon ami Pompignan. Vous ne sauriez croire, monsieur de Mergy, la différence qu'il y a entre un cor de Bologne et ceux que fabriquent nos misérables artisans de Paris.

— Celui-ci s'entend de loin.

— Et quel son ! comme il est nourri ! Les chiens en l'entendant oublieraient qu'ils ont couru dix lieues. Tenez, à vrai dire, on ne fait rien de bien qu'en Italie et en Flandre. Que pensez-vous de ce collet à la wallonne ? Cela est bien séant pour un costume de chasse ; j'ai des collets et des fraises *à la confusion* pour aller au bal : mais ce collet, tout simple qu'il est, croyez-vous qu'on pourrait le broder à Paris ? point. Il me vient de Breda. Si vous voulez, je vous en ferai venir par un de mes amis qui est en Flandre..... Mais.... (Il s'interrompit par un grand éclat de rire.) Que je suis distrait ! Mon Dieu ! je n'y pensais plus !

La comtesse arrêta son cheval.

— Comminges, la chasse est devant nous, et, à en juger par le cor, le cerf est aux abois.

— Je pense que vous avez raison, belle dame.

— Et ne voulez-vous pas assister au hallali ?

— Sans doute ; autrement notre réputation de chasseurs et de coureurs est perdue.

— Eh bien ! il faut se dépêcher.

— Oui, nos chevaux ont soufflé maintenant. Allons, donnez-nous le signal.

— Moi, je suis fatiguée, je reste ici, M. de Mergy me fera compagnie. Allons, partez.

— Mais.....

— Mais faut-il vous le dire deux fois ? Piquez.

Comminges restait immobile ; le rouge lui monta au visage, et il regardait tour à tour Mergy et la comtesse d'un air furieux.

— Madame de Turgis a besoin d'un tête-à-tête ? dit-il avec un sourire amer.

La comtesse étendit la main vers le taillis d'où l'on entendait le son du cor, et lui fit du bout des doigts un geste très-significatif. Mais Comminges ne paraissait pas encore disposé à laisser le champ libre à son rival.

— Il paraît qu'il faut s'expliquer clairement avec

vous. Laissez-nous, monsieur de Comminges, votre présence m'importune. Me comprenez-vous à présent?

— Parfaitement, madame, répondit-il en fureur. Et il ajouta plus bas : Mais quant à ce beau mignon de ruelle... il n'aura pas long-temps à vous amuser. Adieu, monsieur de Mergy, *au revoir!* Il prononça ces derniers mots avec une emphase particulière ; puis, piquant des deux, il partit au galop.

La comtesse arrêta son cheval, qui voulait imiter son compagnon, le remit au pas, et chemina d'abord en silence, levant la tête de temps en temps, et regardant Mergy comme si elle allait lui parler, puis détournant les yeux, honteuse de ne pouvoir trouver une phrase pour entrer en matière.

Mergy se crut obligé de commencer.

— Je suis bien fier, madame, de la préférence que vous m'avez accordée.

— Monsieur Bernard... savez-vous faire des armes?

— Oui, madame, répondit-il étonné.

— Mais, je dis bien.... très-bien?

— Assez bien pour un gentilhomme, et mal sans doute pour un maître d'armes.

— Mais, dans le pays où nous vivons, les gentilshommes sont plus forts sur les armes que les maîtres de profession.

— En effet, j'ai entendu dire que beaucoup d'entre eux perdent dans les salles d'armes un temps qu'ils pourraient mieux employer ailleurs.

— *Mieux!*

— Oui, sans doute. Ne vaut-il pas mieux causer avec les dames, dit-il en souriant, que de fondre en sueur dans une salle d'escrime?

— Dites-moi, vous êtes-vous battu souvent?

— Jamais, grâce à Dieu, madame! Mais pourquoi ces questions?

— Apprenez, pour votre gouverne, qu'on ne doit jamais demander à une femme pourquoi elle fait telle ou telle chose; du moins tel est l'usage des gentilshommes bien élevés.

— Je m'y conformerai, dit Mergy en souriant légèrement et s'inclinant sur le cou de son cheval.

— Alors... comment ferez-vous demain?

— Demain?

— Oui; ne faites pas l'étonné.

— Madame....

— Répondez-moi, je sais tout; répondez-moi! s'écria-t-elle en étendant la main vers lui avec un geste de reine. Le bout de son doigt effleura la manche de Mergy et le fit tressaillir.

— Je ferai de mon mieux, dit-il enfin.

— J'aime votre réponse; elle n'est ni d'un lâche ni d'un spadassin. Mais vous savez que pour votre début vous allez avoir affaire à un homme bien redoutable.

— Que voulez-vous? je serai sans doute fort embarrassé, comme je le suis maintenant, ajouta-t-il en souriant; je n'ai jamais vu que des paysannes, et, pour mon début à la cour, je me trouve en tête-à-tête avec la plus belle dame de la cour de France.

— Parlons sérieusement. Comminges est la meilleure épée de cette cour, si fertile en coupe-jarrets. Il est le roi des *raffinés*.

— On le dit.

— Eh bien! n'êtes-vous point inquiet?

— Je le répète, je ferai de mon mieux. On ne doit jamais désespérer avec une bonne épée, et surtout avec l'aide de Dieu!....

— L'aide de Dieu !.... interrompit-elle d'un air méprisant ; n'êtes-vous pas huguenot, monsieur de Mergy ?

— Oui, madame, répondit-il gravement, selon son ordinaire, à pareille question.

— Donc, vous courez plus de risques qu'un autre.

— Et pourquoi ?

— Exposer sa vie n'est rien ; mais vous exposez plus que votre vie, — votre âme.

— Vous raisonnez, madame, avec les idées de votre religion ; les miennes sont plus rassurantes.

— Vous allez jouer un vilain jeu. Une éternité de souffrances sur un coup de dé, et les six sont contre vous !

— Dans tous les cas il en serait de même ; car, si je mourais demain *catholique*, je mourrais *en péché mortel*.

— Il y a fort à dire, et la différence est grande, s'écria-t-elle, piquée de ce que Mergy lui opposait un argument tiré de sa propre croyance ; nos docteurs vous expliqueront....

— Oh ! sans doute, car ils expliquent tout, madame ; ils prennent la liberté de changer l'Écriture suivant leurs fantaisies. Par exemple.....

— Laissons cela. On ne peut causer un instant avec un huguenot sans qu'il ne vous cite à tout propos les saintes Écritures.

— C'est que nous les lisons, tandis que vos prêtres même ne les connaissent pas. Mais changeons de sujet. Croyez-vous qu'à l'heure qu'il est le cerf soit pris ?

— Vous êtes donc bien attaché à votre religion ?

— C'est vous qui commencez, madame.

— Vous la croyez bonne ?

— Bien plus, je la crois la meilleure, la seule bonne; sinon j'en changerais.

— Votre frère en a bien changé.

— Il avait ses raisons pour devenir catholique; j'ai les miennes pour rester protestant.

— Ils sont tous obstinés et sourds à la voix de la raison! s'écria-t-elle avec colère.

— Il pleuvra demain, dit Mergy en regardant le ciel.

— Monsieur de Mergy, l'amitié que j'ai pour votre frère et le danger que vous allez courir m'inspirent de l'intérêt pour vous....

Il s'inclina respectueusement.

— Vous autres hérétiques, vous n'avez point foi aux reliques?

Il sourit.

— Et vous vous croiriez souillés en les touchant? continua-t-elle..... Vous refuseriez d'en porter, comme nous autres catholiques romains nous avons l'usage de le faire?

— Cet usage nous paraît, à nous autres, au moins inutile.

— Écoutez. Un de mes cousins attacha une fois une relique au cou d'un chien de chasse; puis, à douze pas de distance, il lui tira une arquebusade chargée de chevrotines.

— Et le chien fut tué?

— Pas un plomb ne l'atteignit.

— Voilà qui est admirable! Je voudrais bien avoir une semblable relique.

— Vraiment!... et vous la porteriez?

— Sans doute; puisque la relique défendait un chien, à plus forte raison..... Mais un instant, est-il bien sûr qu'un hérétique vaille autant que le chien.... d'un catholique, s'entend ?

Sans l'écouter, madame de Turgis déboutonna promptement le haut de son corps étroit ; elle tira de son sein une petite boîte d'or très-plate, attachée par un ruban noir.

— Tenez, dit-elle, vous m'avez promis de la porter. Vous me la rendrez un jour.

— Si je le puis, certainement.

— Mais écoutez, vous en aurez soin ?.... Pas de sacrilége ! Vous en aurez le plus grand soin !

— Elle vient de vous, madame.

Elle lui donna la relique, qu'il prit et passa autour de son cou.

— Un catholique aurait remercié la main qui lui donne ce saint talisman.

Mergy se saisit de sa main et voulut la porter à ses lèvres.

— Non, non, il est trop tard.

— Songez-y bien ; peut-être n'aurai-je jamais telle fortune !

— Otez mon gant, dit-elle en lui tendant la main.

En ôtant le gant, il crut sentir une légère pression. Il imprima un baiser de feu sur cette belle et blanche main.

— Monsieur Bernard, dit la comtesse d'une voix émue, serez-vous entêté jusqu'à la fin, et n'y a-t-il aucun moyen de vous toucher ? Vous convertirez-vous enfin, grâce à moi ?

— Mais, je ne sais, répondit-il en riant ; priez-moi bien fort et bien long-temps. Ce qu'il y a de sûr, c'est que nulle autre que vous ne me convertira.

— Dites-moi franchement.... si une femme...., là....
qui aurait su.... Elle s'arrêta.

— Qui aurait su?...

— Oui ; est-ce que... l'amour, par exemple?... Mais
soyez franc ! parlez-moi sérieusement.

— Sérieusement? Et il cherchait à reprendre sa main.

— Oui. Est-ce que l'amour que vous auriez pour une
femme d'une autre religion que la vôtre,.... est-ce que
cet amour ne vous ferait pas changer?.... Dieu se sert
de toutes sortes de moyens.

— Et vous voulez que je vous réponde franchement
et sérieusement?

— Je l'exige.

Mergy baissa la tête et hésitait à répondre. Dans le
fait il cherchait une réponse évasive. Madame de Turgis
lui faisait des avances qu'il ne se souciait pas de rejeter.
D'autre part, comme il n'était à la cour que depuis
quelques heures, sa conscience de province était terriblement pointilleuse.

— J'entends le hallali, s'écria tout d'un coup la comtesse, sans attendre cette réponse si difficile. Elle donna
un coup de houssine à son cheval, et partit au galop
sur-le-champ ; Mergy la suivit, mais sans pouvoir en
obtenir un regard, une parole.

Ils eurent rejoint la chasse en un instant.

Le cerf s'était d'abord lancé au milieu d'un étang,
d'où l'on avait eu quelque peine à le débusquer. Plusieurs cavaliers avaient mis pied à terre, et, s'armant
de longues perches, avaient forcé le pauvre animal à reprendre sa course. Mais la fraîcheur de l'eau avait achevé
d'épuiser ses forces. Il sortit de l'étang haletant, tirant
la langue et courant par bonds irréguliers. Les chiens,
au contraire, semblaient redoubler d'ardeur. A peu de

distance de l'étang, le cerf, sentant qu'il lui devenait impossible d'échapper par la fuite, parut faire un dernier effort, et, s'acculant contre un gros chêne, il fit bravement tête aux chiens. Les premiers qui l'attaquèrent furent lancés en l'air, éventrés. Un cheval et son cavalier furent culbutés rudement. Hommes, chevaux et chiens, rendus prudents, formaient un grand cercle autour du cerf, mais sans oser en venir à portée de ses andouillers menaçants.

Le roi mit pied à terre avec agilité, et, le couteau de chasse à la main, tourna adroitement derrière le chêne, et d'un revers coupa le jarret du cerf. Le cerf poussa une espèce de sifflement lamentable, et s'abattit aussitôt. A l'instant vingt chiens s'élancent sur lui. Saisi à la gorge, au museau, à la langue, il était tenu immobile. De grosses larmes coulaient de ses yeux.

— Faites approcher les dames! s'écria le roi.

Les dames s'approchèrent ; presque toutes étaient descendues de leurs montures.

— Tiens, *Parpaillot*, dit le roi en plongeant son couteau dans le côté du cerf, et il tourna la lame dans la plaie pour l'agrandir. Le sang jaillit avec force, et couvrit la figure, les mains et les habits du roi.

Parpaillot était un terme de mépris dont les catholiques désignaient souvent les calvinistes. Ce mot, et la manière dont il était employé, déplurent à plusieurs, tandis qu'il fut reçu par d'autres avec applaudissement.

— Le roi a l'air d'un boucher, dit assez haut, et avec une expression de dégoût, le gendre de l'Amiral, le jeune Téligny.

Des âmes charitables, comme il s'en trouve surtout à la cour, ne manquèrent pas de rapporter la réflexion au monarque, qui ne l'oublia pas.

Après avoir joui du spectacle agréable des chiens dévorant les entrailles du cerf, la cour reprit le chemin de Paris. Pendant la route, Mergy raconta à son frère l'insulte qu'il avait reçue et la provocation qui en avait été la suite. Les conseils et les remontrances étaient inutiles, et le capitaine lui promit de l'accompagner le lendemain.

CHAPITRE XI.

LE RAFFINÉ ET LE PRÉ-AUX-CLERCS.

> For one of us must yield his breath,
> Ere from the field one foot we flee.
> *(The duel of Stuart and Wharton.)*

Malgré la fatigue de la chasse, Mergy passa une bonne partie de la nuit sans dormir. Une fièvre ardente l'agitait sur son lit, et donnait une activité désespérante à son imagination. Mille pensées accessoires ou même étrangères à l'événement qui se préparait pour lui venaient l'assiéger et troubler sa cervelle ; plus d'une fois il s'imagina que le mouvement de fièvre qu'il ressentait n'était que le prélude d'une maladie grave qui allait se déclarer dans peu d'heures, et le clouer sur son lit. Alors que deviendrait son honneur? que dirait le monde? que diraient surtout et madame de Turgis et Comminges? Il aurait voulu pour beaucoup hâter l'instant fixé pour le combat.

Heureusement, au lever du soleil, il sentit son sang se calmer, et il pensa avec moins d'émotion à la rencontre qui allait avoir lieu. Il s'habilla tranquillement, et même il mit quelque recherche dans sa toilette. Il se représenta la belle comtesse accourant sur le champ de bataille, et le trouvant légèrement blessé; elle le pansait de ses propres mains, et ne faisait plus un mystère de son amour. L'horloge du Louvre, qui sonnait huit heures, le tira de ses idées, et presque au même instant son frère entra dans sa chambre.

Une profonde tristesse était empreinte sur son visage, et il paraissait assez qu'il n'avait pas mieux passé la nuit. Cependant il s'efforça de prendre une expression de bonne humeur, et de sourire en serrant la main de Mergy.

— Voici une rapière, lui dit-il, et un poignard à coquille, tous les deux de Luno de Tolède; vois si le poids de l'épée te convient. Et il jeta une longue épée et un poignard sur le lit de Mergy.

Mergy tira l'épée, la fit ployer, regarda la pointe, et parut satisfait. Le poignard attira ensuite son attention: la coquille en était percée à jour d'une infinité de petits trous destinés à arrêter la pointe de l'épée ennemie, et à l'y engager de manière à n'en pas sortir facilement.

— Avec d'aussi bonnes armes, dit-il, je crois que je pourrai me défendre. Puis, montrant la relique que madame de Turgis lui avait donnée, et qu'il avait tenue cachée sur son sein : — Voici de plus un talisman qui préserve des coups d'épée mieux que ne ferait une cotte de mailles, ajouta-t-il en souriant.

— D'où te vient ce jouet?

— Devine un peu. Et la vanité de paraître un favori des dames lui faisait oublier en ce moment et Comminges et l'épée de combat qui était toute nue devant lui.

— Je parie que c'est cette folle de comtesse qui te l'aura donné! Que le diable l'emporte, elle et sa boîte!

— Sais-tu que c'est un talisman qu'elle m'a donné exprès pour m'en servir aujourd'hui?

— Elle aurait mieux fait de se montrer gantée, au lieu de chercher à faire paraître sa belle main blanche!

— Dieu me préserve! dit Mergy en rougissant beaucoup, de croire à ces reliques papistes; mais, si je dois succomber aujourd'hui, je veux qu'elle sache qu'en tombant j'avais ce gage sur ma poitrine.

— Quelle fatuité! s'écria le capitaine en haussant les épaules.

— Voici une lettre pour ma mère, dit Mergy d'une voix un peu tremblante. George la prit sans rien dire, et, s'approchant d'une table, il ouvrit une petite Bible, et lut pour se faire une contenance, pendant que son frère, achevant de s'habiller, s'occupait à nouer la profusion d'aiguillettes que l'on portait alors sur les habits.

Sur la première page qui se présenta à ses yeux, il lut ces mots écrits de la main de sa mère: « 1er mai » 1547 est né mon fils Bernard. Seigneur, conduis-le » dans tes voies! Seigneur, préserve-le de tout mal. » Il se mordit la lèvre avec force, et jeta le livre sur la table. Mergy, qui vit son mouvement, crut que quelque pensée impie lui était venue en tête; il reprit la Bible d'un air grave, la remit dans un étui brodé, et la serra dans une armoire avec toutes les marques d'un grand respect. — C'est la Bible de ma mère, dit-il.

Le capitaine se promena par la chambre sans répondre.

— Ne serait-il pas temps de partir? dit Mergy en agrafant le ceinturon de son épée.

— Pas encore, et nous avons le temps de déjeuner. Tous les deux s'assirent devant une table couverte de gâteaux de plusieurs sortes, accompagnés d'un grand pot d'argent rempli de vin. En mangeant, ils discutèrent longuement, et avec une apparence d'intérêt, le mérite de ce vin comparé avec d'autres de la cave du capitaine; chacun d'eux s'efforçant, au moyen d'une conversation aussi futile, de cacher à son compagnon les véritables sentiments de son âme.

Le capitaine se leva le premier. — Partons, dit-il d'une voix rauque. Il enfonça son chapeau sur ses yeux, et descendit précipitamment.

Ils entrèrent dans un bateau et traversèrent la Seine. Le batelier, qui devina sur leur mine le motif qui les conduisait au Pré-aux-Clercs, fit fort l'empressé; et, tout en ramant avec vigueur, il leur raconta très en détail comment, le mois passé, deux gentilshommes, dont l'un s'appelait le comte de Comminges, lui avaient fait l'honneur de louer son bateau pour s'y battre tous les deux à leur aise, sans crainte d'être interrompus. L'adversaire de M. de Comminges, dont il regrettait de n'avoir pas su le nom, avait été percé d'outre en outre, et de plus avait été culbuté dans la rivière, d'où lui, batelier, n'avait jamais pu le retirer.

Au moment où ils abordèrent, ils aperçurent un bateau chargé de deux hommes et traversant la rivière quelques cents pieds plus bas. — Voici nos gens, dit le capitaine, reste là; et il courut au-devant du bateau qui portait Comminges et le vicomte de Béville.

— Eh! te voilà! s'écria ce dernier. Est-ce toi, ou bien ton frère que Comminges va tuer? En parlant ainsi il l'embrassait en riant.

Le capitaine et Comminges se saluèrent gravement.

— Monsieur, dit le capitaine à Comminges aussitôt qu'il se fut débarrassé des embrassades de Béville, je crois qu'il est de mon devoir de faire encore un effort pour empêcher les suites funestes d'une querelle qui n'est pas fondée sur des motifs touchant à l'honneur ; je suis sûr que mon ami (il montrait Béville) réunira ses efforts aux miens.

Béville fit une grimace négative.

— Mon frère est très-jeune, poursuivit George, sans nom comme sans expérience aux armes ; il est obligé par conséquent de se montrer plus susceptible qu'un autre. Vous, monsieur, au contraire, votre réputation est faite, et votre honneur n'aura rien qu'à gagner si vous voulez bien reconnaître devant M. de Béville et moi que c'est par mégarde...

Comminges l'interrompit par un grand éclat de rire.

— Plaisantez-vous, mon cher capitaine ? et me croyez-vous homme à quitter le lit de ma maîtresse de si bonne heure... à traverser la Seine, le tout pour faire des excuses à un morveux ?

— Vous oubliez, monsieur, que la personne dont vous parlez est mon frère, et c'est insulter...

— Quand il serait votre père, que m'importe ? Je me soucie peu de toute la famille.

— Eh bien ! monsieur, avec votre permission, vous aurez affaire avec toute la famille. Et, comme je suis l'aîné, vous commencerez par moi, s'il vous plaît.

— Pardonnez-moi, monsieur le capitaine ; je suis obligé, suivant toutes les règles du duel, de me battre avec la personne qui m'a provoqué d'abord. Votre frère a des droits de priorité *imprescriptibles*, comme l'on dit au Palais-de-Justice ; quand j'aurai terminé avec lui, je serai à vos ordres.

— Cela est parfaitement juste, s'écria Béville, et je ne souffrirai pas, pour ma part, qu'il en soit autrement.

Mergy, surpris de la longueur du colloque, s'était rapproché à pas lents. Il arriva justement à temps pour entendre son frère accabler Comminges d'injures, jusqu'à l'appeler lâche, tandis que celui-ci répondait avec un imperturbable sang-froid : — Après monsieur votre frère, je m'occuperai de vous.

— Mergy saisit le bras de son frère : — George, dit-il, est-ce ainsi que tu me sers, et voudrais-tu que je fisse pour toi ce que tu prétendais faire pour moi ? Monsieur, dit-il en se tournant vers Comminges, je suis à vos ordres; nous commencerons quand vous voudrez.

— À l'instant même, répondit celui-ci.

— Voilà qui est admirable, mon cher, dit Béville en serrant la main de Mergy. Si je n'ai aujourd'hui le regret de t'enterrer ici, tu iras loin, mon garçon.

Comminges ôta son pourpoint et défit les rubans de ses souliers, pour montrer par là que son intention était de ne pas reculer d'un seul pas. C'était une mode parmi les duellistes de profession. Mergy et Béville en firent autant; le capitaine seul n'avait pas même jeté son manteau.

— Que fais-tu donc, George, mon ami ? dit Béville; ne sais-tu pas qu'il va falloir en découdre avec moi ? Nous ne sommes pas de ces seconds qui se croisent les bras pendant que leurs amis se battent, et nous pratiquons la coutume d'Andalousie.

Le capitaine haussa les épaules.

— Tu crois donc que je plaisante ? Je te jure sur ma foi qu'il faut que tu te battes avec moi. Le diable m'emporte si tu ne te bats pas !

— Tu es un fou et un sot, dit froidement le capitaine.

— Parbleu ! tu me feras raison de ces deux mots-là, ou tu m'obligeras à quelque chose... Il levait son épée, encore dans le fourreau, comme s'il eût voulu en frapper George.

— Tu le veux, dit le capitaine ; soit. En un instant il fut en chemise.

Comminges, avec une grâce toute particulière, secoua son épée en l'air, et d'un seul coup fit voler le fourreau à vingt pas. Béville en voulut faire autant ; mais le fourreau resta à moitié de la lame, ce qui passait à la fois pour une maladresse et pour un mauvais présage. Les deux frères tirèrent leurs épées avec moins d'apparat, mais ils jetèrent également leurs fourreaux qui auraient pu les gêner. Chacun se plaça devant son adversaire, l'épée nue à la main droite et le poignard à la gauche. Les quatre fers se croisèrent en même temps.

George le premier, par cette manœuvre que les professeurs italiens appelaient alors *liscio di spada è cavare alla vita*[1], et qui consiste à opposer le fort au faible, de manière à écarter et à rabattre l'arme de son adversaire, fit sauter l'épée des mains de Béville, et lui mit la pointe de la sienne sur sa poitrine nue ; mais, au lieu de le percer, il baissa froidement son arme.

— Tu n'es pas de ma force, dit-il, cessons ; n'attends pas que je sois en colère.

Béville avait pâli en voyant l'épée de George si près de son sein. Un peu confus, il lui tendit la main, et tous les deux, ayant planté leurs épées en terre, ne pensèrent plus qu'à regarder les deux principaux acteurs de cette scène.

[1] Froisser le fer et dégager au corps. Tous les termes d'escrime étaient alors empruntés à l'italien.

Mergy était brave et avait du sang-froid. Il entendait assez bien l'escrime, et sa force corporelle était bien supérieure à celle de Comminges, qui paraissait d'ailleurs se ressentir des fatigues de la nuit précédente. Pendant quelque temps il se borna à parer avec une prudence extrême, rompant la mesure quand Comminges s'avançait trop, et lui présentant toujours à la figure la pointe de sa rapière, tandis qu'avec son poignard il se couvrait la poitrine. Cette résistance inattendue irrita Comminges. On le vit pâlir. Chez un homme aussi brave, la pâleur n'annonçait qu'une excessive colère. Il redoubla ses attaques avec fureur. Dans une passe, il releva avec beaucoup d'adresse l'épée de Mergy; et, se fendant avec impétuosité, il l'aurait infailliblement percé d'outre en outre sans une circonstance qui fut presque un miracle et qui dérangea le coup : la pointe de la rapière rencontra le reliquaire d'or poli, qui la fit glisser et prendre une direction un peu oblique. Au lieu de pénétrer dans la poitrine, l'épée ne perça que la peau, et, en suivant une direction parallèle à la côte, ressortit à deux pouces de distance de la première blessure. Avant que Comminges pût retirer son arme, Mergy le frappa de son poignard à la tête avec tant de violence, qu'il en perdit lui-même l'équilibre et tomba à terre. Comminges tomba en même temps sur lui : en sorte que les seconds les crurent morts tous les deux.

Mergy fut bientôt sur pied, et son premier mouvement fut de ramasser son épée, qu'il avait laissé échapper dans sa chute. Comminges ne remuait pas. Béville le releva. Sa figure était couverte de sang; et, l'ayant essuyée avec son mouchoir, il vit que le poignard était entré dans l'œil et que son ami était mort sur le coup, le fer ayant pénétré sans doute jusqu'à la cervelle.

Mergy regardait le cadavre d'un œil hagard.

— Tu es blessé, Bernard, dit le capitaine en courant à lui.

— Blessé ! dit Mergy, et il s'aperçut alors seulement que sa chemise était toute sanglante.

— Ce n'est rien, dit le capitaine ; le coup a glissé. Il étancha le sang avec son mouchoir, et demanda celui de Béville pour achever le pansement. Béville laissa retomber sur l'herbe le corps qu'il tenait, et donna sur-le-champ son mouchoir ainsi que celui de Comminges, qu'il alla prendre dans son pourpoint.

— Tudieu ! l'ami, quel coup de poignard ! Vous avez là un furieux bras ! Mort de ma vie ! que vont dire messieurs les raffinés de Paris si de la province leur viennent des lurons de cette espèce ? Dites-moi de grâce, combien de duels avez-vous eus déjà ?

— Hélas ! répondit Mergy, voici le premier. Mais, au nom de Dieu ! allez secourir votre ami.

— Parbleu ! de la façon dont vous l'avez accommodé, il n'a pas besoin de secours ; la dague est entrée dans le cerveau, et le coup était si bon et si fermement asséné que... Regardez son sourcil et sa joue, la coquille du poignard s'y est imprimée comme un cachet dans de la cire.

Mergy se mit à trembler de tous ses membres, et de grosses larmes coulaient une à une sur ses joues.

Béville ramassa la dague et considéra avec attention le sang qui en remplissait les cannelures. — Voici un outil à qui le frère cadet de Comminges doit une fière chandelle. Cette belle dague-là le fait hériter d'une superbe fortune.

— Allons-nous-en..... Emmène-moi d'ici, dit

Mergy d'une voix éteinte, en prenant le bras de son frère.

— Ne t'afflige pas, dit George en l'aidant à reprendre son pourpoint. Après tout, l'homme qui est mort n'est pas trop digne qu'on le regrette.

— Pauvre Comminges! s'écria Béville. Et dire que tu es tué par un jeune homme qui se bat pour la première fois, toi qui t'es battu près de cent fois! Pauvre Comminges! Ce fut la fin de son oraison funèbre.

En jetant un dernier regard sur son ami, Béville aperçut la montre du défunt suspendue à son cou, selon l'usage d'alors. — Parbleu! s'écria-t-il, tu n'as plus besoin de savoir l'heure qu'il est maintenant. Il détacha la montre et la mit dans sa poche, observant que le frère de Comminges serait bien assez riche, et qu'il voulait conserver un souvenir de son ami.

Comme les deux frères allaient s'éloigner : — Attendez-moi, leur cria-t-il, repassant son pourpoint à la hâte. — Eh! monsieur de Mergy, votre dague que vous oubliez! N'allez pas la perdre au moins. Il en essuya la lame à la chemise du mort et courut rejoindre le jeune duelliste. — Consolez-vous, mon cher, lui dit-il en entrant dans son bateau. Ne faites pas une si piteuse mine. Croyez-moi, au lieu de vous lamenter, allez voir votre maîtresse aujourd'hui même, tout de ce pas, et besognez si bien que dans neuf mois vous puissiez rendre à la république un citoyen en échange de celui que vous lui avez fait perdre. De la sorte le monde n'aura rien perdu par votre fait. Allons, batelier, rame comme si tu voulais gagner une pistole. Voici des gens avec des hallebardes qui s'avancent vers nous. Ce sont messieurs les sergents qui s'en viennent de la tour de Nesle, et nous ne voulons avoir rien à démêler avec eux.

CHAPITRE XII.

MAGIE BLANCHE.

> « Cette nuit j'ai songé de poisson mort et d'œufs
> » cassés, et j'ai appris du seigneur Anaxarque, que
> » les œufs cassés et le poisson mort signifient mal-
> » encontre. » »
>
> MOLIÈRE, *les Amants magnifiques.*

Ces hommes armés de hallebardes étaient des soldats du guet, dont une troupe se tenait toujours dans le voisinage du Pré-aux-Clercs pour être à portée de s'entremettre dans les querelles qui se vidaient d'ordinaire sur ce terrain classique des duels. Suivant leur usage, ils s'étaient avancés fort lentement et de manière à n'arriver que lorsque tout était fini. En effet, leurs tentatives pour rétablir la paix étaient souvent fort mal reçues; et plus d'une fois on avait vu des ennemis acharnés suspendre un combat à mort pour charger de concert les soldats qui essayaient de les séparer. Aussi les fonctions de cette garde se bornaient-elles généralement à secourir les blessés ou bien à emporter les morts. Cette fois les archers n'avaient que ce dernier devoir à remplir, et ils s'en acquittèrent selon leur coutume, c'est-à-dire après avoir vidé soigneusement les poches du malheureux Comminges et s'être partagé ses habits.

— Mon cher ami, dit Béville en se tournant vers Mergy, le conseil que j'ai à vous donner, c'est de vous faire porter, le plus secrètement que faire se pourra, chez maître Ambroise Paré, qui est un homme admirable pour vous recoudre une plaie et vous rhabiller un membre cassé. Bien qu'hérétique comme Calvin lui-même, il est en telle réputation de savoir que les plus chauds catholiques ont recours à lui. Jusqu'à présent, il n'y a que la marquise de Boissières qui se soit laissé mourir bravement plutôt que de devoir la vie à un huguenot. Aussi, je parie dix pistoles qu'elle est en paradis.

— La blessure n'est rien, dit George ; dans trois jours elle sera fermée. Mais Comminges a des parents à Paris, et je crains qu'ils ne prennent sa mort un peu trop à cœur.

— Ah oui ! il y a bien une mère qui par convenance se croira obligée de poursuivre notre ami. Bah ! fais demander sa grâce par M. de Châtillon, le roi l'accordera aussitôt : le roi est comme une cire molle sous les doigts de l'Amiral.

— Je voudrais, s'il était possible, dit alors Mergy d'une voix faible, je voudrais que M. l'Amiral ne sût rien de tout ce qui vient de se passer.

— Pourquoi donc ? Croyez-vous que la vieille barbe grise sera fâchée d'apprendre de quelle gaillarde manière un protestant vient de dépêcher un catholique ?

Mergy ne répondit que par un profond soupir.

— Comminges était assez connu à la cour pour que sa mort fasse du bruit, dit le capitaine. Mais tu as fait ton devoir en gentilhomme, et il n'y a rien que d'honorable pour toi dans tout ceci. Depuis bien long-temps je n'ai pas rendu visite au vieux Châtillon, et voici une occasion de renouer connaissance avec lui.

— Comme il est toujours désagréable de passer quelques heures sous les verrous de la justice, reprit Béville, je vais mener ton frère dans une maison où l'on ne s'avisera pas de le chercher. Il y sera parfaitement tranquille en attendant que son affaire soit arrangée ;

car je ne sais si en sa qualité d'hérétique il pourrait être reçu dans un couvent.

— Je vous remercie de votre offre, monsieur, dit Mergy ; mais je ne puis l'accepter. Je pourrais vous compromettre en le faisant.

— Point, point, mon très-cher. Et puis ne faut-il pas faire quelque chose pour ses amis ? La maison où je vous logerai appartient à un de mes cousins, lequel n'est pas à Paris dans ce moment. Elle est à ma disposition. Il y a même quelqu'un à qui j'ai permis de l'habiter, et qui vous soignera ; c'est une vieille fort utile à la jeunesse, et qui m'est dévouée. Elle se connaît en médecine, en magie, en astronomie. Que ne sait-elle pas ! Mais son plus beau talent, c'est celui d'entremetteuse. Je veux être foudroyé si elle n'irait pas remettre une lettre d'amour à la reine si je l'en priais.

— Eh bien ! dit le capitaine, nous le conduirons dans cette maison aussitôt après que maître Ambroise aura mis le premier appareil.

En parlant ainsi, ils abordèrent à la rive droite. Après avoir guindé Mergy sur un cheval, non sans quelque peine, ils le conduisirent chez le fameux chirurgien, puis de là dans une maison isolée du faubourg Saint-Antoine, et ils ne le laissèrent que le soir, couché dans un bon lit, et recommandé aux soins de la vieille.

Quand on vient de tuer un homme, et que cet homme est le premier que l'on tue, on est tourmenté pendant quelque temps, surtout aux approches de la nuit, par le souvenir et l'image de la dernière convulsion qui a précédé sa mort. On a l'esprit tellement préoccupé d'idées noires, qu'on peut à grand'peine prendre part à la conversation la plus simple ; elle fatigue et ennuie ; et d'un autre côté l'on a peur de la solitude, parce qu'elle donne encore plus d'énergie à ces idées accablantes. Malgré les visites fréquentes de Béville et du capitaine, Mergy passa dans une tristesse affreuse les premiers jours qui suivirent son duel. Une fièvre assez forte, causée par sa blessure, le privait de sommeil pendant les nuits, et c'était alors qu'il était le plus malheureux. L'idée seule que madame de Turgis pensait à lui et avait admiré son courage le consolait un peu, mais ne le calmait pas.

Une nuit, oppressé par la chaleur étouffante, c'était au mois de juillet, il voulut sortir de sa chambre pour se promener et respirer l'air dans un jardin planté d'arbres, au milieu duquel était située la maison. Il mit un manteau sur ses épaules et voulut sortir; mais il trouva que la porte de sa chambre était fermée à clef en dehors. Il pensa que ce ne pouvait être qu'une méprise de la vieille qui le servait; et comme elle couchait loin de lui, et qu'à cette heure elle devait être profondément endormie, il jugea tout à fait inutile de l'appeler. D'ailleurs, sa fenêtre était peu élevée; au bas la terre était molle, pour avoir été fraîchement remuée. En un instant il se trouva dans le jardin. Le temps était couvert; pas une étoile ne *montrait le bout de son nez*, et de rares bouffées de vent traversaient de temps en temps, et comme avec peine, l'air chaud et lourd. Il était environ deux heures du matin, et le plus profond silence régnait aux environs.

Mergy se promena quelque temps absorbé dans ses rêveries. Elles furent interrompues par un coup frappé à la porte de la rue. C'était un coup de marteau faible et comme mystérieux, celui qui frappait paraissant compter que quelqu'un serait aux écoutes pour lui ouvrir. Une visite dans une maison isolée, à pareille heure, avait de quoi surprendre. Mergy se tint immobile dans un endroit sombre du jardin, d'où il pouvait tout observer sans être vu. Une femme, qui ne pouvait être autre que la vieille, sortit sur-le-champ de la maison, une lanterne sourde à la main; elle ouvrit, et quelqu'un entra couvert d'un grand manteau noir garni d'un capuchon.

La curiosité de Bernard fut vivement excitée. La taille et, autant qu'il en pouvait juger, les vêtements de la personne qui venait d'arriver indiquaient une femme. La vieille la salua avec toutes les marques d'un grand respect, tandis que la femme au manteau noir lui fit à peine une inclination de tête. En revanche, elle lui mit dans la main quelque chose que la vieille parut recevoir avec grand plaisir. Un bruit clair et métallique qui se fit entendre, et l'empressement de la vieille à se baisser et à chercher à terre, firent conclure à Mergy qu'elle venait de recevoir de l'argent. Les deux femmes se dirigèrent vers le jardin, la vieille marchant la première et cachant sa lanterne. Au fond du jardin, il y avait une espèce de cabinet de verdure formé par des tilleuls plantés en cercle et réunis par une charmille fort épaisse, et qui pouvait assez bien remplacer un mur. Deux entrées, ou deux portes, conduisaient à ce bosquet, au milieu duquel était une petite table de pierre. C'est là qu'entrèrent la vieille et la femme voilée. Mergy, retenant son haleine, les suivit à pas de loup, et se plaça derrière la charmille, de manière à bien entendre et à voir autant que le peu de lumière qui éclairait cette scène pouvait le lui permettre.

La vieille commença par allumer quelque chose qui brûla aussitôt dans un réchaud placé au milieu de la table en répandant une lumière pâle et bleuâtre, comme celle de l'esprit-de-vin mêlé avec du sel. Elle éteignit ensuite ou cacha sa lanterne, de sorte qu'à la lueur tremblotante qui sortait du réchaud, Mergy aurait pu difficilement reconnaître les traits de l'étrangère, quand même ils n'auraient pas été cachés par un voile et un capuchon. Pour la taille et la tournure de la vieille, il n'eut pas de peine à les reconnaître ; seulement il observa que son visage était barbouillé d'une couleur foncée qui la faisait paraître, sous sa coiffe blanche, comme une statue de bronze. La table était couverte de choses étranges qu'il entrevoyait à peine. Elles paraissaient rangées dans un certain ordre bizarre, et il crut distinguer des fruits, des ossements et des lambeaux de linge ensanglantés. Une petite figure d'homme, haute d'un pied tout au plus, et faite en cire, à ce qu'il paraissait, était placée au-dessus de ces linges dégoûtants.

— Eh bien ! Camille, dit à voix basse la dame voilée, il va mieux, me dis-tu ?

Cette voix fit tressaillir Mergy.

— Un peu mieux, madame, répondit la vieille, grâce à notre art. Pourtant, avec ces lambeaux et aussi peu de sang qu'il y en a sur ces compresses, il m'a été difficile de faire grand'chose.

— Et que dit maître Ambroise Paré ?

— Lui ! cet ignorant ! qu'importe ce qu'il dit ? Moi, je vous assure que la blessure est profonde, dangereuse, terrible, et que ce n'est que par les règles de la sympathie magique qu'elle peut guérir ; mais il faut souvent sacrifier aux esprits de la terre et de l'air..... et pour sacrifier.....

La dame la comprit aussitôt. — S'il guérit, dit-elle, tu auras le double de ce que je viens de te donner.

— Ayez bonne espérance, et comptez sur moi.

— Ah! Camille, s'il allait mourir!

— Tranquillisez-vous ; les esprits sont cléments, les astres nous protègent, et le dernier sacrifice du bélier noir a favorablement disposé l'*Autre*.

— Je t'apporte ce que j'ai eu tant de peine à me procurer. Je l'ai fait acheter à l'un des archers qui avaient dépouillé le cadavre. Elle tira quelque chose de dessous son manteau, et Mergy vit briller la lame d'une épée. La vieille la prit, et l'approcha de la flamme pour l'examiner.

— Grâce au ciel, la lame est sanglante et rouillée ! Oui, son sang est comme celui du basilic du Cathay, il laisse sur l'acier une trace que rien ne peut effacer.

Elle regardait la lame, et il était évident que la dame voilée éprouvait une émotion extraordinaire.

— Vois, Camille, comme le sang est près de la poignée. Ce coup est peut-être mortel.

— Ce sang n'est pas celui du cœur ; il guérira.

— Il guérira ?

— Oui, mais pour être atteint d'une maladie incurable.

— Quelle maladie ?

— L'amour.

— Ah ! Camille, dis-tu vrai ?

— Eh ! quand ai-je manqué à dire la vérité ? quand mes prédictions se sont-elles trouvées en défaut ? Ne vous avais-je pas prédit qu'il sortirait vainqueur du combat ? Ne vous avais-je pas annoncé que les esprits combattraient pour lui ? N'ai-je pas enterré au lieu même où il devait se battre une poule noire et une épée bénite par un prêtre ?

— Il est vrai.

— Vous-même, n'avez-vous point percé au cœur

l'image de son adversaire, dirigeant ainsi les coups de l'homme pour qui j'ai employé ma science ?

— Oui, Camille, j'ai percé au cœur l'image de Commingues ; mais on dit que c'est d'un coup à la tête qu'il est mort.

— Sans doute, le fer a frappé sa tête ; mais, s'il est mort, n'est-ce pas parce que le sang de son cœur s'est coagulé ?

La dame voilée parut écrasée par la force de l'argument. Elle se tut. La vieille arrosait d'huile et de baume la lame de l'épée, et l'enveloppait de bandes avec le plus grand soin.

— Voyez-vous, madame, cette huile de scorpion, dont je frotte cette épée, est portée par une vertu sympathique dans la plaie de ce jeune homme. Il ressent les effets de ce baume africain, comme si je le versais sur sa blessure ; et, s'il me prenait envie de mettre la pointe de l'épée rougir dans le feu, le pauvre malade sentirait autant de douleur que s'il était brûlé vif.

— Oh ! garde-t'en bien.

— Un certain soir j'étais au coin du feu, fort occupée à frotter de baume une épée, afin de guérir un jeune gentilhomme à qui elle avait fait deux affreuses plaies à la tête. Je m'endormis sur ma tâche. Tout d'un coup le laquais du malade vint frapper à ma porte ; il me dit que son maître souffrait mort et passion, et qu'à l'instant où il l'avait quitté il était comme sur un brasier ardent. Savez-vous ce qui était arrivé ? L'épée, par mégarde, avait glissé, et la lame était en ce moment sur les charbons. Je la retirai aussitôt, et je dis au laquais qu'à son retour son maître se trouverait tout à fait à son aise. En effet, je plongeai tout aussitôt l'épée dans de l'eau glacée avec un mélange de quelques drogues, et j'allai visiter mon malade. En entrant, il me dit : Ah ! ma bonne Camille, que je suis bien dans ce moment ! Il me semble que je suis dans un bain d'eau fraîche, tandis que tout à l'heure j'étais comme saint Laurent sur le gril.

Elle acheva le pansement de l'épée, et dit d'un air satisfait : — Voilà qui est bien. Maintenant je suis sûre de sa guérison. Et, dès à présent, vous pouvez vous occuper de la dernière cérémonie. Elle jeta quelques pincées d'une poudre odoriférante sur la flamme, et prononça des mots barbares en faisant des signes de croix continuels. Alors la dame prit l'image de cire d'une main tremblante, et la tenant au-dessus du réchaud, elle prononça ces paroles d'une voix émue : *De même que cette cire s'amollit et se brûle à la flamme de ce réchaud, ainsi, ô Bernard Mergy, puisse ton cœur s'amollir, et brûler d'amour pour moi !*

— Bien. Voici maintenant une bougie verte, coulée à minuit, suivant les règles de l'art. Demain, allumez-la devant l'autel de la Vierge.

— Je le ferai ; mais, malgré toutes tes promesses, je suis horriblement inquiète. Hier, j'ai rêvé qu'il était mort.

— Étiez-vous couchée sur le côté droit ou sur le gauche ?

— Sur... sur quel côté a-t-on des songes véritables ?

— Dites-moi d'abord sur quel côté vous dormez. Je le vois, vous voudriez vous abuser vous-même, et vous faire illusion.

— Je dors toujours sur le côté droit.

— Rassurez-vous, votre songe n'annonce rien que de très-heureux.

— Dieu le veuille!... Mais il m'est apparu tout pâle, sanglant, enveloppé dans un linceul...

En parlant ainsi, elle tourna la tête, et vit Mergy, debout à l'une des entrées du bosquet. La surprise lui fit pousser un cri si perçant, que Mergy lui-même en fut étonné. La vieille, soit à dessein, soit par mégarde, renversa le réchaud, et à l'instant s'éleva jusqu'à la cime des tilleuls une flamme brillante qui aveugla Mergy pendant quelques instants. Les deux femmes s'étaient échappées sur-le-champ par l'autre issue du bosquet. Aussitôt que Mergy put distinguer l'ouverture de la charmille, il se mit à les poursuivre; mais de prime abord il pensa tomber, quelque chose s'étant embarrassé dans ses jambes. Il trouva que c'était l'épée à laquelle il devait sa guérison. Il perdit quelque temps à l'écarter et à trouver son chemin; et au moment où, arrivé dans une allée large et droite, il pensait que rien ne pourrait l'empêcher de rejoindre les fugitives, il entendit la porte de la rue se refermer. Elles étaient hors d'atteinte.

Un peu mortifié d'avoir laissé échapper une si belle proie, il regagna sa chambre à tâtons, et se jeta sur son lit. Toutes les pensées lugubres étaient bannies de son esprit, et les remords, s'il en avait, ou les inquiétudes que pouvait lui causer sa position, avaient disparu comme par enchantement. Il ne pensait plus qu'au bonheur d'aimer la plus belle femme de Paris et d'être aimé d'elle; car il ne pouvait douter que madame de Turgis ne fût la dame voilée. Il s'endormit un peu après le lever du soleil, et ne se réveilla que lorsqu'il était grand jour depuis plusieurs heures. Sur son oreiller il trouva un billet cacheté déposé là sans qu'il sût comment. Il l'ouvrit, et lut ces mots : « Cavalier,

« l'honneur d'une dame dépend de votre discrétion. »

Quelques instants après la vieille entra pour lui apporter un bouillon. Elle portait ce jour-là, contre son usage, un chapelet à gros grains pendu à sa ceinture. Sa peau, soigneusement lavée, n'offrait plus l'apparence du bronze, mais d'un parchemin enfumé. Elle marchait à pas lents et les yeux baissés, comme une personne qui craint que la vue des choses terrestres ne la trouble dans ses contemplations divines.

Mergy crut que, pour pratiquer plus méritoirement la vertu que le billet mystérieux lui recommandait, il devait avant tout s'instruire à fond de ce qu'il devait taire à tout le monde. Tenant le bouillon à la main, et sans laisser à la vieille Marthe le temps de gagner la porte :

— Vous ne m'aviez pas dit que vous vous nommiez Camille.

— Camille ?... Je m'appelle Marthe, mon bon monsieur... Marthe Micheli, dit la vieille, affectant d'être fort surprise de la question.

— Eh bien ! soit; vous vous faites appeler Marthe par les hommes; mais ce n'est que sous le nom de Camille que vous connaissent les Esprits.

— Les Esprits !... Doux Jésus ! que voulez-vous dire ? Elle fit un grand signe de croix.

— Allons, point de feintises avec moi ; je n'en dirai rien à personne, et tout ceci est entre nous. Quelle est la dame qui prend tant d'intérêt à ma santé ?

— La dame qui...

— Allons, ne répétez pas tout ce que je dis, et parlez franchement. Foi de gentilhomme ! je ne vous trahirai pas.

— En vérité, mon bon monsieur, je ne sais ce que vous voulez dire.

Mergy ne put s'empêcher de rire de la voir prendre un air étonné et mettre la main sur son cœur. Il tira une pièce d'or de sa bourse, pendue au chevet de son lit, et la présenta à la vieille.

— Tenez, bonne Camille, vous prenez tant de soin de moi, et vous vous donnez tant de peine à frotter des épées avec du baume de scorpion, le tout pour me guérir, qu'en vérité il y a long-temps que j'aurais dû vous faire un cadeau.

— Hélas! mon gentilhomme, en vérité! en vérité! je ne comprends rien à ce que vous me dites.

— Morbleu! Marthe, ou bien Camille, ne me mettez pas en colère, et répondez. Quelle est la dame pour qui vous avez fait toute cette belle sorcellerie la nuit passée?

— Ah! mon doux Sauveur! il se met en colère.... Est-ce qu'il aurait le délire?

Mergy, impatienté, saisit son oreiller et le lui jeta à la tête. La vieille le remit avec soumission sur le lit, ramassa l'écu d'or qui était tombé par terre; et, comme le capitaine entra dans ce moment, elle fut débarrassée de la crainte d'un interrogatoire qui aurait pu finir désagréablement pour elle.

CHAPITRE XIII.

LA CALOMNIE.

> K. HENRY IV.
> Thou dost belie him, Percy, thou dost belie him.
> SHAKSPEARE, *K. Henry IV*.

George était allé chez l'Amiral le matin même pour lui parler de la position de son frère. En deux mots il lui avait conté l'aventure.

L'Amiral, en l'écoutant, écrasait entre ses dents le cure-dent qu'il avait à la bouche : c'était chez lui un signe d'impatience.

— Je connais déjà cette affaire, dit-il, et je m'étonne que vous m'en parliez, car elle est assez publique.

— Si je vous en importune, monsieur l'Amiral, c'est que je sais l'intérêt que vous daignez prendre à notre famille, et j'ose espérer que vous voudrez bien solliciter le roi en faveur de mon frère. Votre crédit auprès de Sa Majesté...

— Mon crédit, si j'en ai, interrompit vivement l'Amiral, mon crédit tient à ce que je n'adresse jamais que des demandes justes à Sa Majesté. En prononçant ce mot, il se découvrit avec respect.

— La circonstance qui oblige mon frère à recourir à votre bonté n'est malheureusement que trop commune aujourd'hui. Le roi a signé l'année dernière plus de quinze cents lettres de grâce, et l'adversaire de Bernard lui-même a souvent joui de leur immunité.

— Votre frère a été l'agresseur. Peut-être, et je voudrais que cela fût vrai, n'a-t-il fait que suivre de détestables conseils.

Il regardait fixement le capitaine en parlant ainsi.

— J'ai fait quelques efforts pour empêcher les suites funestes de la querelle ; mais vous savez que M. de Comminges n'était pas d'une humeur à jamais accorder d'autre satisfaction que celle qui se donne à la pointe de l'épée. L'honneur d'un gentilhomme et l'opinion des dames ont...

— Voilà donc le langage que vous tenez à ce jeune homme ! sans doute vous aspirez à en faire un *raffiné?* Oh ! que son père gémirait s'il apprenait quel mépris son fils a pour ses conseils ! — Bon Dieu ! voilà à peine deux ans que les guerres civiles sont éteintes, et ils ont déjà oublié les flots de sang qu'ils y ont versés. Ils ne sont point encore contents ; il faut que chaque jour des Français égorgent des Français !

— Si j'avais su, monsieur, que ma demande vous fût aussi désagréable...

— Écoutez, monsieur de Mergy, je pourrais faire violence à mes sentiments comme chrétien, et excuser la provocation de votre frère ; mais sa conduite dans le duel qui l'a suivie, selon le bruit public, n'a pas été...

— Que voulez-vous dire, monsieur l'Amiral?

— Que le combat n'a pas eu lieu d'une manière loyale et comme il est d'usage parmi les gentilshommes français.

— Et qui a osé répandre une aussi impudente calomnie? s'écria George, les yeux étincelants de fureur.

— Calmez-vous. Vous n'aurez point de cartel à envoyer, car on ne se bat pas encore avec les femmes.....
La mère de Comminges a donné au roi des détails qui ne sont point à l'honneur de votre frère. Voilà ce qui

explique comment un si redoutable champion a succombé si facilement sous les coups d'un enfant à peine sorti de page.

— La douleur d'une mère est si grande et si juste ! Faut-il s'étonner qu'elle ne puisse voir la vérité quand ses yeux sont encore baignés de larmes ? Je me flatte, monsieur l'Amiral, que vous ne jugerez pas mon frère sur le récit de madame de Comminges.

Coligny parut ébranlé, et sa voix perdit un peu de son amère ironie.

— Vous ne pouvez nier cependant que Béville, le second de Comminges, ne fût votre ami intime.

— Je le connais depuis long-temps, et même je lui ai des obligations. Mais Comminges était aussi familier avec lui. D'ailleurs, c'est Comminges qui l'a choisi pour son second. Enfin, la bravoure et l'honneur de Béville le mettent à l'abri de tout soupçon de déloyauté.

L'Amiral contracta sa bouche d'un air de mépris profond.

— L'honneur de Béville ! répéta-t-il en haussant les épaules ; un athée ! un homme perdu de débauche !

— Oui, Béville est un homme d'honneur, s'écria le capitaine avec force. Mais pourquoi tant de discours ? Moi aussi n'étais-je pas présent à ce duel ? Est-ce à vous, monsieur l'Amiral, à mettre en question notre honneur et à nous accuser d'assassinat ?

Il y avait dans son ton quelque chose de menaçant. Coligny ne comprit pas ou méprisa l'allusion au meurtre du duc François de Guise, que la haine des catholiques lui avait attribué. Ses traits reprirent même une calme immobilité.

— Monsieur de Mergy, dit-il d'un ton froid et dédaigneux, un homme qui a renié sa religion n'a plus le droit de parler de son honneur, car personne n'y croirait.

La figure du capitaine devint d'un rouge pourpre, et un instant après d'une pâleur mortelle. Il recula deux pas, comme pour ne pas succomber à la tentation de frapper un vieillard.

— Monsieur ! s'écria-t-il, votre âge et votre rang vous permettent d'insulter impunément un pauvre gentilhomme dans ce qu'il a de plus précieux. Mais, je vous en supplie, ordonnez à l'un de vos gentilshommes ou à plusieurs de soutenir les paroles que vous avez prononcées. Je jure Dieu que je les leur ferai avaler jusqu'à ce qu'elles les étouffent.

— C'est sans doute une pratique de messieurs les raffinés. Je ne suis point leurs usages, et je chasse mes gentilshommes s'ils les imitent.

En parlant ainsi, il lui tourna le dos. Le capitaine, la rage dans l'âme, sortit de l'hôtel de Châtillon, sauta sur son cheval; et, comme pour soulager sa fureur, il fit galoper à outrance le pauvre animal en lui labourant les flancs à coups d'éperons. Dans sa course impétueuse il manqua d'écraser nombre de paisibles passants, et il est fort heureux qu'il ne se trouvât pas un seul raffiné sur son passage ; car, de l'humeur qui le possédait, il est certain qu'il aurait saisi aux cheveux une occasion de mettre flamberge au vent.

Parvenu jusqu'à Vincennes, l'agitation de son sang commençait à se calmer. Il tourna bride et ramena vers Paris son cheval sanglant et trempé de sueur. — Pauvre ami, disait-il avec un sourire amer, c'est toi que je punis de l'insulte qu'il m'a faite ! Et, en flattant le cou de sa victime innocente, il revint au pas jusque chez son frère. Il lui dit simplement que l'Amiral avait refusé de s'entremettre pour lui, supprimant les détails de leur conversation.

Mais quelques moments après entra Béville, qui d'abord sauta au cou de Mergy en lui disant : — Je vous félicite, mon cher, voici votre grâce, et c'est à la sollicitation de la reine que vous l'avez obtenue.

Mergy montra moins de surprise que son frère. Dans son âme il attribuait cette faveur à la dame voilée, c'est-à-dire à la comtesse de Turgis.

CHAPITRE XIV.

LE RENDEZ-VOUS.

Madame va venir dans cette salle basse,
Et d'un mot d'entretien vous demande la grâce.
MOLIÈRE, *Tartufe*.

Mergy revint partager le logis de son frère; il alla remercier la reine-mère et reparut à la cour. En entrant dans le Louvre, il s'aperçut qu'il avait hérité en quelque sorte de la considération de Comminges. Des gens qu'il ne connaissait que de vue le saluaient d'un air humble et familier. Les hommes, en lui parlant, cachaient mal leur envie sous les dehors d'une politesse empressée; les femmes le lorgnaient et lui faisaient des agaceries; car la réputation de duelliste était alors surtout un moyen certain de toucher leur cœur. Trois ou quatre hommes tués en combat singulier tenaient lieu de beauté, de richesse et d'esprit. Bref, quand notre héros paraissait dans la galerie du Louvre, il entendait un murmure s'élever autour de lui. — Voici le jeune Mergy, qui a tué Comminges. — Comme il est jeune!

— Quelle gracieuse tournure! — Comme il a bon air! — Comme sa moustache est bravement troussée! — Sait-on qui est sa maîtresse?

Et Mergy cherchait en vain dans la foule les yeux bleus et les sourcils noirs de madame de Turgis. Il se présenta même chez elle; mais il apprit que fort peu de temps après la mort de Comminges elle était partie pour une de ses terres, éloignée de Paris de vingt lieues. S'il fallait en croire les mauvaises langues, la douleur que lui avait causée la mort de l'homme qui lui rendait des soins l'avait obligée de chercher une retraite où elle pût en paix entretenir ses ennuis.

Un matin, tandis que le capitaine, étendu sur un lit de repos, lisait, en attendant le déjeuner, *la Vie très-horrificque de Pantagruel,* et que son frère prenait une leçon de guitare sous la direction du signor Uberto Vinibella, un laquais vint annoncer à Bernard qu'une vieille très-proprement habillée l'attendait dans la salle basse, et que, d'un air de mystère, elle avait demandé à l'entretenir. Il descendit aussitôt, et reçut des mains tannées d'une vieille, qui n'était ni Marthe, ni Camille, une lettre qui répandait un doux parfum : elle était scellée avec un fil d'or et un large cachet de cire verte, sur lequel, au lieu d'armoiries, on ne voyait qu'un Amour mettant le doigt sur sa bouche, avec cette devise castillane : CALLAD [1]. Il l'ouvrit, et n'y trouva qu'une seule ligne en espagnol qu'il eut quelque peine à comprendre : *Esta noche, una dama espera á V. M* [2].

— Qui vous a donné cette lettre? demanda-t-il à la vieille.

[1] Taisez-vous.
[2] Une dame vous attend ce soir.

— Une dame.

— Son nom?

— Je ne sais; elle est Espagnole, à ce qu'elle dit.

— D'où me connaît-elle?

La vieille haussa les épaules. — Votre réputation et votre galanterie vous ont attiré cette mauvaise affaire, dit-elle d'un ton goguenard; mais répondez-moi, viendrez-vous?

— Où faut-il aller?

— Trouvez-vous ce soir, à huit heures et demie, dans l'église de Saint-Germain-l'Auxerrois, du côté gauche de la nef.

— Et c'est à l'église que je dois voir cette dame?

— Non; quelqu'un viendra vous chercher pour vous conduire chez elle. Mais soyez discret et venez seul.

— Oui.

— Vous le promettez?

— Je vous donne ma parole.

— Adieu donc. Surtout ne me suivez pas.

Elle fit une révérence profonde et sortit aussitôt.

— Eh bien! que te voulait cette noble entremetteuse? demanda le capitaine lorsque son frère fut remonté, et le maître de guitare parti.

— Oh! rien, répondit Mergy d'un air d'indifférence, et regardant avec beaucoup d'attention la madone dont il a été parlé.

— Allons, point de mystère avec moi. Faut-il t'accompagner à un rendez-vous, garder la rue, et recevoir les jaloux à grands coups de plat d'épée?

— Rien, te dis-je.

— Oh! comme il te plaira. Garde pour toi ton secret, si tu veux; mais, tiens, je gage que tu as pour le moins autant d'envie de me le conter que moi de l'apprendre.

Mergy pinça d'un air distrait quelques cordes de sa guitare.

— A propos, George, je ne puis aller souper ce soir chez M. de Vaudreuil.

— Ah! c'est donc pour ce soir? Est-elle jolie? est-ce une dame de la cour? une bourgeoise? une marchande?

— En vérité, je ne sais. Je dois être présenté à une dame... qui n'est pas de ce pays.... Mais à qui.... c'est ce que j'ignore.

— Mais tu sais au moins où tu dois la rencontrer?

Bernard montra le billet, et répéta ce que la vieille venait de lui dire.

— L'écriture est contrefaite, dit le capitaine, et je ne sais que penser de toutes ces précautions.

— Ce doit être quelque grande dame, George.

— Voilà bien nos jeunes gens, qui, pour le plus léger motif, s'imaginent que les dames les plus huppées vont se jeter à leur tête.

— Sens donc le parfum qu'exhale ce billet.

— Qu'est-ce que cela prouve?

Le front du capitaine se rembrunit tout d'un coup, et une idée sinistre se présenta à son esprit.

— Les Comminges sont rancuniers, dit-il, et peut-être cette lettre n'est-elle qu'une invention de leur part pour t'attirer dans quelque réduit écarté, où ils te feront payer cher le coup de poignard qui les a fait hériter.

— Bon! quelle idée!

— Ce ne serait pas la première fois qu'on aurait fait

servir l'amour pour la vengeance. Tu as lu la Bible; souviens-toi de Samson trahi par Dalila.

— Il faudrait que je fusse bien poltron pour qu'une conjecture aussi improbable me fît manquer un rendez-vous qui peut-être sera délicieux ! Une Espagnole !...

— Au moins vas-y bien armé. Si tu veux, je te ferai suivre par mes deux laquais.

— Fi donc ! faut-il rendre la ville témoin de mes bonnes fortunes ?

— C'est assez l'usage aujourd'hui. Que de fois ai-je vu d'Ardelay, mon grand ami, allant voir sa maîtresse avec une cotte de mailles sur le dos, deux pistolets à sa ceinture !... et derrière lui marchaient quatre soldats de sa compagnie, chacun avec un poitrinal chargé. Tu ne connais pas encore Paris, mon camarade; et crois-moi, le trop de précautions ne nuit jamais. On en est quitte pour ôter sa cotte de mailles quand elle devient trop gênante.

— Je suis tout à fait sans inquiétudes. Si les parents de Comminges m'en voulaient, ils auraient pu facilement m'attaquer la nuit dans la rue.

— Enfin, je ne te laisserai sortir qu'à condition que tu prendras tes pistolets.

— A la bonne heure ! mais on se moquera de moi.

— Maintenant ce n'est pas tout; il faut encore bien dîner, manger deux perdrix et force crêtes de coqs en pâté, afin de faire honneur ce soir à la famille des Mergy.

Bernard se retira dans sa chambre, où il passa quatre heures au moins à se peigner, se friser, se parfumer, enfin à étudier les discours éloquents qu'il se proposait de tenir à la belle inconnue.

Je laisse à penser s'il fut exact au rendez-vous. Depuis plus d'une demi-heure il se promenait dans l'église. Il avait déjà compté trois fois les cierges, les colonnes et les *ex-voto*, quand une vieille femme, enveloppée soigneusement dans une cape brune, lui prit la main, et, sans dire un seul mot, l'emmena dans la rue. Toujours observant le même silence, elle le conduisit, après plusieurs détours, dans une ruelle fort étroite et en apparence inhabitée. Elle s'arrêta tout au fond, devant une petite porte en ogive et fort basse, qu'elle ouvrit avec une clef qu'elle tira de sa poche. Elle entra la première, et Mergy la suivit, la tenant par sa cape à cause de l'obscurité. Une fois entré, il entendit tirer derrière lui d'énormes verrous. Son guide le prévint alors à voix basse qu'il était au pied d'un escalier, et qu'il y avait vingt-sept marches à monter. L'escalier était fort étroit, et les marches tout usées et inégales manquèrent plus d'une fois de le faire tomber. Enfin, au bout de la vingt-septième marche, terminée par un petit palier, une porte fut ouverte par la vieille, et une vive lumière éblouit un instant les yeux de Mergy. Il entra aussitôt dans une chambre beaucoup plus élégamment meublée que ne l'annonçait l'apparence extérieure de la maison.

Les murailles étaient tendues d'une tapisserie à fleurs, un peu passée, il est vrai, mais encore fort propre. Au milieu de la chambre il vit une table éclairée par deux flambeaux de cire rose, et couverte de plusieurs espèces de fruits et de gâteaux, avec des verres et des flacons de cristal, remplis, comme il semblait, de vins de différentes espèces. Deux grands fauteuils placés aux deux bouts de la table paraissaient attendre des convives. Dans une alcôve à moitié fermée par des rideaux de soie, était un lit très-orné et couvert de satin cramoisi. Plusieurs cassolettes répandaient un parfum voluptueux dans l'appartement.

La vieille ôta sa cape, et Mergy son manteau. Il reconnut aussitôt la messagère qui lui avait apporté la lettre.

— Sainte Marie ! s'écria la vieille en apercevant les pistolets et l'épée de Mergy, croyez-vous donc que vous allez avoir à pourfendre des géants ? Mon beau cavalier, il ne s'agit pas ici de frapper de grands coups d'épée.

— J'aime à le croire ; mais il se pourrait que des frères ou un mari d'humeur chagrine vinssent troubler notre entretien, et voilà pour leur jeter de la poudre aux yeux.

— Vous n'avez rien de semblable à craindre ici. Mais, dites-moi, comment trouvez-vous cette chambre ?

— Fort belle, assurément ; mais je m'y ennuierais toutefois si je devais y rester seul.

— Quelqu'un va venir qui vous tiendra compagnie. Mais, d'abord, vous allez me faire une promesse.

— Laquelle ?

— Si vous êtes catholique, vous allez étendre la main sur ce crucifix (elle en tira un d'une armoire) ; si vous êtes huguenot, vous jurerez par Calvin... Luther, tous vos dieux, enfin...

— Et que faut-il que je jure ? interrompit-il en riant.

— Vous jurerez de ne faire aucun effort pour chercher à connaître la dame qui va venir ici.

— La condition est dure.

— Voyez. Jurez, ou bien je vous reconduis dans la rue.

— Allons, je vous donne ma parole ; elle vaut bien les serments ridicules que vous me proposez.

— Voilà qui est bien. Attendez patiemment; mangez, buvez, si vous en avez envie; tout à l'heure vous verrez venir la dame espagnole.

Elle prit sa mante et sortit en fermant la porte à double tour.

Mergy se jeta dans un fauteuil. Son cœur battait avec violence; il éprouvait une émotion aussi forte et presque de la même nature que celle qu'il avait ressentie peu de jours auparavant dans le Pré-aux-Clercs, au moment de rencontrer son ennemi.

Le plus profond silence régnait dans la maison, et un mortel quart d'heure se passa, pendant lequel son imagination lui représenta tour à tour, sortant de la tapisserie pour se jeter dans ses bras, la comtesse de Turgis en habit de chasse; une princesse du sang royal; une bande d'assassins; et enfin la plus horrible idée, une vieille femme amoureuse.

Tout à coup, sans que le moindre bruit eût annoncé que quelqu'un venait d'entrer dans la maison, la clef tourna rapidement dans la serrure; la porte s'ouvrit et se referma comme d'elle-même aussitôt qu'une femme masquée fut entrée dans la chambre.

Sa taille était haute et bien prise. Une robe très-serrée du corsage faisait ressortir l'élégance de sa tournure; mais ni un pied mignon chaussé d'un patin de velours blanc, ni une petite main, par malheur, couverte d'un gant brodé, ne pouvaient laisser deviner au juste l'âge de l'inconnue. Je ne sais quoi, peut-être une influence magnétique, ou, si l'on veut, un pressentiment, faisait croire qu'elle n'avait pas plus de vingt-cinq ans. Sa toilette était riche, galante et simple tout à la fois.

Mergy se leva aussitôt, et mit un genou en terre devant elle. La dame fit un pas vers lui, et lui dit d'une voix douce : — *Dios os guarde, caballero. Sea V. M. el bien venido* [1].

Mergy fit un mouvement de surprise.

— *Habla V. M. espanol* [2] ?

Mergy ne parlait pas espagnol et l'entendait à peine.

La dame parut contrariée. Elle se laissa conduire à l'un des fauteuils où elle s'assit, et fit signe à Mergy de prendre l'autre. Alors elle commença la conversation en français, mais avec un accent étranger qui, quelquefois, était très-fort et comme outré, et qui par moments cessait tout à fait.

— Monsieur, votre grande vaillance m'a fait oublier la réserve habituelle de notre sexe ; j'ai voulu voir un cavalier accompli, et je le trouve tel que la renommée le publie.

Mergy rougit et s'inclina. — Aurez-vous donc la cruauté, madame, de conserver ce masque, qui, comme un nuage envieux, me cache les rayons du soleil ? (Il avait lu cette phrase dans un livre traduit de l'espagnol.)

— Seigneur cavalier, si je suis contente de votre discrétion, vous me verrez plus d'une fois à visage découvert ; mais pour aujourd'hui contentez-vous du plaisir de m'entretenir.

— Ah! madame, ce plaisir, tout grand qu'il est, ne me fait désirer qu'avec plus de violence celui de vous voir.

Il était à genoux, et semblait disposé à soulever le masque.

[1] Dieu vous garde, monsieur. Soyez le bienvenu.
[2] Parlez-vous espagnol?

— *Poco a poco*[1] seigneur français ; vous êtes trop vif. Rasseyez-vous, ou je vous quitte à l'instant. Si vous saviez qui je suis, et ce que j'ose pour vous voir, vous vous tiendriez pour satisfait de l'honneur seul que je vous fais en venant ici.

— En vérité, il me semble que votre voix m'est connue.

— C'est cependant la première fois que vous l'entendez. Dites-moi, êtes-vous capable d'aimer avec constance une femme qui vous aimerait?...

— Déjà je sens auprès de vous...

— Vous ne m'avez jamais vue, ainsi vous ne pouvez m'aimer. Que savez-vous si je suis belle ou laide?

— Je suis sûr que vous êtes charmante.

L'inconnue retira sa main, dont il s'était emparé, et la porta à son masque, comme si elle allait l'ôter.

— Que feriez-vous, si vous alliez voir paraître devant vous une femme de cinquante ans, laide à faire peur?

— Cela est impossible.

— A cinquante ans on aime encore. (Elle soupira, et le jeune homme frémit.)

— Cette taille élégante, cette main que vous essayez en vain de me dérober, tout me prouve votre jeunesse.

Il y avait plus de galanterie que de conviction dans cette phrase.

— Hélas!

Mergy commença à concevoir quelque inquiétude.

— Pour vous autres hommes l'amour ne suffit pas. Il faut encore la beauté. (Et elle soupira encore.)

— Laissez-moi, de grâce, ôter ce masque...

[1] Tout doux!

— Non, non; et elle le repoussa avec vivacité. Souvenez-vous de votre promesse ! Puis elle ajouta d'un ton plus gai : Je risquerais trop à me démasquer. J'ai du plaisir à vous voir à mes pieds, et si par hasard je n'étais ni jeune ni jolie... à votre gré du moins... peut-être me laisseriez-vous là toute seule.

— Montrez-moi seulement cette petite main.

Elle ôta un gant parfumé, et lui tendit une main blanche comme la neige.

— Je connais cette main ! s'écria-t-il ; il n'y en a qu'une aussi belle à Paris.

— Vraiment ! Et à qui cette main ?

— A... une comtesse.

— Quelle comtesse ?

— La comtesse de Turgis.

— Ah !... je sais ce que vous voulez dire. Oui, la Turgis a de belles mains, grâce aux pâtes d'amandes de son parfumeur. Mais je me vante que mes mains sont plus douces que les siennes.

Tout cela était débité d'un ton fort naturel, et Mergy, qui avait cru reconnaître la voix de la belle comtesse, conçut quelques doutes, et se sentit sur le point d'abandonner cette idée.

— Deux au lieu d'une, pensa-t-il; je suis donc protégé par les fées ? Il chercha sur cette belle main à reconnaître l'empreinte d'une bague qu'il avait remarquée à la Turgis; mais ces doigts ronds et parfaitement formés n'avaient pas la moindre trace de pression, pas la plus légère déformation.

— La Turgis ! s'écria l'inconnue en riant. En vérité, je vous suis obligée de me prendre pour la Turgis ! Dieu merci ! il me semble que je vaux un peu mieux.

— La comtesse est, sur mon honneur, la plus belle femme que j'aie encore vue.

— Vous êtes donc amoureux d'elle? demanda-t-elle vivement.

— Peut-être; mais, de grâce, ôtez votre masque, et montrez-moi une plus belle femme que la Turgis.

— Quand je serai sûre que vous m'aimez,... alors vous me verrez à visage découvert.

— Vous aimer!.... Mais, morbleu! comment le pourrai-je sans vous voir?

— Cette main est jolie; figurez-vous que mon visage est bien d'accord avec elle.

— Maintenant je suis sûr que vous êtes charmante car vous venez de vous trahir en ne déguisant pas votre voix. Je l'ai reconnue, j'en suis certain.

— Et c'est la voix de la Turgis? dit-elle en riant, et avec un accent espagnol bien prononcé.

— Précisément.

— Erreur, erreur de votre part, seigneur Bernardo; je m'appelle dona Maria..... dona Maria de..... Je vous dirai plus tard mon autre nom. Je suis une dame de Barcelone; mon père, qui me surveille très-rigoureusement, est en voyage depuis quelque temps, et je profite de son absence pour me divertir et voir la cour de Paris. Quant à la Turgis, cessez, je vous prie, de me parler de cette femme; son nom m'est odieux; c'est la plus méchante femme de la cour. Vous savez, d'ailleurs, comment elle est veuve!

— On m'en a dit quelque chose.

— Eh bien! parlez... Que vous a-t-on dit?...

— Que, surprenant son mari dans un entretien fort tendre avec sa chambrière, elle avait saisi une dague, et l'on avait frappé un peu rudement. Le bonhomme en mourut un mois après.

— Cette action vous semble... horrible ?

— Je vous avoue que je l'excuse. Elle aimait son mari, dit-on, et j'estime la jalousie.

— Vous parlez ainsi parce que vous croyez être devant la Turgis ; mais je sais que vous la méprisez au fond du cœur.

Il y avait dans cette voix quelque chose de triste et de mélancolique ; mais ce n'était pas la voix de la Turgis. Mergy ne savait que penser.

— Quoi ! dit-il, vous êtes Espagnole, et vous n'estimez pas la jalousie ?

— Laissons cela. Qu'est-ce que ce cordon noir que vous avez pendu au cou ?

— C'est une relique.

— Je vous croyais protestant.

— Il est vrai. Mais cette relique m'a été donnée par une dame, et je la porte en souvenir d'elle.

— Tenez, si vous voulez me plaire, vous ne songerez plus aux dames ; je veux être pour vous toutes les dames. Qui vous a donné ce reliquaire ? Est-ce encore la Turgis ?

— Non, en vérité.

— Vous mentez !

— Vous êtes donc madame de Turgis ?

— Vous vous êtes trahi, seigneur Bernardo !

— Comment ?

— Quand je verrai la Turgis, je lui demanderai pourquoi elle fait ainsi le sacrilège de donner une chose sainte à un hérétique.

L'incertitude de Mergy redoublait à chaque instant.

— Mais je veux ce reliquaire ; donnez-le-moi.

—Non, je ne puis le donner.

—Je le veux. Osez-vous me le refuser ?

—J'ai promis de le rendre.

—Bah ! enfantillage que cette promesse ! Promesse faite à femme fausse n'engage pas. D'ailleurs, prenez-y garde, c'est peut-être un charme, un talisman dangereux que vous portez là. La Turgis, dit-on, est grande magicienne.

—Je ne crois pas à la magie.

—Ni aux magiciens ?

—Je crois un peu aux *magiciennes*. Il appuya sur ce dernier mot.

—Écoutez, donnez-moi ce reliquaire, et peut-être j'ôterai mon masque.

—Pour le coup, c'est la voix de madame de Turgis !

—Pour la dernière fois, voulez-vous me donner ce reliquaire ?

—Je vous le *rendrai,* si vous voulez ôter votre masque.

—Ah ! vous m'impatientez avec votre Turgis ; aimez-la tant qu'il vous plaira ; que m'importe ?

Elle se tourna sur son fauteuil, comme si elle boudait. Le satin qui couvrait sa gorge s'élevait et s'abaissait rapidement.

Pendant quelques minutes elle garda le silence ; puis, se retournant tout d'un coup, elle dit d'un ton moqueur :

—*Vala me Dios ! V. M. no es caballero, es un monge*[1]*.*

D'un coup de poing elle renversa les deux bougies

---

[1] Dieu me pardonne ! vous n'êtes point un cavalier, vous êtes un moine.

qui brûlaient sur la table, et la moitié des bouteilles et des plats. Les flambeaux s'éteignirent à l'instant. En même temps elle arracha son masque. Dans l'obscurité la plus complète, Mergy sentit une bouche brûlante qui cherchait la sienne, et deux bras qui le serraient avec force.

CHAPITRE XV.

L'OBSCURITÉ.

« La nuit tous les chats sont gris. »

L'horloge d'une église voisine sonna quatre coups.

— Jésus ! quatre heures ! J'aurai à peine le temps de rentrer chez moi avant le jour.

— Quoi ! méchante, me quitter sitôt !

— Il le faut ; mais nous nous reverrons sous peu.

— Nous nous reverrons ! songez donc, chère comtesse, que je ne vous ai pas vue.

— Laissez là votre comtesse, enfant que vous êtes. Je suis dona Maria ; et, quand nous aurons de la lumière, vous verrez bien que je ne suis pas celle que vous croyez.

— De quel côté est la porte ? Je vais appeler.

— Non, laissez-moi descendre, Bernardo ; je connais cette chambre, je sais où je trouverai un briquet.

— Prenez bien garde de marcher sur des morceaux de verre ; vous en avez cassé plusieurs hier.

— Laissez-moi faire.

— Trouvez-vous ?

— Ah ! oui, c'est mon corset. Sainte Vierge ! comment ferai-je? J'ai coupé tous les lacets avec votre poignard.

— Il faut en demander à la vieille.

— Ne bougez pas, laissez-moi faire. *Adios, querido Bernardo!*

La porte s'ouvrit et se referma aussitôt. Un long éclat de rire se fit entendre au dehors. Mergy comprit que sa conquête venait de lui échapper. Il essaya de la poursuivre; mais, dans l'obscurité, il se heurtait contre les meubles, et s'embarrassait dans des robes et des rideaux, sans pouvoir trouver la porte. Tout d'un coup la porte s'ouvrit, et quelqu'un entra, tenant une lanterne sourde. Mergy saisit aussitôt dans ses bras la personne qui la portait.

— Ah! je vous tiens! vous ne m'échapperez plus! s'écria-t-il en l'embrassant tendrement.

— Laissez-moi donc, monsieur de Mergy, dit une grosse voix. Est-ce que l'on serre les gens de la sorte?

Il reconnut la vieille.

— Que le diable vous emporte! s'écria-t-il.

Il s'habilla en silence, prit ses armes et son manteau, et sortit de cette maison dans l'état d'un homme qui, après avoir bu d'excellent vin de Malaga, avale, par la distraction du domestique qui le sert, un verre d'une bouteille de sirop anti-scorbutique, oubliée depuis longues années dans la cave.

Mergy fut assez discret avec son frère; il parla d'une dame espagnole de la plus grande beauté, autant qu'il en avait pu juger sans lumière; mais il ne dit pas un mot des soupçons qu'il avait formés sur son incognito.

CHAPITRE XVI.

L'AVEU.

> AMPHITRYON.
> Ah! de grâce, cessons, Alcmène, je vous prie,
> Et parlons sérieusement.
> MOLIÈRE, *Amphitryon.*

Deux jours se passèrent sans messages de la feinte Espagnole. Le troisième, les deux frères apprirent que madame de Turgis était arrivée la veille à Paris, et qu'elle irait certainement faire sa cour à la reine-mère dans la journée. Ils se rendirent aussitôt au Louvre, et la rencontrèrent dans une galerie, au milieu d'un groupe de dames avec qui elle causait. La vue de Mergy ne parut pas lui causer la moindre émotion. Pas la plus légère rougeur ne colora ses joues ordinairement pâles. Aussitôt qu'elle l'aperçut, elle lui fit un signe de tête, comme à une ancienne connaissance, et, après les premiers compliments, elle lui dit en se penchant à son oreille : — Maintenant, je l'espère, l'opiniâtreté huguenote est un peu ébranlée. Il fallait des miracles pour vous convertir.

— Comment ?

— Quoi ! n'avez-vous pas éprouvé *par vous-même* les surprenants effets du pouvoir des reliques ?

Mergy sourit d'un air incrédule.

— Le souvenir de la belle main qui m'a donné cette petite boîte, et l'amour qu'elle m'a inspiré, ont doublé mes forces et mon adresse.

En riant elle le menaça du doigt.

— Vous devenez impertinent, monsieur le cornette. Savez-vous bien à qui vous tenez ce langage?

Tout en parlant, elle ôta son gant pour arranger ses cheveux, et Mergy regardait fixement sa main, et de la main il reportait ses regards aux yeux si vifs et presque méchants de la belle comtesse. L'air étonné du jeune homme la fit rire aux éclats.

— Qu'avez-vous à rire?

— Et vous, qu'avez-vous à me regarder ainsi d'un air étonné?

— Excusez-moi, mais depuis quelques jours je ne rencontre que des sujets d'étonnement.

— En vérité! cela doit être curieux. Contez-nous donc bien vite quelques-unes de ces choses surprenantes qui vous arrivent à chaque instant.

— Je ne puis vous en parler *maintenant*, et dans ce lieu; d'ailleurs, j'ai retenu certaine devise espagnole, et que l'on m'a apprise il y a trois jours.

— Quelle devise?

— Un seul mot: *Callad*.

— Qu'est-ce que cela veut dire?

— Quoi! vous ne savez pas l'espagnol? dit-il en l'observant avec la plus grande attention. Mais elle supporta son examen sans laisser paraître qu'elle comprît un sens caché sous ses paroles; et même les yeux du jeune homme, d'abord fixés sur les siens, se baissèrent bientôt, forcés de reconnaître la puissance supérieure de ceux qu'ils avaient osé défier.

— Dans mon enfance, répondit-elle d'un ton d'indifférence parfaite, j'ai su quelques mots d'espagnol, mais je pense maintenant les avoir oubliés. Ainsi parlez-moi français si vous voulez que je vous comprenne. Voyons, que chante votre devise?

— Elle conseille la discrétion, madame.

— Par ma foi! nos jeunes courtisans devraient prendre cette devise, surtout s'ils pouvaient venir à bout de la justifier par leur conduite. Mais vous êtes bien savant, monsieur de Mergy! Qui vous a donc appris l'espagnol? Je gage que c'est une dame.

Mergy la regarda d'un air tendre et en souriant.

— Je ne sais que quelques mots d'espagnol, dit-il à voix basse, et c'est l'amour qui les a gravés dans ma mémoire.

— L'amour! répéta la comtesse d'un ton de voix moqueur. Comme elle parlait fort haut, plusieurs dames tournèrent la tête à ce mot, comme pour demander de quoi il s'agissait. Mergy, un peu piqué de sa moquerie, et mécontent de se voir traité de la sorte, tira de sa poche la lettre espagnole qu'il avait reçue de la vieille, et la présentant à la comtesse : — Je ne doute pas, dit-il, que vous ne soyez aussi savante que moi, et vous comprendrez sans peine cet espagnol-là.

Diane de Turgis saisit le billet, le lut ou fit semblant de le lire, et, en riant de toutes ses forces, elle le donna à la dame qui se trouvait le plus près d'elle.

— Tenez, madame de Chateauvieux, lisez donc ce billet doux que M. de Mergy vient de recevoir de sa maîtresse, et qu'il veut bien me sacrifier, à ce qu'il dit. Le bon de l'affaire, c'est que je reconnais la main qui l'a écrit.

— Je n'en doute point, dit Mergy avec un peu d'aigreur, mais toujours à voix basse.

Madame de Chateauvieux lut le billet, rit et le passa à un gentilhomme, celui-ci à un autre; et en un instant il n'y eut personne dans la galerie qui ignorât le bon traitement que Mergy recevait d'une dame espagnole.

Quand les éclats de rire furent un peu apaisés, la comtesse demanda d'un air moqueur à Mergy s'il trouvait jolie la femme qui avait écrit ce billet.

— Sur mon honneur, madame, je ne la trouve pas moins jolie que vous.

— O ciel! que dites-vous là? Jésus! Mais il faut que vous ne l'ayez vue que la nuit; car je la connais bien, et... par ma foi! je vous fais compliment de votre bonne fortune. Et elle se mit à rire plus fort.

— Ma toute belle, dit la Châteauvieux, nommez-nous donc cette dame espagnole, assez heureuse pour posséder le cœur de M. de Mergy.

— Avant de la nommer, je vous prie de déclarer devant ces dames, monsieur de Mergy, si vous avez vu votre maîtresse au jour.

Mergy était véritablement mal à son aise, et son inquiétude et son humeur se peignaient d'une façon assez comique sur sa physionomie. Il ne répondit rien.

— Sans plus de mystère, dit la comtesse, ce billet est de la segnora doña Maria Rodriguez; je connais son écriture comme celle de mon père.

— Maria Rodriguez! s'écrièrent toutes les dames en riant. Maria Rodriguez était une personne de plus de cinquante ans. Elle avait été duègne à Madrid. Je ne sais comment elle était venue en France, ni pour quel mérite Marguerite de Valois l'avait prise dans sa maison. Peut-être qu'elle tenait cette espèce de monstre auprès d'elle pour faire ressortir encore sa beauté par la comparaison, de même que les peintres ont tracé sur la même toile le portrait d'une beauté de leur temps et la caricature de son nain. Quand la Rodriguez paraissait au Louvre, elle amusait toutes les dames de la cour par son air guindé et son costume à l'antique.

Mergy frissonna. Il avait vu la duègne, et se rappela avec horreur que la dame masquée s'était donné le nom de doña Maria : ses souvenirs devinrent confus. Il était tout à fait décontenancé, et les rires redoublaient.

— C'est une dame fort discrète, disait la comtesse de Turgis, et vous ne pouviez faire un meilleur choix. Elle a vraiment bon air quand elle a mis ses dents postiches et sa perruque noire. D'ailleurs, elle n'a certainement pas plus de soixante ans.

— Elle lui aura jeté un sort, s'écria la Chateauvieux.

— Vous aimez donc les antiquités ? demandait une autre dame.

— Quel dommage ! disait tout bas en soupirant une demoiselle de la reine ; quel dommage que les hommes aient d'aussi ridicules caprices !

Mergy se défendait de son mieux. Les compliments ironiques pleuvaient sur lui, et il faisait une fort sotte figure, quand le roi, paraissant tout à coup au bout de la galerie, fit cesser à l'instant les rires et les plaisanteries. Chacun s'empressa de se ranger sur son passage, et le silence succéda au tumulte.

Le roi reconduisait l'Amiral, avec lequel il s'était entretenu longuement dans son cabinet. Il appuyait familièrement sa main sur l'épaule de Coligny, dont la barbe grise et les vêtements noirs contrastaient avec l'air de jeunesse de Charles et ses habits tout brillants de broderies. A les voir, on eût dit que le jeune roi, avec un discernement rare sur le trône, avait fait choix pour son favori du plus vertueux et du plus sage de ses sujets.

Comme ils traversaient la galerie et que tous les regards étaient fixés sur eux, Mergy entendit à son oreille la voix de la comtesse qui murmurait tout bas :
— Sans rancune ! Tenez, ne regardez que lorsque vous serez dehors.

En même temps quelque chose tomba dans son chapeau, qu'il tenait à la main. C'était un papier cacheté enveloppant quelque chose de dur. Il le mit dans sa poche ; et un quart d'heure après, aussitôt qu'il fut hors du Louvre, il l'ouvrit et trouva une petite clef avec ces mots : « Cette clef ouvre la porte de mon jardin.
» A cette nuit, à dix heures. Je vous aime. Je n'aurai
» plus de masque pour vous, et vous verrez enfin dona
» Maria et

» DIANE. »

Le roi reconduisit l'Amiral jusqu'au bout de la galerie. — Adieu, mon père, dit-il en lui serrant les mains. Vous savez si je vous aime, et moi je sais que vous êtes à moi corps et âme, tripes et boyaux. Il accompagna cette phrase par un grand éclat de rire. Puis, quand il rentra dans son cabinet, il s'arrêta devant le capitaine George. — Demain, après la messe, dit-il, vous viendrez me parler dans mon cabinet. Il se retourna et jeta un regard presque inquiet vers la porte par où Coligny venait de sortir, puis il quitta la galerie pour s'enfermer avec le maréchal de Retz.

CHAPITRE XVII.

L'AUDIENCE PARTICULIÈRE.

> MACBETH.
> Do you find
> Your patience so predominant in your nature
> That you can let this go?
> SHAKSPEARE.

Le capitaine George se rendit au Louvre à l'heure indiquée. Aussitôt qu'il se fut nommé, l'huissier, soulevant une portière en tapisserie, l'introduisit dans le cabinet du roi. Le prince, qui était assis auprès d'une petite table, en disposition d'écrire, lui fit signe de la main de rester tranquille, comme s'il eût craint de perdre en parlant le fil des idées qui l'occupaient alors. Le capitaine, dans une attitude respectueuse, resta debout à six pas de la table, et il eut le temps de promener ses regards sur la chambre et d'en observer en détail la décoration.

Elle était fort simple, car elle ne consistait guère qu'en instruments de chasse suspendus sans ordre à la muraille. Un assez bon tableau représentant une vierge, avec un grand rameau de buis au-dessus, était accroché entre une longue arquebuse et un cor de chasse. La table sur laquelle le monarque écrivait était couverte de papiers et de livres. Sur le plancher, un chapelet et un petit livre d'heures gisaient pêle-mêle avec des filets et des sonnettes de faucon. Un grand lévrier dormait sur un coussin tout auprès.

Tout d'un coup le roi jeta sa plume à terre avec un mouvement de fureur et un gros juron entre les dents.

La tête baissée, il parcourut deux ou trois fois d'un pas irrégulier la longueur du cabinet ; puis, s'arrêtant soudain devant le capitaine, il jeta sur lui un coup d'œil effaré, comme s'il l'apercevait pour la première fois.

— Ah ! c'est vous ! dit-il en reculant d'un pas.

Le capitaine s'inclina jusqu'à terre.

— Je suis bien aise de vous voir. J'avais à vous parler... mais... Il s'arrêta.

La bouche entr'ouverte, le cou allongé, le pied gauche de six pouces en avant du droit, enfin dans la position qu'un peintre donnerait, ce me semble, à une figure représentant l'attention, tel était George, attendant la fin de la phrase commencée. Mais le roi avait laissé retomber sa tête sur son sein, et semblait préoccupé d'idées distantes de mille lieues de celles qu'il avait été sur le point d'exprimer tout à l'heure.

Il y eut un silence de quelques minutes. Le roi s'assit et porta la main à son front comme une personne fatiguée.

— Diable de rime ! s'écria-t-il en frappant du pied, et faisant retentir les longs éperons dont ses bottes étaient armées.

Le grand lévrier, s'éveillant en sursaut, prit ce coup de pied pour un appel qui s'adressait à lui : il se leva, s'approcha du fauteuil du roi, mit ses deux pattes sur ses genoux ; et, levant sa tête effilée, qui surpassait de beaucoup celle de Charles, il ouvrit une large gueule et bâilla sans la moindre cérémonie, tant il est difficile de donner à un chien des manières de cour.

Le roi chassa le chien, qui alla se recoucher en soupirant. Et ses yeux ayant encore rencontré le capitaine comme par hasard, il lui dit : — Excusez-moi,

George; c'est une.... [1] rime qui me fait suer sang et eau.

— J'importune peut-être Votre Majesté, dit le capitaine avec une grande révérence.

— Point, point, dit le roi. Il se leva et mit la main sur l'épaule du capitaine d'un air familier. En même temps il souriait, mais son sourire n'était que des lèvres, et ses yeux distraits n'y prenaient aucune part.

— Êtes-vous encore fatigué de la chasse de l'autre jour? dit le roi évidemment embarrassé pour entrer en matière. Le cerf s'est fait battre long-temps.

— Sire, je serais indigne de commander une compagnie de chévau-légers de Votre Majesté si une course comme celle d'avant-hier me fatiguait. Lors des dernières guerres, M. de Guise, me voyant toujours en selle, m'avait surnommé l'*Albanais*.

— Oui, on m'a dit en effet que tu es un bon cavalier. Mais, dis-moi, sais-tu bien tirer de l'arquebuse?

— Mais, sire, je m'en sers assez bien; cependant je suis loin d'avoir l'adresse de Votre Majesté. Mais elle n'est pas donnée à tout le monde.

— Tiens, vois-tu cette longue arquebuse-là, charge-la de douze chevrotines. Que je sois damné si à soixante pas il s'en trouve une seule hors de la poitrine du païen que tu prendras pour but!

— Soixante pas, c'est une assez grande distance; mais je ne me soucierais guère de faire une épreuve sur moi-même avec un tireur tel que Votre Majesté.

— Et à deux cents pas elle enverrait une balle dans

[1] On laisse au lecteur à suppléer une épithète. Charles IX se servait souvent de jurons fort énergiques à la vérité, mais d'ailleurs peu élégants.

le corps d'un homme, pourvu que la balle fût de calibre.

Le roi mit l'arquebuse entre les mains du capitaine.

— Elle paraît aussi bonne qu'elle est riche, dit George après l'avoir examinée soigneusement et en avoir fait jouer la détente.

— Je vois que tu te connais en armes, mon brave. Mets-la en joue, que je voie comment tu t'y prends.

Le capitaine obéit.

— C'est une belle chose qu'une arquebuse, continua Charles en parlant avec lenteur. A cent pas de distance et avec un mouvement de doigt, comme cela, on peut sûrement se débarrasser d'un ennemi ; et ni cotte de mailles ni cuirasse ne tiennent devant une bonne balle !

Charles IX, je l'ai déjà dit, soit par l'effet d'une habitude d'enfance, soit par timidité naturelle, ne regardait presque jamais en face la personne à laquelle il parlait. Cette fois cependant il regarda fixement le capitaine avec une expression extraordinaire. George baissa les yeux involontairement, et le roi en fit de même presque aussitôt. Il y eut encore un instant de silence ; George le rompit le premier.

— Quelque adresse que l'on ait à se servir des armes à feu, l'épée et la lance sont cependant plus sûres....

— Oui ; mais l'arquebuse..... Charles sourit étrangement. Il reprit tout de suite : — On dit, George, que tu as été grièvement offensé par l'Amiral ?

— Sire.....

— Je le sais, j'en suis sûr. Mais je serais bien aise... je veux que tu me contes la chose toi-même.

— Il est vrai, sire ; je lui parlais d'une malheureuse affaire à laquelle je prenais le plus grand intérêt...

— Le duel de ton frère. Parbleu ! c'est un joli garçon qui vous embroche bien son homme ; je l'estime. Comminges était un fat ; il n'a eu que ce qu'il méritait. Mais, mort de ma vie ! comment diable cette vieille barbe grise a-t-elle pu trouver là matière à te quereller ?

— Je crains que de malheureuses différences de croyance, et ma conversion que je croyais oubliée.....

— Oubliée ?

— Votre Majesté ayant donné l'exemple de l'oubli des dissentiments religieux, et sa rare et impartiale justice....

— Apprends, mon camarade, que l'Amiral n'oublie rien.

— Je m'en suis aperçu, sire. Et l'expression de George se rembrunit.

— Dis-moi, George, que comptes-tu faire ?

— Moi, sire ?

— Oui ; parle franchement.

— Sire, je suis un trop pauvre gentilhomme, et l'Amiral est trop vieux pour que je le fasse appeler ; et, d'ailleurs, sire, dit-il en s'inclinant, comme il tâchait de réparer par une phrase de courtisan l'impression que ce qu'il croyait une hardiesse avait produite sur le roi, si je le pouvais, je craindrais en le faisant de perdre les bonnes grâces de Votre Majesté.

— Bah ! s'écria le roi. Et il appuya sa main droite sur l'épaule de George.

— Heureusement, poursuivit le capitaine, mon honneur n'est pas entre les mains de l'Amiral ; et, si quelqu'un de ma qualité osait élever des doutes sur mon honneur, alors je supplierais Votre Majesté qu'elle me permît...

— Si bien que tu ne te vengeras pas de l'Amiral ? Cependant le.... devient furieusement insolent !

George ouvrait de grands yeux étonnés.

— Pourtant, continua le roi, il t'a offensé, ou le diable m'emporte ! il t'a grièvement offensé, m'a-t-on dit... Un gentilhomme n'est pas un laquais, et il y a des choses que l'on ne peut endurer, même d'un prince.

— Comment pourrais-je me venger de lui ? Il trouverait au-dessous de sa naissance de se battre avec moi.

— Peut-être. Mais.... Le roi reprit l'arquebuse et la mit en joue.

— Me comprends-tu ?

Le capitaine recula deux pas. Le geste du monarque était assez clair, et l'expression diabolique de sa physionomie ne l'expliquait que trop.

— Quoi, sire ! vous conseilleriez !...

Le roi frappa le plancher avec force de la crosse de l'arquebuse, et s'écria, en regardant le capitaine avec des yeux furieux :

— Te conseiller ! ventre de Dieu ! je ne te conseille rien.

Le capitaine ne savait que répondre ; il fit ce que bien des gens auraient fait à sa place, il s'inclina et baissa les yeux.

Charles reprit bientôt d'un ton plus doux :

— Ce n'est pas que si tu lui tirais une bonne arquebusade pour venger ton honneur... Cela me serait fort égal. Par les boyaux du pape ! un gentilhomme n'a pas de plus précieux bien que son honneur, et, pour le réparer, il n'est chose qu'il ne puisse faire. Et puis ces Châtillons sont fiers et insolents comme des valets de bourreau ; les coquins voudraient bien me tordre le cou, je le sais, et prendre ma place.... Quand je vois l'Amiral, il me prend envie quelquefois de lui arracher tous les poils de la barbe !

A ce torrent de paroles d'un homme qui n'en était pas prodigue d'ordinaire, le capitaine ne répondit pas un mot.

— Eh bien! par le sang et par la tête! qu'est-ce que tu veux faire? Tiens, à ta place, je l'attendrais au sortir de son.... prêche, et de quelque fenêtre je lui lâcherais une bonne arquebusade dans les reins. Parbleu! mon cousin de Guise t'en saurait gré, et tu aurais fait beaucoup pour la paix du royaume. Sais-tu que ce parpaillot est plus roi en France que moi-même? Cela me lasse à la fin... Je te dis tout net ce que je pense; il faut apprendre à ce....-là à ne pas faire d'accroc à l'honneur d'un gentilhomme. Un accroc à l'honneur, un accroc à la peau, l'un paie l'autre.

— L'honneur d'un gentilhomme se déchire au lieu de se recoudre par un assassinat.

Cette réponse fut comme un coup de foudre pour le prince. Immobile, les mains étendues vers le capitaine, il tenait encore l'arquebuse qu'il semblait lui offrir comme l'instrument de sa vengeance. Sa bouche était pâle et à demi ouverte, et l'on eût dit que ses yeux hagards fixés sur ceux de George leur lançaient et en recevaient à la fois une horrible fascination.

L'arquebuse enfin échappa des mains tremblantes du roi, et fit retentir le plancher de sa chute : le capitaine se précipita sur-le-champ pour la ramasser, et le roi s'assit alors dans son fauteuil, et baissa la tête d'un air sombre. Les mouvements précipités de sa bouche et de ses sourcils annonçaient les combats qui se livraient au fond de son cœur.

— Capitaine, dit-il après un long silence, où est ta compagnie de chevau-légers?

— A Meaux, sire.

— Dans peu de jours tu iras la rejoindre, et tu la conduiras toi-même à Paris. Dans..... quelques jours tu en recevras l'ordre. Adieu. Il y avait dans sa voix un accent dur et colère. Le capitaine le salua profondément, et Charles, lui montrant de la main la porte du cabinet, lui annonça que son audience était terminée.

Le capitaine sortait à reculons avec les révérences d'usage, quand le roi, se levant avec impétuosité, lui saisit le bras.

— Bouche cousue, au moins! Tu m'entends!

George s'inclina, et mit sa main sur sa poitrine. Comme il quittait l'appartement, il entendit le roi qui appelait son lévrier d'une voix dure, et en faisant claquer son fouet de chasse, comme s'il était disposé à décharger sa mauvaise humeur sur l'animal innocent.

De retour chez lui, George écrivit le billet suivant, qu'il fit tenir à l'Amiral :

« Quelqu'un qui ne vous aime pas, mais qui aime
» l'honneur, vous engage à vous défier du duc de
» Guise, et même peut-être de quelqu'un encore plus
» puissant. Votre vie est menacée. »

Cette lettre ne produisit aucun effet sur l'âme intrépide de Coligny. On sait que peu de temps après, le 22 août 1572, il fut blessé d'un coup d'arquebuse par un scélérat nommé Maurevel, qui reçut, à cette occasion, le surnom de *tueur du roi*.

CHAPITRE XVIII.

LE CATÉCHUMÈNE.

'T is pleasing to be school'd in a strange tongue
By female lips and eyes.
L. BYRON, *D. Juan*, canto II.

Quand deux amants sont discrets, il se passe quelquefois plus de huit jours avant que le public soit dans leur confidence. Après ce temps, la prudence se relâche, on trouve les précautions ridicules ; un coup-d'œil est facilement surpris, plus facilement interprété ; et tout est su.

Aussi la liaison de la comtesse de Turgis et du jeune Mergy ne fut bientôt plus un secret pour la cour de Catherine. Une foule de preuves *évidentes* auraient ouvert les yeux à des aveugles. Ainsi, madame de Turgis portait d'ordinaire des rubans lilas, et la garde de l'épée de Bernard, le bas de son pourpoint et ses souliers étaient ornés de rosettes de rubans lilas. La comtesse avait professé assez publiquement son horreur pour la barbe au menton, mais elle aimait une moustache galamment relevée ; depuis peu le menton de Mergy était toujours rasé avec soin, et sa moustache *désespérément* frisée, empommadée et peignée avec un peigne de plomb, formait comme un croissant dont les pointes s'élevaient bien au-dessus du nez. Enfin, l'on allait jusqu'à dire qu'un certain gentilhomme sortant de grand matin, et passant par la rue des Assis, avait vu s'ouvrir la porte du jardin de la comtesse, et sortir un homme, lequel, quoique soigneusement enveloppé jusqu'au nez dans son manteau, il avait reconnu sans peine pour le seigneur de Mergy.

Mais, ce qui semblait encore plus concluant, et ce qui surprenait tout le monde, c'était de voir le jeune huguenot, ce railleur impitoyable de toutes les cérémonies du culte catholique, aujourd'hui fréquentant les églises avec assiduité, ne manquant guère de processions, et même trempant ses doigts dans l'eau bénite, ce que, peu de jours auparavant, il aurait considéré comme un sacrilége horrible. On se disait à l'oreille que Diane venait de gagner une âme à Dieu, et les jeunes gentilshommes de la religion réformée déclaraient qu'ils songeraient peut-être sérieusement à se convertir, si, au lieu de capucins et de cordeliers, on leur envoyait pour les prêcher de jeunes et jolies dévotes comme madame de Turgis.

Il s'en fallait de beaucoup pourtant que Bernard fût converti. Il est vrai qu'il accompagnait la comtesse à l'église; mais il se plaçait à côté d'elle, et, tant que durait la messe, il ne cessait de lui parler à l'oreille, au grand scandale des dévots. Ainsi, non-seulement il n'écoutait pas l'office, mais encore il empêchait les fidèles d'y prêter l'attention convenable. On sait qu'une procession était alors une partie de plaisir aussi amusante qu'une mascarade. Enfin, Mergy ne se faisait plus de scrupule de tremper ses doigts dans l'eau bénite, puisque cela lui donnait le droit de serrer en public une jolie main qui tremblait toujours en touchant la sienne. Au reste, s'il conservait sa croyance, il avait de rudes combats à soutenir, et Diane argumentait contre lui avec d'autant plus d'avantage qu'elle choisissait ordinairement, pour entamer ses disputes théologiques, les instants où Mergy avait le plus de peine à lui refuser quelque chose.

— Cher Bernard, lui disait-elle un soir, appuyant sa tête sur l'épaule de son amant, tandis qu'elle enlaçait son cou avec les longues tresses de ses cheveux noirs; cher Bernard, tu as été aujourd'hui au sermon avec moi. Eh bien! tant de belles paroles n'ont-elles produit aucun effet sur ton cœur? Veux-tu donc rester toujours insensible?

— Bon! chère amie, comment veux-tu que la voix nasillarde d'un capucin puisse opérer ce que n'a pu faire ta voix si douce et tes argumentations religieuses si bien soutenues par tes regards amoureux, ma chère Diane?

— Méchant! je veux t'étrangler. Et, serrant légèrement une natte de ses cheveux, elle l'attirait encore plus près d'elle.

— Sais-tu à quoi j'ai passé mon temps pendant le sermon? A compter toutes les perles qui étaient dans tes cheveux. Vois comme tu les as répandues par la chambre.

— J'en étais sûre. Tu n'as pas écouté le sermon; c'est toujours la même histoire. Va, dit-elle avec un peu de tristesse, je vois bien que tu ne m'aimes pas comme je t'aime; si cela était, il y a long-temps que tu serais converti.

— Ah! ma Diane, pourquoi ces éternelles discussions? Laissons-les aux docteurs de Sorbonne et à nos ministres; mais nous, passons mieux notre temps.

— Laisse-moi... Si je pouvais te sauver, que je serais heureuse! Tiens, Bernardo, pour te sauver, je consentirais à doubler le nombre des années que je dois passer en purgatoire.

Il la pressa dans ses bras en souriant, mais elle le repoussa avec une expression de tristesse indicible.

— Toi, Bernard, tu ne ferais pas cela pour moi ; tu ne t'inquiètes pas du danger que court mon âme tandis que je me donne ainsi à toi... Et des larmes roulaient dans ses beaux yeux.

— Chère amie, ne sais-tu pas que l'amour excuse bien des choses, et... ?

— Oui, je le sais bien. Mais, si je pouvais sauver ton âme, tous mes péchés me seraient remis ; tous ceux que nous avons commis ensemble, tous ceux que nous pourrons commettre encore,... tout cela nous serait remis. Que dis-je? nos péchés auraient été l'instrument de notre salut !

En parlant ainsi, elle le serrait dans ses bras de toute sa force, et la véhémence de l'enthousiasme qui l'animait en parlant avait, dans sa situation, quelque chose de si comique, que Mergy eut besoin de se contraindre pour ne pas éclater de rire à cette étrange façon de prêcher.

— Attendons encore un peu pour nous convertir, ma Diane. Quand nous serons vieux l'un et l'autre..... quand nous serons trop vieux pour faire l'amour...

— Tu me désoles, méchant ; pourquoi ce sourire diabolique sur tes lèvres? Crois-tu que j'aie envie de les baiser maintenant?

— Tu vois que je ne souris plus.

— Voyons, soyez tranquille. Dis-moi, *querido Bernardo*, as-tu lu le livre que je t'ai donné?

— Oui, je l'ai achevé hier.

— Eh bien ! comment l'as-tu trouvé? C'est là du raisonnement ! et les incrédules ont la bouche close.

— Ton livre, ma Diane, n'est qu'un tissu de mensonges et d'impertinences. C'est le plus sot qui soit jusqu'à ce jour sorti de dessous une presse papiste. Gageons que tu ne l'as pas lu, toi qui m'en parles avec tant d'assurance !

— Non, je ne l'ai pas encore lu, répondit-elle en rougissant un peu ; mais je suis sûre qu'il est plein de raison et de vérité. Je n'en veux pas d'autres preuves que l'acharnement des huguenots à le dépriser.

— Veux-tu, par passe-temps, que, l'Écriture à la main, je te montre... ?

Oh ! garde-t'en bien, Bernard ! Merci de moi ! je ne lis pas les Écritures, comme font les hérétiques. Je ne veux pas que tu affaiblisses ma croyance. D'ailleurs, tu perdrais ton temps. Vous autres huguenots, vous êtes toujours armés d'une science qui désespère. Vous nous la jetez au nez dans la dispute, et les pauvres catholiques, qui n'ont pas lu comme vous Aristote et la Bible, ne savent comment vous répondre.

— Ah ! c'est que vous autres catholiques vous voulez croire à tout prix, sans vous mettre en peine d'examiner si cela est raisonnable ou non. Nous, du moins, nous étudions notre religion avant de la défendre, et surtout avant de vouloir la propager.

— Ah ! que je voudrais avoir l'éloquence du révérend père Giron, cordelier !

— C'est un sot et un hâbleur. Mais il eut beau crier, il y a six ans, dans une conférence publique, notre ministre Houdart l'a mis à *quia*.

— Mensonges ! mensonges des hérétiques !

— Comment ! ne sais-tu pas que dans le cours de la discussion on vit de grosses gouttes de sueur tomber du front du bon père sur un Chrysostôme qu'il tenait à la main ! sur quoi un plaisant fit ces vers...

— Je ne veux pas les entendre. N'empoisonne pas

mes oreilles de tes hérésies. Bernard, mon cher Bernard, je t'en conjure, n'écoute pas tous ces suppôts de Satan, qui te trompent et te mènent en enfer! Je t'en supplie, sauve ton âme, et reviens à notre église! Et comme, malgré ses instances, elle lisait sur les lèvres de son amant le sourire de l'incrédulité: Si tu m'aimes, s'écria-t-elle, renonce pour moi, par amour pour moi, à tes damnables opinions!

— Il me serait bien plus facile, ma chère Diana, de renoncer pour toi à la vie qu'à ce que ma raison m'a démontré véritable. Comment veux-tu que l'amour puisse m'empêcher de croire que deux et deux font quatre?

— Cruel!...

Mergy avait un moyen infaillible pour terminer les discussions de cette espèce, il l'employa.

— Hélas! cher Bernardo, dit la comtesse d'une voix languissante, quand le jour qui se levait obligea Mergy à se retirer, je me damnerai pour toi, et, je le vois bien, je n'aurai pas la consolation de te sauver!

— Allons donc, mon ange! le père Giron nous donnera une bonne absolution *in articulo mortis*.

CHAPITRE XIX.

LE CORDELIER.

> Monachus in claustro
> Non valet ova duo;
> Sed quando est extra,
> Bene valet triginta.

Le lendemain du mariage de Marguerite avec le roi de Navarre, le capitaine George, sur un ordre de la cour, quitta Paris pour se mettre à la tête de sa compagnie de chevau-légers en garnison à Meaux. Son frère lui dit adieu assez gaiement, et, s'attendant à le revoir avant la fin des fêtes, il se résigna de bonne grâce à loger seul pendant quelques jours. Madame de Turgis l'occupait assez pour que quelques moments de solitude n'eussent pour lui rien de trop effrayant. La nuit il n'était jamais à la maison, et le jour il dormait.

Le vendredi 22 août 1572, l'Amiral fut blessé grièvement d'un coup d'arquebuse par un scélérat nommé Maurevel. Le bruit public ayant attribué ce lâche assassinat au duc de Guise, ce seigneur quitta Paris le jour suivant, comme pour se soustraire aux plaintes et aux menaces des réformés. Le roi paraissait d'abord vouloir le poursuivre avec la dernière rigueur; mais il ne s'opposa point à son retour, qui allait être signalé par l'horrible massacre qui se préparait pour la nuit du 24 août.

Un assez grand nombre de jeunes gentilshommes protestants bien montés, après avoir rendu visite à l'Amiral, se répandirent dans les rues avec l'intention de chercher le duc de Guise ou ses amis, et de leur faire une querelle s'ils les rencontraient. Néanmoins tout se passa d'abord fort paisiblement. Le peuple effrayé de leur nombre, ou peut-être se réservant pour une autre occasion, gardait le silence sur leur passage, et, sans paraître ému, les entendait crier : *Mort aux assassins de M. l'Amiral! A bas les guisards!*

Au détour d'une rue, une douzaine de jeunes gentilshommes catholiques, et parmi eux plusieurs serviteurs de la maison de Guise, se présentèrent inopinément devant la troupe protestante. On s'attendait à une querelle sérieuse, mais il n'en fut rien. Les catholiques, peut-être par prudence, peut-être parce qu'ils agissaient d'après des ordres précis, ne répondirent pas aux cris injurieux des protestants, et un jeune homme de bonne mine, qui marchait à leur tête, s'avança vers Mergy, et, le saluant avec politesse, lui dit d'un ton familier et amical : — Bonjour, monsieur de Mergy. Vous avez sans doute vu M. de Châtillon ? Comment se porte-t-il ? L'assassin est-il pris ?

Les deux troupes s'arrêtèrent. Mergy reconnut le baron de Vaudreuil, lui rendit son salut et répondit à ses questions. Plusieurs conversations particulières s'établirent, et, comme elles durèrent peu, on se sépara sans dispute. Les catholiques cédèrent le haut du pavé, et chacun poursuivit son chemin.

Le baron de Vaudreuil avait retenu Mergy quelque temps, de sorte qu'il était resté un peu en arrière de ses compagnons. En le quittant, Vaudreuil lui dit en examinant la selle de son cheval : — Prenez garde ! je me trompe fort, ou votre courtaud est mal sanglé. Faites-y attention. Mergy mit pied à terre, et resangla son cheval. Il était à peine remonté, qu'il entendit quelqu'un qui venait au grand trot derrière lui. Il tourna la tête et vit un jeune homme dont la figure lui était inconnue, mais qui faisait partie de la troupe qu'ils venaient de rencontrer.

— Dieu me damne ! dit celui-ci en l'abordant ; je serais ravi de rencontrer seul un de ceux qui criaient tout à l'heure : *à bas les guisards !*

— Vous n'irez pas bien loin pour en trouver un, lui répondit Mergy. Qu'y a-t-il pour votre service ?

— Seriez-vous par hasard du nombre de ces coquins-là ?

Mergy dégaina sur-le-champ, et du plat de son épée frappa au visage cet ami des Guises. Celui-ci saisit aussitôt un pistolet d'arçon, et le tira à bout portant sur Mergy. Heureusement l'amorce seule prit feu. L'amant de Diane riposta par un grand coup d'épée sur la tête de son ennemi, et le fit tomber à bas de cheval, baigné dans son sang. Le peuple, jusqu'alors spectateur impassible, prit à l'instant parti pour le blessé. Le jeune huguenot fut assailli à coups de pierres et de bâtons, et, toute résistance étant inutile contre une telle multitude, il prit le parti de piquer des deux et de s'échapper au galop. Mais, en voulant tourner trop court un angle de la rue, son cheval s'abattit et le renversa, sans le blesser, mais sans lui permettre de remonter assez tôt pour empêcher la populace furieuse de l'entourer. Alors il s'adossa contre un mur et repoussa quelque temps ceux qui se présentèrent à portée de son épée. Mais un grand coup de bâton en ayant brisé la lame, il fut terrassé, et allait être mis en pièces, si un cordelier, s'élançant devant les gens qui le pressaient, ne l'eût couvert de son corps.

— Que faites-vous? mes enfants, s'écria-t-il, lâchez cet homme; il n'est point coupable.

— C'est un huguenot! hurlèrent cent voix furieuses.

— Eh bien! laissez-lui le temps de se repentir. Il le peut encore.

Les mains qui tenaient Mergy le lâchèrent aussitôt. Il se releva, ramassa le tronçon de son épée, et se disposa à vendre chèrement sa vie, s'il avait à soutenir une nouvelle attaque.

— Laissez vivre cet homme, poursuivit le moine, et prenez patience. Avant peu les huguenots iront à la messe.

— Patience! patience! répétèrent plusieurs voix avec humeur. Il y a bien long-temps qu'on nous dit de prendre patience ; et en attendant, chaque dimanche, dans leurs prêches, leurs chants scandalisent tous les honnêtes chrétiens.

— Eh ! ne savez-vous pas le proverbe ? reprit le moine d'un ton enjoué : *Tant chante le hibou, qu'à la fin il s'enroue.* Laissez-les brailler encore quelque peu ; bientôt, par la grâce de Notre-Dame d'août, vous les entendrez chanter la messe en latin. Quant à ce jeune parpaillot, laissez-le-moi, je veux en faire un bon chrétien. Allez, et ne brûlez pas le rôti pour le manger plus vite.

La foule se dispersa en murmurant, mais sans faire la moindre injure à Mergy. On lui rendit même son cheval.

— Voici la première fois de ma vie, dit-il, que j'ai du plaisir à voir votre robe, mon père. Croyez à ma reconnaissance, et veuillez accepter cette bourse.

— Si vous la destinez aux pauvres, mon garçon, je la prends. Sachez que je m'intéresse à vous. Je connais votre frère, et je vous veux du bien. Convertissez-vous dès aujourd'hui ; venez avec moi, et votre affaire sera bientôt faite.

— Pour cela, mon père, je vous remercie. Je n'ai nulle envie de me convertir. Mais comment me connaissez-vous ? Quel est votre nom ?

— On m'appelle le frère Lubin... et... petit coquin, je vous vois rôder bien souvent autour d'une maison... Chut ! Dites-moi, monsieur de Mergy, croyez-vous maintenant qu'un moine puisse faire du bien ?

— Je publierai partout votre générosité, père Lubin.

— Vous ne voulez pas quitter le prêche pour la messe ?

— Non, encore une fois ; et je n'irai jamais à l'église que pour entendre vos sermons.

— Vous êtes homme de goût, à ce qu'il paraît.

— Et, de plus, votre grand admirateur.

— Ma foi, je suis fâché pour vous que vous vouliez rester dans l'hérésie. Je vous ai prévenu, j'ai fait ce que j'ai pu ; il en sera ce qui pourra : pour moi, je m'en lave les mains. Adieu, mon garçon.

— Adieu, mon père.

Mergy remonta sur son cheval, et regagna son logis, un peu moulu, mais fort content de s'être tiré à si bon marché d'un aussi mauvais pas.

CHAPITRE XX.

LES CHEVAU-LÉGERS.

> JAFFIER.
> He amongst us
> That spares his father, brother, or his friend
> Is damned.
> OTWAY, *Venice preserved.*

Le soir du 24 août, une compagnie de chevau-légers entrait dans Paris par la porte Saint-Antoine. Les bottes et les habits des cavaliers tout couverts de poussière annonçaient qu'ils venaient de faire une longue traite. Les dernières lueurs du jour expirant éclairaient les visages basanés de ces soldats ; on y pouvait lire cette inquiétude vague qui se fait sentir à l'approche d'un événement que l'on ne connaît point encore, mais que l'on soupçonne être d'une nature funeste.

La troupe se dirigea au petit pas vers un grand espace sans maisons, qui s'étendait auprès de l'ancien palais des Tournelles. Là le capitaine ordonna de faire halte, puis envoya en reconnaissance une douzaine d'hommes commandés par son cornette, et posta lui-même à l'entrée des rues voisines des sentinelles à qui il fit allumer la mèche, comme en présence de l'ennemi. Après avoir pris cette précaution extraordinaire, il revint devant le front de sa compagnie.

— Sergent! dit-il d'une voix plus dure et plus impérieuse que de coutume.

Un vieux cavalier, dont le chapeau était orné d'un galon d'or, et qui portait une écharpe brodée, s'approcha respectueusement de son chef.

— Tous nos cavaliers sont pourvus de mèches?

— Oui, capitaine.

— Les flasques sont-elles garnies? Y a-t-il des balles en quantité suffisante?

— Oui, capitaine.

— Bien. Il fit marcher au pas sa jument devant le front de sa petite troupe. Le sergent le suivait à la distance d'une longueur de cheval. Il s'était aperçu de l'humeur de son capitaine, et il hésitait à l'aborder. Enfin il prit courage.

— Capitaine, puis-je permettre aux cavaliers de donner à manger à leurs bêtes? Vous savez qu'elles n'ont pas mangé depuis ce matin.

— Non.

— Une poignée d'avoine? cela serait bien vite fait.

— Que pas un cheval ne soit débridé.

— C'est que si l'on a besoin de les faire travailler cette nuit... comme l'on dit... que peut-être...

L'officier fit un geste d'impatience. — Retournez à votre poste, dit-il sèchement. Et il continua de se promener. Le sergent revint au milieu des soldats.

— Eh bien ! sergent, est-ce vrai ? Que va-t-on faire ? Qu'y a-t-il ? qu'a dit le capitaine ?

Une vingtaine de questions lui furent adressées toutes à la fois par de vieux soldats, dont les services et une longue habitude autorisaient cette familiarité à l'égard de leur supérieur.

— Nous allons en voir de belles, dit le sergent du ton capable d'un homme qui en sait plus qu'il n'en dit.

— Comment ? comment ?

— Il ne faut pas débrider, même pour un instant ;... car... qui sait ? d'un moment à l'autre on peut avoir besoin de nous.

— Ah ! est-ce qu'on va se battre ? dit le trompette. Et contre qui, s'il vous plaît ?

— Contre qui ? dit le sergent, répétant la question pour se donner le temps de réfléchir. Parbleu ! belle demande ! Contre qui veux-tu qu'on se batte, sinon contre les ennemis du roi ?

— Oui, mais qu'est-ce que ces ennemis du roi ? continua l'opiniâtre questionneur.

— Les ennemis du roi ! Il ne sait pas qui sont les ennemis du roi ! Et il haussa les épaules de pitié.

— C'est l'Espagnol qui est l'ennemi du roi ; mais il ne serait pas venu comme cela *en catimini* sans qu'on s'en aperçût, observa l'un des cavaliers.

— Bah ! reprit un autre ; j'en connais bien des ennemis du roi qui ne sont pas Espagnols !

— Bertrand a raison, dit le sergent ; et je sais bien de qui il veut parler.

— Et de qui donc enfin ?

— Des huguenots, dit Bertrand. Il ne faut pas être sorcier pour s'en apercevoir. Tout le monde sait que les huguenots ont pris leur religion de l'Allemagne; et je suis bien sûr que les Allemands sont nos ennemis, car j'ai fait bien souvent le coup de pistolet contre eux, notamment à Saint-Quentin, où ils se battaient comme des diables.

— Tout cela est bel et bon, dit le trompette; mais la paix a été conclue avec eux, et l'on a sonné assez de fanfares à cette occasion pour qu'il m'en souvienne.

— La preuve qu'ils ne sont pas nos ennemis, dit un jeune cavalier mieux habillé que les autres, c'est que ce sera le comte de La Rochefoucauld qui commandera les chevau-légers dans la guerre que nous allons faire en Flandre; or, qui ne sait que La Rochefoucauld est de la religion? Le diable m'emporte, s'il n'en est pas depuis les pieds jusqu'à la tête! Il a des éperons *à la Condé*, et porte un chapeau *à la huguenote*.

— Que la peste le crève! s'écria le sergent. Tu ne sais pas cela, toi, Merlin; tu n'étais pas encore avec nous : c'est La Rochefoucauld qui commandait l'embuscade où nous avons manqué de demeurer tous à La Robraye en Poitou. C'est un gaillard qui est tout confit en malices.

— Et il a dit, ajouta Bertrand, qu'une compagnie de reîtres valait mieux qu'un escadron de chevau-légers. J'en suis sûr, comme voilà un cheval rouan. Je le tiens d'un page de la reine.

Un mouvement d'indignation se manifesta dans l'auditoire; mais il céda bientôt à la curiosité de savoir contre qui étaient dirigés les préparatifs de guerre et les précautions extraordinaires qu'ils voyaient prendre.

— Est-ce vrai, sergent, demanda le trompette, que l'on a voulu tuer le roi hier?

— Je parie que ce sont ces... d'hérétiques.

— L'aubergiste de la *Croix-de-Saint-André*, chez qui nous avons déjeuné, dit Bertrand, nous a conté comme cela qu'ils voulaient défaire la messe.

— En ce cas nous ferons gras tous les jours, observa Merlin très-philosophiquement ; le morceau de petit salé au lieu de la gamelle de fèves ! Il n'y a pas là de quoi s'affliger.

— Oui ; mais, si les huguenots font la loi, la première chose qu'ils feront, ce sera de casser comme verre toutes les compagnies de chevau-légers, pour mettre à la place leurs chiens de reîtres allemands.

— Si cela est ainsi, je leur taillerais volontiers des croupières. Mort de ma vie ! cela me rend bon catholique. Dites donc, Bertrand, vous qui avez servi avec les protestants, est-ce vrai que l'Amiral ne donnait que huit sous à ses cavaliers ?

— Pas un denier de plus, le vieux ladre vert ! Aussi l'ai-je quitté après la première campagne.

— Comme le capitaine est de mauvaise humeur aujourd'hui ! dit le trompette. Lui qui, d'ordinaire, est si bon diable, et qui parle volontiers avec le soldat ; il n'a pas desserré les dents tout le long de la route.

— Ce sont ces nouvelles-là qui le chagrinent, répondit le sergent.

— Quelles nouvelles ?

— Oui ; apparemment ce que veulent faire les huguenots.

— La guerre civile va recommencer, dit Bertrand.

— Tant mieux pour nous, dit Merlin, qui voyait toujours le bon côté des choses ; il y aura des coups à donner, des villages à brûler, et des huguenotes à houspiller.

— Il y a de l'apparence qu'ils ont voulu recommencer leur vieille affaire d'Amboise, dit le sergent ; c'est pour cela que l'on nous fait venir. Nous y mettrons bon ordre.

Dans ce moment le cornette revint avec son escouade; il s'approcha du capitaine, et lui parla bas, tandis que les soldats qui l'avaient accompagné se mêlaient à leurs camarades.

— Par ma barbe! dit un de ceux qui avaient été en reconnaissance, je ne sais ce qui se passe aujourd'hui dans Paris. Nous n'avons pas vu un chat dans la rue; mais, en récompense, la Bastille est pleine de troupes : j'ai vu des piques de Suisses qui foisonnaient dans la cour comme des épis de blé, quoi!

— Il n'y en avait pas plus de cinq cents, repartit un autre.

— Ce qui est certain, dit le premier, c'est que les huguenots ont voulu assassiner le roi, et que l'Amiral a été blessé dans la bagarre de la propre main du grand duc de Guise.

— Ah! le brigand! c'est bien fait! s'écria le sergent.

— Tant il y a, continua le cavalier, que ces Suisses disaient, dans leur diable de baragouin, qu'il y a trop long-temps que l'on souffre les hérétiques en France.

— C'est vrai que depuis un temps ils font bien les fiers, dit Merlin.

— Ne dirait-on pas qu'ils nous ont battus à Jarnac et à Moncontour, tant ils piaffent et font les fendants?

— Ils voudraient, dit le trompette, manger le gigot et ne nous donner que le manche.

— Il est bien temps que les bons catholiques leur donnent un tour de peigne.

— Pour moi, dit le sergent, si le roi me disait : Tue-moi ces coquins-là; que je perde mon baudrier si je me le faisais dire deux fois!

— Belle-Rose, dis-nous donc un peu ce qu'a fait notre cornette? demanda Merlin.

— Il a parlé avec une espèce d'officier des Suisses; mais je n'ai pu entendre ce qu'il disait. Il faut toujours que cela soit curieux; car il s'écriait à tout moment : — Ah! mon Dieu! ah! mon Dieu!

— Tiens, voici des cavaliers qui viennent à nous au grand galop; c'est sans doute un ordre que l'on nous apporte.

— Ils ne sont que deux, ce me semble; et le capitaine et le cornette vont à leur rencontre.

Deux cavaliers se dirigeaient rapidement vers la compagnie de chevau-légers. L'un, richement vêtu, et portant un chapeau couvert de plumes et une écharpe verte, montait un cheval de bataille. Son compagnon était un homme gros, court, ramassé dans sa petite taille; il était vêtu d'une robe noire, et portait un grand crucifix de bois.

— On va se battre, sûr, dit le sergent; voici un aumônier qu'on nous envoie pour confesser les blessés.

— Il n'est guère agréable de se battre sans avoir dîné, murmura tout bas Merlin.

Les deux cavaliers ralentirent l'allure de leurs chevaux, de manière qu'en joignant le capitaine ils purent les arrêter sans effort.

— Je baise les mains de M. de Mergy, dit l'homme à l'écharpe verte. Reconnaît-il son serviteur, Thomas de Maurevel?

Le capitaine ignorait encore le nouveau crime de Maurevel; il ne le connaissait que comme l'assassin du brave de Mouy. Il lui répondit fort sèchement : — Je ne connais point M. de Maurevel. — Je suppose que vous venez nous dire enfin pourquoi nous sommes ici

— Il s'agit, monsieur, de sauver notre bon roi et notre sainte religion du péril qui les menace.

— Quel est donc ce péril? demanda George d'un ton de mépris.

— Les huguenots ont conspiré contre Sa Majesté; mais leurs coupables complots ont été découverts à temps, grâce à Dieu, et tous les bons chrétiens doivent se réunir cette nuit pour les exterminer pendant leur sommeil.

— Comme furent exterminés les Madianites par le fort Gédéon, dit l'homme en robe noire.

— Qu'entends-je? s'écria Mergy frémissant d'horreur.

— Les bourgeois sont armés, poursuivit Maurevel; les gardes françaises et trois mille Suisses sont dans la ville. Nous avons près de soixante mille hommes à nous; à onze heures le signal sera donné, et le branle commencera.

— Misérable coupe-jarret! Quelle infâme imposture viens-tu nous débiter? Le roi n'ordonne point les assassinats.... et tout au plus il les paie.

Mais, en parlant ainsi, George se souvint de l'étrange conversation qu'il avait eue quelques jours auparavant avec le roi.

— Pas d'emportement, monsieur le capitaine; si le service du roi ne réclamait tous mes soins, je répondrais à vos injures. Écoutez-moi : je viens, de la part de Sa Majesté, vous requérir de m'accompagner avec votre troupe. Nous sommes chargés de la rue Saint-Antoine et du quartier avoisinant. Je vous apporte une liste exacte des personnes qu'il nous faut expédier. Le révérend père Malebouche va exhorter vos gens, et leur distribuer des croix blanches comme en porteront tous les catholiques, afin que dans l'obscurité on ne prenne pas des fidèles pour des hérétiques.

— Et je consentirais à prêter mes mains pour massacrer des gens endormis!

— Êtes-vous catholique, et reconnaissez-vous Charles IX pour votre roi? Connaissez-vous la signature du maréchal de Retz, à qui vous devez obéissance? Et il lui remit un papier qu'il avait à sa ceinture.

Mergy fit approcher un cavalier, et, à la lueur d'une torche de paille allumée à la mèche d'une arquebuse, il lut un ordre en bonne forme, enjoignant de par le roi au capitaine de Mergy de prêter main forte à la garde bourgeoise, et d'obéir à M. de Maurevel pour un service que le susdit devait lui expliquer. A cet ordre était jointe une liste de noms avec ce titre: *Liste des hérétiques qui doivent être mis à mort dans le quartier Saint-Antoine.* La lueur de la torche qui brûlait dans la main du cavalier montrait à tous les chevau-légers l'émotion profonde que causait à leur chef cet ordre qu'ils ne connaissaient pas encore.

— Jamais mes cavaliers ne voudront faire le métier d'assassins, dit George en jetant le papier au visage de Maurevel.

— Il n'est point question d'assassinat, dit froidement le prêtre; il s'agit d'hérétiques, et c'est justice que l'on va faire à leur endroit.

— Braves gens, s'écria Maurevel en élevant la voix et s'adressant aux chevau-légers, les huguenots veulent assassiner le roi et les catholiques. Il faut les prévenir: cette nuit nous allons les tuer tous, pendant qu'ils sont endormis; et le roi vous accorde le pillage de leurs maisons!

Un cri de joie féroce partit de tous les rangs : Vive le roi ! mort aux huguenots !

— Silence dans les rangs ! s'écria le capitaine d'une voix tonnante. Seul ici j'ai le droit de commander à ces cavaliers. Camarades, ce que dit ce misérable ne peut être vrai, et, le roi l'eût-il ordonné, jamais mes chevau-légers ne voudraient tuer des gens qui ne se défendent pas.

Les soldats gardèrent le silence.

— Vive le roi ! mort aux huguenots ! s'écrièrent à la fois Maurevel et son compagnon. Et les cavaliers répétèrent un instant après eux : Vive le roi ! mort aux huguenots !

— Eh bien ! capitaine, obéirez-vous ? dit Maurevel.

— Je ne suis plus capitaine, s'écria George. Et il arracha son hausse-col et son écharpe, insignes de sa dignité.

— Saisissez-vous de ce traître, s'écria Maurevel en tirant son épée ; tuez ce rebelle qui désobéit à son roi.

Mais pas un soldat n'osa lever la main contre son chef.... George fit sauter l'épée des mains de Maurevel; mais, au lieu de le percer de la sienne, il se contenta de le frapper du pommeau au visage, si violemment qu'il le fit tomber à bas de son cheval.

— Adieu, lâches ! dit-il à sa troupe; je croyais avoir des soldats, et je vois que je n'ai que des assassins. Puis se tournant vers son cornette : — Alphonse, si vous voulez être capitaine, voici une belle occasion. Mettez-vous à la tête de ces brigands.

A ces mots, il piqua des deux et s'éloigna au galop, se dirigeant vers l'intérieur de la ville. Le cornette fit quelques pas comme pour le suivre ; puis bientôt il ralentit l'allure de son cheval, le mit au pas, puis enfin il s'arrêta, tourna bride et revint à sa compagnie, jugeant sans doute que le conseil de son capitaine, pour être donné dans un moment de colère, n'en était pas moins bon à suivre.

Maurevel, encore un peu étourdi du coup qu'il avait reçu, remontait à cheval en blasphémant; et le moine, élevant son crucifix, exhortait les soldats à ne pas faire grâce à un seul huguenot, à noyer l'hérésie dans des flots de sang.

Les soldats avaient été un moment retenus par les reproches de leur capitaine; mais, se voyant débarrassés de sa présence et ayant sous les yeux la perspective d'un beau pillage, ils brandirent leurs sabres au-dessus de leurs têtes, et jurèrent d'exécuter tout ce que Maurevel leur commanderait.

CHAPITRE XXI.

DERNIER EFFORT.

SOOTHSAYER.
Beware the Ides of March!
SHAKSPEARE, *Julius Cæsar.*

Le même soir, à l'heure accoutumée, Mergy sortit de sa maison, et, bien enveloppé dans un manteau couleur de muraille, le chapeau rabattu sur les yeux, avec la discrétion convenable, il se dirigea vers la maison de la comtesse. Il avait à peine fait quelques pas qu'il rencontra le chirurgien Ambroise Paré, qu'il connaissait pour en avoir reçu des soins lorsqu'il avait été blessé. Paré revenait sans doute de l'hôtel de Châtillon; et

Mergy, s'étant fait connaître, lui demanda des nouvelles de l'Amiral.

— Il va mieux, dit le chirurgien. La plaie est belle, et le malade sain. Dieu aidant, il guérira. J'espère que la potion que je lui ai prescrite pour ce soir lui sera salutaire et qu'il aura une nuit tranquille.

Un homme du peuple, qui passait auprès d'eux, avait entendu qu'ils parlaient de l'Amiral. Quand il se fut assez éloigné pour être insolent sans crainte de s'attirer une correction, il s'écria : — Il ira bientôt danser la sarabande à Montfaucon, votre Amiral du diable ! Et il prit la fuite à toutes jambes.

— Misérable canaille ! dit Mergy. Je suis fâché que notre grand Amiral soit obligé de demeurer dans une ville où il y a tant de gens qui lui sont ennemis.

— Heureusement que son hôtel est bien gardé, répondit le chirurgien. Quand je l'ai quitté, les escaliers étaient remplis de soldats, et déjà ils allumaient leurs mèches. Ah ! monsieur de Mergy, les gens de cette ville ne nous aiment pas... Mais il se fait tard, et il faut que je rentre au Louvre.

Ils se séparèrent en se souhaitant le bonsoir, et Mergy continua son chemin, livré à des pensées couleur de rose, qui lui firent oublier bien vite l'Amiral et la haine des catholiques. Cependant il ne put s'empêcher de remarquer un mouvement extraordinaire dans les rues de Paris, toujours peu fréquentées aussitôt après la nuit close. Tantôt il rencontrait des crocheteurs portant sur leurs épaules des fardeaux d'une forme étrange, que dans l'obscurité il était tenté de prendre pour des faisceaux de piques ; tantôt c'était un détachement de soldats marchant en silence, les armes hautes et les mèches allumées ; ailleurs on ouvrait précipitamment des fenêtres, quelques figures s'y montraient un instant avec des lumières et disparaissaient aussitôt.

— Holà! cria-t-il à un crocheteur, bonhomme, où portez-vous cette armure si tard?

— Au Louvre, mon gentilhomme, pour le divertissement de cette nuit.

— Camarade, dit Mergy à un sergent qui commandait une patrouille, où allez-vous donc ainsi en armes?

— Au Louvre, mon gentilhomme, pour le divertissement de cette nuit.

— Holà! page, n'êtes-vous point au roi? Où donc allez-vous avec vos camarades, menant ces chevaux harnachés en guerre?

— Au Louvre, mon gentilhomme, pour le divertissement de cette nuit.

— Le divertissement de cette nuit! se disait Mergy. Il paraît que tout le monde, excepté moi, est dans la confidence. Au reste, peu m'importe; le roi peut s'amuser sans moi, et je suis peu curieux de voir son divertissement.

Un peu plus loin il remarqua un homme mal vêtu qui s'arrêtait devant quelques maisons et qui marquait les portes en faisant une croix avec de la craie.

— Bonhomme, êtes-vous donc un fourrier pour marquer ainsi les logements?

L'inconnu disparut sans répondre.

Au détour d'une rue, comme il entrait dans celle qu'habitait la comtesse, il faillit heurter un homme enveloppé, comme lui, d'un grand manteau, et qui tournait le même coin de rue, mais en sens contraire. Malgré l'obscurité et le soin que tous les deux semblaient mettre à se cacher l'un à l'autre, ils se reconnurent aussitôt.

— Ah! bonsoir, monsieur de Béville, dit Mergy en lui tendant la main.

Pour lui donner la main droite, Béville fit un mouvement singulier sous son manteau : il passa de la main droite à la gauche quelque chose d'assez lourd qu'il portait. Le manteau s'entr'ouvrit un peu.

— Salut au vaillant champion chéri des belles, s'écria Béville. Je parierais que mon noble ami s'en va de ce pas en bonne fortune.

— Et vous-même, monsieur ?...... Il paraît que les maris sont d'humeur fâcheuse de votre côté; car je me trompe fort, ou ce que je vois sur vos épaules, c'est une cotte de mailles, et ce que vous tenez là sous votre manteau, cela ressemble furieusement à des pistolets.

— Il faut être prudent, monsieur Bernard, très-prudent, dit Béville. En prononçant ces mots, il arrangeait son manteau de manière à cacher soigneusement les armes qu'il portait.

— Je regrette infiniment de ne pouvoir vous offrir ce soir mes services et mon épée pour garder la rue et faire sentinelle à la porte de votre maîtresse. Cela m'est impossible aujourd'hui, mais en toute occasion veuillez disposer de moi.

— Ce soir vous ne pouvez venir avec moi, monsieur de Mergy. Il accompagna ce peu de mots d'un sourire étrange.

— Allons, bonne chance. Adieu.

— Je vous souhaite aussi *bonne chance!* Il y avait une certaine emphase dans sa manière de prononcer cet adieu.

Ils se quittèrent, et Mergy avait déjà fait quelques

pas quand il s'entendit rappeler par Béville. Il se retourna et le vit qui revenait à lui.

— Votre frère est-il à Paris?

— Non; mais je l'attends tous les jours. — Ah! dites-moi, êtes-vous du divertissement de cette nuit?

— Du divertissement?

— Oui, on dit partout qu'il y aura ce soir un grand divertissement à la cour.

Béville murmura tout'bas quelques mots entre ses dents.

— Adieu encore une fois, dit Mergy. Je suis un peu pressé, et... Vous savez ce que je veux dire?

— Écoutez, écoutez! encore un mot. Je ne puis vous laisser aller sans vous donner un conseil en véritable ami.

— Quel conseil?

— N'allez pas chez *elle* ce soir. Croyez-moi, vous me remercierez demain.

— C'est là votre conseil? Mais je ne vous comprends pas. Qui, *elle?*

— Bah! nous nous entendons. Mais, si vous êtes sage, passez la Seine ce soir même.

— Est-ce une plaisanterie qui vient au bout de tout cela?

— Point. Je n'ai jamais parlé plus sérieusement. Passez la Seine, vous dis-je. Si le diable vous presse trop, allez-vous-en auprès du couvent des Jacobins, dans la rue Saint-Jacques. A deux portes des bons pères, vous verrez un grand crucifix de bois, cloué contre une maison d'assez chétive apparence. C'est une drôle d'enseigne : n'importe! Vous frapperez, et vous trouverez une vieille fort accorte qui vous recevra bien à ma considération... Allez passer votre fureur de l'autre côté de la Seine. La mère Brûlard a des nièces gentilles et polies... M'entendez-vous ?

— Vous êtes trop bon. Je vous baise les mains.

— Non, suivez l'avis que je vous donne. Foi de gentilhomme ! vous vous en trouverez bien.

— Grand merci, j'en profiterai une autre fois. Aujourd'hui je suis attendu. Et Mergy fit un pas en avant.

— Passez la Seine, mon brave ; c'est mon dernier mot. S'il vous arrive malheur pour n'avoir pas voulu m'écouter, je m'en lave les mains.

Il y avait dans le ton de Béville un sérieux inaccoutumé qui frappa Mergy. Béville avait déjà tourné le dos, ce fut Mergy qui le retint cette fois. — Que diable voulez-vous dire ? Expliquez-vous, monsieur de Béville, et ne me parlez plus par énigmes.

— Mon cher, je ne devrais pas peut-être vous parler si clairement ; mais *passez l'eau avant qu'il soit tout à fait nuit ;* et adieu.

— Mais...

Béville était déjà loin. Mergy le suivit un instant ; mais bientôt, honteux de perdre un temps qui pouvait être mieux employé, il revint sur ses pas et s'approcha du jardin où il devait entrer. Il fut obligé de se promener quelque temps de long en large en attendant que plusieurs passants se fussent éloignés. Il craignait qu'ils ne fussent un peu surpris de le voir entrer à cette heure par une porte de jardin. La nuit était belle, un doux zéphyr avait tempéré la chaleur ; la lune paraissait et disparaissait au milieu de légers nuages blancs. C'était une nuit faite pour l'amour.

La rue fut déserte pendant un instant : il ouvrit aussitôt la porte du jardin et la referma sans bruit. Son cœur battait avec force, mais il ne pensait qu'aux plaisirs qui l'attendaient chez sa Diane ; et les idées sinistres que les étranges propos de Béville avaient fait naître dans son esprit en étaient maintenant bien éloignées.

Il s'approcha de la maison sur la pointe du pied. Une lampe derrière un rideau rouge brillait à une fenêtre entr'ouverte : c'était le signal convenu. Dans un clin d'œil il fut dans l'oratoire de sa maîtresse.

Elle était à moitié couchée sur un lit de repos fort bas et recouvert en damas bleu foncé. Ses longs cheveux noirs en désordre couvraient tout le coussin sur lequel sa tête était appuyée. Ses yeux étaient fermés, et elle semblait faire effort pour les tenir ainsi. Une seule lampe d'argent suspendue au plafond éclairait l'appartement et projetait toute sa lumière sur la figure pâle et les lèvres de feu de Diane de Turgis. Elle ne dormait pas ; mais, à la voir, on eût dit qu'elle était tourmentée d'un cauchemar pénible. Au premier craquement des bottes de Mergy sur le tapis de l'oratoire, elle leva la tête, ouvrit les yeux et la bouche, tressaillit, et avec peine étouffa un cri d'effroi.

— T'ai-je fait peur, mon ange? dit Mergy à genoux devant elle et se penchant sur le coussin où la belle comtesse venait de laisser retomber sa tête.

— Te voilà donc enfin ! Dieu soit loué !

— Me suis-je fait attendre? Il est encore loin de minuit.

— Ah! laissez-moi,... Bernard.... On ne vous a pas vu entrer?

— Personne... Mais qu'as-tu, mon amour? Pourquoi donc ces jolies petites lèvres fuient-elles les miennes?

— Ah ! Bernard, si tu savais..... Oh ! ne me tourmente pas, je t'en prie... Je souffre horriblement ; j'ai une migraine effroyable.... Ma pauvre tête est en feu.

— Pauvre amie !

— Assieds-toi près de moi,... et, de grâce, ne me demande rien aujourd'hui.... Je suis bien malade. Elle enfonça sa jolie figure dans un des coussins du lit de repos, et laissa échapper un gémissement douloureux. Puis tout d'un coup elle se releva sur le coude, secoua ses cheveux épais qui lui couvraient toute la figure, et, saisissant la main de Mergy, elle la posa sur sa tempe. Il sentit battre l'artère avec force.

— Ta main est froide : elle me fait du bien, dit-elle.

— Ma bonne Diane ! que je voudrais avoir la migraine à ta place ! dit-il en baisant ce front brûlant.

— Ah ! oui... et moi je voudrais... Pose le bout de tes doigts sur mes paupières, cela me soulagera... Il me semble que si je pleurais je souffrirais moins ; mais je ne puis pleurer.

Il y eut un long silence, interrompu seulement par la respiration irrégulière et oppressée de la comtesse. Mergy, à genoux auprès du lit, frottait doucement et baisait quelquefois les paupières baissées de sa belle Diane. Sa main gauche était appuyée sur le coussin, et les doigts de sa maîtresse, enlacés dans les siens, les serraient de temps en temps et comme par un mouvement convulsif. L'haleine de Diane, douce et brûlante à la fois, venait chatouiller voluptueusement les lèvres de Mergy.

— Chère amie, dit-il enfin, tu me parais tourmentée par quelque chose de plus qu'une migraine. As-tu quelque sujet de chagrin ?..... Et pourquoi ne me le dis-tu pas, à moi? Ne sais-tu pas que, si nous nous aimons, c'est pour partager nos peines aussi bien que nos plaisirs?

La comtesse secoua la tête sans ouvrir les yeux. Ses lèvres remuèrent, mais sans former un son articulé; puis, comme épuisée par cet effort, elle laissa retomber sa tête sur l'épaule de Mergy. En ce moment l'horloge sonna onze heures et demie. Diane tressaillit et se leva sur son séant toute tremblante.

— En vérité, vous m'effrayez, belle amie!

— Rien,..... rien encore, dit-elle d'une voix sourde..... Le son de cette horloge est affreux! A chaque coup, il me semble sentir un fer rouge qui me traverse la tête.

Mergy ne trouva pas de meilleur remède et de meilleure réponse que de baiser le front qu'elle penchait vers lui. Tout d'un coup elle étendit les mains; et, les posant sur les épaules de son amant, tandis que, toujours à demi couchée, elle attachait sur lui des regards étincelants qui semblaient pouvoir le traverser :

— Bernard, dit-elle, quand te convertiras-tu?

— Mon cher ange, ne parlons pas de cela aujourd'hui; cela te rendrait encore plus malade.

— C'est ton opiniâtreté qui me rend malade...; mais il t'importe peu. D'ailleurs le temps presse; et, fussé-je mourante, je voudrais employer pour t'exhorter jusqu'à mon dernier soupir...

Mergy voulut lui fermer la bouche par un baiser. C'est un argument assez bon, et qui sert de réponse à toutes les questions qu'un amant peut entendre de sa maîtresse. Mais Diane, qui d'ordinaire lui épargnait la moitié du chemin, le repoussa cette fois avec force et presque avec indignation.

— Écoutez-moi, monsieur de Mergy : tous les jours je verse des larmes de sang en pensant à vous et à votre erreur. Vous savez si je vous aime ! Jugez quelles doivent être les souffrances que j'endure quand je songe que celui qui est pour moi bien plus cher que la vie peut, dans un moment peut-être, périr corps et âme.

— Diane, vous savez que nous étions convenus de ne plus parler ensemble de pareils sujets.

— Il le faut, malheureux ! Qui te dit que tu as encore une heure pour te repentir ?

Le ton extraordinaire de sa voix et son langage bizarre rappelèrent involontairement à Mergy l'avis singulier qu'il venait de recevoir de Béville. Il ne put s'empêcher d'en être ému, cependant il se contint ; mais il n'attribua qu'à la dévotion ce redoublement de ferveur convertissante.

— Que voulez-vous dire, belle amie ? Croyez-vous que le plafond, pour tuer un huguenot, va tomber tout exprès sur sa tête, comme la nuit dernière le ciel de votre lit ? Heureusement, nous en fûmes quittes pour un peu de poussière.

— Votre opiniâtreté me met au désespoir !... Tenez, j'ai rêvé que vos ennemis se disposaient à vous tuer,... et je vous voyais, sanglant et déchiré par leurs mains, rendre l'âme avant que je pusse amener mon confesseur auprès de vous.

— Mes ennemis ? Je ne croyais pas en avoir.

— Insensé ! n'avez-vous pas pour ennemis tous ceux qui détestent votre hérésie ? N'est-ce pas toute la France ? Oui, tous les Français doivent être vos ennemis tant que vous serez l'ennemi de Dieu et de l'église.

— Laissons cela, ma reine. Quant à vos rêves, adressez-vous à la vieille Camille pour vous les faire expliquer ; moi, je n'y entends rien. Mais parlons d'autre chose. — Vous avez été à la cour aujourd'hui, ce me semble : c'est de là, je pense, que vous avez rapporté cette migraine qui vous fait souffrir et qui me fait enrager.

— Oui, je viens de la cour, Bernard. J'ai vu la reine, et je suis sortie de chez elle... déterminée à tenter un dernier effort pour vous faire changer... Il le faut, il le faut absolument !...

— Il me semble, interrompit Bernard, il me semble, ma belle amie, que, puisque vous avez la force de prêcher avec tant de véhémence malgré votre maladie, nous pourrions, si vous vouliez bien le permettre, nous pourrions encore mieux employer notre temps.

Elle reçut cette raillerie avec un regard de dédain mêlé de colère.

— Réprouvé ! dit-elle à voix basse et comme se parlant à elle-même, pourquoi faut-il que je sois si faible avec lui ? Puis, continuant plus haut : Je le vois assez clairement, vous ne m'aimez pas, et je suis auprès de vous en même estime qu'un cheval. Pourvu que je serve à vos plaisirs, qu'importe que je souffre mille maux !... C'est pour vous, pour vous seul, que j'ai consenti à souffrir les tourments de ma conscience, auprès desquels toutes les tortures que peut inventer la rage des hommes ne sont rien. Un seul mot de votre bouche me rendrait la paix de l'âme ; mais ce mot, jamais vous ne le prononcerez ! Vous ne voudriez pas me faire le sacrifice d'un de vos préjugés.

— Chère Diane, quelle persécution faut-il que j'endure ! Soyez juste, et que votre zèle pour votre religion ne vous aveugle pas. Répondez-moi ; pour tout ce que mon bras ou mon esprit peuvent faire, trouverez-vous ailleurs un esclave plus soumis que moi? Mais, s'il faut vous le répéter encore, je pourrais mourir pour vous, mais non croire à de certaines choses.

Elle haussait les épaules en l'écoutant, et le regardait avec une expression qui allait jusqu'à la haine.

— Je ne pourrais pas, continua-t-il, changer pour vous mes cheveux châtains en cheveux blonds. Je ne pourrais pas changer la forme de mes membres pour vous plaire. Ma religion est un de mes membres, chère amie, et un membre que l'on ne pourrait m'arracher qu'avec la vie. On aurait beau me prêcher pendant vingt ans, jamais on ne me fera croire qu'un morceau de pain sans levain...

— Tais-toi, interrompit-elle d'un ton d'autorité; point de blasphèmes. J'ai tout essayé; rien n'a réussi. Vous tous, qui êtes infectés du poison de l'hérésie, vous êtes un peuple à la tête dure, et vous fermez vos yeux et vos oreilles à la vérité : vous craignez de voir et d'entendre. Eh bien! le temps est venu où vous ne verrez plus, où vous n'entendrez plus..... Il n'y avait qu'un moyen pour détruire cette plaie dans l'église, et ce moyen, on va l'employer.

Elle fit quelques pas dans la chambre, d'un air agité, et poursuivit aussitôt.

— Dans moins d'une heure, on va couper les sept têtes du dragon de l'hérésie. Les épées sont aiguisées et les fidèles sont prêts. Les impies vont disparaître de la face de la terre. Puis, étendant le doigt vers l'horloge placée dans un des coins de la chambre : — Vois, dit-elle; tu as encore un quart d'heure pour te repentir. Quand cette aiguille sera parvenue à ce point, ton sort sera décidé.

Elle parlait encore, quand un bruit sourd et semblable au frémissement de la foule qui s'agite autour d'un vaste incendie se fit entendre, d'abord confusément; puis il sembla croître avec rapidité; au bout de peu de minutes, on reconnaissait déjà dans le lointain le tintement des cloches et des détonations d'armes à feu.

— Quelles horreurs m'annoncez-vous? s'écria Mergy.

La comtesse s'était élancée vers la fenêtre qu'elle avait ouverte.

Alors le bruit, que les vitres et les rideaux n'arrêtaient plus, devenait plus distinct. On croyait y démêler des cris de douleur et des hurlements de joie. Une fumée rougeâtre montait lentement vers le ciel, et s'élevait de toutes les parties de la ville aussi loin que la vue pouvait s'étendre. On eût dit un immense incendie, si une odeur de résine, qui ne pouvait être produite que par des milliers de torches embrasées, n'eût aussitôt rempli la chambre. En même temps, la lueur d'une arquebusade qui semblait tirée dans la rue, éclaira un moment les vitres d'une maison voisine.

— Le massacre est commencé! s'écria la comtesse en portant les mains à sa tête avec effroi.

— Quel massacre? Que voulez-vous dire?

— Cette nuit on égorge tous les huguenots; le roi l'a ordonné. Tous les catholiques ont pris les armes, et pas un seul hérétique ne doit être épargné. L'église et la France sont sauvées, mais tu es perdu si tu n'abjures ta fausse croyance.

Mergy sentit une sueur froide qui se répandait sur tous ses membres. Il considérait d'un œil hagard Diane de Turgis, dont les traits exprimaient un mélange singulier d'inquiétude et de triomphe. Le vacarme effroyable qui retentissait à ses oreilles et remplissait toute la

ville, lui prouvait assez la vérité de l'affreuse nouvelle qu'elle venait de lui apprendre. Pendant quelques instants la comtesse demeura immobile, les yeux fixés sur lui sans parler ; seulement, un doigt étendu vers la fenêtre, elle semblait vouloir s'en rapporter à l'imagination de Mergy, pour lui représenter les scènes sanglantes que laissaient deviner ces clameurs, et cette illumination de cannibales. Par degrés, son expression se radoucit ; la joie sauvage disparut, et la terreur resta. Enfin, tombant à genoux, et d'un ton de voix suppliant :
— Bernard ! s'écria-t-elle, je t'en conjure, sauve ta vie, convertis-toi ! Sauve ta vie, sauve la mienne qui en dépend !

Mergy lança sur elle un regard farouche, tandis qu'elle le suivait par la chambre, marchant sur les genoux et les bras étendus. Sans lui répondre un mot, il courut au fond de l'oratoire, où il se saisit de son épée qu'en entrant il avait posée sur un fauteuil.

— Malheureux ! que veux-tu faire ? s'écria la comtesse en courant à lui.

— Me défendre ! On ne m'égorgera pas comme un mouton.

— Mille épées ne pourraient te sauver, insensé que tu es ! Toute la ville est en armes. La garde du roi, les Suisses, les bourgeois et le peuple, tous prennent part au massacre, et il n'y a pas un huguenot qui n'ait en ce moment dix poignards sur sa poitrine. Il n'est qu'un seul moyen de t'arracher à la mort ; fais-toi catholique.

Mergy était brave ; mais, en songeant aux dangers que cette nuit semblait promettre, il sentit, pour un instant, une crainte lâche descendre au fond de son cœur ; et même l'idée de se sauver en abjurant sa religion se présenta à son esprit avec la rapidité d'un éclair.

— Je réponds de ta vie, si tu te fais catholique, dit Diane en joignant les mains.

— Si j'abjurais, pensa Mergy, je me mépriserais moi-même toute ma vie. Cette pensée suffit pour lui rendre son courage, qui fut doublé par la honte d'avoir un instant faibli. Il enfonça son chapeau sur sa tête, boucla son ceinturon, et, ayant roulé son manteau autour de son bras gauche en guise de bouclier, il fit un pas vers la porte d'un air résolu.

— Où vas-tu, malheureux ?

— Dans la rue. Je ne veux pas que vous ayez le regret de me voir égorger sous vos yeux et dans votre maison.

Il y avait dans sa voix quelque chose de si méprisant que la comtesse en fut accablée. Elle s'était placée au-devant de lui. Il la repoussa, et durement. Mais elle saisit un pan de son pourpoint, et elle se traînait à genoux après lui.

— Laissez-moi, s'écria-t-il. Voulez-vous me livrer vous-même aux poignards des assassins ! La maîtresse d'un huguenot peut racheter ses péchés en offrant à son Dieu le sang de son amant.

— Arrête, Bernard, je t'en supplie ! ce n'est que ton salut que je veux. Vis pour moi, cher ange ! Sauve-toi, au nom de notre amour !.... Consens à prononcer un seul mot, et, je le jure, tu seras sauvé.

— Qui ! moi, prendre une religion d'assassins et de bandits ! Saints martyrs de l'Évangile, je vais vous rejoindre !

Et il se dégagea si impétueusement que la comtesse tomba rudement sur le parquet. Il allait ouvrir la porte pour sortir, quand Diane, se relevant avec l'agilité d'une jeune tigresse, s'élança sur lui, et le serra dans ses bras, d'une étreinte plus forte que celle d'un homme robuste.

— Bernard ! s'écria-t-elle hors d'elle-même et les larmes aux yeux, je t'aime mieux ainsi que si tu te faisais catholique ! Et, l'entraînant sur le lit de repos, elle s'y laissa tomber avec lui, en le couvrant de baisers et de larmes.

— Reste ici, mon seul amour ; reste avec moi, mon brave Bernard, disait-elle en le serrant et l'enveloppant de son corps comme un serpent qui se roule autour de sa proie. Ils ne viendront pas te chercher ici, jusque dans mes bras ; et il faudra me tuer pour parvenir jusqu'à ton sein. Pardonne-moi, cher amour ; je n'ai pu t'avertir plus tôt du danger qui te menaçait. J'étais liée par un serment terrible. Mais je te sauverai, ou je périrai avec toi.

En ce moment, on frappa rudement à la porte de la rue. La comtesse poussa un cri perçant, et Mergy s'étant dégagé de son étreinte, sans quitter son manteau roulé autour de son bras gauche, se sentit alors si fort et si résolu, qu'il n'eût pas hésité à se jeter tête baissée au milieu de cent massacreurs, s'ils se fussent présentés à lui.

Dans presque toutes les maisons de Paris, il y avait alors à la porte d'entrée une petite ouverture carrée, avec un grillage de fer très-serré, de manière que les habitants de la maison pussent par avance reconnaître s'il y aurait sûreté pour eux à ouvrir. Souvent même, des portes massives en chêne, garnies de gros clous et de bandes de fer, ne rassuraient pas encore les gens précautionneux, et qui ne voulaient pas se rendre avant un siége en règle. Des meurtrières étroites étaient en conséquence ménagées des deux côtés de la porte, et de là, sans être aperçu, on pouvait tout à son aise canarder les assaillants.

— Un vieil écuyer de confiance de la comtesse, ayant examiné par un semblable grillage la personne qui se présentait, et lui ayant fait subir un interrogatoire convenable, revint dire à sa maîtresse que le capitaine George de Mergy demandait instamment à être introduit. La crainte cessa et la porte s'ouvrit.

CHAPITRE XXII.

LE VINGT-QUATRE AOUT.

> « Saignez ! saignez ! »
> *Mot du maréchal de Tavannes.*

Après avoir quitté sa compagnie, le capitaine George courut à sa maison, espérant y trouver son frère; mais il l'avait déjà quittée après avoir dit aux domestiques qu'il s'absentait pour toute la nuit. George en avait conclu sans peine qu'il était chez la comtesse, et il s'était empressé de l'y chercher. Mais déjà le massacre avait commencé; le tumulte, la presse des assassins, et les chaînes tendues au milieu des rues l'arrêtaient à chaque pas. Il fut forcé de passer auprès du Louvre, et c'était là que le fanatisme déployait toutes ses fureurs. Un grand nombre de protestants habitaient ce quartier, envahi en ce moment par les bourgeois catholiques et les soldats des gardes, le fer et la flamme à la main. Là, pour me servir de l'expression énergique d'un écrivain contemporain [1], *le sang courait de tous côtés cherchant la rivière*, et l'on ne pouvait traverser les rues sans courir le risque d'être écrasé à tout moment par les cadavres que l'on précipitait des fenêtres.

Par une prévoyance infernale, la plupart des bateaux qui d'ordinaire étaient amarrés le long du Louvre, avaient été conduits sur l'autre rive ; de sorte que beaucoup de fugitifs qui couraient au bord de la Seine, espérant s'y embarquer et se dérober aux coups de leurs ennemis, se trouvaient n'avoir à choisir qu'entre les flots ou les hallebardes des soldats qui les poursuivaient. Cependant, à l'une des fenêtres de son palais on voyait, dit-on, Charles IX armé d'une longue arquebuse, qui *giboyait* aux pauvres passants [2].

Le capitaine, enjambant des corps morts, et s'éclaboussant avec du sang, poursuivait son chemin, exposé à chaque pas à tomber victime de la méprise d'un massacreur. Il avait remarqué que les soldats et les bourgeois armés portaient tous une écharpe blanche au bras et une croix blanche au chapeau. Il aurait pu facilement prendre ce signe de reconnaissance ; mais l'horreur que lui inspiraient les assassins s'étendait jusqu'aux marques qui leur servaient à se faire reconnaître.

Sur le bord de la rivière, près du Châtelet, il s'entendit appeler. Il tourna la tête, et vit un homme armé jusqu'aux dents, mais qui ne paraissait pas faire usage de ses armes, portant d'ailleurs la croix blanche à son chapeau, et roulant un morceau de papier entre ses doigts d'un air tout à fait dégagé. C'était Béville. Il regardait froidement les cadavres et les hommes vivants

---

[1] D'Aubigné, *Histoire universelle.*
[2] *Ibid.*

que l'on jetait dans la Seine par-dessus le Pont-au-Meunier.

— Que diable fais-tu ici, George? Est-ce un miracle, ou bien est-ce la grâce qui te donne ce beau zèle, car tu m'as l'air d'aller à la chasse aux huguenots?

— Et toi-même, que fais-tu au milieu de ces misérables?

— Moi? parbleu, je regarde; c'est un spectacle. Et sais-tu le bon tour que j'ai fait? Tu connais bien le vieux Michel Cornabon, cet usurier huguenot qui m'a tant rançonné?...

— Tu l'as tué, malheureux!

— Moi? fi donc! Je ne me mêle point d'affaires de religion. Loin de le tuer, je l'ai caché dans ma cave, et lui m'a donné quittance de tout ce que je lui dois. Ainsi, j'ai fait une bonne action, et j'en suis récompensé. Il est vrai que, pour qu'il signât plus facilement la quittance, je lui ai mis deux fois le pistolet à la tête, mais le diable m'emporte si j'aurais tiré..... — Tiens, regarde donc cette femme arrêtée par ses jupons à une des poutres du pont. Elle tombera;.... non, elle ne tombera pas! Peste! ceci est curieux, et mérite qu'on le voie de plus près.

George le quitta, et il se disait en se frappant la tête: — Et voilà un des plus honnêtes gentilshommes que je connaisse aujourd'hui dans cette ville!

Il entra dans la rue Saint-Josse, qui était déserte et sans lumière; sans doute pas un seul réformé ne l'habitait. Cependant on entendait distinctement le tumulte qui partait des rues voisines. Tout à coup les murs blancs sont éclairés par la lumière rouge des torches. Il entend des cris perçants, et il voit une femme à demi nue, les cheveux épars, tenant un enfant dans ses bras.

Elle fuyait avec une vitesse surnaturelle. Deux hommes la poursuivaient, s'animant l'un l'autre par des cris sauvages, comme des chasseurs qui suivent une bête fauve. La femme allait se jeter dans une allée ouverte, quand un des poursuivants fit feu sur elle d'une arquebuse dont il était armé. Le coup l'atteignit dans le dos et la renversa. Elle se releva aussitôt, fit un pas vers George, et retomba sur les genoux ; puis, faisant un dernier effort, elle souleva son enfant vers le capitaine, comme si elle le confiait à sa générosité. Elle expira sans proférer une parole.

— Encore une de ces chiennes d'hérétiques à bas ! s'écria l'homme qui avait tiré le coup d'arquebuse. Je ne me reposerai que lorsque j'en aurai expédié douze.

— Misérable ! s'écria le capitaine, et il lui lâcha à bout portant un coup de pistolet.

La tête du scélérat frappa la muraille opposée. Il ouvrit les yeux d'une manière effrayante, et, glissant sur les talons tout d'une pièce, ainsi qu'une planche mal appuyée, il tomba à terre roide mort.

— Comment ! tuer un catholique ! s'écria le compagnon du mort, qui tenait une torche d'une main et une épée sanglante de l'autre. Qui donc êtes-vous ? Par la messe ! mais vous êtes des chevau-légers du roi. Mordieu ! il y a méprise, mon officier.

Le capitaine prit à sa ceinture son second pistolet et l'arma. Ce mouvement et le léger bruit du ressort furent parfaitement compris. Le massacreur jeta sa torche et prit la fuite à toutes jambes. George ne daigna pas tirer sur lui. Il se baissa, examina la femme étendue par terre, et reconnut qu'elle était morte. La balle l'avait percée de part en part ; son enfant, les bras passés autour de son cou, criait et pleurait ; il était **couvert de** sang, mais par miracle il n'avait pas été blessé. Le capitaine eut quelque peine à l'arracher à sa mère, qu'il serrait de toute sa force, puis il l'enveloppa dans son manteau ; et, rendu prudent par la rencontre qu'il venait de faire, il ramassa le chapeau du mort, en ôta la croix blanche et la mit sur le sien. De la sorte, il parvint, sans être arrêté, jusqu'à la maison de la comtesse.

Les deux frères tombèrent dans les bras l'un de l'autre ; et pendant quelque temps se tinrent étroitement embrassés sans pouvoir parler. Enfin le capitaine rendit compte en peu de mots de l'état où se trouvait la ville. Bernard maudissait le roi, les Guises et les prêtres ; il voulait sortir et chercher à se réunir à ses frères, s'ils essayaient quelque part de résister à leurs ennemis. La comtesse pleurait et le retenait, et l'enfant criait et demandait sa mère.

Après beaucoup de temps perdu à crier, gémir et pleurer, il fallut enfin prendre un parti. Quant à l'enfant, l'écuyer de la comtesse se chargea de trouver une femme qui en prît soin. Pour Mergy, il ne pouvait fuir dans ce moment. D'ailleurs, où se rendre ? savait-on si le massacre ne s'étendait pas d'un bout à l'autre de la France ? Des corps de garde nombreux occupaient les ponts par lesquels les réformés auraient pu passer dans le faubourg Saint-Germain, d'où ils pouvaient plus facilement s'échapper de la ville et gagner les provinces du midi, de tout temps affectionnées à leur cause. D'un autre côté, il paraissait peu probable, et même imprudent, d'implorer la pitié du monarque dans un moment où, échauffé par le carnage, il ne pensait qu'à faire de nouvelles victimes. La maison de la comtesse, à cause de sa réputation de dévotion, n'était pas exposée à des recherches sérieuses de la part des meurtriers, et Diane croyait être sûr de ses gens. Ainsi Mergy ne pouvait nulle part trouver une retraite où il courût moins de risques. Il fut résolu qu'il s'y tiendrait caché en attendant l'événement.

Le jour, au lieu de faire cesser les massacres, sembla plutôt les accroître et les régulariser. Il n'y eut catholique qui, sous peine d'être suspect d'hérésie, ne prît la croix blanche, et ne s'armât ou ne dénonçât les huguenots qui vivaient encore. Cependant le roi, renfermé dans son palais, était inaccessible pour tous autres que les chefs des massacreurs. La populace, attirée par l'espoir du pillage, s'était jointe à la garde bourgeoise et aux soldats; et les prédicateurs exhortaient les fidèles dans les églises à redoubler de cruautés. — Écrasons en une fois, disaient-ils, toutes les têtes de l'hydre, et mettons fin pour toujours aux guerres civiles. Et pour persuader à ce peuple avide de sang et de miracles que le ciel approuvait ses fureurs et qu'il avait voulu les encourager par un prodige éclatant : — Allez au cimetière des Innocents, criaient-ils, allez voir cette aubépine qui vient de refleurir, comme rajeunie et fortifiée pour être arrosée d'un sang hérétique !

Des processions nombreuses de massacreurs en armes allaient en grande cérémonie adorer la sainte épine, et sortaient du cimetière animés d'un nouveau zèle pour découvrir et mettre à mort ceux que le ciel condamnait ainsi manifestement. Un mot de Catherine était dans toutes les bouches; on se répétait en égorgeant les enfants et les femmes : *Che pietà lor ser crudele, che crudeltà lor ser pietoso*; aujourd'hui il y a de l'humanité à être cruel, de la cruauté à être humain.

Chose étrange ! parmi tous ces protestants, il y en avait peu qui n'eussent fait la guerre et n'eussent assisté à des batailles acharnées, où ils avaient essayé souvent avec succès de balancer l'avantage du nombre par la valeur ; et pourtant, durant cette tuerie, *deux* seulement opposèrent quelque résistance à leurs assassins, et de ces deux hommes un seul avait fait la guerre. Peut-être l'habitude de combattre en troupe et d'une manière régulière les avait-elle privés de cette énergie individuelle qui pouvait exciter chaque protestant à se défendre dans sa maison comme dans une forteresse. On voyait, tels que des victimes dévouées, de vieux guerriers tendre leur gorge à des misérables qui, la veille, auraient tremblé devant eux. Ils prenaient leur résignation pour du courage, et préféraient la gloire des martyrs à celle des soldats.

Quand la première soif de sang fut apaisée, on vit les plus cléments des massacreurs offrir la vie à leurs victimes pour prix de leur abjuration. Un bien petit nombre de calvinistes profita de cette offre, et consentit à se racheter de la mort et même des tourments par un mensonge peut-être excusable. Des femmes, des enfants répétaient leur symbole au milieu des épées levées sur leur tête, et mouraient sans proférer une plainte.

Après deux jours, le roi essaya d'arrêter le carnage ; mais, quand on a lâché la bride aux passions de la multitude, il n'est plus possible de l'arrêter. Non-seulement les poignards ne cessèrent point de frapper, mais le monarque lui-même, accusé d'une compassion impie, fut obligé de révoquer ses paroles de clémence et d'exagérer jusqu'à sa méchanceté, qui faisait cependant un des traits principaux de son caractère.

Pendant les premiers jours qui suivirent la Saint-Barthélemy, Mergy fut visité régulièrement dans sa retraite par son frère, qui lui apprenait chaque fois de nouveaux détails sur les scènes horribles dont il était témoin.

— Ah! quand pourrai-je quitter ce pays de meurtres et de crimes? s'écriait George. J'aimerais mieux vivre au milieu des bêtes sauvages que de vivre parmi les Français.

— Viens avec moi à La Rochelle, disait Mergy; j'espère que les massacreurs ne l'ont point encore. Viens mourir avec moi et faire oublier ton apostasie en défendant ce dernier boulevard de notre religion.

— Eh! que deviendrai-je? disait Diane.

— Allons plutôt en Allemagne ou en Angleterre, répondait George. Là, du moins, nous ne serons pas égorgés, et nous n'égorgerons pas.

Ces projets n'eurent pas de suite. George fut mis en prison pour avoir désobéi aux ordres du roi; et la comtesse, tremblant que son amant ne fût découvert, ne songea plus qu'à lui faire quitter Paris.

CHAPITRE XXIII.

LES DEUX MOINES.

> « Lui mettant un capuchon,
> « Ils en firent un moine. »
> *Chanson populaire.*

Dans un cabaret, sur les bords de la Loire, à peu de distance d'Orléans, en descendant vers Beaugency, un jeune moine en robe brune garnie d'un grand capuchon qu'il tenait à demi baissé était assis devant une table, les yeux attachés sur son bréviaire avec une attention tout à fait édifiante, bien qu'il eût choisi un coin un peu sombre pour lire. Il avait à sa ceinture un chapelet dont les grains étaient plus gros que des œufs de pigeon, et une ample provision de médailles de saints suspendues au même cordon résonnaient à chaque mouvement qu'il faisait. Quand il levait la tête pour regarder du côté de la porte, on remarquait une bouche bien faite, ornée d'une moustache retroussée en forme d'*arc turquois*, et si galante, qu'elle aurait fait honneur à un capitaine de gendarmes. Ses mains étaient fort blanches, ses ongles longs et taillés avec soin, et rien n'annonçait que le jeune frère, suivant la coutume de son ordre, eût jamais manié la bêche ou le râteau.

Une grosse paysanne joufflue, qui remplissait les fonctions de servante et de cuisinière dans ce cabaret, dont elle était de plus la maîtresse, s'approcha du jeune moine, et, après lui avoir fait une révérence assez gauche, lui dit :

— Eh bien ! mon père, n'ordonnerez-vous rien pour votre dîner ? Il est plus de midi, savez-vous ?

— Est-ce que le bateau de Beaugency doit encore tarder long-temps ?

— Qui sait ? L'eau est basse, et l'on ne va pas comme on veut. Et puis, quand même, il n'est pas l'heure. Tenez, à votre place, moi, je dînerais ici.

— Eh bien ! j'y dînerai ; mais n'y a-t-il pas une autre salle que celle-ci où je pourrais manger ? Je sens ici une odeur qui n'est pas agréable.

— Vous êtes bien délicat, mon père. Quant à moi, je ne sens rien du tout.

— Est-ce que l'on flambe des cochons près de cette auberge ?

— Des cochons ? Ah ! voilà qui est plaisant ! Des cochons? Oui, à peu près; ce sont bien des cochons, car, comme dit l'autre, de leur vivant ils étaient habillés de soie; mais ces cochons-là, ça n'est pas pour manger. Ce sont des huguenots, révérence parler, mon père, que l'on brûle au bord de l'eau, à cent pas d'ici, et c'est leur fumet que vous sentez.

— Des huguenots !

— Oui, des huguenots. Est-ce que ça vous fait quelque chose? Il ne faut pas que cela vous ôte l'appétit. Quant à changer de salle pour dîner, je n'en ai qu'une; ainsi vous serez bien obligé de vous en contenter. Bah! le huguenot, cela ne sent pas déjà si mauvais. Au reste, si on ne les brûlait pas, peut-être qu'ils pueraient bien davantage. Il y en avait un tas ce matin sur le sable, un tas aussi haut.... quoi! aussi haut que voilà cette cheminée.

— Et vous allez voir ces cadavres?

— Ah! vous me dites cela parce qu'ils étaient nus. Mais des morts, mon révérend, ça ne compte pas; ça ne me faisait pas plus d'effet que si j'avais vu un tas de grenouilles mortes. Il paraît tout de même qu'ils ont joliment travaillé hier à Orléans, car la Loire nous en a furieusement apporté de ce poisson hérétique-là; et, comme les eaux sont basses, on en trouve tous les jours sur le sable qui restent à sec. Même hier, comme le garçon meunier regardait s'il y avait des tanches dans son filet, voilà-t-il pas qu'il trouve dedans une femme morte qui avait un fier coup de hallebarde dans l'estomac. Tenez, ça lui entrait par là et ça sortait entre les épaules. Il aurait mieux aimé trouver une belle carpe, tout de même. — Mais qu'avez-vous donc, mon révérend?... Est-ce que vous voulez tomber en pâmoison? Voulez-vous que je vous donne, en attendant votre dîner, un coup de vin de Beaugency? ça vous remettra le cœur au ventre.

— Je vous remercie.

— Eh bien! que voulez-vous pour votre dîner?

— La première chose venue... peu m'importe.

— Quoi, encore? J'ai un garde-manger qui est bien garni, voyez-vous.

— Eh bien! donnez-moi un poulet, et laissez-moi lire mon bréviaire.

— Un poulet! un poulet! mon révérend! ah bien! en voici d'une bonne! Ce n'est pas sur vos dents que les araignées feront leurs toiles en temps de jeûne. Vous avez donc une dispense du pape pour manger du poulet le vendredi?

— Ah! que je suis distrait!... Oui, sans doute, c'est aujourd'hui vendredi... *Vendredi chair ne mangeras.* Donnez-moi des œufs. Je vous remercie bien de m'avoir averti à temps pour éviter un si grand péché.

— Voyez donc! dit la cabaretière à demi-voix, ces messieurs, si on ne les avertissait pas, ils vous mangeraient des poulets un jour maigre, et, pour un mauvais morceau de lard qu'ils trouveront dans la soupe d'une pauvre femme, ils feront un bruit à vous faire tourner le sang.

Cela dit, elle s'occupa de préparer ses œufs, et le moine se remit à lire son bréviaire.

— *Ave Maria!* ma sœur, dit un autre moine en entrant dans le cabaret, au moment où dame Marguerite tenait la queue de sa poêle et s'apprêtait à retourner une volumineuse omelette.

Le nouveau-venu était un beau vieillard à barbe grise, grand, fort et replet; il avait la figure très-enluminée; mais ce qui attirait d'abord la vue, c'était une énorme emplâtre qui lui cachait un œil et lui couvrait la moitié de la joue. Il parlait français facilement, mais on distinguait dans son langage un léger accent étranger.

Au moment où il entra, le jeune moine baissa encore davantage son capuchon, de manière à ne pouvoir pas être vu ; et ce qui parut le plus singulier à dame Marguerite, c'est que le moine survenant, qui avait son capuchon levé à cause de la chaleur, se hâta de le baisser aussitôt qu'il eut aperçu son confrère en religion.

— Ma foi ! mon père, dit la cabaretière, vous arrivez à propos pour dîner ; vous n'attendrez pas, et vous allez vous trouver en pays de connaissance. Puis s'adressant au jeune moine : — N'est-ce pas, mon révérend, que vous êtes enchanté de dîner avec sa révérence que voilà? L'odeur de mon omelette vient de l'attirer. Dame, aussi, c'est que je n'y épargne pas le beurre.

Le jeune moine répondit timidement et en balbutiant: — Je craindrais de gêner monsieur.

Le vieux moine dit de son côté en baissant fort la tête : — Je suis un pauvre moine alsacien..... je parle mal français.... et je crains que ma compagnie ne soit pas agréable à mon confrère.

— Allons donc ! dit dame Marguerite, vous feriez des façons? Entre moines, et moines du même ordre, il ne doit y avoir qu'une seule table et un seul lit. Et, prenant un escabeau, elle le plaça auprès de la table, précisément en face du jeune moine. Le vieux s'y assit de côté, évidemment fort empêché de sa personne ; il semblait combattu entre le désir de dîner et une certaine répugnance à se trouver face à face avec un confrère.

L'omelette fut servie. — Allons, mes pères, dépêchez bien vite votre Bénédicité, et ensuite vous me direz si mon omelette est bonne.

A ce mot de Bénédicité les deux moines parurent encore plus mal à leur aise. Le plus jeune dit au plus vieux : — C'est à vous à le dire ; vous êtes mon ancien, et cet honneur vous est dû.

— Non, pas du tout. Vous étiez ici avant moi, c'est à vous à le dire.

— Non, je vous en prie.

— Je ne le ferai pas certainement.

— Il le faut absolument.

— Vous allez voir, dit dame Marguerite, qu'ils laisseront refroidir mon omelette. A-t-on jamais vu deux franciscains aussi cérémonieux ? Que le plus vieux dise le Bénédicité, et le plus jeune dira les Grâces.

— Je ne sais dire le Bénédicité que dans ma langue, dit le vieux moine.

Le jeune parut surpris, et jeta un coup d'œil à la dérobée sur son compagnon. Cependant ce dernier, joignant les mains d'une façon fort dévote, commença à marmotter sous son capuchon quelques paroles que personne n'entendit. Puis il se rassit, et en moins de rien, et sans dire une parole, il eut englouti les trois quarts de l'omelette et vidé la bouteille placée en face de lui. Son compagnon, le nez sur son assiette, n'ouvrit la bouche que pour manger. L'omelette achevée, il se leva, joignit les mains, et prononça fort vite et en bredouillant quelques mots latins dont les derniers étaient : *Et beata viscera virginis Mariæ*. Ce furent les seuls que Marguerite entendit.

— Quelles drôles de Grâces, révérence parler, nous dites-vous là, mon père ! Il me semble que ce n'est pas comme celles que dit notre curé.

— Ce sont les Grâces de notre couvent, dit le jeune franciscain.

— Le bateau va-t-il bientôt venir? demanda l'autre moine.

— Patience! Il s'en faut qu'il soit près d'arriver, répondit dame Marguerite.

Le jeune frère parut contrarié, du moins à en juger par un mouvement de tête qu'il fit. Cependant il ne hasarda pas la moindre observation; et, prenant son bréviaire, il se mit à lire avec un redoublement d'attention.

De son côté, l'Alsacien, tournant le dos à son compagnon, faisait rouler les grains de son chapelet entre son index et son pouce, tandis qu'il remuait les lèvres, sans qu'il en sortît le moindre son.

— Voici les deux plus étranges moines que j'aie jamais vus, et les plus silencieux, pensa dame Marguerite, en se plaçant à côté de son rouet, qu'elle mit bientôt en mouvement.

Depuis un quart d'heure le silence n'avait été interrompu que par le bruit du rouet, lorsque quatre hommes armés et de fort mauvaise mine entrèrent dans l'auberge. Ils touchèrent légèrement le bord de leur chapeau à la vue des deux moines, et l'un d'eux, saluant Marguerite du nom familier de « ma petite Margot, » lui demanda du vin d'abord, et à dîner bien vite, car, disait-il, la mousse m'est crue au gosier, faute de remuer les mâchoires.

— Du vin, du vin! murmura dame Marguerite, voilà qui est bientôt dit, monsieur Bois-Dauphin. Mais est-ce vous qui paierez l'écot? Vous savez que Jérôme Crédit est mort; et d'ailleurs vous me devez, tant en vin qu'en dîners et soupers, plus de six écus, aussi vrai que je suis une honnête femme!

— Aussi vrai l'un que l'autre, répondit en riant Bois-

Dauphin, c'est-à-dire que je ne vous dois que deux écus, la mère Margot, et pas un denier de plus. Il se servit d'un terme plus énergique.

— Ah ! Jésus ! Maria ! peut-on dire ?...

— Allons, allons, ne braillez pas, notre ancienne. Va pour six écus. Je te les paierai, Margoton, avec ce que nous dépenserons ici ; car j'en ai du sonnant aujourd'hui, quoique nous ne gagnions guère au métier que nous faisons. Je ne sais ce que ces gredins-là font de leur argent.

— C'est bien possible qu'ils l'avalent, comme font les Allemands, dit un de ses camarades.

— Malepeste ! s'écria Bois-Dauphin, il faut y regarder de près. Les bonnes pistoles sont, dans une carcasse hérétique, une bonne farce qu'il ne faut pas jeter aux chiens.

— Comme elle criait, la fille de ce ministre de ce matin ! dit le troisième.

— Et le gros ministre ! ajouta le dernier ; comme j'ai ri ! Il était si gros qu'il ne pouvait enfoncer dans l'eau.

— Vous avez donc bien travaillé ce matin ? demanda Marguerite, qui revenait de la cave avec des bouteilles pleines.

— Comme cela, dit Bois-Dauphin. Hommes, femmes et petits enfants, c'est douze en tout que nous avons jetés à l'eau ou dans le feu. Mais le malheur, Margot, c'est qu'ils n'avaient ni sou ni maille ; hormis la femme, qui avait quelques babioles, tout ce gibier-là ne valait pas les quatre fers d'un chien. Oui, mon père, continua-t-il en s'adressant au plus jeune des moines, nous avons bien gagné des indulgences, ce matin, en tuant ces chiens d'hérétiques, vos ennemis.

Le moine le regarda un instant, et se remit à lire; mais son bréviaire tremblait visiblement dans sa main gauche, et il serrait son poing droit comme un homme agité par une émotion concentrée.

— A propos d'indulgences, dit Bois-Dauphin en se tournant vers ses camarades, savez-vous que je voudrais bien en avoir une pour faire gras aujourd'hui? Je vois dans la basse-cour de dame Margot des poulets qui me tentent furieusement.

— Parbleu! dit un des scélérats, mangeons-en, nous ne serons pas damnés pour cela. Nous irons demain à confesse, voilà tout.

— Écoutez, compères, dit un autre, il me vient une idée. Demandons à ces gros frocards-là de nous donner la permission de faire gras.

— Oui, comme s'ils le pouvaient! répondit son camarade.

— Par les tripes de Notre-Dame! s'écria Bois-Dauphin, je sais un meilleur moyen que tout cela, et je vais vous le dire à l'oreille.

Les quatre coquins s'approchèrent aussitôt tête contre tête, et Bois-Dauphin leur expliqua tout bas son projet, qui fut accueilli par de grands éclats de rire. Un seul des bandits montra quelque scrupule.

— C'est une méchante idée que tu as là, Bois-Dauphin, et cela peut porter malheur; moi, je n'en suis pas.

— Tais-toi donc, Guillemin. Comme si c'était un gros péché que de faire flairer à quelqu'un la lame d'un poignard!

— Oui, mais un tonsuré!.....

Ils parlaient à voix basse, et les deux moines semblaient chercher à deviner leurs projets par quelques mots qu'ils saisissaient dans leur conversation.

— Bah ! il n'y a guère de différence, repartit Bois-Dauphin d'un ton plus haut. Et puis, comme cela, c'est lui qui fera le péché, et ce ne sera pas moi.

— Oui, oui ! Bois-Dauphin a raison ! s'écrièrent les deux autres.

Aussitôt Bois-Dauphin se leva et sortit de la salle. Un instant après, on entendit des poules crier, et le brigand reparut bientôt, tenant une poule morte de chaque main.

— Ah ! le maudit ! s'écriait dame Marguerite. Tuer mes poulets ! et un vendredi ! Qu'en veux-tu faire, brigand ?

— Silence, dame Margoton, et ne m'échauffez pas les oreilles. Vous savez que je suis un méchant garçon. Préparez vos broches et me laissez faire. Puis, s'approchant du frère alsacien : — Çà, mon père, dit-il, vous voyez bien ces deux bêtes-ci ? eh bien ! je voudrais que vous me fissiez la grâce de les baptiser.

Le moine recula de surprise ; l'autre ferma son livre, et dame Marguerite commença à dire des injures à Bois-Dauphin.

— Que je les baptise ? dit le moine.

— Oui, mon père. Moi, je serai le parrain, et Margot que voici sera la marraine. Or, voici les noms que je donne à mes filleules : celle-ci se nommera *Carpe*, et celle-là *Perche*. Voilà deux jolis noms.

— Baptiser des poules ! s'écria le moine en riant.

— Eh oui, morbleu ! mon père ; allons, vite en besogne !

— Ah ! scélérat ! s'écria Marguerite ; tu crois que je te laisserai faire ce commerce-là dans ma maison ? Crois-tu être chez des juifs ou au sabbat, pour baptiser des bêtes ?

— Délivrez-moi donc de cette braillarde, dit Bois-Dauphin à ses camarades; et vous, mon père, ne sauriez-vous lire le nom du coutelier qui a fait cette lame-ci ?

En parlant ainsi, il passait son poignard nu sous le nez du vieux moine. Le jeune se leva sur son banc; mais presque aussitôt, comme par l'effet d'une réflexion prudente, il se rassit déterminé à prendre patience.

— Comment voulez-vous que je baptise des volailles, mon enfant ?

— Parbleu ! c'est bien facile; comme vous nous baptisez, nous autres enfants de femmes. Jetez-leur un peu d'eau sur la tête, et dites : *Batiso te Carpam et Percham :* seulement dites cela dans votre baragouin. Allons, Petit-Jean, apporte-nous ce verre d'eau, et vous tous, à bas les chapeaux, et du recueillement, noble Dieu !

A la surprise générale, le vieux cordelier prit un peu d'eau, la répandit sur la tête des poules, et prononça fort vite et très-indistinctement quelque chose qui avait l'air d'une prière. Il finit par : *Batiso te Carpam et Percham.* Puis il se rassit, et reprit son chapelet avec beaucoup de calme, et comme s'il n'avait fait qu'une chose ordinaire.

L'étonnement avait rendu muette dame Marguerite. Bois-Dauphin triomphait. — Allons, Margot, dit-il en lui jetant les deux poulets, apprête-nous cette carpe et cette perche ; c'est un très-bon manger maigre.

Mais, malgré leur baptême, Marguerite se refusait encore à les regarder comme un manger de chrétiens. Il fallut que les bandits la menaçassent de mauvais traitements pour qu'elle pût se décider à mettre à la broche ces poissons improvisés.

Cependant Bois-Dauphin et ses compagnons buvaient

largement; ils portaient des santés et menaient grand bruit.

— Écoutez ! cria Bois-Dauphin en frappant un grand coup de poing sur la table pour obtenir du silence, je propose de boire à la santé de notre saint-père le pape, et à la mort de tous les huguenots; et il faut que nos deux frocards et dame Margot boivent avec nous.

La proposition fut accueillie par acclamation de ses trois camarades.

Il se leva en chancelant un peu, car il était déjà plus qu'à moitié ivre, et, avec une bouteille qu'il avait à la main, il emplit le verre du jeune moine.

— Allons, bon père, dit-il, à la sainteté de sa santé !... Je me trompe. A la santé de sa sainteté ! et à la mort....

— Je ne bois jamais entre mes repas, répondit froidement le jeune homme.

— Oh ! parbleu ! vous boirez, ou le diable m'emporte ! si vous ne dites pourquoi.

A ces mots, il posa la bouteille sur la table, et, prenant le verre, il l'approcha des lèvres du moine, qui se penchait sur son bréviaire avec un grand calme en apparence. Quelques gouttes de vin tombèrent sur le livre. Aussitôt le moine se leva, saisit le verre ; mais, au lieu de le boire, il en jeta le contenu au visage de Bois-Dauphin. Tout le monde se prit à rire. Le frère, adossé contre la muraille et les bras croisés, regardait fixement le scélérat.

— Savez-vous bien, mon petit père, que cette plaisanterie-là ne me plaît point ? Jour de Dieu, si vous n'étiez pas un frocard, pour tout potage, je vous apprendrais bien à connaître votre monde.

En parlant ainsi, il étendit la main jusqu'à la figure

du jeune homme, et de l'extrémité de ses doigts il effleura sa moustache.

La figure du moine devint d'un pourpre éclatant. D'une main il prit au collet l'insolent bandit, et de l'autre, s'armant de la bouteille, il la lui cassa sur la tête si violemment, que Bois-Dauphin tomba sans connaissance sur le carreau, inondé à la fois de sang et de vin.

— A merveille, mon brave! s'écria le vieux moine, et pour un calotin vous faites rage.

— Bois-Dauphin est mort! s'écrièrent les trois brigands, voyant que leur camarade ne remuait pas. Ah! coquin! nous allons vous étriller d'importance. Ils saisirent leurs épées; mais le jeune moine, avec une agilité surprenante, retroussa les longues manches de sa robe, s'empara de l'épée de Bois-Dauphin, et se mit en garde de la manière du monde la plus résolue. En même temps, son confrère tira de dessous sa robe un poignard dont la lame avait bien dix-huit pouces de long, et se mit à ses côtés d'un air tout aussi martial.

— Ah! canaille! s'écriait-il, nous allons vous apprendre à vivre, et vous montrer votre métier.

En un tour de main, les trois coquins, blessés ou désarmés, furent obligés de sauter par la fenêtre.

— Jésus! Maria! s'écria dame Marguerite, quels champions êtes-vous, mes bons pères! Vous faites honneur à la religion. Avec tout cela, voilà un homme presque mort, et cela est désagréable pour la réputation de cette auberge.

— Oh! que nenni, il n'est pas mort, dit le vieux moine; je le vois qui grouille; mais je m'en vais lui donner l'extrême-onction. Et il s'approcha du blessé, qu'il prit par les cheveux, et, lui posant son poignard tranchant sur la gorge, il se mettait en devoir de lui couper la tête, si la dame Marguerite et son compagnon ne l'eussent retenu.

— Que faites-vous, bon Dieu! disait Marguerite; tuer un homme! et un homme qui passe pour bon catholique encore, quoiqu'il n'en soit rien, comme il paraît assez!

— Je suppose, dit le jeune moine à son confrère, que des affaires *pressantes* vous appellent, ainsi que moi, à Beaugency? Voici le bateau. Hâtons-nous.

— Vous avez raison, et je vous suis. Il essuya son poignard, et le remit sous sa robe. Alors, les deux vaillants moines, ayant payé leur écot, s'acheminèrent de compagnie vers la Loire, laissant Bois-Dauphin entre les mains de Marguerite, qui commença par se payer en fouillant dans ses poches; puis elle s'occupa d'ôter les morceaux de verre dont sa figure était hérissée, afin de le panser suivant toutes les règles usitées par les commères en cas semblables.

— Je me trompe fort, ou je vous ai vu quelque part, dit le jeune homme au vieux cordelier.

— Le diable m'emporte si votre figure m'est inconnue! Mais...

— Quand je vous ai vu pour la première fois, il me semble que vous ne portiez pas cette robe.

— Et vous-même?

— Vous êtes le capitaine....

— Dietrich Hornstein, pour vous servir; et vous êtes le jeune gentilhomme avec qui j'ai dîné près d'Étampes.

— Lui-même.

— Vous vous nommez Mergy?

— Oui; mais ce n'est pas mon nom maintenant. Je su's le frère Ambroise.

— Et moi, le frère Antoine d'Alsace.

— Bien. Et vous allez ?

— A La Rochelle, si je puis.

— Et moi de même.

— Je suis charmé de vous rencontrer... Mais, diable ! vous m'avez furieusement embarrassé avec votre Bénédicité. C'est que je n'en savais pas un mot ; et moi je vous prenais d'abord pour un moine, s'il en fut.

— Je vous en présente autant.

— D'où vous êtes-vous échappé ?

— De Paris. Et vous ?

— D'Orléans. J'ai été contraint de me cacher pendant plus de huit jours. Mes pauvres reîtres... mon cornette... sont dans la Loire.

— Et Mila ?

— Elle s'est faite catholique.

— Et mon cheval, capitaine ?

— Ah ! votre cheval ? J'ai fait passer par les verges le coquin de trompette qui vous l'avait dérobé... Mais, ne sachant où vous demeuriez, je n'ai pu vous le faire rendre... Et je le gardais en attendant l'honneur de vous rencontrer. Maintenant il appartient sans doute à quelque coquin de papiste.

— Chut ! ne prononcez pas ce mot si haut. Allons, capitaine, unissons nos fortunes ; et entr'aidons-nous comme nous venons de faire tout à l'heure.

— Je le veux ; et, tant que Dietrich Hornstein aura une goutte de sang dans les veines, il sera prêt à jouer des couteaux à vos côtés. Ils se serrèrent la main avec joie.

— Ah çà ! dites-moi donc quelle diable d'histoire

me sont-ils venus conter avec leurs poules et leurs *Carpam, Percham ?* Il faut convenir que ces papaux sont une bien sotte espèce.

— Chut ! encore une fois : voici le bateau.

En devisant de la sorte, ils arrivèrent au bateau, où ils s'embarquèrent. Ils parvinrent à Beaugency sans autre accident que celui de rencontrer plusieurs cadavres de leurs coreligionnaires flottant sur la Loire.

Un batelier remarqua que la plupart étaient couchés sur le dos.

— Ils demandent vengeance au ciel, dit tout bas Mergy au capitaine des reîtres.

Dietrich lui serra la main sans répondre.

CHAPITRE XXIV.

LE SIÉGE DE LA ROCHELLE.

still hope and suffer all who can !
MOORE, *Fudge family.*

La Rochelle, dont presque tous les habitants professaient la religion réformée, était alors comme la capitale des provinces du midi, et le plus ferme boulevard du parti protestant. Un commerce étendu avec l'Angleterre et l'Espagne y avait introduit des richesses considérables, et cet esprit d'indépendance qu'elles font naître et qu'elles soutiennent. Les bourgeois, pêcheurs ou matelots, souvent corsaires, familiarisés de bonne heure avec les dangers d'une vie aventureuse, possédaient une énergie qui leur tenait lieu de discipline et d'habitude de la guerre. Aussi, à la nouvelle du massacre du 24 août, loin de s'abandonner à cette résignation stupide qui s'était emparée de la plupart des protestants et les avait fait désespérer de leur cause, les Rochelois furent animés de ce courage actif et redoutable que donne quelquefois le désespoir. D'un commun accord, ils résolurent de subir les dernières extrémités plutôt que d'ouvrir leurs portes à un ennemi qui venait de leur donner une preuve aussi éclatante de sa mauvaise foi et de sa perfidie. Tandis que les ministres entretenaient ce zèle par leurs discours fanatiques, femmes, enfants, vieillards, travaillaient à l'envi à réparer les anciennes fortifications, à en élever de nouvelles. On ramassait des vivres et des armes, on équipait des barques et des navires; enfin on ne perdait pas un moment pour organiser et préparer tous les moyens de défense dont la ville était susceptible. Plusieurs gentilshommes échappés au massacre se joignirent aux Rochelois, et, par le tableau qu'ils faisaient des crimes de la Saint-Barthélemy, donnaient du courage aux plus timides. Pour des hommes sauvés d'une mort qui semblait certaine, la guerre et ses hasards étaient comme un vent léger est pour des matelots qui viennent d'échapper à une tempête. Mergy et son compagnon furent du nombre de ces réfugiés qui vinrent grossir les rangs des défenseurs de La Rochelle.

La cour de Paris, alarmée de ces préparatifs, se repentit de ne pas les avoir prévenus. Le maréchal de Biron s'approcha de La Rochelle, porteur de propositions d'accommodement. Le roi avait quelques raisons d'espérer que le choix de Biron serait agréable aux Rochelois; car ce maréchal, loin de prendre part aux massacres de la Saint-Barthélemy, avait sauvé plusieurs protestants de marque, et même avait pointé les canons de l'Arsenal, qu'il commandait, contre les assassins qui portaient les enseignes royales. Il ne demandait que d'être reçu dans la ville et d'y être reconnu en qualité de gouverneur pour le roi, promettant de respecter les privilèges et les franchises des habitants, et de leur laisser le libre exercice de leur religion. Mais, après l'assassinat de soixante mille protestants, pouvait-on croire encore aux promesses de Charles IX ? D'ailleurs, pendant le cours même des négociations, les massacres continuaient à Bordeaux, les soldats de Biron pillaient le territoire de La Rochelle, et une flotte royale arrêtait les bâtiments marchands et bloquait le port.

Les Rochelois refusèrent de recevoir Biron, et répondirent qu'ils ne pourraient traiter avec le roi tant qu'il serait captif des Guises, soit qu'ils crussent ces derniers les seuls auteurs des maux que souffrait le calvinisme, soit que par cette fiction, depuis souvent répétée, ils voulussent rassurer la conscience de ceux qui auraient cru que la fidélité à leur roi devait l'emporter sur les intérêts de leur religion. Dès lors il n'y eut plus moyen de s'entendre. Le roi s'avisa d'un autre négociateur, et ce fut La Noue qu'il envoya. La Noue, surnommé *Bras-de-Fer*, à cause d'un bras postiche par lequel il avait remplacé celui qu'il avait perdu dans un combat, était un calviniste zélé, qui, dans les dernières guerres civiles, avait fait preuve d'un grand courage et de talents militaires.

L'Amiral, dont il était l'ami, n'avait pas eu de lieutenant plus habile ni plus dévoué. Au moment de la Saint-Barthélemy, il était dans les Pays-Bas, dirigeant les bandes sans discipline des Flamands insurgés contre la puissance espagnole. Trahi par la fortune, il avait été contraint de se rendre au duc d'Albe, qui l'avait assez bien traité. Depuis, et lorsque tant de sang versé eut excité quelques remords, Charles IX le réclama, et, contre toute attente, le reçut avec la plus grande affabilité. Ce prince, extrême en tout, accablait de caresses un protestant, et venait d'en faire égorger cent mille. Une espèce de fatalité semblait protéger le destin de La Noue ; déjà dans la troisième guerre civile il avait été fait prisonnier, d'abord à Jarnac, puis à Moncontour, et toujours relâché sans rançon par le frère du roi[1], malgré les instances d'une partie de ses capitaines, qui le pressaient de sacrifier un homme trop dangereux pour être épargné et trop honnête pour être séduit. Charles pensa que La Noue se souviendrait de sa clémence, et le chargea d'exhorter les Rochelois à la soumission. La Noue accepta, mais à condition que le roi n'exigerait rien de lui qui fût incompatible avec son honneur. Il partit, accompagné d'un prêtre italien qui devait le surveiller.

D'abord il éprouva la mortification de s'apercevoir qu'on se défiait de lui. Il ne put être admis dans La Rochelle, mais on lui assigna pour lieu d'entrevue un petit village des environs. Ce fut à Tadon qu'il rencontra les députés de La Rochelle. Il les connaissait tous comme l'on connaît de vieux compagnons d'armes ; mais à son aspect pas un seul ne lui tendit une main amie, pas un seul ne parut le reconnaître ; il se nomma et exposa les propositions du roi. La substance de son discours était : — Fiez-vous aux promesses du roi ; la guerre civile est le pire des maux.

Le maire de La Rochelle répondit avec un sourire amer : — Nous voyons bien un homme qui ressemble à La Noue, mais La Noue n'aurait pas proposé à ses

---

[1] Le duc d'Anjou, depuis Henri III.

frères de se soumettre à des assassins. La Noue aimait feu M. l'Amiral, et il aurait voulu le venger plutôt que de traiter avec ses meurtriers. Non, vous n'êtes point La Noue.

Le malheureux ambassadeur, que ces reproches perçaient jusqu'à l'âme, rappela les services qu'il avait rendus à la cause des calvinistes, montra son bras mutilé, et protesta de son dévouement à sa religion. Peu à peu la méfiance des Rochelois se dissipa ; leurs portes s'ouvrirent pour La Noue ; ils lui montrèrent leurs ressources, et le pressèrent même de se mettre à leur tête. L'offre était bien tentante pour un vieux soldat. Le serment fait à Charles avait été prêté à une condition que l'on pouvait interpréter suivant sa conscience. La Noue, espéra qu'en se mettant à la tête des Rochelois il serait plus à même de les ramener à des dispositions pacifiques ; il crut qu'il pourrait en même temps concilier la fidélité jurée à son roi et celle qu'il devait à sa religion. Il se trompait.

Une armée royale vint attaquer La Rochelle ; La Noue conduisait toutes les sorties, tuait bon nombre de catholiques ; puis, rentré dans la ville, exhortait les habitants à faire la paix. Qu'arriva-t-il? Les catholiques criaient qu'il avait manqué de parole au roi ; les protestants l'accusaient de les trahir.

Dans cette position, La Noue, abreuvé de dégoûts, cherchait à se faire tuer en s'exposant vingt fois par jour.

CHAPITRE XXV.

LA NOUE.

> **FOENESTE.**
> Cap de you ! cet homme ne se mouche pas
> du talon.
> D'AUBIGNÉ, *le Baron de Fœneste.*

Les assiégés venaient de faire une sortie heureuse contre les ouvrages avancés de l'armée catholique. Ils avaient comblé plusieurs toises de tranchées, culbuté des gabions et tué une centaine de soldats. Le détachement qui avait remporté cet avantage rentrait dans la ville par la porte de Tadon. D'abord marchait le capitaine Dietrich avec une compagnie d'arquebusiers, tous le visage échauffé, haletants et demandant à boire, marque certaine qu'ils ne s'étaient pas épargnés. Venait ensuite une grosse troupe de bourgeois, parmi lesquels on remarquait plusieurs femmes qui paraissaient avoir pris part au combat. Suivait une quarantaine de prisonniers, la plupart couverts de blessures et placés entre deux files de soldats, qui avaient beaucoup de peine à les défendre de la fureur du peuple rassemblé sur leur passage. Environ vingt cavaliers formaient l'arrière-garde. La Noue, à qui Mergy servait d'aide-de-camp, marchait le dernier. Sa cuirasse avait été faussée par une balle, et son cheval était blessé en deux endroits. De sa main gauche il tenait encore un pistolet déchargé, et, au moyen d'un crochet qui sortait, au lieu de main, de son brassard droit, il gouvernait la bride de son cheval.

— Laissez passer les prisonniers, mes amis, s'écriait-il à tous moments. Soyez humains, bons Rochelois. Ils sont blessés, ils ne peuvent plus se défendre : ils ne sont plus ennemis.

Mais la canaille lui répondait par des vociférations sauvages : Au gibet les papistes ! à la potence ! et vive La Noue !

Mergy et les cavaliers, en distribuant à propos quelques coups du bois de leurs lances, ajoutèrent à l'effet des recommandations généreuses de leur capitaine. Les prisonniers furent enfin conduits dans la prison de la ville et placés sous bonne garde dans un endroit où ils n'avaient rien à craindre des fureurs de la populace. Le détachement se dispersa, et La Noue, accompagné de quelques gentilshommes seulement, mit pied à terre devant l'hôtel-de-ville au moment où le maire en sortait, suivi de plusieurs bourgeois et d'un ministre âgé nommé Laplace.

— Eh bien ! vaillant La Noue, dit le maire en lui tendant la main, vous venez de montrer à ces massacreurs que tous les braves ne sont pas morts avec M. l'Amiral.

— L'affaire a tourné assez heureusement, monsieur, répondit La Noue avec modestie. Nous n'avons eu que cinq morts et peu de blessés.

— Puisque vous conduisiez la sortie, monsieur de La Noue, reprit le maire, d'avance nous étions sûrs du succès.

— Eh ! que ferait La Noue sans le secours de Dieu ? s'écria aigrement le vieux ministre. C'est le Dieu fort qui a combattu pour nous aujourd'hui ; il a écouté nos prières.

— C'est Dieu qui donne et qui ôte la victoire à son

gré, dit La Noue d'une voix calme, et ce n'est que lui qu'il faut remercier des succès de la guerre. Puis, se tournant vers le maire : — Eh bien ! monsieur, le conseil a-t-il délibéré sur les nouvelles propositions de Sa Majesté ?

— Oui, répondit le maire; nous venons de renvoyer le trompette à Monsieur en le priant de s'épargner la peine de nous adresser de nouvelles sommations. Dorénavant ce n'est qu'à coups d'arquebuse que nous y répondrons.

— Vous auriez dû faire pendre le trompette, observa le ministre; car n'est-il pas écrit : *Quelques méchants garnements sont sortis du milieu de toi, qui ont voulu séduire les habitants de leur ville....; Mais tu ne manqueras point de les faire mourir : ta main sera la première sur eux, et ensuite la main de tout le peuple.* La Noue soupira et leva les yeux au ciel sans répondre.

— Quoi ! nous rendre ! poursuivit le maire, nous rendre quand nos murailles sont encore debout, lorsque l'ennemi n'ose même les attaquer de près, tandis que tous les jours nous allons l'insulter dans ses tranchées ! Croyez-moi, monsieur de La Noue, s'il n'y avait pas de soldats à La Rochelle, les femmes seules suffiraient pour repousser les écorcheurs de Paris.

— Monsieur, quand on est le plus fort, il faut parler avec ménagement de son ennemi, et quand on est le plus faible...

— Eh ! qui vous dit que nous sommes les plus faibles ? interrompit Laplace. Dieu ne combat-il pas pour nous ? Et Gédéon avec trois cents Israélites n'était-il pas plus fort que toute l'armée des Madianites ?

— Vous savez mieux que personne, monsieur le maire,

combien les approvisionnements sont insuffisants. La poudre est rare, et j'ai été contraint de défendre aux arquebusiers de tirer de loin.

— Montgomery nous en enverra d'Angleterre, dit le maire.

— Le feu du ciel tombera sur les papistes, dit le ministre.

— Le pain enchérit tous les jours, monsieur le maire.

— Un jour ou l'autre nous verrons paraître la flotte anglaise, et alors l'abondance renaîtra dans la ville.

— Dieu fera tomber la manne s'il le faut, s'écria impétueusement Laplace.

— Quant au secours dont vous parlez, reprit La Noue, il suffit d'un vent de sud de quelques jours pour qu'il ne puisse entrer dans notre port. D'ailleurs, il peut être pris.

— Le vent soufflera du nord! Je te le prédis, homme de peu de foi, dit le ministre. Tu as perdu le bras droit et ton courage en même temps.

La Noue paraissait décidé à ne pas lui répondre. Il poursuivit, s'adressant toujours au maire.

— Quand nous perdons un homme, c'est pour nous plus que si l'ennemi en avait perdu dix. Je crains que, si les catholiques pressent le siége avec vigueur, nous ne soyons contraints d'accepter des conditions plus dures que celles que vous rejetez maintenant avec mépris. Si, comme je l'espère, le roi veut bien se contenter de voir son autorité reconnue dans cette ville, sans exiger d'elle des sacrifices qu'elle ne peut faire, je crois qu'il est de notre devoir de lui ouvrir nos portes; car il est notre maître, après tout.

— Nous n'avons d'autre maître que Christ! et il n'y a qu'un impie qui puisse appeler son maître le féroce

Achab, Charles, qui boit le sang des prophètes !... Et la fureur du ministre redoublait en voyant l'imperturbable sang-froid de La Noue.

— Pour moi, dit le maire, je me souviens bien que la dernière fois que M. l'Amiral passa par notre ville, il nous dit : Le roi m'a donné sa parole que ses sujets protestants et ses sujets catholiques seraient traités de même. Six mois après, le roi, qui lui avait donné sa parole, l'a fait assassiner. Si nous ouvrons nos portes, la Saint-Barthélemy se fera chez nous comme à Paris.

— Le roi a été trompé par les Guises. Il s'en repent, et voudrait racheter le sang versé. Si par votre entêtement à ne pas traiter vous irritez les catholiques, toutes les forces du royaume vous tomberont sur les bras, et alors sera détruit le seul refuge de la religion réformée. La paix ! la paix ! croyez-moi, monsieur le maire.

— Lâche ! s'écria le ministre, tu désires la paix parce que tu crains pour ta vie.

— Oh ! monsieur Laplace !... dit le maire.

— Bref, poursuivit froidement La Noue, mon dernier mot est que, si le roi consent à ne pas mettre garnison à La Rochelle et à laisser nos prêches libres, il faut lui porter nos clefs et l'assurer de notre soumission.

— Tu es un traître ! cria Laplace, et tu es gagné par les tyrans.

— Bon Dieu ! que dites-vous là, monsieur Laplace ? répéta le maire.

La Noue sourit légèrement et d'un air de mépris.

— Vous le voyez, monsieur le maire, le temps où nous vivons est étrange : les gens de guerre parlent de paix, et les ministres prêchent la guerre. — Mon cher monsieur, continua-t-il, s'adressant enfin à Laplace, il est heure de dîner, ce me semble, et votre femme vous attend sans doute dans votre maison.

Ces derniers mots achevèrent de rendre furieux le ministre. Il ne sut trouver aucune injure à dire ; et, comme un soufflet dispense de réponse raisonnable, il en donna un sur la joue du vieux capitaine.

— Jour de Dieu ! que faites-vous ? s'écria le maire. Frapper M. de La Noue, le meilleur citoyen et le plus brave soldat de La Rochelle !

Mergy, qui était présent, se disposait à donner à Laplace une correction dont il aurait gardé le souvenir ; mais La Noue le retint.

Quand sa barbe grise fut touchée par la main de ce vieux fou, il y eut un instant rapide comme la pensée où ses yeux brillèrent d'un éclair d'indignation et de courroux. Aussitôt sa physionomie reprit son impassibilité : on eût dit que le ministre avait frappé le buste de marbre d'un sénateur romain, ou bien que La Noue n'avait été touché que par une chose inanimée et poussée par le hasard.

— Ramenez ce vieillard à sa femme, dit-il à un des bourgeois qui entraînaient le vieux ministre. Dites-lui d'en avoir soin ; certainement il ne se porte pas bien aujourd'hui. — Monsieur le maire, je vous prie de me procurer cent cinquante volontaires parmi les habitants, car je voudrais faire demain une sortie à la pointe du jour, au moment où les soldats qui ont passé la nuit dans les tranchées sont encore tout engourdis par le froid, comme les ours que l'on attaque au dégel. J'ai remarqué que des gens qui ont dormi sous un toit ont bon marché le matin de ceux qui viennent de passer la nuit à la belle étoile.

— Monsieur de Mergy, si vous n'êtes pas trop pressé

pour dîner, voulez-vous faire un tour avec moi au bastion de l'Évangile? Je voudrais voir où en sont les travaux de l'ennemi.

Il salua le maire, et, s'appuyant sur l'épaule du jeune homme, il se dirigea vers le bastion.

Ils y entrèrent un instant après qu'un coup de canon venait d'y blesser mortellement deux hommes. Les pierres étaient toutes teintes de sang, et l'un de ces malheureux criait à ses camarades de l'achever. La Noue, le coude appuyé sur le parapet, regarda quelque temps en silence les travaux des assiégeants; puis, se tournant vers Mergy:

— C'est une horrible chose que la guerre, dit-il; mais une guerre civile!... Ce boulet a été mis dans un canon français; c'est un Français qui a pointé le canon et qui vient d'y mettre le feu, et ce sont deux Français que ce boulet a tués. Encore n'est-ce rien que de donner la mort à un demi-mille de distance; mais, monsieur de Mergy, quand il faut plonger son épée dans le corps d'un homme qui vous crie grâce dans votre langue!... Et cependant nous venons de faire cela ce matin même.

— Ah! monsieur, si vous aviez vu les massacres du 24 août! si vous aviez passé la Seine quand elle était rouge et qu'elle portait plus de cadavres qu'elle ne charrie de glaçons après une débâcle, vous éprouveriez peu de pitié pour les hommes que nous combattons. Pour moi, tout papiste est un massacreur...

— Ne calomniez pas votre pays. Dans cette armée qui nous assiège, il y a bien peu de ces monstres dont vous parlez. Les soldats sont des paysans français qui ont quitté leur charrue pour gagner la paye du roi; et les gentilshommes et les capitaines se battent parce qu'ils ont prêté serment de fidélité au roi. Ils ont raison peut-être, et nous... nous sommes des rebelles.

— Rebelles! Notre cause est juste; nous combattons pour notre religion et pour notre vie.

— A ce que je vois, vous avez peu de scrupules; vous êtes heureux, monsieur de Mergy. Et le vieux guerrier soupira profondément.

— Morbleu! dit un soldat qui venait de décharger son arquebuse; il faut que ce diable-là ait un charme! depuis trois jours je le vise, et je n'ai pu parvenir à le toucher.

— Qui donc? demanda Mergy.

— Tenez; voyez-vous ce gaillard en pourpoint blanc, avec l'écharpe et la plume rouges? Tous les jours il se promène à notre barbe, comme s'il voulait nous narguer. C'est une de ces épées dorées de la cour qui est venue avec Monsieur.

— La distance est grande, dit Mergy; n'importe, donnez-moi une arquebuse.

Un soldat remit son arme entre ses mains. Mergy appuya le bout du canon sur le parapet, et visa avec beaucoup d'attention.

— Si c'était quelqu'un de vos amis? dit La Noue. Pourquoi voulez-vous faire ainsi le métier d'arquebusier?

Mergy allait presser la détente; il retint son doigt.

— Je n'ai point d'amis parmi les catholiques, excepté un seul.... Et celui-là, j'en suis bien sûr, n'est pas à nous assiéger.

— Si c'était votre frère qui, ayant accompagné Monsieur....

L'arquebuse partit; mais la main de Mergy avait tremblé, et l'on vit s'élever la poussière produite par la balle assez loin du promeneur. Mergy ne croyait pas que son frère pût être dans l'armée catholique; cependant il fut bien aise de voir qu'il avait manqué son coup. La personne sur laquelle il venait de tirer continua de marcher à pas lents et disparut ensuite derrière les amas de terre fraîchement remuée qui s'élevaient de toutes parts dans les environs de la ville.

CHAPITRE XXVI.

LA SORTIE.

> HAMLET.
> Dead, for a ducat! dead!
> SHAKSPEARE.

Une pluie fine et froide, qui était tombée sans interruption pendant toute la nuit, venait enfin de cesser au moment où le jour naissant s'annonçait dans le ciel par une lumière blafarde du côté de l'orient. Elle perçait avec peine un brouillard lourd et rasant la terre, que le vent déplaçait çà et là en y faisant comme de larges trouées; mais ces flocons grisâtres se réunissaient bientôt, comme les vagues séparées par un navire retombent et remplissent le sillage qu'il vient de tracer. Couverte de cette vapeur épaisse que perçaient les cimes de quelques arbres, la campagne ressemblait à une vaste inondation.

Dans la ville, la lumière incertaine du matin, mêlée à la lueur des torches, éclairait une troupe assez nombreuse de soldats et de volontaires rassemblés dans la rue qui conduisait au bastion de l'Évangile. Ils frappaient le pavé du pied, et s'agitaient sans changer de place comme des gens pénétrés par ce froid humide et perçant qui accompagne le lever du soleil en hiver. Les juremens et les imprécations énergiques n'étaient point épargnés contre celui qui leur avait fait prendre les armes de si grand matin ; mais, malgré leurs injures, on démêlait dans leurs discours la bonne humeur et l'espérance qui anime des soldats conduits par un chef estimé. Ils disaient d'un ton moitié plaisant, moitié colère :

— Ce maudit *Bras-de-Fer*, ce *Jean-qui-ne-dort*, ne saurait déjeuner qu'il n'ait donné un réveille-matin à ces tueurs de petits enfants ! — Que la fièvre le serre ! Le diable d'homme ! avec lui on n'est jamais sûr de faire une bonne nuit. — Par la barbe de feu M. l'Amiral ! si je n'entends ronfler bientôt les arquebusades, je vais m'endormir comme si j'étais encore dans mon lit. — Ah ! vivat ! voici le brandevin qui va nous remettre le cœur au ventre, et nous empêcher de gagner des rhumes au milieu de ce brouillard du diable.

Pendant que l'on distribuait du brandevin aux soldats, les officiers, entouraient La Noue debout sous l'auvent d'une boutique, écoutaient avec intérêt le plan de l'attaque qu'il se proposait de faire contre l'armée assiégeante. Un roulement de tambours se fit entendre ; chacun reprit son poste ; un ministre s'avança, bénit les soldats, les exhortant à bien faire, sous la promesse de la vie éternelle s'il leur arrivait de ne pouvoir, et pour cause, rentrer dans la ville, et recevoir les récompenses et les remercîmens de leurs concitoyens. Le sermon fut court ; et La Noue le trouva trop long. Ce n'était plus le même homme qui, la veille, regrettait chaque goutte de sang français répandu dans cette guerre. Il n'était plus qu'un soldat, et semblait avoir hâte de revoir une scène de carnage. Aussitôt que le discours du ministre fut terminé et que les soldats eurent répondu *Amen*, il s'écria d'un ton de voix ferme et dur : — Camarades, monsieur vient de vous dire vrai ; recommandons-nous à Dieu et à Notre-Dame de Frappe-Fort. Le premier qui tirera avant que sa bourre n'entre dans le ventre d'un papiste, je le tuerai, si j'en réchappe.

— Capitaine, lui dit tout bas Mergy, voilà des discours bien différents de ceux d'hier.

— Savez-vous le latin ? lui demanda La Noue d'un ton brusque.

— Oui, monsieur.

— Eh bien ! souvenez-vous de ce beau dicton : *Age quod agis.*

Il fit un signal ; on tira un coup de canon, et toute la troupe se dirigea à grands pas vers la campagne ; en même temps de petits pelotons de soldats, sortant par différentes portes, allèrent donner l'alarme sur plusieurs points des lignes ennemies, afin que les catholiques, se croyant assaillis de toutes parts, n'osassent porter des secours contre l'attaque principale, de peur de dégarnir un endroit de leurs retranchements partout menacés.

Le bastion de l'Évangile, contre lequel les ingénieurs de l'armée catholique avaient dirigé leurs efforts, avait surtout à souffrir d'une batterie de cinq canons, établie sur une petite éminence surmontée d'un bâtiment ruiné qui, avant le siége, avait été un moulin. Un fossé avec un parapet en terre défendait les approches du côté de la ville, et en avant du fossé on avait placé plusieurs arquebusiers en sentinelle. Mais, ainsi que l'avait prévu le capitaine protestant, leurs arquebuses, exposées pendant plusieurs heures à l'humidité, devaient être à peu près inutiles, et les assaillants, bien pourvus de tout, préparés à l'attaque, avaient un grand avantage sur des gens surpris à l'improviste, fatigués par les veilles, trempés de pluie et transis de froid.

Les premières sentinelles sont égorgées. Quelques arquebusades, parties par miracle, éveillent la garde de la batterie à temps pour voir les protestants déjà maîtres du parapet et grimpant contre la butte du moulin. Quelques-uns essaient de résister; mais leurs armes échappent à leurs mains roidies par le froid; presque toutes leurs arquebuses ratent, tandis que pas un seul coup des assaillants ne se perd. La victoire n'est pas douteuse, et déjà les protestants, maîtres de la batterie, poussent le cri féroce de : *Point de quartier! Souvenez-vous du 24 août.*

Une cinquantaine de soldats avec leur capitaine étaient logés dans la tour du moulin; le capitaine, en bonnet de nuit et en caleçon, tenant un oreiller d'une main et son épée de l'autre, ouvre la porte, et sort en demandant d'où vient ce tumulte. Loin de penser à une sortie de l'ennemi, il s'imaginait que le bruit provenait d'une querelle entre ses propres soldats. Il fut cruellement détrompé; un coup de hallebarde l'étendit par terre baigné dans son sang. Les soldats eurent le temps de barricader la porte de la tour, et pendant quelque temps ils se défendirent avec avantage en tirant par les fenêtres; mais il y avait tout contre ce bâtiment un grand amas de paille et de foin, ainsi que des branchages qui devaient servir à faire des gabions. Les protestants y mirent le feu, qui, en un instant, enveloppa la tour, et monta jusqu'au sommet. Bientôt on entendit des cris lamentables en sortir. Le toit était en flammes et allait tomber sur la tête des malheureux qu'il couvrait. La porte brûlait, et les barricades qu'ils avaient faites les empêchaient de sortir par cette issue. S'ils tentaient de sauter par les fenêtres, ils tombaient dans les flammes, ou bien étaient reçus sur la pointe des piques. On vit alors un spectacle affreux. Un enseigne, revêtu d'une armure complète, essaya de sauter comme les autres par une fenêtre étroite. Sa cuirasse se terminait, suivant une mode alors assez commune, par une espèce de jupon en fer[1] qui couvrait les cuisses et le ventre, et s'élargissait comme le haut d'un entonnoir, de manière à permettre de marcher facilement. La fenêtre n'était pas assez large pour laisser passer cette partie de son armure, et l'enseigne, dans son trouble, s'y était précipité avec tant de violence, qu'il se trouva avoir la plus grande partie du corps en dehors sans pouvoir remuer, et pris comme dans un étau. Cependant les flammes montaient jusqu'à lui, échauffaient son armure, et l'y brûlaient lentement comme dans une fournaise, ou dans ce fameux taureau d'airain inventé par Phalaris. Le malheureux poussait des cris épouvantables, et agitait vainement les bras comme pour demander du secours. Il se fit un moment de silence parmi les assaillants; puis, tous ensemble, et comme par un commun accord, ils poussèrent une clameur de guerre pour s'étourdir et ne pas entendre les

---

[1] On peut voir de pareilles armures au Muséum d'artillerie. Une fort belle esquisse de Rubens, qui représente un tournoi, explique comment, avec ce jupon de fer, on pouvait cependant monter à cheval. Les selles sont garnies d'une espèce de petit tabouret qui entre sous le jupon, exhaussant le cavalier de manière que ses genoux sont presque au niveau de la tête du cheval. — Voyez, pour l'homme brûlé vif dans son armure, l'*Histoire universelle* de d'Aubigné.

gémissements de l'homme qui brûlait. Il disparut dans un tourbillon de flammes et de fumée, et l'on vit tomber au milieu des débris de la tour un casque rouge et fumant.

Au milieu d'un combat, les sensations d'horreur et de tristesse sont de courte durée ; l'instinct de sa propre conservation parle trop fortement à l'esprit du soldat pour qu'il soit long-temps sensible aux misères des autres. Pendant qu'une partie des Rochelois poursuivait les fuyards, les autres enclouaient les canons, en brisaient les roues, et précipitaient dans le fossé les gabions de la batterie et les cadavres de ses défenseurs.

Mergy, qui avait été des premiers à escalader le fossé et l'épaulement, reprit haleine un instant pour graver avec la pointe de son poignard le nom de Diane sur une des pièces de la batterie ; puis il aida les autres à détruire les travaux des assiégeants.

Un soldat avait pris par la tête le capitaine catholique, qui ne donnait aucun signe de vie ; un autre tenait ses pieds, et tous deux s'apprêtaient, en le balançant en mesure, à le lancer dans le fossé. Tout à coup le prétendu mort, ouvrant les yeux, reconnut Mergy, et s'écria : — Monsieur de Mergy, grâce ! je suis prisonnier ! Sauvez-moi ! Ne reconnaissez-vous pas votre ami Béville ?... Ce malheureux avait la figure couverte de sang, et Mergy eut peine à reconnaître dans ce moribond le jeune courtisan qu'il avait quitté plein de vie et de gaieté. Il le fit déposer avec précaution sur l'herbe, banda lui-même sa blessure, et, l'ayant placé en travers sur un cheval, il donna l'ordre de l'emporter doucement dans la ville.

Comme il lui disait adieu et qu'il aidait à conduire le cheval hors de la batterie, il aperçut dans une éclaircie un gros de cavaliers qui s'avançaient au trot entre la ville et le moulin. Suivant toute apparence, c'était un détachement de l'armée catholique qui voulait leur couper la retraite. Mergy courut aussitôt en prévenir La Noue : — Si vous voulez me confier seulement quarante arquebusiers, dit-il, je vais me jeter derrière la haie qui borde ce chemin creux par où ils vont passer, et, s'ils ne tournent bride au plus vite, faites-moi pendre.

— Très-bien, mon garçon, tu seras un jour un bon capitaine. Allons, vous autres, suivez ce gentilhomme et faites ce qu'il va vous commander.

En un instant Mergy eut disposé ses arquebusiers le long de la haie ; il leur fit mettre un genou en terre, préparer leurs armes, et sur toute chose il leur défendit de tirer avant son ordre.

Les cavaliers ennemis s'avançaient rapidement, et déjà l'on entendait distinctement le trot de leurs chevaux dans la boue du chemin creux.

— Leur capitaine, dit Mergy à voix basse, est ce drôle à la plume rouge que nous avons manqué hier. Ne le manquons pas aujourd'hui.

L'arquebusier qu'il avait à sa droite baissa la tête, comme pour dire qu'il en faisait son affaire. Les cavaliers n'étaient plus qu'à vingt pas, et leur capitaine, se tournant vers ses gens, semblait prêt à leur donner un ordre, quand Mergy, s'élevant tout à coup, s'écria : — Feu !

Le capitaine à la plume rouge tourna la tête, et Mergy reconnut son frère. Il étendit la main vers l'arquebuse de son voisin pour la détourner ; mais, avant qu'il pût la toucher, le coup était parti. Les cavaliers, surpris de cette décharge inattendue, se dispersèrent en fuyant dans la campagne ; le capitaine George tomba percé de deux balles.

CHAPITRE XXVII.

L'HÔPITAL.

FATHER : — Why are you so obstinate ?
PIERRE : — Why you so troublesome, that a poor wretch
Cant die in peace ? —
But you, like ravens, will be croaking round him.
OTWAY, *Venice preserved.*

Un ancien couvent de religieux, d'abord confisqué par le conseil de ville de La Rochelle, avait été transformé pendant le siége en un hôpital pour les blessés. Le pavé de la chapelle, dont on avait retiré les bancs, l'autel et tous les ornements, était couvert de paille et de foin : c'était là que l'on transportait les simples soldats. Le réfectoire était destiné aux officiers et aux gentilshommes. C'était une assez grande salle, bien lambrissée de vieux chêne, et percée de larges fenêtres en ogive qui donnaient suffisamment de jour pour les opérations chirurgicales qui s'y pratiquaient continuellement.

Là, le capitaine George était couché sur un matelas rougi de son sang et de celui de bien d'autres malheureux qui l'avaient précédé dans ce lieu de douleur. Une botte de paille lui servait d'oreiller. On venait de lui ôter sa cuirasse et de déchirer son pourpoint et sa chemise. Il était nu jusqu'à la ceinture ; mais son bras droit était encore armé de son brassard et de son gantelet d'acier. Un soldat étanchait le sang qui coulait de ses blessures, l'une dans le ventre, juste au-dessous de la cuirasse, l'autre légère au bras gauche. Mergy était tellement abattu par la douleur, qu'il était incapable de lui porter secours avec quelque efficacité. Tantôt pleurant à genoux devant lui, tantôt se roulant par terre avec des cris de désespoir, il ne cessait de s'accuser d'avoir tué le frère le plus tendre et son meilleur ami. Le capitaine, cependant, était calme, et s'efforçait de modérer ses transports.

A deux pieds de son matelas, il y en avait un autre sur lequel gisait le pauvre Béville en aussi fâcheuse posture. Ses traits n'exprimaient point cette résignation tranquille que l'on remarquait sur ceux du capitaine. Il laissait échapper de temps en temps un gémissement sourd, et tournait les yeux vers son voisin, comme pour lui demander un peu de son courage et de sa fermeté.

Un homme d'une quarantaine d'années à peu près, sec, maigre, chauve et très-ridé, entra dans la salle, et s'approcha du capitaine George, tenant à la main un sac vert d'où sortait certain cliquetis fort effrayant pour les pauvres malades. C'était maître Brisart, chirurgien assez habile pour le temps, disciple et ami du célèbre Ambroise Paré. Il venait de faire quelque opération, car ses bras étaient nus jusqu'au coude, et il avait encore devant lui un grand tablier tout sanglant.

— Que me voulez-vous, et qui êtes-vous? lui demanda George.

— Je suis chirurgien, mon gentilhomme; et, si le nom de maître Brisart ne vous est pas connu, c'est que vous ignorez bien des choses. Allons! courage de brebis! comme dit l'autre. Je me connais en arquebusades, Dieu merci, et je voudrais avoir autant de sacs de mille livres que j'ai retiré de balles du corps à des gens qui se portent aujourd'hui tout aussi bien que moi.

— Or çà, docteur, dites-moi la vérité. Le coup est mortel, si je m'y connais?

Le chirurgien examina d'abord le bras gauche, et dit : — Bagatelle ! Puis il commença à sonder l'autre plaie, opération qui fit bientôt faire d'horribles grimaces au blessé. De son bras droit il repoussa assez fortement encore la main du chirurgien.

— Parbleu ! n'allez pas plus avant, docteur du diable, s'écria-t-il ; je vois bien à votre mine que mon affaire est faite.

— Mon gentilhomme, voyez-vous, je crains fort que la balle n'ait d'abord traversé le petit oblique du bas-ventre, et qu'en remontant elle ne se soit logée dans l'épine dorsale, que nous nommons autrement en grec *rachis*. Ce qui me fait penser de la sorte, c'est que vos jambes sont sans mouvement et déjà froides. Ce signe pathognomonique ne trompe guère ; auquel cas...

— Un coup de feu tiré à brûle-pourpoint, et une balle dans l'épine dorsale ! Peste ! docteur, en voilà plus qu'il n'en faut pour envoyer *ad patres* un pauvre diable. Çà, ne me tourmentez plus, et laissez-moi mourir en repos.

— Non, il vivra ! il vivra ! s'écria Mergy fixant des yeux égarés sur le chirurgien, et lui saisissant fortement le bras.

— Oui, encore une heure, peut-être deux, dit froidement maître Brisart, car c'est un homme robuste.

Mergy retomba sur ses genoux, saisit la main droite du capitaine, et arrosa d'un torrent de larmes le gantelet dont elle était couverte.

— Deux heures ? reprit George. Tant mieux, je craignais d'avoir plus long-temps à souffrir.

— Non, cela est impossible, s'écria Mergy en sanglotant. George, tu ne mourras pas. Un frère ne peut mourir de la main de son frère.

— Allons, tiens-toi tranquille, et ne me secoue pas. Chacun de tes mouvements me répond là. Je ne souffre pas trop maintenant ; pourvu que cela dure... C'est ce que disait Zany en tombant du haut du clocher.

Mergy s'assit auprès du matelas, la tête appuyée sur ses genoux et cachée dans ses mains. Il était immobile et comme assoupi ; seulement, par intervalles, des mouvements convulsifs faisaient tressaillir tout son corps comme dans le frisson de la fièvre, et des gémissements qui n'avaient rien de la voix humaine s'échappaient de sa poitrine avec effort.

Le chirurgien avait attaché quelques bandes, seulement pour arrêter le sang, et il essuyait sa sonde avec beaucoup de sang-froid.

— Je vous engage fort à faire vos préparatifs, dit-il ; si vous voulez un ministre, il n'en manque pas ici. Si vous aimez mieux un prêtre, on vous en donnera un. J'ai vu tout à l'heure un moine que nos gens ont fait prisonnier. Tenez, il confesse là-bas cet officier papiste qui va mourir.

— Qu'on me donne à boire, dit le capitaine.

— Gardez-vous-en bien ! vous allez mourir une heure plus tôt.

— Une heure de vie ne vaut pas un verre de vin. Allons ! adieu, docteur ; voici à côté de moi quelqu'un qui vous attend avec impatience.

— Faut-il que je vous envoie un ministre, ou le moine ?

— Ni l'un ni l'autre.

— Comment ?

— Laissez-moi en repos.

Le chirurgien haussa les épaules, et s'approcha de Béville. Par ma barbe! s'écria-t-il, voici une belle plaie. Ces diables de volontaires frappent comme des sourds.

— J'en reviendrai, n'est-ce pas? demanda le blessé d'une voix faible.

— Respirez un peu, dit maître Brisart.

On entendit alors une espèce de sifflement faible; il était produit par l'air qui sortait de la poitrine de Béville, par sa blessure en même temps que par sa bouche, et le sang coulait de la plaie comme une mousse rouge.

Le chirurgien siffla comme pour imiter ce bruit étrange; puis il posa une compresse à la hâte, et, sans dire un mot, il reprit sa trousse et se disposait à sortir. Cependant les yeux de Béville, brillant comme deux flambeaux, suivaient tous ses mouvements. — Eh bien! docteur? demanda-t-il d'une voix tremblante.

— Faites vos paquets, répondit froidement le chirurgien. Et il s'éloigna.

— Hélas! mourir si jeune! s'écria le malheureux Béville en laissant retomber sa tête sur la botte de paille qui lui servait d'oreiller.

Le capitaine George demandait à boire; mais personne ne voulait lui donner un verre d'eau, de peur de hâter sa fin. Étrange humanité, qui ne sert qu'à prolonger la souffrance! En ce moment La Noue et le capitaine Dietrich, ainsi que plusieurs autres officiers, entrèrent dans la salle pour voir les blessés. Ils s'arrêtèrent tous deux devant le matelas de George, et La Noue, s'appuyant sur le pommeau de son épée, regardait alternativement les deux frères avec des yeux où se peignait toute l'émotion que lui faisait éprouver ce triste spectacle.

Une gourde que le capitaine allemand portait au côté attira l'attention de George. — Capitaine, lui dit-il, vous êtes un vieux soldat?...

— Oui, vieux soldat. La fumée de la poudre grisonne une barbe plus vite que les années. Je m'appelle le capitaine Dietrich Hornstein.

— Dites-moi, que feriez-vous si vous étiez blessé comme moi?

Le capitaine Dietrich regarda un instant ses blessures, en homme qui avait accoutumé d'en voir et de juger de leur gravité. — Je mettrais ordre à ma conscience, répondit-il, et je demanderais un bon verre de vin du Rhin, s'il y en avait une bouteille aux environs.

— Eh bien! moi, je ne leur demande qu'un peu de leur mauvais vin de La Rochelle, et les imbéciles ne veulent pas m'en donner.

Dietrich détacha sa gourde, qui était d'une grosseur très-imposante, et se disposait à la remettre au blessé.

— Que faites-vous, capitaine? s'écria un arquebusier; le médecin dit qu'il mourra tout de suite s'il boit.

— Qu'importe? il aura du moins un petit plaisir avant sa mort. Tenez, mon brave, je suis fâché de n'avoir pas de meilleur vin à vous offrir.

— Vous êtes un galant homme, capitaine Dietrich, dit George après avoir bu. Puis, tendant la gourde à son voisin : Et toi, mon pauvre Béville, veux-tu me faire raison?

Mais Béville secoua la tête sans répondre.

— Ah! ah! dit George, autre tourment! Quoi! ne me laissera-t-on pas mourir en paix?

Il voyait s'avancer un ministre portant une Bible sous le bras.

— Mon fils, dit le ministre, lorsque vous allez...

— Assez, assez ! Je sais ce que vous allez me dire, mais c'est peine perdue. Je suis catholique.

— Catholique ! s'écria Béville. Tu n'es donc plus athée ?

— Mais autrefois, dit le ministre, vous avez été élevé dans la religion réformée ; et dans ce moment solennel et terrible, lorsque vous êtes près de paraître devant le juge suprême des actions et des consciences...

— Je suis catholique. Par les cornes du diable ! laissez-moi tranquille !

— Mais...

— Capitaine Dietrich, n'aurez-vous point pitié de moi ! Vous m'avez déjà rendu un grand service. Je vous en demande un autre encore. Faites que je puisse mourir sans exhortations et sans jérémiades.

— Retirez-vous, dit le capitaine au ministre ; vous voyez qu'il n'est pas d'humeur à vous entendre.

La Noue fit un signe au moine, qui s'approcha sur-le-champ.

— Voici un prêtre de votre religion, dit-il au capitaine George ; nous ne prétendons point gêner les consciences.

— Moine ou ministre, qu'ils aillent au diable ! répondit le blessé.

Le moine et le ministre étaient chacun d'un côté du lit, et semblaient disposés à se disputer le moribond.

— Ce gentilhomme est catholique, dit le moine.

— Mais il est né protestant, dit le ministre ; il m'appartient.

— Mais il s'est converti.

— Mais il veut mourir dans la foi de ses pères.

— Confessez-vous, mon fils.

— Dites votre symbole, mon fils.

— N'est-ce pas que vous mourez bon catholique?...

— Écartez cet envoyé de l'Antéchrist! s'écria le ministre qui se sentait appuyé par la majorité des assistants.

Aussitôt un soldat, huguenot zélé, saisit le moine par le cordon de sa robe, et le repoussa en lui criant :
— Hors d'ici, tonsuré! gibier de potence! Il y a longtemps qu'on ne chante plus de messes à La Rochelle.

— Arrêtez! dit La Noue; si ce gentilhomme veut se confesser, je jure ma parole que personne ne l'en empêchera.

— Grand merci, monsieur de La Noue,...... dit le mourant d'une voix faible.

— Vous en êtes tous témoins, interrompit le moine, il veut se confesser.

— Non, le diable m'emporte!

— Il revient à la foi de ses ancêtres, s'écria le ministre.

— Non, mille tonnerres! Laissez-moi tous les deux. Suis-je déjà mort, pour que les corbeaux se disputent ma carcasse? Je ne veux ni de vos messes, ni de vos psaumes.

— Il blasphème! s'écrièrent à la fois les deux ministres des cultes ennemis.

— Il faut bien croire à quelque chose, dit le capitaine Dietrich avec un flegme imperturbable.

— Je crois... que vous êtes un brave homme, qui me délivrerez de ces harpies... Oui, retirez-vous, et laissez-moi mourir comme un chien.

— Oui, meurs comme un chien! dit le ministre en s'éloignant avec indignation. Le moine fit le signe de la croix et s'approcha du lit de Béville.

La Noue et Mergy arrêtèrent le ministre. — Encore

un dernier effort, dit Mergy. Ayez pitié de lui! ayez pitié de moi!

— Monsieur, dit La Noue au mourant, croyez-en un vieux soldat, les exhortations d'un homme qui s'est voué à Dieu peuvent adoucir les derniers instants d'un soldat. N'écoutez point les conseils d'une vanité coupable, et ne perdez point votre âme par bravade.

— Monsieur, répondit le capitaine, ce n'est point d'aujourd'hui que j'ai pensé à la mort. Je n'ai besoin des exhortations de personne pour m'y préparer. Je n'ai jamais aimé les bravades, en ce moment moins que jamais. Mais, de par le diable! je n'ai que faire de leurs sornettes.

— Le ministre haussa les épaules, La Noue soupira. Tous les deux s'éloignèrent à pas lents et la tête baissée.

— Camarade, dit Dietrich, il faut que vous souffriez diablement pour dire ce que vous dites.

— Oui, capitaine, je souffre diablement!

— Alors j'espère que le bon Dieu ne s'offensera pas de vos paroles, qui ressemblent furieusement à des blasphèmes. Mais quand on a une arquebusade tout au travers du corps, morbleu! il est bien permis de jurer un peu pour se consoler.

George sourit, et reprit la gourde. — A votre santé, capitaine! Vous êtes le meilleur garde-malade que puisse avoir un soldat blessé. Et en parlant il lui tendait la main.

Le capitaine Dietrich la serra en montrant quelques signes d'émotion. — Teufel! murmura-t-il tout bas. Pourtant si mon frère Hennig était catholique, et si je lui avais envoyé une arquebusade dans le ventre!.... Voilà donc l'explication de la prophétie de la Mila.

— George, mon camarade, dit Béville d'une voix lamentable, dis-moi donc quelque chose. Nous allons mourir; c'est un terrible moment!..... Est-ce que tu penses encore maintenant comme tu pensais quand tu m'as converti à l'athéisme ?

— Sans doute; courage! dans quelques moments nous ne souffrirons plus.

— Mais ce moine me parle de feu...... de diables..... que sais-je, moi?... mais il me semble que tout cela n'est pas rassurant.

— Fadaises !

— Pourtant si cela était vrai?

— Capitaine, je vous lègue ma cuirasse et mon épée; je voudrais avoir quelque chose de mieux à vous offrir pour ce bon vin que vous m'avez donné si généreusement.

— George, mon ami, reprit Béville, ce serait épouvantable si ce qu'il dit était vrai,... l'éternité !

— Poltron !

— Oui, poltron,...... cela est bientôt dit, mais il est permis d'être poltron quand il s'agit de souffrir pour l'éternité.

— Eh bien ! confesse-toi.

— Je t'en prie, dis-moi, es-tu sûr qu'il n'y ait point d'enfer?

— Bah !

— Non, réponds-moi; en es-tu bien sûr? Jure-moi ta parole qu'il n'y a point d'enfer.

— Je ne suis sûr de rien. S'il y a un diable, nous verrons s'il est bien noir.

— Comment ! tu n'en es pas sûr?

— Confesse-toi, te dis-je.

— Mais tu vas te moquer de moi.

Le capitaine ne put s'empêcher de sourire; puis il dit

d'un ton sérieux : — A ta place, moi, je me confesserais ; cela est toujours le plus sûr parti ; et, confessé, huilé, on est prêt à tout événement.

— Eh bien ! je ferai comme tu feras. Confesse-toi d'abord.

— Non.

— Ma foi !..... tu diras ce que tu voudras, mais je mourrai en bon catholique. Allons, mon père ! faites-moi dire mon *confiteor*, et soufflez-moi, car je l'ai un peu oublié.

Pendant qu'il se confessait, le capitaine George but encore une gorgée de vin, puis il étendit la tête sur son mauvais oreiller et ferma les yeux. Il fut tranquille pendant près d'un quart d'heure. Alors il serra les lèvres et tressaillit en poussant un long gémissement que lui arrachait la douleur. Mergy, croyant qu'il expirait, poussa un grand cri, et lui souleva la tête. Le capitaine ouvrit aussitôt les yeux.

— Encore ! dit-il en le repoussant doucement. Je t'en prie, Bernard, calme-toi.

— George ! George ! et tu meurs par mes mains !

— Que veux-tu ? Je ne suis pas le premier Français tué par un frère,... et je ne crois pas être le dernier. Mais je ne dois accuser que moi seul.... Lorsque Monsieur, m'ayant tiré de prison, m'emmena avec lui, je m'étais juré de ne pas tirer l'épée.... Mais quand j'ai su que ce pauvre diable de Béville était attaqué,... quand j'ai entendu le bruit des arquebusades, j'ai voulu voir l'affaire de trop près.

Il ferma encore les yeux, et les rouvrit bientôt en disant à Mergy : — Madame de Turgis m'a chargé de te dire qu'elle t'aimait toujours. Il sourit doucement.

Ce furent ses dernières paroles. Il mourut au bout

d'un quart d'heure, sans paraître souffrir beaucoup. Quelques minutes après Béville expira dans les bras du moine, qui assura dans la suite qu'il avait distinctement entendu dans l'air le cri de joie des anges qui recevaient l'âme de ce pécheur repentant, tandis que sous terre les diables répondirent par un hurlement de triomphe en emportant l'âme du capitaine George.

On voit dans toutes les histoires de France comment La Noue quitta La Rochelle, dégoûté de la guerre civile, et tourmenté par sa conscience qui lui reprochait de combattre contre son roi, comment l'armée catholique fut contrainte de lever le siége, et comment se fit la quatrième paix, laquelle fut bientôt suivie de la mort de Charles IX.

Mergy se consola-t-il? Diane prit-elle un autre amant? Je le laisse à décider au lecteur, qui, de la sorte, terminera toujours le roman à son gré.

FIN DE LA CHRONIQUE DE CHARLES IX.

LA
DOUBLE MÉPRISE.

zagala, mas que las flores
Blanca, rubia y ojos verdes,
Si piensas seguir amores
Piérdete bien, pues te pierdes.

1833.

LA DOUBLE MÉPRISE.

I.

Julie de Chaverny était mariée depuis six ans environ, et depuis à peu près cinq ans et six mois elle avait reconnu non-seulement qu'il lui était impossible d'aimer son mari, mais encore qu'il lui était bien difficile d'avoir quelque estime pour lui.

Ce mari n'était point un malhonnête homme; ce n'était pas une bête ni un sot. Peut-être cependant y avait-il bien en lui quelque chose de tout cela. En consultant ses souvenirs, elle aurait pu se rappeler qu'elle l'avait trouvé aimable autrefois; mais maintenant il l'ennuyait. Tout en lui était repoussant à ses yeux. Sa manière de manger, de prendre du café, de parler, lui donnait des crispations nerveuses. Ils ne se voyaient et ne se parlaient guère qu'à table; mais ils dînaient ensemble plusieurs fois par semaine, et c'en était assez pour entretenir l'aversion de Julie.

Pour Chaverny, c'était un assez bel homme, un peu trop gros pour son âge, au teint frais, sanguin, et qui, par caractère, ne se donnait pas de ces inquiétudes vagues qui tourmentent souvent les gens à imagination. Il croyait pieusement que sa femme avait pour lui une « amitié douce » (il était trop philosophe pour se croire aimé « comme au premier jour de son mariage »), et cette persuasion ne lui causait ni plaisir ni peine ; il se serait également accommodé du contraire. Il avait servi plusieurs années dans un régiment de cavalerie ; mais, ayant hérité d'une fortune considérable, il s'était dégoûté de la vie de garnison, avait donné sa démission et s'était marié. Expliquer le mariage de deux personnes qui n'avaient pas une idée commune peut paraître assez difficile. D'une part, de grands parents et de ces officieux qui, comme Phrosine, « marieraient la république de Venise avec le Grand-Turc, » s'étaient donné beaucoup de mouvement pour régler les affaires d'intérêt. D'un autre côté, Chaverny appartenait à une bonne famille ; il n'était point trop gras alors ; il avait de la gaieté, et était dans toute l'acception du mot ce qu'on appelle un *bon enfant*. Julie le voyait avec plaisir venir chez sa mère, parce qu'il la faisait rire en lui contant des histoires de son régiment d'un comique qui n'était pas toujours de bon goût. Elle le trouvait aimable parce qu'il dansait avec elle dans tous les bals, et qu'il ne manquait jamais de bonnes raisons pour persuader à la mère de Julie d'y rester tard, d'aller au spectacle ou au bois de Boulogne. Enfin Julie le croyait un héros, parce qu'il s'était battu en duel honorablement deux ou trois fois. Mais ce qui acheva le triomphe de Chaverny, ce fut la description d'une certaine voiture qu'il devait faire exécuter sur un plan à lui, et dans laquelle il conduirait lui-même Julie lorsqu'elle aurait consenti à unir son sort au sien.

Au bout de quelques mois de mariage, toutes les belles qualités de Chaverny avaient perdu beaucoup de leur mérite. Il ne dansait plus avec sa femme, — cela va sans dire. Ses histoires gaies, il les avait toutes contées trois ou quatre fois. Maintenant il disait que les bals se prolongeaient trop tard. Il bâillait au spectacle, et trouvait une contrainte insupportable l'usage de s'habiller le soir. Son défaut capital était la paresse; s'il avait cherché à plaire, peut-être aurait-il pu réussir; mais la moindre gêne lui paraissait un supplice; il avait cela de commun avec presque tous les gens gros. Le monde l'ennuyait parce qu'on n'y est bien reçu qu'à proportion des efforts que l'on y fait pour plaire. La grosse joie lui paraissait bien préférable à tous les amusements plus délicats; car, pour se distinguer parmi les personnes de son goût, il n'avait d'autre peine à se donner qu'à crier plus fort que les autres, ce qui ne lui était pas difficile avec des poumons aussi vigoureux que les siens. En outre, il se piquait de boire plus de champagne qu'un homme ordinaire, et faisait parfaitement sauter à son cheval une barrière de quatre pieds. Il jouissait en conséquence d'une estime légitimement acquise parmi ces êtres difficiles à définir que l'on appelle les « jeunes gens, » dont nos boulevards abondent vers huit heures du soir. Parties de chasse, parties de campagne, courses, dîners de garçons, soupers de garçons, étaient recherchés par lui avec empressement. Vingt fois par jour il disait qu'il était le plus heureux des hommes; et toutes les fois que Julie l'entendait elle levait les yeux au ciel, et sa petite bouche prenait une indicible expression de dédain.

Belle, jeune et mariée à un homme qui lui déplaisait, on conçoit qu'elle devait être entourée d'hommages fort intéressés. Mais, outre la protection de sa mère, femme très-prudente, son orgueil, c'était son défaut capital, l'avait défendue jusqu'alors contre les séductions du monde. D'ailleurs, le désappointement qui avait suivi son mariage, en lui donnant une espèce d'expérience, l'avait rendue difficile à s'enthousiasmer. Elle était fière de se voir plaindre dans la société, et citer comme un modèle de résignation. Après tout, elle se trouvait presque heureuse, car elle n'aimait personne, et son mari la laissait entièrement maîtresse de ses actions. Sa coquetterie (et il faut l'avouer, elle aimait un peu à prouver que son mari ne connaissait pas le trésor qu'il possédait), sa coquetterie, toute d'instinct comme celle d'un enfant, s'alliait fort bien avec une certaine réserve dédaigneuse qui n'était pas de la pruderie. Enfin elle savait être aimable avec tout le monde, mais avec tout le monde également. La médisance ne pouvait trouver le plus petit reproche à lui faire.

II.

Les deux époux avaient dîné chez madame de Lussan, la mère de Julie, qui allait partir pour Nice. Chaverny, qui s'ennuyait mortellement chez sa belle-mère, avait été obligé d'y passer la soirée malgré toute son envie d'aller rejoindre ses amis sur le Boulevard. Après avoir dîné, il s'était établi sur un canapé commode et avait passé deux heures sans dire un mot. La raison était simple : il dormait, décemment d'ailleurs assis, la tête penchée de côté et comme écoutant avec intérêt la conversation ; il se réveillait même de temps en temps et plaçait son mot.

Ensuite il avait fallu s'asseoir à une table de whist, jeu qu'il détestait parce qu'il exige une certaine application. Tout cela l'avait mené assez tard. Onze heures et demie venaient de sonner. Chaverny n'avait pas d'engagement pour la soirée : il ne savait absolument que faire. Pendant qu'il était dans cette perplexité, on annonça sa voiture. S'il rentrait chez lui, il devait ramener sa femme. La perspective d'un tête-à-tête de vingt minutes avait de quoi l'effrayer; mais il n'avait pas de cigares dans sa poche, et il mourait d'envie d'entamer une boîte qu'il avait reçue du Havre au moment même où il sortait pour aller dîner. Il se résigna.

Comme il enveloppait sa femme dans son châle, il ne put s'empêcher de sourire en se voyant dans une glace remplir ainsi les fonctions d'un mari de huit jours. Il considéra aussi sa femme, qu'il avait à peine regardée. Ce soir-là elle lui parut plus jolie que de coutume : aussi fut-il quelque temps à ajuster ce châle sur ses épaules. Julie était aussi contrariée que lui du tête-à-tête conjugal qui se préparait. Sa bouche faisait une petite moue boudeuse, et ses sourcils arqués se rapprochaient involontairement. Tout cela donnait à sa physionomie une expression si agréable, qu'un mari même n'y pouvait rester insensible. Leurs yeux se rencontrèrent dans la glace pendant l'opération dont je viens de parler. L'un et l'autre furent embarrassés. Pour se tirer d'affaire, Chaverny baisa en souriant la main de sa femme, qu'elle levait pour arranger son châle. — « Comme ils s'aiment ! » dit tout bas madame de Lussan, qui ne remarqua ni le froid dédain de la femme ni l'air d'insouciance du mari.

Assis tous les deux dans leur voiture et se touchant presque, ils furent d'abord quelque temps sans parler. Chaverny sentait bien qu'il était convenable de dire quelque chose, mais rien ne lui venait à l'esprit. Julie de son côté gardait un silence désespérant. Il bâilla trois ou quatre fois, si bien qu'il en fut honteux lui-même, et que la dernière fois il se crut obligé d'en demander pardon à sa femme. — « La soirée a été longue, » ajouta-t-il pour s'excuser.

Julie ne vit dans cette phrase que l'intention de critiquer les soirées de sa mère et de lui dire quelque chose de désagréable. Depuis long-temps elle avait pris l'habitude d'éviter toute explication avec son mari ; elle continua donc de garder le silence.

Chaverny, qui ce soir-là se sentait malgré lui en humeur causeuse, poursuivit au bout de deux minutes :
— « J'ai bien dîné aujourd'hui ; mais je suis bien aise de vous dire que le champagne de votre mère est trop sucré. »

— « Comment ? » demanda Julie en tournant la tête de son côté avec beaucoup de nonchalance et feignant de n'avoir rien entendu.

— « Je disais que le champagne de votre mère est trop sucré. J'ai oublié de le lui dire. C'est une chose étonnante, mais on s'imagine qu'il est facile de choisir du champagne. Eh bien ! il n'y a rien de plus difficile. Il y a vingt qualités de champagne qui sont mauvaises, et il n'y en a qu'une qui soit bonne. »

— « Ah ! » Et Julie, après avoir accordé cette interjection à la politesse, tourna la tête et regarda par la portière de son côté. Chaverny se renversa en arrière et posa les pieds sur le coussin du devant de la calèche, fort mortifié que sa femme se montrât aussi insensible à toutes les peines qu'il se donnait pour engager la conversation.

Cependant, après avoir bâillé encore deux ou trois fois, il continua en se rapprochant de Julie : — « Vous avez là une robe qui vous sied à ravir, Julie. Où l'avez-vous achetée ? »

— Il veut sans doute en acheter une semblable à sa maîtresse, pensa Julie. — « Chez Burty, » répondit-elle en souriant légèrement.

— « Pourquoi riez-vous ? » demanda Chaverny, ôtant ses pieds du coussin et se rapprochant davantage. En même temps il prit une manche de sa robe et se mit à la toucher un peu à la manière de Tartuffe.

— « Je ris, » dit Julie, « de ce que vous remarquez ma toilette. Prenez garde, vous chiffonnez mes manches. » Et elle retira sa manche de la main de Chaverny.

— « Je vous assure que je fais une grande attention à votre toilette, et que j'admire singulièrement votre goût. Non, d'honneur, j'en parlais l'autre jour à...... une femme qui s'habille toujours mal..... bien qu'elle dépense horriblement pour sa toilette... Elle ruinerait... Je lui disais.... Je vous citais... » — Julie jouissait de son embarras, et ne cherchait pas à le faire cesser en l'interrompant.

— « Vos chevaux sont bien mauvais. Ils ne marchent pas ! Il faudra que je vous les change, » dit Chaverny, tout à fait déconcerté.

Pendant le reste de la route la conversation ne prit pas plus de vivacité ; de part et d'autre on n'alla pas plus loin que la réplique.

Les deux époux arrivèrent enfin à leur hôtel et se séparèrent en se souhaitant une bonne nuit.

Julie commençait à se déshabiller, et sa femme de chambre venait de sortir, je ne sais pour quel motif, lorsque la porte de sa chambre à coucher s'ouvrit assez brusquement, et Chaverny entra. Julie se couvrit précipitamment les épaules. — « Pardon, » dit-il ; « je voudrais bien pour m'endormir le dernier volume de Scott... N'est-ce pas Quentin Durward ? »

— « Il doit être chez vous, » répondit Julie ; « il n'y a pas de livres ici. »

Chaverny contemplait sa femme dans ce demi-désordre si favorable à la beauté. Il la trouvait *piquante*, pour me servir d'une de ces expressions que je déteste. C'est vraiment une fort belle femme ! pensait-il. Et il restait debout, immobile devant elle, sans dire un mot et son bougeoir à la main. Julie, debout aussi en face de lui, chiffonnait son bonnet et semblait attendre avec impatience qu'il la laissât seule.

— « Vous êtes charmante ce soir, le diable m'emporte ! » s'écria enfin Chaverny en s'avançant d'un pas et posant son bougeoir. « Comme j'aime les femmes avec les cheveux en désordre ! » Et en parlant il saisit d'une main les longues tresses de cheveux qui couvraient les épaules de Julie, et lui passa presque tendrement un bras autour de la taille.

— « Ah ! Dieu ! vous sentez le tabac à faire horreur ! » s'écria Julie en se détournant. « Laissez mes cheveux, vous allez les imprégner de cette odeur-là, et je ne pourrai plus m'en débarrasser. »

— « Bah ! vous dites cela à tout hasard et parce que vous savez que je fume quelquefois. Ne faites donc pas tant la difficile, ma petite femme. » Et elle ne put se débarrasser de ses bras assez vite pour éviter un baiser qu'il lui donna sur l'épaule.

Heureusement pour Julie, sa femme de chambre rentra ; car il n'y a rien de plus odieux pour une femme que ces caresses qu'il est presque aussi ridicule de refuser que d'accepter.

— « Marie, » dit madame de Chaverny, « le corsage de ma robe bleue est beaucoup trop long. J'ai vu aujourd'hui madame de Bégy, qui a toujours un goût parfait ; son corsage était certainement de deux bons doigts plus court. Tenez, faites un rempli avec des épingles tout de suite pour voir l'effet que cela fera. »

Ici s'établit entre la femme de chambre et la maîtresse un dialogue des plus intéressants sur les dimensions précises que doit avoir un corsage. Julie savait bien que Chaverny ne haïssait rien tant que d'entendre parler de modes, et qu'elle allait le mettre en fuite. Aussi, après cinq minutes d'allées et venues, Chaverny, voyant que Julie était tout occupée de son corsage, bâilla d'une manière effrayante, reprit son bougeoir et sortit cette fois pour ne plus revenir.

III.

Le commandant Perrin était assis devant une petite table et lisait avec attention. Sa redingote parfaitement brossée, son bonnet de police, et surtout la roideur inflexible de sa poitrine, annonçaient un vieux militaire. Tout était propre dans sa chambre, mais de la plus grande simplicité. Un encrier et deux plumes toutes taillées étaient sur sa table à côté d'un cahier de papier à lettres dont on n'avait pas usé une feuille depuis un an au moins. Si le commandant Perrin n'écrivait pas, en revanche il lisait beaucoup. Il lisait alors les « Lettres Persanes » en fumant sa pipe d'écume de mer, et ces deux occupations captivaient tellement toute son attention, qu'il ne s'aperçut pas d'abord de l'entrée dans sa chambre du commandant de Châteaufort. C'était un jeune officier de son régiment, d'une figure charmante, fort aimable, un peu fat, très-protégé du ministre de la guerre ; en un mot, l'opposé du commandant Perrin sous presque tous les rapports. Cependant ils étaient amis, je ne sais pourquoi, et se voyaient tous les jours.

Châteaufort frappa sur l'épaule du commandant Perrin. Celui-ci tourna la tête sans quitter sa pipe. Sa première expression fut de joie en voyant son ami; la seconde, de regret, le digne homme ! parce qu'il allait quitter son livre; la troisième indiquait qu'il avait pris son parti et qu'il allait faire de son mieux les honneurs de son appartement. Il fouillait à sa poche pour chercher une clef qui ouvrait une armoire où était renfermée une précieuse boîte de cigares que le commandant ne fumait pas lui-même, et qu'il donnait un à un à son ami; mais Châteaufort, qui l'avait vu déjà cent fois faire le même geste, s'écria : « Restez donc, papa Perrin, gardez vos cigares; j'en ai sur moi. » Puis, tirant d'un élégant étui de paille du Mexique un cigare couleur de cannelle, bien effilé des deux bouts, il l'alluma et s'étendit sur un petit canapé dont le commandant Perrin ne se servait jamais, la tête sur un oreiller, les pieds sur le dossier opposé. Châteaufort commença par s'envelopper d'un nuage de fumée, pendant que, les yeux fermés, il paraissait méditer profondément sur ce qu'il avait à dire. Sa figure était rayonnante de joie, et il paraissait renfermer avec peine dans sa poitrine le secret d'un bonheur qu'il brûlait d'envie de laisser deviner. Le commandant Perrin, ayant placé sa chaise en face du canapé, fuma quelque temps sans rien dire; puis, comme Châteaufort ne se pressait pas de parler, il lui dit : « Comment se porte Ourika ? »

Il s'agissait d'une jument noire que Châteaufort avait un peu surmenée et qui était menacée de devenir poussive. — « Fort bien, » dit Châteaufort, qui n'avait pas écouté la question. — « Perrin ! » s'écria-t-il en étendant vers lui la jambe qui reposait sur le dossier du canapé, « savez-vous que vous êtes bien heureux de m'avoir pour ami?... »

Le vieux commandant cherchait en lui-même quels avantages lui avait procurés la connaissance de Châteaufort, et il ne trouvait guère que le don de quelques livres de Kanaster et quelques jours d'arrêts forcés qu'il avait subis pour s'être mêlé d'un duel où Châteaufort avait joué le premier rôle. Son ami lui donnait, il est vrai, de nombreuses marques de confiance. C'était toujours à lui que Châteaufort s'adressait pour se faire remplacer quand il était de garde ou quand il avait besoin d'un second.

Châteaufort ne le laissa pas long-temps à ses recherches et lui tendit une petite lettre écrite sur du papier anglais satiné, d'une jolie écriture en pieds de mouches. Le commandant Perrin fit une grimace qui chez lui équivalait à un sourire. Il avait vu souvent de ces lettres satinées et couvertes de pieds de mouches, adressées à son ami.

— « Tenez, » dit celui-ci, « lisez. C'est à moi que vous devez cela. Perrin lut ce qui suit :

« Vous seriez bien aimable, cher monsieur, de venir
» dîner avec nous. M. de Chaverny serait allé vous en
» prier, mais il a été obligé de se rendre à une partie
» de chasse. Je ne connais pas l'adresse de M. le com-
» mandant Perrin, et je ne puis lui écrire pour le
» prier de vous accompagner. Vous m'avez donné beau-
» coup d'envie de le connaître, et je vous aurai une
» double obligation si vous l'amenez.

» JULIE DE CHAVERNY. »

« P.-S. J'ai bien des remercîments à vous faire
» pour la musique que vous avez pris la peine de copier
» pour moi. Elle est ravissante, et il faut toujours ad-
» mirer votre goût. Vous ne venez plus à nos jeudis !
» vous savez pourtant tout le plaisir que nous avons à
» vous voir. »

— « Une jolie écriture, mais bien fine ! » dit Perrin en finissant. « Mais, diable ! son dîner me scie le dos; car il faudra se mettre en bas de soie, et pas de fumerie après le dîner ! »

— « Beau malheur, vraiment ! préférer la plus jolie femme de Paris à une pipe !.... Ce que j'admire, c'est votre ingratitude. Vous ne me remerciez pas du bonheur que vous me devez. »

— « Vous remercier ! Mais ce n'est pas à vous que j'ai l'obligation de ce dîner... si obligation y a. »

— « À qui donc ? »

— « À Chaverny, qui a été capitaine chez nous. Il aura dit à sa femme : Invite Perrin, c'est un bon diable. Comment voulez-vous qu'une jolie femme que je n'ai vue qu'une fois pense à inviter une vieille culotte de peau comme moi ? »

Châteaufort sourit en se regardant dans la glace très-étroite qui décorait la chambre du commandant.

— « Vous n'avez pas de perspicacité aujourd'hui, papa Perrin. Relisez-moi ce billet, et vous y trouverez peut-être quelque chose que vous n'y avez pas vu. »

Le commandant tourna, retourna le billet, et ne vit rien.

— « Comment ! vieux dragon, » s'écria Châteaufort, « vous ne voyez pas qu'elle vous invite afin de me faire plaisir, seulement pour me prouver qu'elle fait cas de

mes amis.... qu'elle veut me donner la preuve....
de ?...»

— « De quoi? » interrompit Perrin.

— « De... vous savez bien de quoi. »

— « Qu'elle vous aime? » demanda le commandant d'un air de doute.

Châteaufort siffla sans répondre.

— « Elle est donc amoureuse de vous? »

Châteaufort sifflait toujours.

— « Elle vous l'a dit? »

— « Mais... cela se voit, ce me semble. »

— « Comment?... dans cette lettre? »

— « Sans doute. »

Ce fut le tour de Perrin à siffler. Son sifflet fut aussi significatif que le fameux « *Lillibulero* » de mon oncle Toby.

— « Comment! » s'écria Châteaufort, arrachant la lettre des mains de Perrin, « vous ne voyez pas tout ce qu'il y a de... tendre... oui, de tendre là-dedans? Qu'avez-vous à dire à ceci : « *Cher monsieur?* » Notez bien que dans un autre billet elle m'écrivait « *monsieur,* » tout court. « *Je vous aurai une double obligation,* » cela est positif. Et voyez-vous, il y a un mot effacé après, c'est *mille*; elle voulait mettre *mille amitiés,* mais elle n'a pas osé; *mille compliments,* ce n'était pas assez.... Elle n'a pas fini son billet.... Oh! mon ancien! voulez-vous par hasard qu'une femme bien née comme madame de Chaverny aille se jeter à la tête de votre serviteur comme ferait une petite grisette?... Je vous dis, moi, que sa lettre est charmante, et qu'il faut être aveugle pour ne pas y voir de la passion.... Et les reproches de la fin, parce que je manque à un seul jeudi, qu'en dites-vous? »

— « Pauvre petite femme, » s'écria Perrin ; « ne t'amourache pas de celui-là : tu t'en repentirais bien vite ! »

Châteaufort ne fit pas attention à la prosopopée de son ami ; mais, prenant un ton de voix bas et insinuant : « Savez-vous, mon cher, » dit-il, « que vous pourriez me rendre un grand service ? »

— « Comment ? »

— « Il faut que vous m'aidiez dans cette affaire. Je sais que son mari est très-mal pour elle, — c'est un animal qui la rend malheureuse.... vous l'avez connu, vous, Perrin ; dites bien à sa femme que c'est un brutal, un homme qui a la réputation la plus mauvaise... »

— « Oh !... »

— « Un libertin.... vous le savez. Il avait des maîtresses lorsqu'il était au régiment ; et quelles maîtresses ! Dites tout cela à sa femme. »

— « Oh ! comment dire cela ? Entre l'arbre et l'écorce... »

— « Mon Dieu ! il y a manière de tout dire !... Surtout dites du bien de moi. »

— « Pour cela, c'est plus facile. Pourtant... »

— « Pas si facile, écoutez ; car, si je vous laissais dire, vous feriez tel éloge de moi qui n'arrangerait pas mes affaires.... Dites-lui que *depuis quelque temps* vous remarquez que je suis triste, que je ne parle plus, que je ne mange plus... »

— « Pour le coup ! » s'écria Perrin avec un gros rire qui faisait faire à sa pipe les mouvements les plus ridicules, « jamais je ne pourrai dire cela en face à madame de Chaverny. Hier soir encore, il a presque fallu vous emporter après le dîner que les camarades nous ont donné. »

— « Soit, mais il est inutile de lui conter cela. Il est bon qu'elle sache que je suis amoureux d'elle ; et ces faiseurs de romans ont persuadé aux femmes qu'un homme qui boit et mange ne peut être amoureux. »

— « Quant à moi, je ne connais rien qui me fasse perdre le boire ou le manger. »

— « Eh bien ! mon cher Perrin, » dit Châteaufort en mettant son chapeau et arrangeant les boucles de ses cheveux, « voilà qui est convenu ; jeudi prochain je viens vous prendre ; souliers et bas de soie, tenue de rigueur ! Surtout n'oubliez pas de dire des horreurs du mari, et beaucoup de bien de moi. »

Il sortit en agitant sa badine avec beaucoup de grâce, laissant le commandant Perrin fort préoccupé de l'invitation qu'il venait de recevoir, et encore plus perplexe en songeant aux bas de soie et à la tenue de rigueur.

IV.

Plusieurs personnes invitées à dîner chez madame de Chaverny s'étant excusées, le dîner se trouva quelque peu triste. Châteaufort était à côté de Julie, fort empressé à la servir, galant et aimable à son ordinaire. Pour Chaverny, qui avait fait une longue promenade à cheval le matin, il avait un appétit prodigieux. Il mangeait donc et buvait de manière à en donner envie aux plus malades. Le commandant Perrin lui tenait compagnie, lui versant souvent à boire, et riant à casser les verres toutes les fois que la grosse gaieté de son hôte lui en fournissait l'occasion. Chaverny, se retrouvant avec des militaires, avait repris aussitôt sa bonne humeur et ses manières du régiment ; d'ailleurs, il n'avait jamais été des plus délicats dans le choix de ses plaisanteries. Sa femme prenait un air froidement dédaigneux à chaque saillie incongrue : alors elle se tournait du côté de Châteaufort, et commençait un aparté avec lui, pour n'avoir pas l'air d'entendre une conversation qui lui déplaisait souverainement.

Voici un échantillon de l'urbanité de ce modèle des époux. Vers la fin du dîner, la conversation étant tombée sur l'Opéra, on discutait le mérite relatif de plusieurs danseuses, et entre autres on vantait beaucoup mademoiselle***. Sur quoi Châteaufort renchérit beaucoup, louant surtout sa grâce, sa tournure, son air décent.

Perrin, que Châteaufort avait mené à l'Opéra quelques jours auparavant, et qui n'y était allé que cette seule fois, se souvenait fort bien de mademoiselle***.

— « Est-ce, » dit-il, « cette petite en rose, qui saute comme un cabri?... qui a des jambes dont vous parliez tant, Châteaufort? »

— « Ah! vous parliez de ses jambes, » s'écria Chaverny; « mais savez-vous que, si vous en parlez trop, vous vous brouillerez avec votre général le duc de J***? Prenez garde à vous, mon camarade! »

— « Mais je ne le suppose pas tellement jaloux, qu'il défende de les regarder au travers d'une lorgnette. »

— « Au contraire, car il en est aussi fier que s'il les avait découvertes. Qu'en dites-vous, commandant Perrin? »

— « Je ne me connais guère qu'en jambes de chevaux, » répondit modestement le vieux soldat.

— « Elles sont, en vérité, admirables, » reprit Chaverny, « et il n'y en a pas de plus belles à Paris, excepté celles... » Il s'arrêta et se mit à friser sa moustache d'un air goguenard en regardant sa femme, qui rougit aussitôt jusqu'aux épaules.

— « Excepté celles de mademoiselle D*** ? » interrompit Châteaufort en citant une autre danseuse.

— « Non, » répondit Chaverny du ton tragique de Hamlet : — « *mais regarde ma femme.* »

Julie devint pourpre d'indignation. Elle lança à son mari un regard rapide comme l'éclair, mais où se peignaient le mépris et la fureur. Puis, s'efforçant de se contraindre, elle se tourna brusquement vers Châteaufort : « Il faut, » dit-elle d'une voix légèrement tremblante, « il faut que nous étudiions le duo de *Maometto*. Il doit être parfaitement dans votre voix. »

Chaverny n'était pas aisément démonté. « Châteaufort, » poursuivit-il, « savez-vous que j'ai voulu faire mouler autrefois les jambes dont je parle ? mais on n'a jamais voulu le permettre. »

Châteaufort, qui éprouvait une joie très-vive de cette impertinente révélation, n'eut pas l'air d'avoir entendu, et parla de *Maometto* avec madame de Chaverny.

— « La personne dont je parle, » continua l'impitoyable mari, « se scandalisait ordinairement quand on lui rendait justice sur cet article, mais au fond elle n'en était pas fâchée. Savez-vous qu'elle se fait prendre mesure par son marchand de bas?... — Ma femme, ne vous fâchez pas.... *sa marchande*, veux-je dire. Et lorsque j'ai été à Bruxelles, j'ai emporté trois pages de son écriture contenant les instructions les plus détaillées pour des emplettes de bas. »

Mais il avait beau parler, Julie était déterminée à ne rien entendre. Elle causait avec Châteaufort, et lui parlait avec une affectation de gaieté, et son sourire gracieux cherchait à lui persuader qu'elle n'écoutait que lui.

Châteaufort, de son côté, paraissait tout entier au *Maometto* ; mais il ne perdait rien des impertinences de Chaverny.

Après le dîner, on fit de la musique, et madame de Chaverny chanta au piano avec Châteaufort. Chaverny disparut au moment où le piano s'ouvrit. Plusieurs visites survinrent, mais n'empêchèrent pas Châteaufort de parler bas très-souvent à Julie. En sortant, il déclara à Perrin qu'il n'avait pas perdu sa soirée, et que ses affaires avançaient.

Perrin trouvait tout simple qu'un mari parlât des jambes de sa femme : aussi, quand il fut seul dans la rue avec Châteaufort, il lui dit d'un ton pénétré : — « Comment vous sentez-vous le cœur de troubler un si bon ménage ? il aime tant sa petite femme ! »

V.

Depuis un mois Chaverny était fort préoccupé de l'idée de devenir gentilhomme de la chambre.

On s'étonnera peut-être qu'un homme gros, paresseux, aimant ses aises, fût accessible à une pensée d'ambition ; mais il ne manquait pas de bonnes raisons pour justifier la sienne. « D'abord, » disait-il à ses amis, « je dépense beaucoup d'argent en loges que je donne à des femmes. Quand j'aurai un emploi à la cour, j'aurai, sans qu'il m'en coûte un sou, autant de loges que je voudrai. Et l'on sait tout ce que l'on obtient avec des loges. En outre, j'aime beaucoup la chasse : les chasses royales seront à moi. Enfin, maintenant que je n'ai plus d'uniforme, je ne sais comment m'habiller pour aller aux bals de Madame ; je n'aime pas les habits de marquis; un habit de gentilhomme de la chambre m'ira très-bien. » En conséquence, il sollicitait. Il aurait voulu que sa femme sollicitât aussi; mais elle s'y était refusée obstinément, bien qu'elle eût plusieurs amies très-puissantes. Ayant rendu quelques petits services au duc de H***, qui était alors fort bien en cour, il attendait beaucoup de son crédit. Son ami Châteaufort, qui avait aussi de très-belles connaissances, le servait avec un zèle et un dévouement tels que vous en rencontrerez peut-être si vous êtes le mari d'une jolie femme.

Une circonstance avança beaucoup les affaires de Chaverny, bien qu'elle pût avoir pour lui des conséquences assez funestes. Madame de Chaverny s'était procuré, non sans quelque peine, une loge à l'Opéra un certain jour de première représentation. Cette loge était à six places. Son mari, par extraordinaire et après de vives remontrances, avait consenti à l'accompagner. Or, Julie voulait offrir une place à Châteaufort; et, sentant qu'elle ne pouvait aller seule avec lui à l'Opéra, elle avait obligé son mari à venir à cette représentation.

Aussitôt après le premier acte, Chaverny sortit, laissant sa femme en tête-à-tête avec son ami. Tous les deux gardèrent d'abord le silence d'un air un peu contraint, Julie, parce qu'elle était embarrassée elle-même depuis quelque temps quand elle se trouvait seule avec Châteaufort; celui-ci, parce qu'il avait ses projets et qu'il avait trouvé bienséant de paraître ému. Jetant à la dérobée un coup d'œil sur la salle, il vit avec plaisir plusieurs lorgnettes de connaissance dirigées sur sa loge. Il éprouvait une vive satisfaction à penser que plusieurs de ses amis enviaient son bonheur, et, selon toute apparence, le supposaient beaucoup plus grand qu'il n'était en réalité.

Julie, après avoir senti sa cassolette et son bouquet à plusieurs reprises, parla de la chaleur, du spectacle, des toilettes. Châteaufort écoutait avec distraction, soupirait, s'agitait sur sa chaise, regardait Julie et soupirait encore. Julie commençait à s'inquiéter. Tout d'un coup il s'écria :

— « Combien je regrette le temps de la chevalerie ! »

— « Le temps de la chevalerie ! Pourquoi donc ? » demanda Julie. « Sans doute parce que le costume du moyen âge vous irait bien ? »

— « Vous me croyez bien fat ! » dit-il d'un ton d'amertume et de tristesse. — « Non, je regrette ce temps-là..... parce qu'un homme qui se sentait du cœur..... pouvait aspirer à... bien des choses... En définitive, il ne s'agissait que de pourfendre un géant pour plaire à une dame... Tenez, vous voyez ce grand colosse au balcon ? je voudrais que vous m'ordonnassiez d'aller lui demander sa moustache..... pour me donner ensuite la permission de vous dire trois petits mots sans vous fâcher.

— « Quelle folie ! » s'écria Julie, rougissant jusqu'au blanc des yeux, car elle devinait déjà ces trois petits mots. — « Mais voyez donc madame de Sainte-Hermine : décolletée à son âge et en toilette de bal ! »

— « Je ne vois qu'une chose, c'est que vous ne voulez pas m'entendre, et il y a long-temps que je m'en aperçois... Vous le voulez, je me tais ; mais..., » ajouta-t-il très-bas et en soupirant, « vous m'avez compris... »

— « Non, en vérité, » dit sèchement Julie. « Mais où donc est allé mon mari ? »

Une visite survint fort à propos pour la tirer d'embarras. Châteaufort n'ouvrit pas la bouche. Il était pâle et paraissait profondément affecté. Lorsque le visiteur sortit, il fit quelques remarques indifférentes sur le spectacle. Il y avait de longs intervalles de silence entre eux.

Le second acte allait commencer, quand la porte de la loge s'ouvrit, et Chaverny parut, conduisant une femme très-jolie et très-parée, coiffée de magnifiques plumes roses. Il était suivi du duc de H***.

— « Ma chère amie, » dit-il à sa femme, « j'ai trouvé monsieur le duc et madame dans une horrible loge de côté d'où l'on ne peut voir les décorations. Ils ont bien voulu accepter une place dans la nôtre. »

Julie s'inclina froidement ; le duc de H*** lui déplaisait. Le duc et la dame aux plumes roses se confondaient en excuses et craignaient de la déranger. Il se fit un mouvement et un combat de générosité pour se placer. Pendant le désordre qui s'ensuivit, Châteaufort se pencha à l'oreille de Julie et lui dit très-bas et très-vite : « Pour l'amour de Dieu, ne vous placez pas sur le devant de la loge. » Julie fut fort étonnée et resta à sa place. Tous étant assis, elle se tourna vers Châteaufort et lui demanda d'un regard un peu sévère l'explication de cette énigme. Il était assis, le cou roide, les lèvres pincées, et toute son attitude annonçait qu'il était prodigieusement contrarié. En y réfléchissant, Julie interpréta assez mal la recommandation de Châteaufort. Elle pensa qu'il voulait lui parler bas pendant la représentation et continuer ses étranges discours, ce qui lui était impossible si elle restait sur le devant. Lorsqu'elle reporta ses regards vers la salle, elle remarqua que plusieurs femmes dirigeaient leurs lorgnettes vers sa loge ; mais il en est toujours ainsi à l'apparition d'une figure nouvelle. — On chuchotait, on souriait; mais qu'y avait-il d'extraordinaire? On est si petite ville à l'Opéra !

La dame inconnue se pencha vers le bouquet de Julie, et dit avec un sourire charmant : « Vous avez là un superbe bouquet, madame ! Je suis sûre qu'il a dû coûter bien cher dans cette saison : au moins dix francs. Mais on vous l'a donné ? c'est un cadeau sans doute ? Les dames n'achètent jamais leurs bouquets. »

Julie ouvrait de grands yeux et ne savait avec quelle provinciale elle se trouvait. — « Duc, » dit la dame d'un air languissant, « vous ne m'avez pas donné de bouquet. » Chaverny se précipita vers la porte. Le duc voulait l'arrêter, la dame aussi ; elle n'avait plus envie du bouquet. — Julie échangea un coup d'œil avec Châteaufort. Il voulait dire : Je vous remercie, mais il est trop tard.—Pourtant elle n'avait pas encore deviné juste.

Pendant toute la représentation, la dame aux plumes se dandinait à contre-mesure et parlait musique à tort et à travers. Elle questionnait Julie sur le prix de sa robe, de ses bijoux, de ses chevaux. Jamais Julie n'avait vu des manières semblables. Elle conclut que l'inconnue devait être une parente du duc, arrivée récemment de la Basse-Bretagne. Lorsque Chaverny revint avec un énorme bouquet, bien plus beau que celui de sa femme, ce fut une admiration, et des remercîments, et des excuses à n'en pas finir.

— « Monsieur de Chaverny, je ne suis pas ingrate, » dit la provinciale prétendue après une longue tirade, — « pour vous le prouver, *faites-moi penser à vous promettre quelque chose,* comme dit Potier. Vrai, je vous broderai une bourse quand j'aurai achevé celle que j'ai promise au duc. »

Enfin l'opéra finit, à la grande satisfaction de Julie, qui se sentait mal à l'aise à côté de sa singulière voisine. Le duc lui offrit le bras, Chaverny prit celui de l'autre dame. Châteaufort, l'air sombre et mécontent, marchait derrière Julie, saluant d'un air contraint les personnes de sa connaissance qu'il rencontrait sur l'escalier.

Quelques femmes passèrent auprès d'eux. Julie les connaissait de vue. Un jeune homme leur parla bas et en ricanant; elles regardèrent aussitôt avec un air de très-vive curiosité Chaverny et sa femme, et l'une d'elles s'écria : — « Est-il possible ! »

La voiture du duc parut; il salua madame de Chaverny en lui renouvelant avec chaleur tous ses remercîments pour sa complaisance. Cependant Chaverny voulait reconduire la dame inconnue jusqu'à la voiture du duc, et Julie et Châteaufort restèrent seuls un instant.

— « Quelle est donc cette femme ? » demanda Julie.

— « Je ne dois pas vous le dire... car cela est bien extraordinaire ! »

— « Comment ? »

— « Au reste, toutes les personnes qui vous connaissent sauront bien à quoi s'en tenir..... Mais Chaverny !... Je ne l'aurais pas cru. »

— « Mais enfin qu'est-ce donc ? Parlez, au nom du ciel ! Quelle est cette femme ? »

Chaverny revenait. Châteaufort répondit à voix basse :
— « La maîtresse du duc de H***, madame Mélanie R***. »

— « Bon Dieu ! » s'écria Julie en regardant Châteaufort d'un air stupéfait, « cela est impossible ! »

Châteaufort haussa les épaules, et, en la conduisant

à sa voiture, il ajouta : « C'est ce que disaient ces dames que nous avons rencontrées sur l'escalier. Pour l'autre, c'est une personne comme il faut dans son genre. Il lui faut des soins, des égards... Elle a même un mari. »

— « Chère amie, » dit Chaverny d'un ton joyeux, « vous n'avez pas besoin de moi pour vous reconduire. Bonne nuit. Je vais souper chez le duc. »

Julie ne répondit rien.

— « Châteaufort, » poursuivit Chaverny, « voulez-vous venir avec moi chez le duc ? Vous êtes invité, on vient de me le dire. On vous a remarqué. Vous avez plu, bon sujet ! »

Châteaufort remercia froidement. Il salua madame de Chaverny qui mordait son mouchoir avec rage lorsque sa voiture partit.

— « Ah çà, mon cher, » dit Chaverny, « au moins vous me mènerez dans votre cabriolet jusqu'à la porte de cette infante. »

— « Volontiers, » répondit gaîment Châteaufort ; « mais, à propos, savez-vous que votre femme a compris à la fin à côté de qui elle était ? »

— « Impossible. »

— « Soyez-en sûr, et ce n'était pas bien de votre part. »

— « Bah ! elle a très-bon ton ; et puis on ne la connaît pas encore beaucoup. Le duc la mène partout. »

VI.

Madame de Chaverny passa une nuit fort agitée. La conduite de son mari à l'Opéra mettait le comble à tous ses torts, et lui semblait exiger une séparation immédiate. Elle aurait le lendemain une explication avec lui, et lui signifierait son intention de ne plus vivre sous le même toit avec un homme qui l'avait compromise d'une manière aussi cruelle. Pourtant cette explication l'effrayait. Jamais elle n'avait eu une conversation sérieuse avec son mari. Jusqu'alors elle n'avait exprimé son mécontentement que par des bouderies auxquelles Chaverny n'avait fait aucune attention; car, laissant à sa femme une entière liberté, il ne se serait jamais avisé de croire qu'elle pût lui refuser l'indulgence dont au besoin il était disposé à user envers elle. Elle craignait surtout de pleurer au milieu de cette explication, et que Chaverny n'attribuât ces larmes à un amour blessé. C'est alors qu'elle regrettait vivement l'absence de sa mère, qui aurait pu lui donner un bon conseil, ou se charger de prononcer la sentence de séparation. Toutes ces réflexions la jetèrent dans une grande incertitude, et quand elle s'endormit elle avait pris la résolution de consulter une dame de ses amies qui l'avait connue fort jeune, et de s'en remettre à sa prudence pour la conduite à tenir à l'égard de Chaverny.

Tout en se livrant à son indignation, elle n'avait pu s'empêcher de faire involontairement un parallèle entre son mari et Châteaufort. L'énorme inconvenance du premier faisait ressortir la délicatesse du second, et elle reconnaissait avec un certain plaisir, qu'elle se reprochait toutefois, que l'amant était plus soucieux de sa réputation que le mari. Cette comparaison morale l'entraînait malgré elle à constater l'élégance des manières de Châteaufort et la tournure médiocrement distinguée de Chaverny. Elle voyait son mari, avec son ventre un peu proéminent, faisant lourdement l'empressé auprès de la maîtresse du duc de H***, tandis que Châteaufort, plus respectueux encore que de coutume, semblait chercher à retenir autour d'elle la considération que son mari pouvait lui faire perdre. Enfin, comme nos pensées nous entraînent loin malgré nous, elle se représenta plus d'une fois qu'elle pouvait devenir veuve, et qu'alors jeune, riche, rien ne s'opposerait à ce qu'elle couronnât légitimement l'amour constant du jeune chef d'escadron. Un essai malheureux ne concluait rien contre le mariage, et si l'attachement de Châteaufort était véritable... Mais alors elle chassait ces pensées dont elle rougissait, et se promettait de mettre plus de réserve que jamais dans ses relations avec lui.

Elle se réveilla avec un grand mal de tête, et encore plus éloignée que la veille d'une explication décisive. Elle ne voulut pas descendre pour déjeuner de peur de rencontrer son mari, se fit apporter du thé dans sa chambre, et demanda sa voiture pour aller chez madame Lambert, cette amie qu'elle voulait consulter. Cette dame était alors à sa campagne à P.

En déjeunant elle ouvrit un journal. Le premier article qui tomba sous ses yeux était ainsi conçu : « M. Darcy, premier secrétaire de l'ambassade de » France à Constantinople, est arrivé avant-hier à Paris » chargé de dépêches. Ce jeune diplomate a eu, immé- » diatement après son arrivée, une longue conférence » avec S. Exc. M. le ministre des affaires étrangères. »

— « Darcy à Paris ! » s'écria-t-elle. « J'aurai du plaisir à le revoir. Est-il changé ? Est-il devenu bien roide ? — « *Ce jeune diplomate !* » Darcy, jeune diplomate ! Et elle ne put s'empêcher de rire toute seule de ce mot : « *Jeune diplomate.* »

Ce Darcy venait autrefois fort assidûment aux soirées de madame de Lussan ; il était alors *attaché* au ministère des affaires étrangères. Il avait quitté Paris quelque temps avant son mariage, et depuis elle ne l'avait pas revu. Seulement elle savait qu'il avait beaucoup voyagé, et qu'il avait obtenu un avancement rapide.

Elle tenait encore le journal à la main lorsque son mari entra. Il paraissait d'une humeur charmante. A son aspect elle se leva pour sortir ; mais, comme il aurait fallu passer tout près de lui pour entrer dans son cabinet de toilette, elle demeura debout à la même place, mais tellement émue, que sa main, appuyée sur la table à thé, faisait distinctement trembler le cabaret de porcelaine.

— « Ma chère amie, » dit Chaverny, « je viens vous dire adieu pour quelques jours. Je vais chasser chez le duc de H***. Je vous dirai qu'il est enchanté de votre hospitalité d'hier soir. — Mon affaire marche bien, et il m'a promis de me recommander au roi de la manière la plus pressante. »

Julie pâlissait et rougissait tour à tour en l'écoutant.

— « M. le duc de H*** vous doit cela,... » dit-elle d'une voix tremblante. « Il ne peut faire moins pour quelqu'un qui compromet sa femme de la manière la plus scandaleuse avec les maîtresses de son protecteur. »

Puis, faisant un effort désespéré, elle traversa la chambre d'un pas majestueux, et entra dans son cabinet de toilette dont elle ferma la porte avec force.

Chaverny resta un instant la tête basse et l'air confus.

— « D'où diable sait-elle cela ? » pensa-t-il. « Qu'importe après tout ? ce qui est fait est fait ! » — Et, comme ce n'était pas son habitude de s'arrêter long-temps sur une idée désagréable, il fit une pirouette, prit un morceau de sucre dans le sucrier, et cria la bouche pleine à la femme de chambre qui entrait : « Dites à ma femme que je resterai quatre à cinq jours chez le duc de H***, et que je lui enverrai du gibier. »

Il sortit ne pensant plus qu'aux faisans et aux chevreuils qu'il allait tuer.

VII.

Julie partit pour P... avec un redoublement de colère contre son mari; mais, cette fois, c'était pour un motif assez léger. Il avait pris, pour aller au château du duc de H***, la calèche neuve, laissant à sa femme une autre voiture qui, au dire du cocher, avait besoin de réparations.

Pendant la route, madame de Chaverny s'apprêtait à raconter son aventure à madame Lambert. Malgré son chagrin, elle n'était pas insensible à la satisfaction que donne à tout narrateur une histoire bien contée, et elle se préparait à son récit en cherchant des exordes, et commençant tantôt d'une manière, tantôt d'une autre. Il en résulta qu'elle vit les énormités de son mari sous toutes leurs faces, et que son ressentiment s'en augmenta en proportion.

Il y a, comme chacun sait, plus de quatre lieues de Paris à P..., et, quelque long que fût le réquisitoire de madame de Chaverny, on conçoit qu'il est impossible, même à la haine la plus envenimée, de retourner la même idée pendant quatre lieues de suite. Aux sentiments violents que les torts de son mari lui inspiraient venaient se joindre des souvenirs doux et mélancoliques, par cette étrange faculté de la pensée humaine qui associe souvent une image riante à une sensation pénible.

L'air pur et vif, le beau soleil, les figures insoucicantes des passants contribuaient aussi à la tirer de ses réflexions haineuses. Elle se rappela les scènes de son enfance et les jours où elle allait se promener à la campagne avec des jeunes personnes de son âge. Elle revoyait ses compagnes de couvent; elle assistait à leurs jeux, à leurs repas. Elle s'expliquait des confidences mystérieuses qu'elle avait surprises aux *grandes*, et ne pouvait s'empêcher de sourire en songeant à cent petits traits qui trahissent de si bonne heure l'instinct de la coquetterie chez les femmes.

Puis elle se représentait son entrée dans le monde. Elle dansait de nouveau aux bals les plus brillants qu'elle avait vus dans l'année qui suivit sa sortie du couvent. Les autres bals, elle les avait oubliés; on se blase si vite. Mais ces bals lui rappelèrent son mari. — « Folle que j'étais ! » se dit-elle. « Comment ne me suis-je pas aperçue à la première vue que je serais malheureuse avec lui ? » Tous les disparates, toutes les platitudes de fiancé que le pauvre Chaverny lui débitait avec tant d'aplomb un mois avant son mariage, tout cela se trouvait noté, enregistré soigneusement dans sa mémoire. En même temps, elle ne pouvait s'empêcher de penser aux nombreux admirateurs que son mariage avait réduits au désespoir, et qui ne s'en étaient pas moins mariés eux-mêmes ou consolés autrement peu de mois après. — « Aurais-je été heureuse avec un autre que lui ? » se demanda-t-elle. « A... est décidément un sot ; mais il n'est pas offensif, et Amélie le gouverne à son gré. Il y a toujours moyen de vivre avec un mari qui obéit. — B... a des maîtresses, et sa femme a la bonté de s'en affliger. D'ailleurs, il est rempli d'égards pour elle, et... je n'en demanderais pas davantage. — Le jeune comte de C..., qui toujours lit des pamphlets, et qui se donne tant de peine pour devenir un jour un bon député, peut-être fera-t-il un bon mari. Oui, mais tous ces gens-là sont ennuyeux, laids, sots.... » Comme elle passait ainsi en revue tous les jeunes gens qu'elle avait connus étant demoiselle, le nom de Darcy se présenta à son esprit pour la seconde fois.

Darcy était autrefois dans la société de madame de Lussan un être sans conséquence; c'est-à-dire que l'on savait... les mères savaient — que sa fortune ne lui permettait pas de songer à leurs filles. Pour elles, il n'avait rien en lui qui pût faire tourner de jeunes têtes. D'ailleurs, il avait la réputation d'un galant homme. Un peu misanthrope et caustique, il se plaisait beaucoup, seul homme au milieu d'un cercle de demoiselles, à se moquer des ridicules et des prétentions des autres jeunes gens. Lorsqu'il parlait bas à une demoiselle, les mères ne s'alarmaient pas, car leurs filles riaient tout haut, et les mères de celles qui avaient de belles dents disaient même que M. Darcy était fort aimable.

Une conformité de goûts et une crainte réciproque de leur talent de médire avaient rapproché Julie et Darcy. Après quelques escarmouches, ils avaient fait un traité de paix, une alliance offensive et défensive; ils se ménageaient mutuellement, et ils étaient toujours unis pour faire les honneurs de leurs connaissances.

Un soir, on avait prié Julie de chanter je ne sais quel morceau. Elle avait une belle voix, et elle le savait. En s'approchant du piano, elle regarda les femmes d'un air un peu fier avant de chanter; et comme si elle voulait les défier. Or, ce soir-là, quelque indisposition ou une fatalité malheureuse la privait de presque tous ses moyens. La première note qui sortit de ce gosier ordinairement si mélodieux se trouva décidément fausse. Julie se troubla, chanta tout de travers, manqua tous les traits; bref, le fiasco fut éclatant. Tout effarée, près de fondre en larmes, la pauvre Julie quitta le piano; et, en retournant à sa place, elle ne put s'empêcher de remarquer la joie maligne que cachaient mal ses compagnes en voyant humilier son orgueil. Les hommes même semblaient comprimer avec peine un sourire moqueur. Elle baissa les yeux de honte et de colère, et fut quelque temps sans oser les lever. Lorsqu'elle releva la tête, la première figure amie qu'elle aperçut fut celle de Darcy. Il était pâle, et ses yeux roulaient des larmes; il paraissait plus touché de sa mésaventure qu'elle ne l'était elle-même. — « Il m'aime ! » pensa-t-elle; « il m'aime véritablement. » La nuit elle ne dormit guère, et la figure triste de Darcy était toujours devant ses yeux. Pendant deux jours, elle ne songea qu'à lui et à la passion secrète qu'il devait nourrir pour elle. Le roman avançait déjà lorsque madame de Lussan trouva chez elle une carte de M. Darcy avec ces trois lettres : P. P. C. — « Où va donc M. Darcy ? » demanda Julie à un jeune homme qui le connaissait. — « Où il va ? Ne le savez-vous pas ? A Constantinople. Il part cette nuit en courrier. »

— « Il ne m'aime donc pas ! » pensa-t-elle. Huit jours après, Darcy était oublié. De son côté, Darcy, qui était alors assez romanesque, fut huit mois sans oublier Julie. Pour excuser celle-ci et expliquer la prodigieuse différence de constance, il faut réfléchir que Darcy vivait au milieu des barbares, tandis que Julie était à Paris entourée d'hommages et de plaisirs.

Quoi qu'il en soit, six ou sept ans après leur séparation, Julie, dans sa voiture, sur la route de P..., se rappelait l'expression mélancolique de Darcy le jour où elle chanta si mal; et, s'il faut l'avouer, elle pensa à l'amour probable qu'il avait alors pour elle, peut-être bien même aux sentiments qu'il pouvait conserver encore. Tout cela l'occupa assez vivement pendant une demi-lieue. Ensuite M. Darcy fut oublié pour la troisième fois.

VIII.

Julie ne fut pas peu contrariée lorsqu'en entrant à P... elle vit dans la cour de madame Lambert une voiture dont on dételait les chevaux, ce qui annonçait une visite qui devait se prolonger. Impossible, par conséquent, d'entamer la discussion de ses griefs contre M. de Chaverny.

Madame Lambert, lorsque Julie entra dans le salon, était avec une femme que Julie avait rencontrée dans le monde, mais qu'elle connaissait à peine de nom. Elle dut faire un effort sur elle-même pour cacher l'expression du mécontentement qu'elle éprouvait d'avoir fait inutilement le voyage de P...

— « Eh! bonjour donc, chère belle, » s'écria madame Lambert en l'embrassant; « que je suis contente de voir que vous ne m'avez pas oubliée! Vous ne pouviez venir plus à propos, car j'attends aujourd'hui je ne sais combien de gens qui vous aiment à la folie. »

Julie répondit d'un air un peu contraint qu'elle avait cru trouver madame Lambert toute seule.

— « Ils vont être ravis de vous voir, » reprit madame Lambert. « Ma maison est si triste depuis le mariage de ma fille, que je suis trop heureuse quand mes amis veulent bien s'y donner rendez-vous. Mais, chère enfant, qu'avez-vous fait de vos belles couleurs ? Je vous trouve toute pâle aujourd'hui. »

Julie inventa un petit mensonge : la longueur de la route.... la poussière.... le soleil....

— « J'ai précisément aujourd'hui à dîner un de vos adorateurs, à qui je vais faire une agréable surprise, M. de Châteaufort, et probablement son fidèle Achate, le commandant Perrin. »

— « J'ai eu le plaisir de recevoir dernièrement le commandant Perrin, » dit Julie en rougissant un peu, car elle pensait à Châteaufort.

— « J'ai aussi M. de Saint-Léger. Il faut absolument qu'il organise ici une soirée de proverbes pour le mois prochain ; et vous y jouerez un rôle, mon ange : vous étiez notre premier sujet pour les proverbes, il y a deux ans. »

— « Mon Dieu, madame, il y a si long-temps que je n'ai joué de proverbes, que je ne pourrais plus retrouver mon assurance d'autrefois. Je serais obligée d'avoir recours au « *J'entends quelqu'un.* »

— « Ah ! Julie, mon enfant, devinez qui nous attendons encore. Mais celui-là, ma chère, il faut de la mémoire pour se rappeler son nom... »

— « Le nom de Darcy se présenta sur-le-champ à Julie. « Il m'obsède, en vérité, » pensa-t-elle. — « De la mémoire, madame ?... j'en ai beaucoup. »

— « Mais je dis une mémoire de six ou sept ans.... Vous souvenez-vous d'un de vos attentifs lorsque vous étiez petite fille et que vous portiez les cheveux en bandeau ? »

— « En vérité, je ne devine pas. »

— « Quelle horreur ! ma chère.... Oublier ainsi un

homme charmant, qui, ou je me trompe fort, vous plaisait tellement autrefois, que votre mère s'en alarmait presque. Allons, ma belle, puisque vous oubliez ainsi vos adorateurs, il faut bien vous rappeler leurs noms : c'est M. Darcy que vous allez voir. »

— « M. Darcy ? »

— « Oui ; il est enfin revenu de Constantinople depuis quelques jours seulement. Il est venu me voir avant-hier, et je l'ai invité. Savez-vous, ingrate que vous êtes, qu'il m'a demandé de vos nouvelles avec un empressement tout à fait significatif ? »

— « M. Darcy ?... » dit Julie en hésitant, et avec une distraction affectée, « M. Darcy ?.... N'est-ce pas un grand jeune homme blond...... qui est secrétaire d'ambassade ? »

« Oh ! ma chère, vous ne le reconnaîtrez pas ; il est bien changé ; il est pâle, ou plutôt couleur olive, les yeux enfoncés ; il a perdu beaucoup de cheveux à cause de la chaleur, à ce qu'il dit. Dans deux ou trois ans, si cela continue, il sera chauve par devant. Pourtant il n'a pas trente ans encore. »

Ici, la dame qui écoutait ce récit de la mésaventure de Darcy conseilla fortement l'usage du kalidor, dont elle s'était bien trouvée après une maladie qui lui avait fait perdre beaucoup de cheveux. Elle passait ses doigts, en parlant, dans des boucles nombreuses d'un beau châtain cendré.

— « Est-ce que M. Darcy est resté tout ce temps à Constantinople ? » demanda madame de Chaverny.

— « Pas tout à fait, car il a beaucoup voyagé : il a été en Russie, puis il a parcouru toute la Grèce. Vous ne savez pas son bonheur ? Son oncle est mort, et lui a laissé une belle fortune. Il a été aussi en Asie mineure, dans la..... comment dit-il ?.... la Caramanie. Il est ravissant, ma chère, il a des histoires charmantes qui vous enchanteront. Hier il m'en a conté de si jolies, que je lui disais toujours : Mais gardez-les donc pour demain, vous les direz à ces dames, au lieu de les perdre avec une vieille maman comme moi. »

— « Vous a-t-il conté son histoire de la femme turque qu'il a sauvée ? » demanda madame Dumanoir, la patronesse du kalidor.

— « La femme turque qu'il a sauvée ? Il a sauvé une femme turque ? Il ne m'en a pas dit un mot. »

— « Comment ! mais c'est une action admirable, un véritable roman. »

— « Oh ! contez-nous cela, je vous en prie. »

— « Non, non ; demandez-le à lui-même. Moi, je ne sais l'histoire que de ma sœur, dont le mari, comme vous savez, a été consul à Smyrne. Mais elle la tenait d'un Anglais qui avait été témoin de toute l'aventure. C'est merveilleux. »

— « Contez-nous cette histoire, madame. Comment voulez-vous que nous puissions attendre jusqu'au dîner ? Il n'y a rien de si désespérant que d'entendre parler d'une histoire qu'on ne sait pas. »

— « Eh bien ! je vais vous la gâter, mais enfin la voici telle qu'on me l'a contée : — M. Darcy était en Turquie à examiner je ne sais quelles ruines sur le bord de la mer, quand il vit venir à lui une procession fort lugubre. C'étaient des muets qui portaient un sac, et ce sac, on le voyait remuer comme s'il y avait eu dedans quelque chose de vivant.... »

— « Ah ! mon Dieu ! » s'écria madame Lambert qui avait lu le *Giaour*, « c'était une femme qu'on allait jeter à la mer ! »

— « Précisément, » poursuivit madame Dumanoir, un peu piquée de se voir enlever ainsi le trait le plus dramatique de son conte. « M. Darcy regarde le sac ; il entend un gémissement sourd, et devine aussitôt l'horrible vérité. Il demande aux muets ce qu'ils vont faire : pour toute réponse, les muets tirent leurs poignards. M. Darcy était heureusement fort bien armé. Il met en fuite les esclaves et tire enfin de ce vilain sac une femme d'une beauté ravissante à demi évanouie, et la ramène dans la ville, où il la conduit dans une maison sûre. »

— « Pauvre femme ! » dit Julie, qui commençait à s'intéresser à l'histoire.

— « Vous la croyez sauvée ? pas du tout. Le mari jaloux, car c'était un mari, ameuta toute la populace, qui se porta à la maison de M. Darcy avec des torches, voulant le brûler vif. Je ne sais pas trop bien la fin de l'affaire ; tout ce que je sais, c'est qu'il a soutenu un siége et qu'il a fini par mettre la femme en sûreté. Il paraît même, » ajouta madame Dumanoir, changeant tout à coup son expression et prenant un *ton de nez fort dévot*, « il paraît que M. Darcy a pris soin qu'on la convertît, et qu'elle a été baptisée. »

— « Et M. Darcy l'a-t-il épousée ? » demanda Julie en souriant.

— « Pour cela, je ne puis vous le dire. Mais la femme turque... elle avait un singulier nom ; elle s'appelait Éminé... Elle avait une passion violente pour M. Darcy. Ma sœur me disait qu'elle l'appelait toujours *Sôtir*,.... *Sôtir*,.... cela veut dire *mon sauveur* en turc ou en grec. Eulalie m'a dit que c'était une des plus belles personnes qu'on pût voir. »

— « Nous lui ferons la guerre sur sa Turque, » s'écria madame Lambert, « n'est-ce pas, mesdames ? Il faut le tourmenter un peu... Au reste, ce trait de Darcy ne me surprend pas du tout : c'est un des hommes les plus généreux que je connaisse, et je sais des actions de lui qui me font venir les larmes aux yeux toutes les fois que je les raconte. — Son oncle est mort laissant une fille naturelle qu'il n'avait jamais reconnue. Comme il n'a pas fait de testament, elle n'avait aucun droit à sa succession. Darcy, qui était l'unique héritier, a voulu qu'elle y eût une part, et probablement cette part a été beaucoup plus forte que son oncle ne l'aurait faite lui-même. »

— « Était-elle jolie cette fille naturelle ? » demanda madame de Chaverny d'un air assez méchant, car elle commençait à sentir le besoin de dire du mal de ce M. Darcy, qu'elle ne pouvait chasser de son esprit.

— « Ah ! ma chère, comment pouvez-vous supposer ?... Mais d'ailleurs Darcy était encore à Constantinople lorsque son oncle est mort, et vraisemblablement il n'a jamais vu cette créature. »

L'arrivée de Châteaufort, du commandant Perrin et de quelques autres personnes, mit fin à cette conversation. Châteaufort s'assit auprès de madame de Chaverny, et profitant d'un moment où l'on parlait très-haut :

— « Vous paraissez triste, madame, » lui dit-il ; « je serais bien malheureux si ce que je vous ai dit hier en était la cause. »

Madame de Chaverny ne l'avait pas entendu, ou plutôt n'avait pas voulu l'entendre. Châteaufort éprouva donc la mortification de répéter sa phrase, et la mortification plus grande encore d'une réponse un peu sèche, après laquelle Julie se mêla aussitôt à la conversation générale, et, changeant de place, elle s'éloigna de son malheureux admirateur.

Sans se décourager, Châteaufort faisait inutilement beaucoup d'esprit. Madame de Chaverny, à qui seulement il désirait plaire, l'écoutait avec distraction : elle pensait à l'arrivée prochaine de M. Darcy, tout en se demandant pourquoi elle s'occupait tant d'un homme qu'elle devait avoir oublié, et qui probablement l'avait aussi oubliée depuis long-temps.

Enfin, le bruit d'une voiture se fit entendre ; la porte du salon s'ouvrit. « Eh ! le voilà ! » s'écria madame Lambert. Julie n'osa pas tourner la tête, mais pâlit extrêmement. Elle éprouva une vive et subite sensation de froid, et elle eut besoin de rassembler toutes ses forces pour se remettre et empêcher Châteaufort de remarquer le changement de ses traits.

Darcy baisa la main de madame Lambert et lui parla debout quelque temps, puis il s'assit auprès d'elle. Alors il se fit un grand silence : madame Lambert paraissait attendre et ménager une reconnaissance. Châteaufort et les hommes, à l'exception du bon commandant Perrin, observaient Darcy avec une curiosité un peu jalouse. Arrivant de Constantinople, il avait de grands avantages sur eux ; et c'était un motif suffisant pour qu'ils se donnassent cet air de roideur compassée que l'on prend d'ordinaire avec les étrangers. Darcy, qui n'avait fait attention à personne, rompit le silence le premier. Il parla de la route, de la poussière, peu importe ; sa voix était douce et musicale. Madame de Chaverny se hasarda à le regarder : elle le vit de profil. Il lui parut maigri, et son expression avait changé... En somme elle le trouva bien.

— « Mon cher Darcy, » dit madame Lambert, « regardez bien autour de vous, et voyez si vous ne trouverez pas ici une de vos anciennes connaissances. » Darcy tourna la tête, et aperçut Julie, qui avait été cachée jusqu'alors sous son chapeau. Il se leva précipitamment avec une exclamation de surprise, s'avança vers elle en étendant la main; puis, s'arrêtant tout à coup et comme se repentant de son excès de familiarité, il salua Julie très-profondément, et lui exprima en termes *convenables* tout le plaisir qu'il avait à la revoir. Julie balbutia quelques mots de politesse, et rougit beaucoup en voyant que Darcy se tenait toujours debout devant elle et la regardait fixement.

Sa présence d'esprit lui revint bientôt, et elle le regarda à son tour avec ce regard à la fois distrait et observateur que les gens du monde prennent quand ils veulent. C'était un grand jeune homme pâle, et dont les traits exprimaient le calme, mais un calme qui semblait provenir moins d'un état habituel de l'âme que de l'empire qu'elle était parvenue à prendre sur l'expression de la physionomie. Des rides déjà marquées sillonnaient son front. Ses yeux étaient enfoncés, les coins de sa bouche abaissés, et ses tempes commençaient à se dégarnir de cheveux. Cependant il n'avait pas plus de trente ans. Darcy était très-simplement habillé, mais avec cette élégance qui indique les habitudes de la bonne compagnie et l'indifférence sur un sujet qui occupe les méditations de tant de jeunes gens. Julie fit toutes ces observations avec plaisir. Elle remarqua encore qu'il avait au front une cicatrice assez longue qu'il cachait mal avec une mèche de cheveux, et qui paraissait avoir été faite par un coup de sabre.

Julie était assise à côté de madame Lambert. Il y avait une chaise entre elle et Châteaufort; mais aussitôt que Darcy s'était levé, Châteaufort avait mis sa main sur le dossier de la chaise, l'avait placée sur un seul pied, et la tenait en équilibre. Il était évident qu'il prétendait la garder comme le chien du jardinier gardait le coffre d'avoine. Madame Lambert eut pitié de Darcy, qui se tenait toujours debout devant madame de Chaverny. Elle fit une place à côté d'elle sur le canapé où elle était assise, et l'offrit à Darcy, qui se trouva de la sorte auprès de Julie. Il s'empressa de profiter de cette position avantageuse, en commençant avec elle une conversation suivie.

Pourtant il eut à subir de madame Lambert et de quelques autres personnes un interrogatoire en règle sur ses voyages; mais il s'en tira assez laconiquement, et il saisissait toutes les occasions de reprendre son espèce d'aparté avec madame de Chaverny. — « Prenez le bras de madame de Chaverny, » dit madame Lambert à Darcy au moment où la cloche du château annonça le dîner. Châteaufort se mordit les lèvres, mais il trouva moyen de se placer à table assez près de Julie pour bien l'observer.

IX.

Après le dîner, la soirée étant belle et le temps chaud, on se réunit dans le jardin autour d'une table rustique pour prendre le café.

Châteaufort avait remarqué avec un dépit croissant les attentions de Darcy pour madame de Chaverny. A mesure qu'il observait l'intérêt qu'elle paraissait prendre à la conversation du nouveau venu, il devenait moins aimable lui-même, et la jalousie qu'il ressentait n'avait d'autre effet que de lui ôter ses moyens de plaire. Il se promenait sur la terrasse où l'on était assis, ne pouvant rester en place, suivant l'ordinaire des gens inquiets, regardant souvent de gros nuages noirs qui se formaient à l'horizon et qui annonçaient un orage, plus souvent encore son rival, qui causait à voix basse avec Julie. Tantôt il la voyait sourire, tantôt elle devenait sérieuse, tantôt elle baissait les yeux timidement ; enfin il voyait que Darcy ne pouvait pas lui dire un mot qui ne produisît un effet marqué ; et ce qui le chagrinait surtout, c'est que les expressions variées que prenaient les traits de Julie semblaient n'être que l'image et comme la réflexion de la physionomie mobile de Darcy. Enfin, ne pouvant plus tenir à cette espèce de supplice, il s'approcha d'elle, et, se penchant sur le dos de sa chaise au moment où Darcy donnait à quelqu'un des renseignements sur la barbe du sultan Mahmoud : — « Madame, » dit-il d'un ton amer, « M. Darcy paraît être un homme bien aimable ! »

— « Oh ! oui, » répondit madame de Chaverny avec une expression d'enthousiasme qu'elle ne put réprimer.

— « Il y paraît, » continua Châteaufort, « car il vous fait oublier vos anciens amis. »

— « Mes anciens amis ! » dit Julie d'un accent un peu sévère. « Je ne sais ce que vous voulez dire. » Et elle lui tourna le dos. Puis, prenant un coin du mouchoir que madame Lambert tenait à la main : — « Que la broderie de ce mouchoir est de bon goût ! » dit-elle. « C'est un ouvrage merveilleux. »

— « Trouvez-vous, ma chère ? C'est un cadeau de M. Darcy, qui m'a rapporté je ne sais combien de mouchoirs brodés de Constantinople. — A propos, Darcy, est-ce votre Turque qui vous les a brodés ? »

— « Ma Turque ! quelle Turque ? »

— « Oui, cette belle sultane à qui vous avez sauvé la vie, qui vous appelait... oh ! nous savons tout... qui vous appelait son... son sauveur enfin. Vous devez savoir comment cela se dit en turc. »

Darcy se frappa le front en riant. « Est-il possible, » s'écria-t-il, « que la renommée de ma mésaventure soit déjà parvenue à Paris ! »

— « Mais il n'y a pas de mésaventure là-dedans ; il n'y en a peut-être que pour le Mamamouchi qui a perdu sa favorite. »

— « Hélas ! » répondit Darcy, « je vois bien que vous ne savez que la moitié de l'histoire; car c'est une aventure aussi triste pour moi que celle des moulins à vent le fut pour don Quichotte. Faut-il que, après avoir tant donné à rire aux Francs, je sois encore persiflé à Paris pour le seul fait de chevalier errant dont je me sois jamais rendu coupable ! »

— « Comment ! mais nous ne savons rien. Contez-nous cela », s'écrièrent toutes les dames à la fois.

— « Je devrais, » dit Darcy, « vous laisser sur le récit que vous connaissez peut-être déjà, et me dispenser de la suite, dont les souvenirs n'ont rien de bien agréable pour moi ; mais un de mes amis... je vous demande la permission de vous le présenter, madame Lambert, — sir John Tyrrel... un de mes amis, acteur aussi dans cette scène tragi-comique, va bientôt venir à Paris. Il pourrait bien se donner le malin plaisir de me prêter dans son récit un rôle encore plus ridicule que celui que j'ai joué. Voici le fait :

» Cette malheureuse femme, une fois installée dans le consulat de France... »

— « Oh ! mais commencez par le commencement, » s'écria madame Lambert.

— « Mais vous le savez déjà. »

— « Nous ne savons rien, et nous voulons que vous nous contiez toute l'histoire d'un bout à l'autre. »

— « Eh bien ! vous saurez, mesdames, que j'étais à Larnaca en 18... Un jour je sortis de la ville pour dessiner. Avec moi était un jeune Anglais très-aimable, bon garçon, bon vivant, nommé sir John Tyrrel, un de ces hommes précieux en voyage parce qu'ils pensent au dîner, qu'ils n'oublient pas les provisions et qu'ils sont toujours de bonne humeur. D'ailleurs, il voyageait sans but et ne savait ni la géologie ni la botanique, sciences bien fâcheuses dans un compagnon de voyage.

» Je m'étais assis à l'ombre d'une masure à deux cents pas environ de la mer, qui dans cet endroit est dominée par des rochers à pic. J'étais fort occupé à dessiner ce qui restait d'un sarcophage antique, tandis que sir John, couché sur l'herbe, se moquait de ma passion malheureuse pour les beaux-arts en fumant de délicieux tabac de Latakié. A côté de nous, un drogman turc, que nous avions pris à notre service, nous faisait du café. C'était le meilleur faiseur de café et le plus poltron de tous les Turcs que j'aie connus.

» Tout d'un coup sir John s'écria avec joie : « Voici
» des gens qui descendent de la montagne avec de la
» neige ; nous allons leur en acheter et faire du sorbet
» avec des oranges. »

» Je levai les yeux, et je vis venir à nous un âne sur lequel était chargé en travers un gros paquet ; deux esclaves le soutenaient de chaque côté. En avant un ânier conduisait l'âne, et derrière un Turc vénérable, à barbe blanche, fermait la marche, monté sur un assez bon cheval. Toute cette procession s'avançait lentement et avec beaucoup de gravité.

» Notre Turc, tout en soufflant son feu, jeta un coup d'œil de côté sur la charge de l'âne, et nous dit avec un sourire singulier : « Ce n'est pas de la neige. » Puis il s'occupa de notre café avec son flegme habituel.

— « Qu'est-ce donc ? » demanda Tyrrel. « Est-ce
» quelque chose à manger ? »

— « Pour *les poissons*, » répondit le Turc.

» En ce moment l'homme à cheval partit au galop ; et, se dirigeant vers la mer, il passa auprès de nous, non sans nous jeter de ces regards méprisants que les musulmans adressent volontiers aux chrétiens. Il poussa son cheval jusqu'aux rochers à pic dont je vous ai parlé, et l'arrêta court à l'endroit le plus escarpé. Il regardait la mer, et paraissait chercher le meilleur endroit pour se précipiter.

» Nous examinâmes alors avec plus d'attention le paquet que portait l'âne, et nous fûmes frappés de la forme étrange du sac. Toutes les histoires de femmes noyées par des maris jaloux nous revinrent aussitôt à la mémoire. Nous nous communiquâmes nos réflexions.

— « Demande à ces coquins, » dit sir John à notre Turc, « si ce n'est pas une femme qu'ils portent ainsi. »

» Le Turc ouvrit de grands yeux effarés, mais non la bouche. Il était évident qu'il trouvait notre question par trop inconvenante.

» En ce moment le sac étant près de nous, nous le vîmes distinctement remuer, et nous entendîmes même une espèce de gémissement ou de grognement qui en sortait.

» Tyrrel, quoique gastronome, est fort chevaleresque. Il se leva comme un furieux, courut à l'ânier et lui demanda en anglais, tant il était troublé par la colère, ce qu'il conduisait ainsi et ce qu'il prétendait faire de son sac. L'ânier n'avait garde de répondre; mais le sac s'agita violemment, des cris de femme se firent entendre : sur quoi les deux esclaves se mirent à donner sur le sac de grands coups des courroies dont ils se servaient pour faire marcher l'âne. Tyrrel était poussé à bout. D'un vigoureux et scientifique coup de poing il jeta l'ânier à terre, saisit un esclave à la gorge : sur quoi le sac, poussé violemment dans la lutte, tomba lourdement sur l'herbe.

» J'étais accouru. L'autre esclave se mettait en devoir de ramasser des pierres, l'ânier se relevait. Malgré mon aversion pour me mêler des affaires des autres, il m'était impossible de ne pas venir au secours de mon compagnon. M'étant saisi d'un piquet qui me servait à tenir mon parasol quand je dessinais, je le brandissais en menaçant les esclaves et l'ânier de l'air le plus martial qu'il m'était possible. Tout allait bien quand ce diable de Turc à cheval, ayant fini de contempler la mer et s'étant retourné au bruit que nous faisions, partit comme une flèche et fut sur nous avant que nous y eussions pensé : il avait à la main une espèce de vilain coutelas... »

— « Un ataghan? » dit Châteaufort, qui aimait la couleur locale.

— « Un ataghan, » reprit Darcy avec un sourire d'approbation. Il passa auprès de moi, et me donna sur la tête un coup de cet ataghan qui me fit voir trente-six... *bougies*, comme disait si élégamment mon ami M. le marquis de Roseville. Je ripostai pourtant en lui assénant un bon coup de piquet sur les reins, et je fis ensuite le moulinet de mon mieux, frappant ânier, esclaves, cheval et Turc, devenu moi-même dix fois plus furieux que mon ami sir John Tyrrel. L'affaire aurait sans doute tourné mal pour nous. Notre drogman observait la neutralité, et nous ne pouvions nous défendre long-temps avec un bâton contre trois hommes d'infanterie, un de cavalerie et un ataghan. Heureusement sir John se souvint d'une paire de pistolets que nous avions apportée. Il s'en saisit, m'en jeta un, et prit l'autre qu'il dirigea aussitôt contre le cavalier qui nous donnait tant d'affaires. La vue de ces armes et le léger claquement du chien du pistolet produisit un effet magique sur nos ennemis. Ils prirent honteusement la fuite, nous laissant maîtres du champ de bataille, du sac et même de l'âne. Malgré toute notre colère, nous n'avions pas fait feu, et ce fut un bonheur, car on ne tue pas impunément un bon musulman, et il en coûte cher pour le rosser.

» Lorsque je me fus un peu essuyé, notre premier soin fut, comme vous le pensez bien, d'aller au sac et de l'ouvrir. Nous y trouvâmes une assez jolie femme, un peu grasse, avec de beaux cheveux noirs, et n'ayant pour tous vêtements qu'une chemise de laine bleue un peu moins transparente que l'écharpe de madame de Chaverny.

» Elle se tira lestement du sac, et, sans paraître fort embarrassée, nous adressa un discours très-pathétique sans doute, mais dont nous ne comprîmes pas un mot; à la suite de quoi elle me baisa la main. C'est la seule fois, mesdames, qu'une dame m'ait fait cet honneur.

» Le sang-froid nous était revenu cependant. Nous voyions notre drogman s'arracher la barbe comme un homme désespéré. Moi, je m'accommodais la tête de mon mieux avec mon mouchoir. Tyrrel disait : » Que

» diablo faire de cette femme ? Si nous restons ici, le
» mari va revenir en force et nous assommera ; si nous
» retournons à Larnaca avec elle dans ce bel équipage,
» la canaille nous lapidera infailliblement. » Tyrrel,
embarrassé de toutes ces réflexions, et ayant recouvré
son flegme britannique, s'écria : « Quelle diable d'idée
» avez-vous eue d'aller dessiner aujourd'hui ! » Son exclamation me fit rire, et la femme, qui n'y avait rien
compris, se mit à rire aussi.

» Il fallut pourtant prendre un parti. Je pensai que
ce que nous avions de mieux à faire, c'était de nous
mettre tous sous la protection du vice-consul de
France ; mais le plus difficile était de rentrer à Larnaca. Le jour tombait, et ce fut une circonstance heureuse pour nous. Notre Turc nous fit prendre un grand
détour, et nous arrivâmes, grâce à la nuit et à cette
précaution, sans encombre à la maison du consul, qui
est hors de la ville. J'ai oublié de vous dire que nous
avions composé à la femme un costume presque décent avec le sac et le turban de notre interprète.

» Le consul nous reçut fort mal, nous dit que nous
étions des fous ; qu'il fallait respecter les us et coutumes des pays où l'on voyage, qu'il ne fallait pas mettre
le doigt entre l'arbre et l'écorce. Enfin, il nous tança
d'importance ; et il avait raison, car nous en avions
fait assez pour occasionner une violente émeute, et
faire massacrer tous les Francs de l'île de Chypre.

» Sa femme fut plus humaine ; elle avait lu beaucoup de romans, et trouva notre conduite très-généreuse. Dans le fait, nous nous étions conduits en héros
de roman. Cette excellente dame était fort dévote ; elle
pensa qu'elle convertirait facilement l'infidèle que nous
lui avions amenée, que cette conversion serait men-

tionnée au *Moniteur*, et que son mari serait nommé consul-général. Tout ce plan se fit en un instant dans sa tête. Elle embrassa la femme turque, lui donna une robe, fit honte à monsieur le vice-consul de sa cruauté, et l'envoya chez le pacha pour arranger l'affaire.

» Le pacha était fort en colère. Le mari jaloux était un personnage, et jetait feu et flamme. C'était une horreur, disait-il, que des chiens de chrétiens empêchassent un homme comme lui de jeter son esclave à la mer. Le vice-consul était fort en peine; il parla beaucoup du roi son maître, encore plus d'une frégate de soixante canons qui venait de paraître dans les eaux de Larnaca. Mais l'argument qui produisit le plus d'effet, ce fut la proposition qu'il fit en notre nom de payer l'esclave à juste prix.

» Hélas! si vous saviez ce que c'est que le juste prix d'un Turc! Il fallut payer le mari, payer le pacha, payer l'ânier à qui Tyrrel avait cassé deux dents, payer pour le scandale, payer pour tout. Combien de fois Tyrrel s'écria douloureusement! « Pourquoi diable aller dessiner sur le bord de la mer! »

— « Quelle aventure, mon pauvre Darcy! » s'écria madame Lambert; « c'est donc là que vous avez reçu cette terrible balafre? De grâce, relevez donc vos cheveux. Mais c'est un miracle qu'il ne vous ait pas fendu la tête! »

Julie, pendant tout ce récit, n'avait pas détourné les yeux du front du narrateur; elle demanda enfin d'une voix timide : « Que devint la femme? »

— « C'est là justement la partie de l'histoire que je n'aime pas trop à raconter. La suite est si triste pour moi, qu'à l'heure où je vous parle on se moque encore de notre équipée chevaleresque. »

— « Était-elle jolie, cette femme ? » demanda madame de Chaverny en rougissant un peu.

— « Comment se nommait-elle ? » demanda madame Lambert.

— « Elle se nommait Emineh. — Jolie ?... Oui, elle était assez jolie, mais trop grasse et toute barbouillée de fard, suivant l'usage de son pays. Il faut beaucoup d'habitude pour apprécier les charmes d'une beauté turque. — Emineh fut donc installée dans la maison du vice-consul. Elle était Mingrélienne, et dit à madame C***, la femme du vice-consul, qu'elle était fille de prince. Dans ce pays, tout coquin qui commande à dix autres coquins est un prince. On la traita donc en princesse : elle dînait à table, mangeait comme quatre ; puis, quand on lui parlait religion, elle s'endormait régulièrement. Cela dura quelque temps. Enfin on prit jour pour le baptême. Madame C*** se nomma sa marraine, et voulut que je fusse parrain avec elle. Bonbons, cadeaux et tout ce qui s'ensuit !... Il était écrit que cette malheureuse Emineh me ruinerait. Madame C*** disait qu'Emineh m'aimait mieux que Tyrrel, parce qu'en me présentant du café elle en laissait toujours tomber sur mes habits. Je me préparais à ce baptême avec une componction vraiment évangélique, lorsque, la veille de la cérémonie, la belle Emineh disparut. Faut-il vous dire tout ? Le vice-consul avait pour cuisinier un Mingrélien, grand coquin certainement, mais admirable pour le pilaf. Ce Mingrélien avait plu à Emineh, qui avait sans doute du patriotisme à sa manière. Il l'enleva, et en même temps une somme assez forte à M. C***, qui ne put jamais le retrouver. Ainsi le consul en fut pour son argent, sa femme pour le trousseau qu'elle avait donné à Emineh, moi pour mes gants, mes bonbons, outre les coups que j'avais reçus. Le pire, c'est qu'on me rendit en quelque sorte responsable de l'aventure. On prétendit que c'était moi qui avais délivré cette vilaine femme, que je voudrais savoir au fond de la mer, et qui avait attiré tant de malheurs sur mes amis. Tyrrel sut se tirer d'affaire; il passa pour victime, tandis que lui seul était cause de toute la bagarre, et moi je restai avec une réputation de don Quichotte et la balafre que vous voyez, qui nuit beaucoup à mes succès. »

L'histoire contée, on rentra dans le salon. Darcy causa encore quelque temps avec madame de Chaverny, puis il fut obligé de la quitter pour se voir présenter un jeune homme fort savant en économie politique, qui étudiait pour être député, et qui désirait avoir des renseignements statistiques sur l'empire ottoman.

X.

Julie, depuis que Darcy l'avait quittée, regardait souvent la pendule. Elle écoutait Châteaufort avec distraction, et ses yeux cherchaient involontairement Darcy qui causait à l'autre extrémité du salon. Quelquefois il la regardait tout en parlant à son amateur de statistique, et elle ne pouvait supporter son regard pénétrant, quoique calme. Elle sentait qu'il avait déjà pris un empire extraordinaire sur elle, et elle ne pensait plus à s'y soustraire.

Enfin elle demanda sa voiture, et, soit à dessein, soit par préoccupation, elle la demanda en regardant Darcy d'un regard qui voulait dire : « Vous avez perdu une demi-heure que nous aurions pu passer ensemble. » La voiture était prête. Darcy causait toujours, mais il paraissait fatigué et ennuyé du questionneur qui ne le lâchait pas. Julie se leva lentement, serra la main de madame Lambert, puis elle se dirigea vers la porte du salon, surprise et presque piquée de voir Darcy demeurer toujours à la même place. Châteaufort était auprès d'elle; il lui offrit son bras qu'elle prit machinalement sans l'écouter, et presque sans s'apercevoir de sa présence. Elle traversa le vestibule, accompagnée de madame Lambert et de quelques personnes qui la reconduisirent jusqu'à sa voiture. Darcy était resté dans le salon. Quand elle fut assise dans sa calèche, Châteaufort lui demanda en souriant si elle n'aurait pas peur toute seule la nuit par les chemins, ajoutant qu'il allait la suivre de près dans son tilbury, aussitôt que le commandant Perrin aurait fini sa partie de billard. Julie, qui était toute rêveuse, fut rappelée à elle-même par le son de sa voix, mais elle n'avait rien compris. Elle fit ce qu'aurait fait toute autre femme en pareille circonstance : elle sourit. Puis, d'un signe de tête, elle dit adieu aux personnes réunies sur le perron, et ses chevaux l'entraînèrent rapidement.

Mais précisément au moment où la voiture s'ébranlait, elle avait vu Darcy sortir du salon, pâle, l'air triste, et les yeux fixés sur elle comme s'il lui demandait un adieu distinct. Elle partit, emportant le regret de n'avoir pu lui faire un signe de tête pour lui seul, et elle pensa même qu'il en serait piqué. Déjà elle avait oublié qu'il avait laissé à un autre le soin de la conduire à sa voiture; maintenant les torts étaient de son côté, et elle se les reprochait comme un grand crime. Les sentiments qu'elle avait éprouvés pour Darcy quelques années auparavant, en le quittant après cette soirée où elle avait chanté faux, étaient bien moins vifs que ceux qu'elle emportait cette fois. C'est que non-seulement les années avaient donné de la force à ses impressions, mais encore elles s'augmentaient de toute la colère accumulée contre son mari. Peut-être même l'espèce d'entraînement qu'elle avait ressenti pour Châteaufort, qui, d'ailleurs, dans ce moment, était complétement oublié, l'avait-il préparée à se laisser aller, sans trop de remords, au sentiment bien plus vif qu'elle éprouvait pour Darcy.

Quant à lui, ses pensées étaient d'une nature plus calme. Il avait rencontré avec plaisir une jolie femme qui lui rappelait des souvenirs heureux, et dont la connaissance lui serait probablement agréable pour l'hiver qu'il allait passer à Paris. Mais, une fois qu'elle n'était plus devant ses yeux, il ne lui restait tout au plus que le souvenir de quelques heures écoulées gaiement, souvenir dont la douceur était encore altérée par la perspective de se coucher tard et de faire quatre lieues pour retrouver son lit. Laissons-le, tout entier à ses idées prosaïques, s'envelopper soigneusement dans son manteau, s'établir commodément et en biais dans son coupé de louage, égarant ses pensées du salon de madame Lambert à Constantinople, de Constantinople à Corfou, et de Corfou à un demi-sommeil.

Cher lecteur, nous suivrons, s'il vous plaît, madame de Chaverny.

XI.

Lorsque madame de Chaverny quitta le château de madame Lambert, la nuit était horriblement noire, l'atmosphère lourde et étouffante : de temps en temps des éclairs, illuminant le paysage, dessinaient les silhouettes noires des arbres sur un fond d'un orangé livide. L'obscurité semblait redoubler après chaque éclair, et le cocher ne voyait pas la tête de ses chevaux. Un orage violent éclata bientôt. La pluie, qui tombait d'abord en gouttes larges et rares, se changea promptement en un véritable déluge. De tous côtés le ciel était en feu, et l'artillerie céleste commençait à devenir assourdissante. Les chevaux effrayés soufflaient fortement et se cabraient au lieu d'avancer, mais le cocher avait parfaitement dîné : son épais carrick, et surtout le vin qu'il avait bu, l'empêchaient de craindre l'eau et les mauvais chemins. Il fouettait énergiquement les pauvres bêtes, non moins intrépide que César dans la tempête lorsqu'il disait à son pilote : Tu portes César et sa fortune !

Madame de Chaverny, n'ayant pas peur du tonnerre, ne s'occupait guère de l'orage. Elle se répétait tout ce que Darcy lui avait dit, et se repentait de ne lui avoir pas dit bien des choses qu'elle aurait pu lui dire, lorsqu'elle fut tout à coup interrompue dans ses méditations par un choc violent que reçut sa voiture : en même temps les glaces volèrent en éclats, un craquement de mauvais augure se fit entendre ; la calèche était précipitée dans un fossé. Julie en fut quitte pour la peur. Mais la pluie ne cessait pas ; une roue était brisée ; les lanternes s'étaient éteintes, et on ne voyait pas aux environs une seule maison pour se mettre à l'abri. Le cocher jurait, le valet de pied maudissait le cocher, et pestait contre sa maladresse. Julie restait dans sa voiture, demandant comment on pourrait revenir à P... ou ce qu'il fallait faire ; mais à chaque question qu'elle faisait elle recevait cette réponse désespérante : « C'est impossible ! »

Cependant on entendit de loin le bruit sourd d'une

voiture qui s'approchait. Bientôt le cocher de madame de Chaverny reconnut, à sa grande satisfaction, un de ses collègues avec lequel il avait jeté les fondements d'une tendre amitié dans l'office de madame Lambert; il lui cria de s'arrêter.

La voiture s'arrêta; et à peine le nom de madame de Chaverny fut-il prononcé, qu'un jeune homme qui se trouvait dans le coupé ouvrit lui-même la portière, et s'écriant : « Est-elle blessée ? » s'élança d'un bond auprès de la calèche de Julie. Elle avait reconnu Darcy, elle l'attendait.

Leurs mains se rencontrèrent dans l'obscurité, et Darcy crut sentir que madame de Chaverny pressait la sienne; mais c'était probablement un effet de la peur. Après les premières questions, Darcy offrit naturellement sa voiture. Julie ne répondit pas d'abord, car elle était fort indécise sur le parti qu'elle devait prendre. D'un côté, elle pensait aux trois ou quatre lieues qu'elle aurait à faire en tête à tête avec un jeune homme, si elle voulait aller à Paris; d'un autre côté, si elle revenait au château pour y demander l'hospitalité à madame Lambert, elle frémissait à l'idée de raconter le romanesque accident de la voiture versée et des secours qu'elle aurait reçus de Darcy. Reparaître au salon au milieu de la partie de whist, sauvée par Darcy comme la femme turque.... on ne pouvait y songer. Mais aussi trois longues lieues jusqu'à Paris !.... Pendant qu'elle flottait ainsi dans l'incertitude, et qu'elle balbutiait assez maladroitement quelques phrases banales sur l'embarras qu'elle allait causer, Darcy, qui semblait lire au fond de son cœur, lui dit froidement : — « Prenez ma voiture, madame, je resterai dans la vôtre jusqu'à ce qu'il passe quelqu'un pour Paris. » Julie, craignant d'avoir montré trop de pruderie, se hâta d'accepter la première offre, mais non la seconde. Et comme sa résolution fut toute soudaine, elle n'eut pas le temps de résoudre l'importante question de savoir si l'on irait à P.... ou à Paris. Elle était déjà dans le coupé de Darcy, enveloppée de son manteau, qu'il s'empressa de lui donner, et les chevaux trottaient lestement vers Paris, avant qu'elle eût pensé à dire où elle voulait aller. Son domestique avait choisi pour elle, en donnant au cocher le nom de la rue de sa maîtresse.

La conversation commença embarrassée de part et d'autre. Le son de voix de Darcy était bref, et paraissait annoncer un peu d'humeur. Julie s'imagina que son irrésolution l'avait choqué, et qu'il la prenait pour une prude ridicule. Déjà elle était tellement sous l'influence de cet homme, qu'elle s'adressait intérieurement de vifs reproches, et qu'elle ne songea plus qu'à lui ôter l'humeur qu'il montrait. L'habit de Darcy était mouillé; elle s'en aperçut, et, se débarrassant aussitôt du manteau, elle exigea qu'il s'en couvrît. De là un combat de générosité, d'où il résulta que, le différend ayant été tranché par la moitié, chacun eut sa part du manteau. Imprudence énorme, qu'elle n'aurait pas commise sans ce moment d'hésitation qu'elle voulait faire oublier.

Ils étaient si près l'un de l'autre, que la joue de Julie pouvait sentir la chaleur de l'haleine de Darcy. Les cahots de la voiture les rapprochaient même quelquefois davantage.

— « Ce manteau qui nous enveloppe tous les deux, » dit Darcy, « me rappelle nos charades d'autrefois. Vous souvenez-vous d'avoir été ma Virginie, lorsque nous nous affublâmes tous deux du mantelet de votre grand'mère? »

27.

— « Oui, et de la mercuriale qu'elle me fit à cette occasion. »

— « Ah! » s'écria Darcy, « quel heureux temps que celui-là! combien de fois j'ai pensé avec tristesse et bonheur à nos divines soirées de la rue de Bellechasse! Vous rappelez-vous les belles ailes de vautour qu'on vous avait attachées aux épaules avec des rubans roses, et le bec de papier doré que je vous avais fabriqué avec tant d'art? »

— « Oui, » répondit Julie, « vous étiez Prométhée, et moi le vautour. Mais quelle mémoire vous avez! Comment avez-vous pu vous souvenir de toutes ces folies? car il y a si long-temps que nous ne nous sommes vus! »

— « Est-ce un compliment que vous me demandez? » dit Darcy en souriant et s'avançant de manière à la regarder en face. Puis, d'un ton plus sérieux : « En vérité, » poursuivit-il, « il n'est pas extraordinaire que j'aie conservé le souvenir des plus heureux moments de ma vie. »

— « Quel talent vous aviez pour les charades!... » dit Julie, qui craignait que la conversation ne prît un tour trop sentimental.

— « Voulez-vous que je vous donne une autre preuve de ma mémoire? » interrompit Darcy. « Vous rappelez-vous notre traité d'alliance chez madame Lambert? Nous nous étions promis de dire du mal de l'univers entier; en revanche, de nous soutenir l'un l'autre envers et contre tous.... Mais notre traité a eu le sort de la plupart des traités ; il est resté sans exécution. »

— « Qu'en savez-vous? »

— « Hélas! j'imagine que vous n'avez pas eu souvent occasion de me défendre; car, une fois éloigné de Paris, quel oisif s'est occupé de moi ? »

— « De vous défendre.... non.... mais de parler de vous à vos amis.... »

— « Oh ! mes amis ! » s'écria Darcy avec un sourire mêlé de tristesse, « je n'en avais guère à cette époque, que vous connussiez, du moins. Les jeunes gens que voyait madame votre mère me haïssaient, je ne sais pourquoi ; et, quant aux femmes, elles pensaient peu à monsieur l'attaché du ministère des affaires étrangères. »

— « C'est que vous ne vous occupiez pas d'elles. »

— « Cela est vrai. Jamais je n'ai su faire l'aimable auprès des personnes que je n'aimais pas. »

Si l'obscurité avait permis de distinguer la figure de Julie, Darcy aurait pu voir qu'une vive rougeur s'était répandue sur ses traits en entendant cette dernière phrase, à laquelle elle avait donné un sens auquel peut-être Darcy ne songeait pas.

Quoi qu'il en soit, laissant là des souvenirs conservés trop bien par l'un et par l'autre, Julie voulut le remettre un peu sur ses voyages, espérant que, par ce moyen, elle serait dispensée de parler. Le procédé réussit presque toujours avec les voyageurs, surtout avec ceux qui ont visité quelque pays lointain.

— « Quel beau voyage que le vôtre ! » dit-elle, « et combien je regrette de ne pouvoir jamais en faire un semblable ! »

Mais Darcy n'était plus en humeur conteuse. — « Quel est ce jeune homme à moustaches, » demanda-t-il brusquement, « qui vous parlait tout à l'heure ? »

Cette fois, Julie rougit encore davantage. — « C'est un ami de mon mari, » répondit-elle, « un officier de son régiment... On dit, » poursuivit-elle, sans vouloir abandonner son thème oriental, « que les personnes qui ont vu ce beau ciel bleu de l'Orient ne peuvent plus vivre ailleurs. »

— « Il m'a déplu horriblement, je ne sais pourquoi... Je parle de l'ami de votre mari, non du ciel bleu.... Quant à ce ciel bleu, madame, Dieu vous en préserve ! On finit par le prendre tellement en guignon à force de le voir toujours le même, qu'on admirerait comme le plus beau de tous les spectacles un sale brouillard de Paris. Rien n'agace plus les nerfs, croyez-moi, que ce beau ciel bleu, qui était bleu hier et qui sera bleu demain. Si vous saviez avec quelle impatience, avec quel désappointement toujours renouvelé on attend, on espère un nuage ! »

— « Et cependant vous êtes resté bien long-temps sous ce ciel bleu. »

— « Mais, madame, il m'était assez difficile de faire autrement. Si j'avais pu ne suivre que mon inclination, je serais revenu bien vite dans les environs de la rue de Bellechasse, après avoir satisfait le petit mouvement de curiosité que doivent nécessairement exciter les étrangetés de l'Orient. »

— « Je crois que bien des voyageurs en diraient autant s'ils étaient aussi francs que vous,.... Comment passe-t-on son temps à Constantinople et dans les autres villes de l'Orient ? »

— « Là, comme partout, il y a plusieurs manières de tuer le temps. Les Anglais boivent, les Français jouent, les Allemands fument, et quelques gens d'esprit, pour varier leurs plaisirs, se font tirer des coups de fusil en grimpant sur les toits pour lorgner les femmes du pays. »

— « C'est probablement à cette dernière occupation que vous donniez la préférence. »

— « Point du tout. Moi, j'étudiais le turc et le grec, ce qui me couvrait de ridicule. Quand j'avais terminé les dépêches de l'ambassade, je dessinais, je galopais aux Eaux-Douces, et puis j'allais au bord de la mer voir s'il ne venait pas quelque figure humaine de France ou d'ailleurs. »

— « Ce devait être un grand plaisir pour vous de voir un Français à une aussi grande distance de la France ? »

— « Oui ; mais pour un homme intelligent combien nous venait-il de marchands de quincaillerie ou de cachemires ; ou, ce qui est bien pis, de jeunes poètes, qui, du plus loin qu'ils voyaient quelqu'un de l'ambassade, lui criaient : Menez-nous voir les ruines, menez-moi à Sainte-Sophie, conduisez-moi aux montagnes, à la mer d'azur. Je veux voir les lieux où soupirait Héro ! Puis, quand ils ont attrapé un bon coup de soleil, ils s'enferment dans leur chambre, et ne veulent plus rien voir que les derniers numéros du *Constitutionnel.* »

— « Vous voyez tout en mal, suivant votre vieille habitude. Vous n'êtes pas corrigé, savez-vous ? car vous êtes toujours aussi moqueur. »

— « Dites-moi, madame, s'il n'est pas bien permis à un damné qui frit dans sa poêle de s'égayer un peu aux dépens de ses camarades de friture ? D'honneur ! vous ne savez pas combien la vie que nous menons là-bas est misérable. Nous autres secrétaires d'ambassade, nous ressemblons aux hirondelles qui ne se posent jamais. Pour nous, point de ces relations intimes qui font le bonheur de la vie.... ce me semble. » (Il prononça ces derniers mots avec un accent singulier et en se rapprochant de Julie.) « Depuis six ans je n'ai trouvé personne avec qui je pusse échanger mes pensées. »

— « Vous n'aviez donc pas d'amis là-bas ? »

— « Je viens de vous dire qu'il est impossible d'en avoir en pays étranger. J'en avais laissé deux en France. L'un est mort ; l'autre est maintenant en Amérique, d'où il ne reviendra que dans quelques années, si la fièvre jaune ne le retient pas. »

— « Ainsi, vous êtes seul ?... »

— « Seul. »

— « Et la société des femmes, quelle est-elle dans l'Orient ? Est-ce qu'elle ne vous offre pas quelque ressources ? »

— « Oh ! pour cela, c'est le pire de tout. Quant aux femmes turques, il n'y faut pas songer. Des Grecques et des Arméniennes, ce qu'on peut dire de mieux à leur louange, c'est qu'elles sont fort jolies. Pour les femmes des consuls et des ambassadeurs, dispensez-moi de vous en parler. C'est une question diplomatique ; et, si j'en disais ce que j'en pense, je pourrais me faire du tort aux affaires étrangères. »

— « Vous ne paraissez pas aimer beaucoup votre carrière. Autrefois vous désiriez avec tant d'ardeur entrer dans la diplomatie ! »

— « Je ne connaissais pas encore le métier. Maintenant je voudrais être inspecteur des boues de Paris ! »

— « Ah ! Dieu, comment pouvez-vous dire cela ? Paris ! le séjour le plus maussade de la terre ! »

— « Ne blasphémez pas. Je voudrais entendre votre palinodie à Naples, après deux ans de séjour en Italie. »

— « Voir Naples, c'est ce que je désirerais le plus au monde ! » répondit-elle en soupirant,... « pourvu que mes amis fussent avec moi. »

— « Oh ! à cette condition, je ferais le tour du monde. Voyager avec ses amis ! mais c'est comme si l'on restait dans son salon tandis que le monde passerait devant vos fenêtres comme un panorama qui se déroulerait. »

— « Eh bien ! si c'est trop demander, je voudrais voyager avec un,... avec deux amis seulement. »

— « Pour moi, je ne suis pas si ambitieux ; je n'en voudrais qu'un seul, ou qu'une seule, » ajouta-t-il en souriant. « Mais c'est un bonheur qui ne m'est jamais arrivé... et qui ne m'arrivera pas, » ajouta-t-il en soupirant. Puis, d'un ton plus gai : « En vérité, j'ai toujours joué de malheur. Je n'ai jamais désiré bien vivement que deux choses, et je n'ai pu les obtenir. »

— « Qu'était-ce donc ? »

— « Oh ! rien de bien extravagant. Par exemple, j'ai désiré passionnément pouvoir walser avec quelqu'un... J'ai fait des études approfondies sur la walse. Je me suis exercé pendant des mois entiers, seul, avec une chaise, pour surmonter l'étourdissement qui ne manquait jamais d'arriver, et quand je suis parvenu à n'avoir plus de vertiges... »

— « Et avec qui désiriez-vous walser ? »

— « Si je vous disais que c'était avec vous ?... Et quand j'étais devenu, à force de peines, un walseur consommé, votre grand'mère, qui venait de prendre un confesseur janséniste, défendit la walse par un ordre du jour que j'ai encore sur le cœur. »

— « Et votre second souhait ?... » demanda Julie fort troublée.

— « Mon second souhait, je vous l'abandonne. J'aurais voulu, c'était par trop ambitieux de ma part, j'aurais voulu être aimé... mais aimé... C'est avant la walse que je souhaitais ainsi, et je ne suis pas l'ordre chronologique... J'aurais voulu, dis-je, être aimé par une femme qui m'aurait préféré à un bal, — le plus dangereux de tous les rivaux ; — par une femme que j'aurais pu venir voir avec des bottes crottées au moment où elle se disposerait à monter en voiture pour aller au bal. Elle aurait été en grande toilette, et elle m'aurait dit : *Restons*. Mais c'était de la folie. On ne doit demander que des choses possibles. »

— « Que vous êtes méchant ! Toujours vos remarques ironiques ! Rien ne trouve grâce devant vous. Vous êtes toujours impitoyable pour les femmes. »

— « Moi ! Dieu m'en préserve ! C'est de moi plutôt que je médis. Est-ce dire du mal des femmes que de soutenir qu'elles préfèrent une soirée agréable.... à un tête-à-tête avec moi ? »

— « Un bal !... une toilette !... Ah ! mon Dieu !... Qui aime le bal maintenant ?... » Ce n'était point aux paroles de Darcy qu'elle répondait ; elle croyait entendre sa pensée, et la pauvre femme n'entendait que son propre cœur.

— « A propos de toilette et de bal, quel dommage que nous ne soyons plus en carnaval ! J'ai rapporté un costume de femme grecque qui est charmant, et qui vous irait à ravir. »

— « Vous m'en ferez un dessin pour mon album. »

— « Très-volontiers. Vous verrez quels progrès j'ai faits depuis le temps où je crayonnais des bonshommes sur la table à thé de madame votre mère. — A propos, madame, j'ai un compliment à vous faire ; on m'a dit ce matin au ministère que M. de Chaverny allait être nommé gentilhomme de la chambre. Cela m'a fait grand plaisir. »

Julie tressaillit involontairement.

Darcy poursuivit sans s'apercevoir de ce mouvement :

— « Permettez-moi de vous demander votre protection dès à présent... Mais, au fond, je ne suis pas trop content de votre nouvelle dignité. Je crains que vous ne soyez obligée d'aller habiter Saint-Cloud pendant l'été, et alors j'aurai moins souvent l'honneur de vous voir. »

— « Jamais je n'irai à Saint-Cloud ! » dit Julie d'une voix fort émue.

— « Oh! tant mieux, car Paris, voyez-vous, c'est le paradis, dont il ne faut jamais sortir que pour aller de temps en temps dîner à la campagne chez madame Lambert, à condition de revenir le soir. Que vous êtes heureuse, madame, de vivre à Paris ! Moi qui n'y suis peut-être que pour peu de temps, vous n'avez pas d'idée combien je me trouve heureux dans le petit appartement que ma tante m'a donné. Et vous, vous demeurez, m'a-t-on dit, dans le faubourg Saint-Honoré. On m'a indiqué votre hôtel. Vous devez avoir un jardin magnifique, si la manie de bâtir n'a pas changé déjà vos allées en boutiques. »

— « Non, mon jardin est encore intact, Dieu merci. »

— « Quel jour recevez-vous, madame ? »

— « Je suis chez moi à peu près tous les soirs. Je serai charmée que vous veuilliez bien me venir voir quelquefois. »

— « Vous voyez, madame, que je fais comme si notre ancienne *alliance* subsistait encore. Je m'invite moi-même sans cérémonie et sans présentation officielle. Vous me pardonnerez, n'est-ce pas ?... Je ne connais plus que vous à Paris et madame Lambert.

Tout le monde m'a oublié, mais vos deux maisons sont les seules que j'aie regrettées dans mon exil. Votre salon surtout doit être charmant. Vous qui choisissez si bien vos amis !.... Vous rappelez-vous les projets que vous faisiez autrefois pour le temps où vous seriez maîtresse de maison ? Un salon inaccessible aux ennuyeux, de la musique quelquefois, toujours de la conversation, et bien tard; point de gens à prétentions, un petit nombre de personnes se connaissant parfaitement, qui par conséquent ne cherchent point à mentir ni à faire de l'effet... Deux ou trois femmes spirituelles avec cela (et il est impossible que vos amies ne le soient pas...), et votre maison est la plus agréable de Paris. Oui, vous êtes la plus heureuse des femmes, et vous rendez heureux tous ceux qui vous approchent. »

Pendant que Darcy parlait, Julie pensait que ce bonheur qu'il décrivait avec tant de vivacité, elle aurait pu l'obtenir si elle eût été mariée à un autre homme,... à Darcy, par exemple. Au lieu de ce salon imaginaire, si élégant et si agréable, elle pensait aux ennuyeux que Chaverny lui avait attirés;.... au lieu de ces conversations si gaies, elle se rappelait les scènes conjugales comme celle qui l'avait conduite à P.,... Elle se voyait enfin malheureuse à jamais, attachée pour la vie à la destinée d'un homme qu'elle haïssait et qu'elle méprisait; tandis que celui qu'elle trouvait le plus aimable du monde, celui qu'elle aurait voulu charger du soin d'assurer son bonheur, devait demeurer toujours un étranger pour elle. Il était de son devoir de l'éviter, de s'en séparer,... et il était si près d'elle, que les manches de sa robe étaient froissées par le revers de son habit !

Darcy continua quelque temps à peindre les plaisirs de la vie de Paris avec toute l'éloquence que lui donnait une longue privation. Julie cependant sentait ses larmes couler le long de ses joues. Elle tremblait que Darcy ne s'en aperçût, et la contrainte qu'elle s'imposait ajoutait encore à la force de son émotion. Elle étouffait ; elle n'osait faire un mouvement. Enfin un sanglot lui échappa, et tout fut perdu. Elle tomba la tête dans ses mains, à moitié suffoquée par les larmes et la honte.

Darcy, qui ne pensait à rien moins, fut bien étonné. Pendant un instant la surprise le rendit muet ; mais, les sanglots redoublant, il se crut obligé de parler et de demander la cause de ces larmes si soudaines.

— « Qu'avez-vous, madame ? Au nom de Dieu, madame,... répondez-moi. Que vous arrive-t-il ?... » Et comme la pauvre Julie, à toutes ces questions, serrait avec plus de force son mouchoir sur ses yeux, il lui prit la main, et, écartant doucement le mouchoir : « Je vous en conjure, madame, » dit-il d'un ton de voix altéré, qui pénétra Julie jusqu'au fond du cœur, « je vous en conjure, qu'avez-vous ? Vous aurais-je offensée involontairement ?... Vous me désespérez par votre silence. »

— « Ah ! » s'écria Julie ne pouvant plus se contenir, « je suis bien malheureuse ! » et elle sanglota plus fort.

— « Malheureuse ! Comment ?.... pourquoi ?.... qui peut vous rendre malheureuse ? répondez-moi. » En parlant ainsi, il lui serrait les mains, et sa tête touchait presque celle de Julie, qui pleurait toujours au lieu de répondre. Darcy ne savait que penser, mais il était touché de ses larmes. Il se trouvait rajeuni de six ans, et il commençait à entrevoir dans un avenir qui ne s'était pas encore présenté à son imagination que du rôle de confident il pourrait bien passer à un autre plus élevé.

Comme elle s'obstinait à ne pas répondre, Darcy,

craignant qu'elle ne se trouvât mal, baissa une des glaces de la voiture, détacha les rubans du chapeau de Julie, écarta son manteau et son châle. Les hommes sont gauches à rendre ces soins. Il voulait faire arrêter la voiture auprès d'un village, et il appelait déjà le cocher, lorsque Julie, lui saisissant le bras, le supplia de ne pas faire arrêter, et l'assura qu'elle était beaucoup mieux. Le cocher n'avait rien entendu, et continuait à diriger ses chevaux vers Paris.

— « Mais je vous en supplie, ma chère madame de Chaverny, » dit Darcy en reprenant une main qu'il avait abandonnée un instant, « je vous en conjure, dites-moi, qu'avez-vous? Je crains... Je ne puis comprendre comment j'ai été assez malheureux pour vous faire de la peine. »

— « Ah! ce n'est pas vous! » s'écria Julie, et elle lui serra un peu la main.

— « Eh bien! dites-moi, qui peut vous faire ainsi pleurer? parlez-moi avec confiance. Ne sommes-nous pas d'anciens amis? » ajouta-t-il en souriant et serrant à son tour la main de Julie.

— « Vous me parliez du bonheur dont vous me croyez entourée,... et ce bonheur est si loin de moi !... »

— « Comment! n'avez-vous pas tous les éléments du bonheur?... Vous êtes jeune, riche, jolie... Votre mari tient un rang distingué dans la société... »

— « Je le déteste! » s'écria Julie hors d'elle-même; « je le méprise! » Et elle cacha sa tête dans son mouchoir en sanglotant plus fort que jamais.

— « Oh! oh! » pensa Darcy, « ceci devient fort grave. » Et, profitant avec adresse de tous les cahots de la voiture pour se rapprocher davantage de la malheureuse Julie : — « Pourquoi, » lui disait-il de la voix la plus douce et la plus tendre du monde, « pourquoi vous affliger ainsi? Faut-il qu'un être que vous méprisez ait autant d'influence sur votre vie! Pourquoi lui permettez-vous d'empoisonner lui seul votre bonheur? Mais est-ce donc à lui que vous devez demander ce bonheur?... » Et il lui baisa le bout des doigts; mais, comme elle retira aussitôt sa main avec terreur, il craignit d'avoir été trop loin... Mais, déterminé à voir la fin de l'aventure, il dit en soupirant d'une façon assez hypocrite :

— « Que j'ai été trompé ! Lorsque j'ai appris votre mariage, j'ai cru que M. de Chaverny vous plaisait réellement. »

— « Ah! monsieur Darcy, vous ne m'avez jamais connue ! » Le ton de sa voix disait clairement : « Je vous ai toujours aimé, et vous n'avez pas voulu vous en apercevoir. » La pauvre femme croyait en ce moment, de la meilleure foi du monde, qu'elle avait toujours aimé Darcy, pendant les six années qui venaient de s'écouler, avec autant d'amour qu'elle en sentait pour lui dans ce moment.

— « Et vous, » s'écria Darcy en s'animant, « vous, madame, m'avez-vous jamais connu? Avez-vous jamais su quels étaient mes sentiments? Ah! si vous m'aviez mieux connu, nous serions sans doute heureux maintenant l'un et l'autre. »

— « Que je suis malheureuse ! » répéta Julie avec un redoublement de larmes, et en lui serrant la main avec force.

— « Mais quand même vous m'auriez compris, madame, » continua Darcy avec cette expression de mélancolie ironique qui lui était habituelle, « qu'en serait-il résulté? J'étais sans fortune; la vôtre était

considérable ; votre mère m'eût repoussé avec mépris.
— J'étais condamné d'avance. — Vous-même, oui, vous, Julie, avant qu'une fatale expérience ne vous eût montré où est le véritable bonheur, vous auriez sans doute ri de ma présomption ; et une voiture bien vernie, avec une couronne de comte sur les panneaux, aurait été sans doute alors le plus sûr moyen de vous plaire. »

— « Oh ciel ! et vous aussi ! Personne n'aura donc pitié de moi ? »

— « Pardonnez-moi, chère Julie ! » s'écria-t-il très-ému lui-même ; « pardonnez-moi, je vous en supplie. Oubliez ces reproches ; non, je n'ai pas le droit de vous en faire, moi. — Je suis plus coupable que vous... Je n'ai pas su vous apprécier. Je vous ai crue faible comme les femmes du monde où vous viviez ; j'ai douté de votre courage, chère Julie, et j'en suis cruellement puni !.... » Il baisait avec feu ses mains qu'elle ne retirait plus ; il allait la presser sur son sein... mais Julie le repoussa avec une vive expression de terreur, et s'éloigna de lui autant que la largeur de la voiture pouvait le lui permettre.

Sur quoi Darcy, d'une voix dont la douceur même rendait l'expression plus poignante : — « Excusez-moi, madame, j'avais oublié Paris. Je me rappelle maintenant qu'on s'y marie, mais qu'on n'y aime point. »

— « Oh ! oui, je vous aime ! » murmura-t-elle en sanglotant, et elle laissa tomber sa tête sur l'épaule de Darcy. Darcy la serra dans ses bras avec transport, cherchant à arrêter ses larmes par des baisers. Elle essaya encore de se débarrasser de son étreinte, mais cet effort fut le dernier qu'elle tenta.

XII.

Darcy s'était trompé sur la nature de son émotion ; il faut bien le dire, il n'était pas amoureux. Il avait profité d'une bonne fortune qui semblait se jeter à sa tête, et qui méritait bien qu'on ne la laissât pas échapper. D'ailleurs, comme tous les hommes, il était beaucoup plus éloquent pour demander que pour remercier. Cependant il était poli, et la politesse tient lieu souvent de sentiments plus respectables. Le premier mouvement d'ivresse passé, il débitait donc à Julie des phrases tendres qu'il composait sans trop de peine, et qu'il accompagnait de nombreux baisements de main qui lui épargnaient autant de paroles. Il voyait sans regrets que la voiture était déjà aux barrières, et que dans peu de minutes il allait se séparer de sa conquête. Le silence de madame de Chaverny au milieu de ses protestations, l'accablement dans lequel elle paraissait plongée, rendaient difficile, ennuyeuse même, si j'ose le dire, la position de son nouvel amant.

Elle était immobile, dans un coin de la voiture, serrant machinalement son châle contre son sein. Elle ne pleurait plus ; ses yeux étaient fixes, et, lorsque Darcy lui prenait la main pour la baiser, cette main, dès qu'elle était abandonnée, retombait sur ses genoux comme morte. Elle ne parlait pas, entendait à peine ; mais une foule de pensées déchirantes se présentaient à la fois à son esprit, et, si elle voulait en exprimer une, une autre à l'instant venait lui fermer la bouche.

Comment rendre le chaos de ces pensées, ou plutôt de ces images qui se succédaient avec autant de rapidité que les battements de son cœur ? Elle croyait entendre à ses oreilles des mots sans liaison et sans suite, mais tous avec un sens terrible. Le matin elle avait accusé son mari, il était vil à ses yeux ; maintenant elle était cent fois plus méprisable. Il lui semblait que sa honte était publique. — La maîtresse du duc de H*** la repousserait à son tour. — Madame Lambert, tous ses amis ne voudraient plus la voir. — Et Darcy ? — L'aimait-il ? — Il la connaissait à peine. — Il l'avait oubliée. — Il ne l'avait pas reconnue tout de suite. — Peut-être l'avait-il trouvée bien changée. — Il était froid pour elle : c'était là le coup de grâce. Son entraînement pour un homme qui la connaissait à peine, qui ne lui avait pas montré de l'amour.... mais de la politesse seulement. — Il était impossible qu'il l'aimât. — Elle-même, l'aimait-elle ? — Non, puisqu'elle s'était mariée lorsqu'à peine il venait de partir.

Quand la voiture entra dans Paris, les horloges sonnaient une heure. C'était à quatre heures qu'elle avait vu Darcy pour la première fois. — Oui, *vu*, — elle ne pouvait dire *revu*.... Elle avait oublié ses traits, sa voix ; c'était un étranger pour elle.... Neuf heures après, elle était devenue sa maîtresse !.... Neuf heures avaient suffi pour cette singulière fascination.... avaient suffi pour qu'elle fût déshonorée à ses propres yeux, aux yeux de Darcy lui-même ; car que pouvait-il penser d'une femme aussi faible ? Comment ne pas la mépriser ?

Parfois la douceur de la voix de Darcy, les paroles tendres qu'il lui adressait, la ranimaient un peu. Alors elle s'efforçait de croire qu'il sentait réellement l'amour dont il parlait. Elle ne s'était pas rendue si facilement. — Leur amour durait depuis long-temps lorsque

Darcy l'avait quittée. — Darcy devait savoir qu'elle ne s'était mariée que par suite du dépit que son départ lui avait fait éprouver. — Les torts étaient du côté de Darcy. — Pourtant il l'avait toujours aimée pendant sa longue absence. — Et, à son retour, il avait été heureux de la retrouver aussi constante que lui. — La franchise de son aveu, — sa faiblesse même, devaient plaire à Darcy, qui détestait la dissimulation. — Mais l'absurdité de ces raisonnements lui apparaissait bientôt. — Les idées consolantes s'évanouissaient, et elle restait en proie à la honte et au désespoir.

Un moment elle voulut exprimer ce qu'elle sentait. Elle venait de se représenter qu'elle était proscrite par le monde, abandonnée par sa famille. Après avoir si grièvement offensé son mari, sa fierté ne lui permettait pas de le revoir jamais. « Je suis aimée de Darcy, » se dit-elle; « je ne puis aimer que lui. — Sans lui je ne puis être heureuse. — Je serai heureuse partout avec lui. Allons ensemble dans quelque lieu où jamais je ne puisse voir une figure qui me fasse rougir. Qu'il m'emmène avec lui à Constantinople... »

Darcy était à cent lieues de deviner ce qui se passait dans le cœur de Julie. Il venait de remarquer qu'ils entraient dans la rue habitée par madame de Chaverny, et remettait ses gants glacés avec beaucoup de sang-froid.

— « A propos, » dit-il, « il faut que je sois présenté officiellement à M. de Chaverny... Je suppose que nous serons bientôt bons amis. — Présenté par madame Lambert, je serai sur un bon pied dans votre maison. En attendant, puisqu'il est à la campagne, je puis vous voir? »

La parole expira sur les lèvres de Julie. Chaque mot

de Darcy était un coup de poignard. Comment parler de fuite, d'enlèvement à cet homme si calme, si froid, qui ne pensait qu'à arranger sa liaison pour l'été de la manière la plus commode? Elle brisa avec rage la chaîne d'or qu'elle portait à son cou, et tordit les chaînons entre ses doigts. La voiture s'arrêta à la porte de la maison qu'elle occupait. Darcy fut fort empressé à arranger son châle sur ses épaules, à remettre son chapeau convenablement. Lorsque la portière s'ouvrit, il lui présenta la main de l'air le plus respectueux, mais Julie s'élança à terre sans vouloir s'appuyer sur lui. — « Je vous demanderai la permission, madame, » dit-il en s'inclinant profondément, « de venir savoir de vos nouvelles. »

— « Adieu! » dit Julie d'une voix étouffée. Darcy remonta dans son coupé, et se fit ramener chez lui en sifflant de l'air d'un homme très-satisfait de sa journée.

XIII.

Aussitôt qu'il se retrouva dans son appartement de garçon, Darcy passa une robe de chambre turque, mit des pantoufles, et, ayant chargé de tabac de Latakié une longue pipe dont le tuyau était de merisier de Bosnie et le bouquin d'ambre blanc, il se mit en devoir de la savourer en se renversant dans une grande bergère garnie de maroquin et dûment rembourrée. Aux personnes qui s'étonneraient de le voir dans cette vulgaire occupation au moment où peut-être il aurait dû rêver plus poétiquement, je répondrai qu'une bonne pipe est utile, sinon nécessaire, à la rêverie, et que le véritable moyen de bien jouir d'un bonheur, c'est de l'associer à un autre bonheur. Un de mes amis, homme fort sensuel, n'ouvrait jamais une lettre de sa maîtresse avant d'avoir ôté sa cravate, attisé le feu si l'on était en hiver, et s'être couché sur un canapé commode.

— « En vérité! » se dit Darcy, « j'aurais été un grand sot si j'avais suivi le conseil de sir John Tyrrel, et si j'avais acheté une esclave grecque pour l'amener à Paris. Parbleu! c'eût été, comme disait mon ami Haleb-Effendi, c'eût été porter des figues à Damas. Dieu merci! la civilisation a marché grand train pendant mon absence, et il ne paraît pas que la rigidité soit portée à l'excès... Ce pauvre Chaverny!... Ah! ah! Si pourtant j'avais été assez riche il y a quelques années, j'aurais épousé Julie, et ce serait peut-être Chaverny qui l'aurait reconduite ce soir. Si je me marie jamais, je ferai visiter souvent la voiture de ma femme, pour qu'elle n'ait pas besoin de chevaliers errants qui la tirent des fossés... Voyons, recordons-nous. A tout prendre, c'est une très-jolie femme, elle a de l'esprit, et, si je n'étais pas aussi vieux que je le suis, il ne tiendrait qu'à moi de croire que c'est à mon prodigieux mérite!..... Ah! mon prodigieux mérite!..... Hélas! hélas! dans un mois peut-être mon mérite sera au niveau de celui de ce monsieur à moustaches... Morbleu! j'aurais bien voulu que cette petite Nastasia, que j'ai tant aimée, sût lire et écrire, et pût parler des choses avec les honnêtes gens, car je crois que c'est la seule femme qui m'ait aimé... Pauvre enfant!... » Sa pipe s'éteignit, et il s'endormit bientôt.

XIV.

En rentrant dans son appartement, madame de Chaverny rassembla toutes ses forces pour dire d'un air naturel à sa femme de chambre qu'elle n'avait pas besoin d'elle, et qu'elle la laissât seule. Aussitôt que cette fille fut sortie, elle se jeta sur son lit, et là elle se mit à pleurer plus amèrement, maintenant qu'elle se trouvait seule, que lorsque la présence de Darcy l'obligeait à se contraindre.

La nuit a certainement une influence très-grande sur les peines morales comme sur les douleurs physiques. Elle donne à tout une teinte lugubre, et les images qui, le jour, seraient indifférentes ou même riantes, nous inquiètent et nous tourmentent la nuit, comme des spectres qui n'ont de puissance que pendant les ténèbres. Il semble que pendant la nuit la pensée redouble d'activité, et que la raison perd son empire. Une espèce de fantasmagorie intérieure nous trouble et nous effraie sans que nous ayons la force d'écarter la cause de nos terreurs ou d'en examiner froidement la réalité.

Qu'on se représente la pauvre Julie étendue sur son lit à demi habillée, s'agitant sans cesse, tantôt dévorée d'une chaleur brûlante, tantôt glacée par un frisson pénétrant, tressaillant au moindre craquement de la boiserie et entendant distinctement les battements de son cœur. Elle ne conservait de sa position qu'une angoisse vague dont elle cherchait en vain la cause. Puis, tout d'un coup, le souvenir de cette fatale soirée passait dans son esprit aussi rapide qu'un éclair, et avec lui se réveillait une douleur vive et aiguë, comme celle que produirait un fer rouge dans une blessure cicatrisée.

Tantôt elle regardait sa lampe, observant avec une attention stupide toutes les vacillations de la flamme, jusqu'à ce que les larmes qui s'amassaient dans ses yeux, elle ne savait pourquoi, l'empêchassent de voir la lumière. « Pourquoi ces larmes ? » se disait-elle. « Ah ! je suis déshonorée ! »

Tantôt elle comptait les glands des rideaux de son lit, mais elle n'en pouvait jamais retenir le nombre. « Quelle est donc cette folie ? » pensait-elle. « Folie ? — Oui, car il y a une heure je me suis donnée comme une misérable courtisane à un homme que je ne connais pas. »

Puis elle suivait d'un œil hébété l'aiguille de sa pendule avec l'anxiété d'un condamné qui voit approcher l'heure de son supplice. Tout à coup la pendule sonnait : « Il y a trois heures... » disait-elle en tressaillant en sursaut, « j'étais avec lui, et je suis déshonorée ! »

Elle passa toute la nuit dans cette agitation fébrile. Quand le jour parut, elle ouvrit la fenêtre, et l'air frais et piquant du matin lui apporta quelque soulagement. Penchée sur la balustrade de sa fenêtre qui donnait sur le jardin, elle respirait l'air froid avec une espèce de volupté. Le désordre de ses idées se dissipa peu à peu. Aux vagues tourments, au délire qui l'agitaient, succéda un désespoir concentré qui était un repos en comparaison.

Il fallait prendre un parti. Elle s'occupa de chercher alors ce qu'elle avait à faire. Elle ne s'arrêta pas un moment à l'idée de revoir Darcy. Cela lui paraissait impossible ; elle serait morte de honte en l'apercevant. Elle devait quitter Paris, où dans deux jours tout le monde la montrerait au doigt. Sa mère était à Nice, elle irait la rejoindre, lui avouerait tout ; puis, après s'être épanchée dans son sein, elle n'avait plus qu'une chose à faire, c'était de chercher quelque endroit désert en Italie, inconnu aux voyageurs, où elle irait vivre seule, et mourir bientôt.

Cette résolution une fois prise, elle se trouva tranquille. Elle s'assit devant une petite table en face de la fenêtre, et, la tête dans ses mains, elle pleura, mais cette fois sans amertume. La fatigue et l'abattement l'emportèrent enfin, et elle s'endormit, ou plutôt elle cessa de penser pendant une heure à peu près.

Elle se réveilla avec le frisson de la fièvre. Le temps avait changé, le ciel était gris, et une pluie fine et glacée annonçait du froid et de l'humidité pour tout le reste du jour. Julie sonna sa femme de chambre. « Ma mère est malade, » lui dit-elle, « il faut que je parte sur-le-champ pour Nice. Faites une malle, je veux partir dans une heure. »

— « Mais, madame, qu'avez-vous ? N'êtes-vous pas malade ?... Madame ne s'est pas couchée ! » s'écria la femme de chambre, surprise et alarmée du changement qu'elle observa sur les traits de sa maîtresse.

— « Je veux partir, » dit Julie d'un ton d'impatience, « il faut absolument que je parte. Préparez-moi une malle. »

Dans notre civilisation moderne, il ne suffit pas d'un simple acte de la volonté pour aller d'un lieu à un autre. Il faut un passe-port, il faut faire des paquets, emporter des cartons, s'occuper de cent préparatifs ennuyeux qui suffiraient pour ôter l'envie de voyager. Mais l'impatience de Julie abrégea beaucoup toutes ces lenteurs nécessaires. Elle allait et venait de chambre en chambre, aidait elle-même à faire les malles, entassant sans ordre des bonnets et des robes accoutumés à être traités avec plus d'égards. Quelquefois pourtant les mouvements qu'elle se donnait contribuaient plutôt à retarder ses domestiques qu'à les hâter.

— « Madame a sans doute prévenu monsieur? » demanda timidement la femme de chambre.

Julie, sans lui répondre, prit du papier; elle écrivit : « Ma mère est malade à Nice. Je vais auprès d'elle. » Elle plia le papier en quatre; mais elle ne put se résoudre à y mettre une adresse.

Au milieu des préparatifs de départ, un domestique entra : « M. de Châteaufort, » dit-il, « demande si madame est visible; il y a aussi un autre monsieur qui est venu en même temps, que je ne connais pas; mais voici sa carte. »

Elle lut : « E. DARCY, *secrétaire d'ambassade*. »

Elle put à peine retenir un cri. « Je n'y suis pour personne! » s'écria-t-elle; « dites que je suis malade. Ne dites pas que je vais partir. » Elle ne pouvait s'expliquer comment Châteaufort et Darcy venaient la voir en même temps, et, dans son trouble, elle ne douta pas que Darcy n'eût déjà choisi Châteaufort pour son confident. Rien n'était plus simple cependant que leur présence simultanée. Amenés par le même motif, ils s'étaient rencontrés à la porte; et, après avoir échangé un salut très-froid, ils s'étaient tout bas donnés au diable l'un l'autre de grand cœur.

Sur la réponse du domestique, ils descendirent ensemble l'escalier, se saluèrent de nouveau encore plus froidement, et s'éloignèrent chacun dans une direction opposée.

Châteaufort avait remarqué l'attention particulière

que madame de Chaverny avait montrée pour Darcy, et, dès ce moment, il l'avait pris en haine. De son côté, Darcy, qui se piquait d'être physionomiste, n'avait pu observer l'air d'embarras et de contrariété de Châteaufort sans en conclure qu'il aimait Julie ; et comme, en sa qualité de diplomate, il était porté à supposer le mal *à priori*, il avait conclu fort légèrement que Julie n'était pas cruelle pour Châteaufort.

— « Cette étrange coquette, » se disait-il à lui-même en sortant, « n'aura pas voulu nous recevoir ensemble, de peur d'une scène d'explication comme celle du *Misanthrope*.... Mais j'ai été bien sot de ne pas trouver quelque prétexte pour rester et laisser partir ce jeune fat. Assurément, si j'avais attendu seulement qu'il eût le dos tourné, j'aurais été admis, car j'ai sur lui l'incontestable avantage de la nouveauté. »

Tout en faisant ces réflexions, il s'était arrêté, puis il s'était retourné, puis il rentrait dans l'hôtel de madame de Chaverny. Châteaufort, qui s'était aussi retourné plusieurs fois pour l'observer, revint sur ses pas et s'établit en croisière à quelque distance pour le surveiller.

Darcy dit au domestique, surpris de le revoir, qu'il avait oublié de lui donner un mot pour sa maîtresse, qu'il s'agissait d'une affaire pressée et d'une commission dont une dame l'avait chargé pour madame de Chaverny. Se souvenant que Julie entendait l'anglais, il écrivit sur sa carte au crayon : *Begs leave to ask when he can show to madame de Chaverny his turkish album.* Il remit la carte au domestique, et dit qu'il attendrait la réponse.

Cette réponse tarda long-temps. Enfin le domestique revint fort troublé. « Madame, » dit-il, « s'est trouvée mal tout à l'heure, et elle est trop souffrante maintenant pour pouvoir vous répondre. » — Tout cela avait duré un quart d'heure. Darcy ne croyait guère à l'évanouissement, mais il était bien évident qu'on ne voulait pas le voir. Il prit son parti philosophiquement ; et, se rappelant qu'il avait des visites à faire dans le quartier, il sortit sans se mettre autrement en peine de ce contre-temps.

Châteaufort l'attendait dans une anxiété furieuse. En le voyant passer, il ne douta pas qu'il ne fût son rival heureux, et il se promit bien de saisir aux cheveux la première occasion de se venger de l'infidèle et de son complice. Le commandant Perrin, qu'il rencontra fort à propos, reçut sa confidence et le consola du mieux qu'il put, non sans lui remontrer le peu d'apparence de ses soupçons.

XV.

Julie s'était bien réellement évanouie en recevant la seconde carte de Darcy. Son évanouissement fut suivi d'un crachement de sang qui l'affaiblit beaucoup. Sa femme de chambre avait envoyé chercher son médecin ; mais Julie refusa obstinément de le voir. Vers quatre heures les chevaux de poste étaient arrivés, les malles attachées : tout était prêt pour le départ. Julie monta en voiture, toussant horriblement et dans un état à faire pitié. Pendant la soirée et toute la nuit, elle ne parla qu'au valet de chambre assis sur le siège de la calèche, et seulement pour qu'il dît aux postillons de se hâter. Elle toussait toujours, et paraissait beaucoup souffrir de la poitrine ; mais elle ne fit pas entendre une plainte. Le matin elle était si faible, qu'elle s'évanouit lorsqu'on ouvrit la portière. On la descendit dans une mauvaise auberge, où on la coucha. Un médecin de village fut appelé : il la trouva avec une fièvre violente, et lui défendit de continuer son voyage. Pourtant elle voulait toujours partir. Dans la soirée le délire vint, et tous les symptômes augmentèrent de gravité. Elle parlait continuellement et avec une volubilité si grande, qu'il était très-difficile de la comprendre. Dans ses phrases incohérentes, les noms de Darcy, de Châteaufort et de madame Lambert revenaient souvent. La femme de chambre écrivit à M. de Chaverny pour lui annoncer la maladie de sa femme ; mais elle était à près de trente lieues de Paris, Chaverny chassait chez le duc de H***, et la maladie faisait tant de progrès, qu'il était douteux qu'il pût arriver à temps.

Le valet de chambre cependant avait été à cheval à la ville voisine et en avait amené un médecin. Celui-ci blâma les prescriptions de son confrère, déclara qu'on l'appelait bien tard, et que la maladie était grave.

Le délire cessa au lever du jour, et Julie s'endormit alors profondément. Lorsqu'elle s'éveilla, deux ou trois heures après, elle parut avoir de la peine à se rappeler par quelle suite d'accidents elle se trouvait couchée dans une sale chambre d'auberge. Pourtant la mémoire lui revint bientôt. Elle dit qu'elle se sentait mieux, et parla même de repartir le lendemain. Puis, après avoir paru méditer long-temps en tenant sa main sur son front, elle demanda de l'encre et du papier et voulut écrire. Sa femme de chambre la vit commencer des lettres qu'elle déchirait toujours après avoir écrit les premiers mots. En même temps elle recommandait qu'on brûlât les fragments de papier. La femme de chambre remarqua sur plusieurs morceaux ce mot :

« *Monsieur,* » ce qui lui parut extraordinaire, dit-elle, car elle croyait que madame écrivait à sa mère ou à son mari. Sur un autre fragment elle lut : « *Vous devez bien me mépriser...* »

Pendant près d'une demi-heure elle essaya, inutilement d'écrire cette lettre, qui paraissait la préoccuper vivement. Enfin l'épuisement de ses forces ne lui permit pas de continuer : elle repoussa le pupitre qu'on avait placé sur son lit, et dit d'un air égaré à sa femme de chambre : « Écrivez vous-même à M. Darcy. »

— « Que faut-il écrire, madame? » demanda la femme de chambre, persuadée que le délire allait recommencer.

— « Écrivez-lui qu'il ne me connaît pas.... que je ne le connais pas,.. » Et elle retomba accablée sur son oreiller.

Ce furent les dernières paroles suivies qu'elle prononça. Le délire la reprit et ne la quitta plus. Elle mourut le lendemain sans grandes souffrances apparentes.

XVI.

Chaverny arriva trois jours après son enterrement. Sa douleur sembla véritable, et tous les habitants du village pleurèrent en le voyant debout dans le cimetière contemplant la terre fraîchement remuée qui couvrait le cercueil de sa femme. Il voulait d'abord la faire exhumer et la transporter à Paris ; mais, le maire s'y étant opposé et le notaire lui ayant parlé de formalités sans fin, il se contenta de commander une pierre de liais et de donner des ordres pour l'érection d'un tombeau simple, mais convenable.

Châteaufort fut très-sensible à cette mort si soudaine. Il refusa plusieurs invitations de bal, et pendant quelque temps on ne le vit que vêtu de noir.

XVII.

Dans le monde on fit plusieurs récits de la mort de madame de Chaverny. Suivant les uns, elle avait eu un rêve ou, si l'on veut, un pressentiment qui lui annonçait que sa mère était malade. Elle en avait été tellement frappée, qu'elle s'était mise en route pour Nice sur-le-champ, malgré un gros rhume, qu'elle avait gagné en revenant de chez madame Lambert; et ce rhume était devenu une fluxion de poitrine.

D'autres, plus clairvoyants, assuraient d'un air mystérieux que madame de Chaverny, ne pouvant se dissimuler l'amour qu'elle ressentait pour M. de Châteaufort, avait voulu chercher auprès de sa mère la force d'y résister. Le rhume et la fluxion de poitrine étaient la conséquence de la précipitation de son départ. Sur ce point on était d'accord.

Darcy ne parlait jamais d'elle. Trois ou quatre mois après sa mort, il fit un mariage avantageux. Lorsqu'il annonça son mariage à madame Lambert, elle lui dit en le félicitant : — « En vérité, votre femme est charmante, et il n'y a que ma pauvre Julie qui aurait pu vous convenir autant. Quel dommage que vous fussiez trop pauvre pour elle quand elle s'est mariée ! »

Darcy sourit de ce sourire ironique qui lui était habituel, mais il ne répondit rien.

Ces deux cœurs, qui se méconnurent, étaient peut-être faits l'un pour l'autre.

FIN DE LA DOUBLE MÉPRISE.

LA GUZLA,

OU CHOIX

DE POÉSIES ILLYRIQUES,

RECUEILLIES

DANS LA DALMATIE, LA BOSNIE, LA CROATIE
ET L'HERZEGOWINE.

AVERTISSEMENT.

Vers l'an de grâce 1827 j'étais *romantique*. Nous disions aux *classiques* : « Vos Grecs ne sont point des Grecs, vos Romains ne sont point des Romains. Vous ne savez pas donner à vos compositions de la *couleur locale*. Point de salut sans la *couleur locale*. » Nous entendions par couleur locale ce qu'au dix-septième siècle on appelait les *mœurs*; mais nous étions très-fiers de notre mot, et nous pensions avoir imaginé le mot et la chose. En fait de poésies, nous n'admirions que les poésies étrangères et les plus anciennes; les ballades de la frontière écossaise, les romances du Cid, nous paraissaient des chefs-d'œuvre incomparables, toujours à cause de la *couleur locale*.

Je mourais d'envie d'aller l'observer là où elle existait encore, car elle ne se trouve pas en tous lieux. Hélas! pour voyager il ne me manquait qu'une chose, de l'argent; mais, comme il n'en coûte rien pour faire des projets de voyage, j'en faisais beaucoup avec mes amis.

Ce n'étaient pas les pays visités par tous les touristes que nous voulions voir. J. J. Ampère et moi, nous voulions nous écarter des routes suivies par les Anglais; aussi, après avoir passé rapidement à Florence, Rome et Naples, nous devions nous embarquer à Venise pour Trieste, et de là longer lentement la mer Adriatique jusqu'à Raguse. C'était bien le plan le plus original, le

plus beau, le plus neuf, sauf la question d'argent !.....
En avisant au moyen de la résoudre, l'idée nous vint d'écrire d'avance notre voyage, de le vendre avantageusement, et d'employer nos bénéfices à reconnaître si nous nous étions trompés dans nos descriptions. Alors l'idée était neuve, mais malheureusement nous l'abandonnâmes.

Dans ce projet qui nous amusa quelque temps, Ampère, qui sait toutes les langues de l'Europe, m'avait chargé je ne sais pourquoi, moi ignorantissime, de recueillir les poésies originales des Illyriens. Pour me préparer, je lus le *Voyage en Dalmatie* de l'abbé Fortis, et une assez bonne statistique des anciennes provinces illyriennes, rédigée, je crois, par un chef de bureau du ministère des affaires étrangères. J'appris cinq à six mots de slave, et j'écrivis en une quinzaine de jours la collection de ballades que voici.

Cela fut mystérieusement imprimé à Strasbourg, avec notes et portrait de l'auteur. Mon secret fut bien gardé, et le succès fut immense.

Il est vrai qu'il ne s'en vendit guère qu'une douzaine d'exemplaires, et le cœur me saigne encore en pensant au pauvre éditeur qui fit les frais de cette mystification; mais, si les Français ne me lurent point, les étrangers et des juges compétents me rendirent bien justice.

Deux mois après la publication de *la Guzla*, M. Bowring, auteur d'une anthologie slave, m'écrivit pour me demander les vers originaux que j'avais si bien traduits.

Puis M. Gerhart, conseiller et docteur quelque part en Allemagne, m'envoya deux gros volumes de poésies slaves traduites en allemand, et *la Guzla* traduite aussi, et en vers, ce qui lui avait été facile, disait-il dans sa préface, car sous ma prose il avait découvert le mètre des vers illyriques. Les Allemands découvrent bien des choses, on le sait, et celui-là me demandait encore des ballades pour faire un troisième volume.

Enfin M. Pouschkine a traduit en russe quelques-unes de mes historiettes, et cela peut se comparer à *Gil Blas* traduit en espagnol, et aux *Lettres d'une religieuse portugaise* traduites en portugais.

Un si brillant succès ne me fit point tourner la tête. Fort du témoignage de MM. Bowring, Gerhart et Pouschkine, je pouvais me vanter d'avoir fait de la *couleur locale;* mais le procédé était si simple, si facile, que j'en vins à douter du mérite de la *couleur locale* elle-même, et que je pardonnai à Racine d'avoir policé les sauvages héros de Sophocle et d'Euripide.

1840.

PRÉFACE
DE LA PREMIÈRE ÉDITION.

Quand je m'occupais à former le recueil dont on va lire la traduction, je m'imaginais être à peu près le seul Français (car je l'étais alors) qui pût trouver quelque intérêt dans ces poëmes sans art, production d'un peuple sauvage; aussi les publier était bien loin de ma pensée.

Depuis, remarquant le goût qui se répand tous les jours pour les ouvrages étrangers, et surtout pour ceux qui, par leurs formes même, s'éloignent des chefs-d'œuvre que nous sommes habitués à admirer, je songeai à mon recueil de chansons illyriques. J'en fis quelques traductions pour mes amis, et c'est d'après leur avis que je me hasarde à faire un choix dans ma collection et à le soumettre au jugement du public.

Plus qu'un autre, peut-être, j'étais en état de faire cette traduction. J'ai habité fort jeune les provinces illyriques. Ma mère était une Morlaque[1] de Spalatro, et, pendant plusieurs années, j'ai parlé l'illyrique plus souvent que l'italien. Naturellement grand amateur de voyages, j'ai employé le temps que me laissaient quelques occupations assez peu importantes, à bien connaître le pays que j'habitais; aussi existe-t-il peu de villages, de montagnes, de vallons, depuis Trieste jusqu'à Raguse, que je n'aie visités. J'ai même fait d'assez longues excursions dans la Bosnie et l'Herzegowine, où la langue illyrique s'est conservée dans toute sa pureté, et j'y ai découvert quelques fragments assez curieux d'anciennes poésies.

Maintenant je dois parler du choix que j'ai fait de la langue française pour cette traduction. Je suis Italien; mais, depuis certains événements qui sont survenus dans mon pays, j'habite

---

[1] Les Morlaques sont les habitants de la Dalmatie qui parlent le slave ou l'illyrique.

la France, que j'ai toujours aimée et dont, pendant quelque temps, j'ai été citoyen. Mes amis sont Français; je me suis habitué à considérer la France comme ma patrie. Je n'ai pas la prétention, ridicule à un étranger, d'écrire en français avec l'élégance d'un littérateur : cependant l'éducation que j'ai reçue et le long séjour que j'ai fait dans ce pays m'ont mis à même d'écrire assez facilement, je crois, surtout une traduction dont le principal mérite, selon moi, est l'exactitude.

Je m'imagine que les provinces illyriques, qui ont été longtemps sous le gouvernement français, sont assez bien connues pour qu'il soit inutile de faire précéder ce recueil d'une description géographique, politique, etc.

Je dirai seulement quelques mots des bardes slaves ou joueurs de guzla, comme on les appelle.

La plupart sont des vieillards fort pauvres, souvent en guenilles, qui courent les villes et les villages en chantant des romances et s'accompagnant avec une espèce de guitare, nommée *guzla*, qui n'a qu'une seule corde faite de crin. Les oisifs, et les Morlaques ont peu de goût pour le travail, les entourent; et, quand la romance est finie, l'artiste attend son salaire de la générosité de ses auditeurs. Quelquefois, par une ruse adroite, il s'interrompt dans le moment le plus intéressant de son histoire pour faire un appel à la générosité du public; souvent même il fixe la somme pour laquelle il consentira à raconter le dénouement.

Ces gens ne sont pas les seuls qui chantent des ballades; presque tous les Morlaques, jeunes ou vieux, s'en mêlent aussi: quelques-uns, en petit nombre, composent des vers qu'ils improvisent souvent (voyez la notice sur Maglanovich). Leur manière de chanter est nasillarde, et les airs des ballades sont très-peu variés; l'accompagnement de la guzla ne les relève pas beaucoup, et l'habitude de l'entendre peut seule rendre cette musique tolérable. A la fin de chaque vers le chanteur pousse un grand cri, ou plutôt un hurlement, semblable à celui d'un loup blessé. On entend ces cris de fort loin dans les montagnes, et il faut y être accoutumé pour penser qu'ils sortent d'une bouche humaine.

1827.

NOTICE

SUR

HYACINTHE MAGLANOVICH.

Hyacinthe Maglanovich est presque le seul joueur de guzla que j'aie vu qui fût aussi poète; car la plupart ne font que répéter d'anciennes chansons, ou tout au plus ne composent que des pastiches, prenant vingt vers d'une ballade, autant d'une autre, et liant le tout au moyen de mauvais vers de leur façon.

Notre poète est né à Zuonigrad, comme il le dit lui-même dans sa ballade intitulée l'*Aubépine de Veliko*. Il était fils d'un cordonnier, et ses parents ne semblent pas s'être donné beaucoup de soins pour son éducation, car il ne sait ni lire ni écrire. A l'âge de huit ans il fut enlevé par des *Tchingénehs* ou Bohémiens. Ces gens le menèrent en Bosnie, où ils lui apprirent leurs tours et le convertirent sans peine à l'islamisme, qu'ils professent pour la plupart [1]. Un *ayan* ou maire de Livno le tira de leurs mains et le prit à son service, où il passa quelques années.

Il avait quinze ans quand un moine catholique réussit à le convertir au christianisme, au risque de se faire empaler s'il était découvert; car les Turcs n'encouragent point les travaux des missionnaires. Le jeune Hyacinthe n'eut pas de peine à se décider à quitter un maître assez dur, comme sont la plupart des Bosniaques; mais, en se sauvant de sa maison, il voulut tirer vengeance de ses mauvais traitements. Profitant d'une nuit orageuse, il sortit de Livno, emportant une pelisse et le sabre de son maître, avec quelques sequins qu'il put dérober. Le moine qui l'avait rebaptisé l'accompagna dans sa fuite, que peut-être il avait conseillée.

[1] Tous ces détails m'ont été donnés en 1817 par Maglanovich lui-même.

De Livno à Scign en Dalmatie il n'y a qu'une douzaine de lieues. Les fugitifs s'y trouvèrent bientôt sous la protection du gouvernement vénitien et à l'abri des poursuites de l'ayan. Ce fut dans cette ville que Maglanovich fit sa première chanson : il célébra sa fuite dans une ballade qui trouva quelques admirateurs et qui commença sa réputation [1].

Mais il était sans ressources d'ailleurs pour subsister, et la nature lui avait donné peu de goût pour le travail. Grâce à l'hospitalité morlaque, il vécut quelque temps de la charité des habitants des campagnes, payant son écot en chantant sur la guzla quelque vieille romance qu'il savait par cœur. Bientôt il en composa lui-même pour des mariages et des enterrements, et sut si bien se rendre nécessaire qu'il n'y eut plus de bonne fête si Maglanovich et sa guzla n'en étaient pas.

Il vivait ainsi dans les environs de Scign, se souciant fort peu de ses parents, dont il ignore encore le destin, car il n'a jamais été à Zuonigrad depuis son enlèvement.

A vingt-cinq ans c'était un beau jeune homme, fort, adroit, bon chasseur, et de plus poète et musicien célèbre ; il était bien vu de tout le monde, et surtout des jeunes filles. Celle qu'il préférait se nommait Hélène et était fille d'un riche Morlaque, nommé Zlarinovich. Il gagna facilement son affection, et, suivant la coutume, il l'enleva. Il avait pour rival une espèce de seigneur du pays, nommé Uglian, lequel eut connaissance de l'enlèvement projeté. Dans les mœurs illyriennes, l'amant dédaigné se console facilement et n'en fait pas plus mauvaise mine à son rival heureux ; mais cet Uglian s'avisa d'être jaloux et voulut mettre obstacle au bonheur de Maglanovich. La nuit de l'enlèvement, il parut accompagné de deux de ses domestiques au moment où Hélène était déjà montée sur un cheval et prête à suivre son amant. Uglian leur cria de s'arrêter d'une voix menaçante. Les deux rivaux étaient armés. Maglanovich tira le premier et tua le seigneur Uglian. S'il avait eu une famille, elle aurait épousé sa querelle, et il n'aurait pas quitté le pays pour si peu de chose ; mais il était sans parents pour l'aider, et il

[1] J'ai fait de vains efforts pour me la procurer. Maglanovich lui-même l'avait oubliée, ou peut-être eut-il honte de me réciter son premier essai poétique.

restait seul exposé à la vengeance de toute la famille du mort. Il prit son parti promptement, et s'enfuit avec sa femme dans les montagnes, où il s'associa avec des heyduques [1].

Il vécut long-temps avec eux, et même il fut blessé au visage dans une escarmouche avec les pandours [2]. Enfin, ayant gagné quelque argent d'une manière assez peu catholique, je crois, il quitta les montagnes, acheta des bestiaux, et vint s'établir dans le Kotar avec sa femme et quelques enfants. Sa maison est près de Smocovich, sur le bord d'une petite rivière ou d'un torrent qui se jette dans le lac de Vrana. Sa femme et ses enfants s'occupent de leurs vaches et de leur petite ferme ; mais lui est toujours en voyage ; souvent il va voir ses anciens amis les heyduques, sans toutefois prendre part à leur dangereux métier.

Je l'ai vu à Zara pour la première fois en 1816. J'étais alors grand admirateur de la langue illyrique, et je désirais beaucoup entendre un poète en réputation. Mon ami, l'estimable voïvode Nicolas ***, avait rencontré à Biograd, où il demeure, Hyacinthe Maglanovich, qu'il connaissait déjà ; et, sachant qu'il allait à Zara, il lui donna une lettre pour moi. Il me disait que, si je voulais en tirer quelque chose, il fallait le faire boire ; car il ne se sentait inspiré que lorsqu'il était à peu près ivre.

Hyacinthe avait alors près de soixante ans. C'est un grand homme, vert et robuste pour son âge, les épaules larges et le cou remarquablement gros. Sa figure prodigieusement basanée, ses yeux petits et un peu relevés à la chinoise, son nez aquilin, assez enflammé par l'usage des liqueurs fortes, sa longue moustache blanche et ses gros sourcils noirs forment un ensemble que l'on oublie difficilement quand on l'a vu une fois. Ajoutez à cela une longue cicatrice qui s'étend sur le sourcil et sur une partie de la joue. Il est très-extraordinaire qu'il n'ait pas perdu l'œil en recevant cette blessure. Sa tête était rasée, suivant l'usage presque général des Morlaques, et il portait un bonnet d'agneau noir : ses vêtements étaient assez vieux, mais encore très-propres.

En entrant dans ma chambre, il me donna la lettre du voïvode et s'assit sans cérémonie. Quand j'eus fini de lire : « Vous

---

1 Espèce de bandits.
2 Soldats de la police. Voyez les notes suivantes.

parlez donc l'illyrique? » me dit-il avec un air de doute assez méprisant. Je lui répondis sur-le-champ dans cette langue que je l'entendais assez bien pour pouvoir apprécier ses chansons, qui m'avaient été extrêmement vantées. « Bien, bien, dit-il; mais j'ai faim et soif : je chanterai quand je serai rassasié. » Nous dînâmes ensemble. Il me semblait qu'il avait jeûné quatre jours au moins, tant il mangeait avec avidité. Suivant l'avis du voïvode, j'eus soin de le faire boire, et mes amis, qui étaient venus nous tenir compagnie sur le bruit de son arrivée, remplissaient son verre à chaque instant. Nous espérions que, quand cette faim et cette soif si extraordinaires seraient apaisées, notre homme voudrait bien nous faire entendre quelques-uns de ses chants. Mais notre attente fut bien trompée. Tout d'un coup il se leva de table, et, se laissant tomber sur un tapis près du feu (nous étions en décembre), il s'endormit en moins de cinq minutes, sans qu'il y eût moyen de le réveiller.

Je fus plus heureux une autre fois : j'eus soin de le faire boire seulement assez pour l'animer, et alors il nous chanta plusieurs des ballades que l'on trouvera dans ce recueil.

Sa voix a dû être fort belle; mais alors elle était un peu cassée. Quand il chantait sur sa guzla, ses yeux s'animaient, et sa figure prenait une expression de beauté sauvage qu'un peintre aimerait à exprimer sur la toile.

Il me quitta d'une façon étrange : il demeurait depuis cinq jours chez moi, quand un matin il sortit, et je l'attendis inutilement jusqu'au soir. J'appris qu'il avait quitté Zara pour retourner chez lui; mais en même temps je m'aperçus qu'il me manquait une paire de pistolets anglais qui, avant son départ précipité, étaient pendus dans ma chambre. Je dois dire à sa louange qu'il aurait pu emporter également ma bourse et une montre d'or qui valaient dix fois plus que les pistolets.

En 1817, je passai deux jours dans sa maison, où il me reçut avec toutes les marques de la joie la plus vive. Sa femme et tous ses enfants et petits-enfants me sautèrent au cou, et quand je le quittai, son fils aîné me servit de guide dans les montagnes pendant plusieurs jours, sans qu'il me fût possible de lui faire accepter une récompense.

LA GUZLA.

L'AUBÉPINE DE VELIKO[1].

I.

L'Aubépine de Veliko, par Hyacinthe Maglanovich, natif de Zuonigrad, le plus habile des joueurs de guzla. Prêtez l'oreille!

II.

Le bey Jean Veliko, fils d'Alexis, a quitté sa maison et son pays. Ses ennemis sont venus de l'est; ils ont brûlé sa maison et usurpé son pays.

III.

Le bey Jean Veliko, fils d'Alexis, avait douze fils : cinq sont morts au gué d'Obravo; cinq sont morts dans la plaine de Rebrovi.

IV.

Le bey Jean Veliko, fils d'Alexis, avait un fils chéri : ils l'ont emmené à Kremen; ils l'ont enfermé dans une prison, dont ils ont muré la porte.

V.

Or, le bey Jean Veliko, fils d'Alexis, n'est pas mort au gué d'Obravo ou dans la plaine de Rebrovje, parce qu'il était trop vieux pour la guerre et qu'il était aveugle.

VI.

Et son douzième fils n'est pas mort au gué d'Obravo ou dans la plaine de Rebrovje, parce qu'il était trop jeune pour la guerre et qu'il était à peine sevré.

VII.

Le bey Jean Veliko, fils d'Alexis, a passé avec son fils la Mrêsvizza, qui est si jaune; et il a dit à George Estivanich : « Étends ton manteau, que je sois à l'ombre¹. »

VIII.

Et George Estivanich a étendu son manteau ; il a mangé le pain et le sel avec le bey Jean Veliko³, et il a nommé Jean le fils que sa femme lui a donné⁴.

IX.

Mais Nicolas Jagnievo, et Joseph Spalatin, et Fédor Aslar, se sont réunis à Kremen aux fêtes de Pâques, et ils ont bu et mangé ensemble.

X.

Et Nicolas Jagnievo a dit : « La famille de Veliko est » détruite. » Et Joseph Spalatin a dit : « Notre ennemi » Jean Veliko, fils d'Alexis, est encore vivant. »

XI.

Et Fédor Aslar a dit : « George Estivanich a étendu
» son manteau sur lui, et il vit tranquille au delà de la
» Mresvizza, avec son dernier fils Alexis. »

XII.

Ils ont dit tous ensemble : « Que Jean Veliko meure
» avec son fils Alexis ! » Et ils se sont pris la main et ils
ont bu dans le même cornet de l'eau-de-vie de prunes¹.

XIII.

Et le lendemain de la Pentecôte, Nicolas Jagnievo est
descendu dans la plaine de Rebrovje, et vingt hommes
le suivent armés de sabres et de mousquets.

XIV.

Joseph Spalatin descend le même jour avec quarante
heyduques², et Fédor Aslar les a joints avec quarante
cavaliers portant des bonnets d'agneaux noirs.

XV.

Ils ont passé près de l'étang de Majavoda, dont l'eau
est noire et où il n'y a pas de poissons ; et ils n'ont pas
osé y faire boire leurs chevaux, mais ils les ont abreuvés à la Mresvizza.

XVI.

« Que venez-vous faire, beys de l'est? que venez-
» vous faire dans le pays de George Estivanich? Allez-
» vous à Segna complimenter le nouveau podesta ? »

XVII.

— « Nous n'allons pas à Segna, fils d'Étienne, a ré-
» pondu Nicolas Jagnievo ; mais nous cherchons Jean
» Veliko et son fils. Vingt chevaux turcs, si tu nous les
» livres. »

XVIII.

— « Je ne te livrerais pas Jean Veliko pour tous les
» chevaux turcs que tu possèdes. Il est mon hôte et
» mon ami. Mon fils unique porte son nom. »

XIX.

Alors a dit Joseph Spalatin : « Livre-nous Jean Ve-
» liko, où tu feras couler du sang. Nous sommes venus
» de l'est sur des chevaux de bataille, nos armes sont
» chargées. »

XX.

— « Je ne te livrerai pas Jean Veliko, et, s'il te faut
» du sang, sur cette montagne là-bas j'ai cent vingt ca-
» valiers qui descendront au premier coup de mon sif-
» flet d'argent. »

XXI.

Alors Fédor Aslar, sans dire mot, lui a fendu la tête
d'un coup de sabre, et ils sont venus à la maison de
George Estivanich, où était sa femme qui avait vu cela.

XXII.

— « Sauve-toi, fils d'Alexis ! sauve-toi, fils de Jean !
» les beys de l'est ont tué mon mari ; ils vous tueront
» aussi ! » Ainsi a parlé Thérèse Gelin.

XXIII.

Mais le vieux bey a dit : « Je suis trop vieux pour » courir. » Il lui a dit : « Sauve Alexis, c'est le dernier » de son nom ! » Et Thérèse Gelin a dit : « Oui, je le » sauverai. »

XXIV.

Les beys de l'est ont vu Jean Veliko. « A mort ! » ont-ils crié. Leurs balles ont volé toutes à la fois, et leurs sabres tranchants ont coupé ses cheveux gris.

XXV.

— « Thérèse Gelin, ce garçon est-il le fils de Jean ? » Mais elle répondit : « Vous ne verserez pas le sang d'un » innocent. » Alors ils ont tous crié : « C'est le fils de » Jean Veliko ! »

XXVI.

Joseph Spalatlu voulait l'emmener avec lui ; mais Fédor Aslar lui perça le cœur de son ataghan *, et il tua le fils de George Estivanich, croyant tuer Alexis Veliko.

XXVII.

Or, dix ans après, Alexis Veliko était devenu un chasseur robuste et adroit. Il dit à Thérèse Gelin : « Mère, » pourquoi ces robes sanglantes suspendues à la mu- » raille ? »

XXVIII.

— « C'est la robe de ton père, Jean Veliko, qui n'est » pas encore vengé ; c'est la robe de Jean Estivanich, » qui n'est pas vengé, parce qu'il n'a pas laissé de fils. »

XXIX.

Le chasseur est devenu triste; il ne boit plus d'eau-de-vie de prunes; mais il achète de la poudre à Segna : il rassemble des Heyduques et des cavaliers.

XXX.

Le lendemain de la Pentecôte, il a passé la Mresvizza, et il a vu le lac noir où il n'y a pas de poisson; il a surpris les trois beys de l'est tandis qu'ils étaient à table.

XXXI.

— « Seigneurs ! seigneurs ! voici venir des cavaliers
» et des Heyduques armés; leurs chevaux sont luisants;
» ils viennent de passer à gué la Mresvizza : c'est Alexis
» Veliko. »

XXXII.

— « Tu mens, tu mens, vieux racleur de guzla.
» Alexis Veliko est mort; je l'ai percé de mon poignard. »
Mais Alexis est entré et a crié : « Je suis Alexis, fils de
» Jean ! »

XXXIII.

Une balle a tué Nicolas Jaguievo, une balle a tué Joseph Spalatin; mais il a coupé la main droite à Fédor Aslar, et il lui a coupé la tête ensuite.

XXXIV.

— « Enlevez, enlevez ces robes sanglantes. Les beys
» de l'est sont morts, Jean et George sont vengés. L'au-
» bépine de Veliko a refleuri; sa tige ne périra pas ! »

NOTES.

¹ Ce titre n'est motivé que par la dernière stance. Il paraît que l'aubépine était le signe distinctif ou héraldique de la famille de Veliko.

² C'est-à-dire accorde-moi ta protection.

³ On sait que dans le Levant deux personnes qui ont mangé du pain et du sel ensemble deviennent amis par ce fait seul.

⁴ C'est la plus grande marque d'estime que l'on puisse donner à quelqu'un que de le prendre pour le parrain d'un de ses enfants.

⁵ Slibovitcè.

⁶ Les Heyduques sont des espèces de Morlaques sans asile et qui vivent de pillage. Le mot *hayduk* veut dire chef de parti.

⁷ Il faudrait, pour rendre cette stance plus intelligible, ajouter : *dirent-ils en montrant le fils de George Estivanich*.

⁸ Long poignard turc, formant une courbe légère et tranchant à l'intérieur.

⁹ Usage illyrien.

¹⁰ La vengeance passe pour un devoir sacré chez les Morlaques. Leur proverbe favori est celui-ci : *Qui ne se venge pas ne se sanctifie pas*. En illyrique cela fait une espèce de calembour : *Ko ne se osveti onse ne posveti*; *Osveta*, en illyrique, signifie vengeance et sanctification.

LA MORT DE THOMAS II,

ROI DE BOSNIE [1].

FRAGMENT.

....

...... Alors les mécréants leur coupèrent la tête, et ils mirent la tête d'Étienne au bout d'une lance, et un Tartare la porta près de la muraille en criant : « Tho- » mas ! Thomas ! voici la tête de ton fils. Comme nous » avons fait à ton fils, ainsi te ferons-nous ! » Et le roi déchira sa robe et se coucha sur de la cendre, et il refusa de manger pendant trois jours...

Et les murailles de Kloutch étaient tellement criblées de boulets, qu'elles ressemblaient à un rayon de miel ; et nul n'osait lever la tête seulement pour regarder, tant ils lançaient de flèches et de boulets qui tuaient et blessaient les chrétiens. Et les Grecs [2] et ceux qui se faisaient appeler *agréables à Dieu* [3] nous ont trahis, et ils se sont rendus à Mahomet, et ils travaillaient à saper les murailles. Mais ces chiens n'osaient encore donner l'assaut, tant ils avaient peur de nos sabres affilés. Et la nuit, lorsque le roi était dans son lit sans dormir, un fantôme a percé les planches de sa chambre, et il a dit : « Étienne, me reconnais-tu ? » Et le roi lui répondit tout tremblant : « Oui, tu es mon père, Thomas. » — Alors le fantôme étendit la main et secoua sa robe

sanglante sur la tête du roi. — Et le roi dit : « Quand
» cesseras-tu de me persécuter? » Et le fantôme répondit : « Quand tu te seras remis à Mahomet... »

Et le roi est entré dans la tente de ce démon [1], qui
fixa sur lui son mauvais œil, et il dit : « Fais-toi circon» cire, ou tu périras. » Mais le roi a répondu fièrement :
« Par la grâce de Dieu, j'ai vécu chrétien, chrétien je
» veux mourir. » Alors ce méchant infidèle l'a fait saisir
par ses bourreaux, et ils l'ont écorché vif, et de sa peau
ils ont fait une selle. Ensuite leurs archers l'ont pris
pour but de leurs flèches, et il est mort malheureusement, à cause de la malédiction de son père.

NOTES.

[1] Thomas Ier, roi de Bosnie, fut assassiné secrètement, en
1460, par ses deux fils Étienne et Radivoï. Le premier fut couronné sous le nom de Étienne-Thomas II; c'est le héros de
cette ballade. Radivoï, furieux de se voir exclu du trône, révéla le crime d'Étienne et le sien, et alla ensuite chercher un
asile auprès de Mahomet.

L'évêque de Modrussa, légat du pape en Bosnie, persuada à
Thomas II que le meilleur moyen de se racheter de son parricide
était de faire la guerre aux Turcs. Elle fut fatale aux chrétiens :
Mahomet ravagea le royaume et assiégea Thomas dans le château de Kloutch en Croatie, où il s'était réfugié. Trouvant que
la force ouverte ne le menait pas assez promptement à son but,
le sultan offrit à Thomas de lui accorder la paix, sous la condition qu'il lui paierait seulement l'ancien tribut. Thomas II,
déjà réduit à l'extrémité, accepta ces conditions et se rendit au
camp des infidèles. Il fut aussitôt arrêté, et, sur son refus de se
faire circoncire, son barbare vainqueur le fit écorcher vif et
achever à coups de flèches.

Ce morceau est fort ancien, et je n'ai pu en obtenir que ce
fragment. Le commencement semble se rapporter à une ba-

taille perdue par Étienne, fils de Thomas II, et qui précéda la prise de la citadelle de Kloutch.

² Les Grecs et les catholiques romains se damnent à qui mieux mieux dans la Dalmatie et la Bosnie. Ils s'appellent réciproquement *passa-vjerro*, c'est-à-dire foi de chien.

³ En illyrique, *bogou-mill*; c'est le nom que se donnaient les *paterniens*. Leur hérésie consistait à regarder l'homme comme l'œuvre du diable, à rejeter presque tous les livres de la Bible, enfin à se passer de prêtres.

⁴ Mahomet II. Les Grecs disent encore que ce prince n'était autre qu'un diable incarné.

LA VISION DE THOMAS II,
ROI DE BOSNIE[1],
PAR HYACINTHE MAGLANOVICH.

I.

Le roi Étienne-Thomas se promène dans sa chambre, il se promène à grands pas, tandis que ses soldats dorment couchés sur leurs armes ; mais lui, il ne peut dormir, car les infidèles assiègent sa ville, et Mahomet veut envoyer sa tête à la grande mosquée de Constantinople.

II.

Et souvent il se penche en dehors de la fenêtre pour écouter s'il n'entend point quelque bruit ; mais la chouette seule pleure au-dessus de son palais, parce qu'elle prévoit que bientôt elle sera obligée de chercher une autre demeure pour ses petits.

III.

Ce n'est point la chouette qui cause ce bruit étrange, ce n'est point la lune qui éclaire ainsi les vitraux de l'église de Kloutch ; mais dans l'église de Kloutch résonnent les tambours et les trompettes, et les torches allumées ont changé la nuit en un jour éclatant.

IV.

Et autour du grand roi Étienne-Thomas dorment ses fidèles serviteurs, et nulle autre oreille que la sienne n'a entendu ce bruit effrayant; seul il sort de sa chambre son sabre à la main, car il a vu que le ciel lui envoyait un avertissement de l'avenir.

V.

D'une main ferme il a ouvert la porte de l'église; mais, quand il vit ce qui était dans le chœur, son courage fut sur le point de l'abandonner : il a pris de sa main gauche une amulette d'une vertu éprouvée, et, plus tranquille alors, il entra dans la grande église de Kloutch.

VI.

Et la vision qu'il y vit est bien étrange : le pavé de l'église était jonché de morts, et le sang coulait comme les torrents qui descendent, en automne, dans les vallées du Prologh ; et, pour avancer dans l'église, il était obligé d'enjamber des cadavres et de s'enfoncer dans le sang jusqu'à la cheville.

VII.

Et ces cadavres étaient ceux de ses fidèles serviteurs, et ce sang était le sang des chrétiens. Une sueur froide coulait le long de son dos, et ses dents s'entrechoquaient d'horreur. Au milieu du chœur, il vit des Turcs et des Tartares armés avec les *bogou-mili*, ces renégats !

VIII.

Et près de l'autel profané était Mahomet au mauvais œil, et son sabre était rougi jusqu'à la garde ; devant lui était Thomas I[er3], qui fléchissait le genou et qui présentait sa couronne humblement à l'ennemi de la chrétienté.

IX.

A genoux aussi était le traître Radivoï[4], un turban sur la tête ; d'une main il tenait la corde dont il étrangla son père, et de l'autre il prenait la robe du vicaire de Satan[5], et il l'approchait de ses lèvres pour la baiser, ainsi que fait un esclave qui vient d'être bâtonné.

X.

Et Mahomet daigna sourire, et il prit la couronne, puis il la brisa sous ses pieds, et il dit : « Radivoï, je te » donne ma Bosnie à gouverner, et je veux que ces » chiens te nomment leur beglierbey[6]. » Et Radivoï se prosterna, et il baisa la terre inondée de sang.

XI.

Et Mahomet appela son visir : « Visir, que l'on » donne un caftan[7] à Radivoï. Le caftan qu'il portera » sera plus précieux que le brocart de Venise ; car c'est » de la peau d'Étienne-Thomas, écorché, que son frère » va se revêtir. » Et le visir répondit : « Entendre c'est obéir[8]. »

XII.

Et le bon roi Étienne-Thomas sentit les mains des mécréants déchirer ses habits, et leurs ataghans fendaient sa peau, et de leurs doigts et de leurs dents ils tiraient cette peau, et ainsi ils la lui ôtèrent jusqu'aux ongles des pieds ², et de cette peau Radivoï se revêtit avec joie.

XIII.

Alors Étienne-Thomas s'écria : « Tu es juste, mon » Dieu ! tu punis un fils parricide ; de mon corps dis- » pose à ton gré ; mais daigne prendre pitié de mon » âme, ô divin Jésus ! » A ce nom, l'église a tremblé ; les fantômes s'évanouirent et les flambeaux s'éteignirent tout d'un coup.

XIV.

Avez-vous vu une étoile brillante parcourir le ciel d'un vol rapide et éclairer la terre au loin ? Bientôt ce brillant météore disparaît dans la nuit, et les ténèbres reviennent plus sombres qu'auparavant : telle disparut la vision d'Étienne-Thomas.

XV.

A tâtons il regagna la porte de l'église ; l'air était pur et la lune dorait les toits d'alentour. Tout était calme, et le roi aurait pu croire que la paix régnait encore dans Kloutch, quand une bombe ⁴ lancée par le mécréant vint tomber devant lui et donna le signal de l'assaut.

NOTES.

1 Voir la note de la ballade précédente, qui contient un précis des événements qui amenèrent la fin du royaume de Bosnie.

2 Les paterniens.

3 Thomas Ier, père de Thomas II.

4 Son frère, qui l'avait aidé à commettre son parricide.

5 Mahomet II.

6 Ce mot signifie seigneur des seigneurs. C'est le titre du pacha de Bosnie. Radivoï n'en fut jamais revêtu, et Mahomet se garda bien de laisser en Bosnie un seul des rejetons de la famille royale.

7 On sait que le grand-seigneur fait présent d'un riche *caftan* ou pelisse aux grands dignitaires au moment où ils vont prendre possession de leurs gouvernements.

8 Proverbe des esclaves turcs qui reçoivent un ordre.

9 Thomas II fut en effet écorché vif.

10 Maglanovich avait vu des bombes et des mortiers, mais il ignorait que l'invention de ces instruments de destruction était bien postérieure à Mahomet II.

LE MORLAQUE A VENISE [1].

I.

Quand Prascovie m'eut abandonné, quand j'étais triste et sans argent, un rusé Dalmate vint dans ma montagne et me dit : Va à cette grande ville des eaux, les sequins y sont plus communs que les pierres dans ton pays.

II.

Les soldats sont couverts d'or et de soie, et ils passent leur temps dans toutes sortes de plaisirs. Quand tu auras gagné de l'argent à Venise, tu reviendras dans ton pays avec une veste galonnée d'or et des chaînes d'argent à ton hanzar [2].

III.

Et alors, ô Dmitri ! quelle jeune fille ne s'empressera pas de t'appeler de sa fenêtre et de te jeter son bouquet quand tu auras accordé ta guzla? Monte sur mer, crois-moi, et viens à la grande ville, tu y deviendras riche assurément.

IV.

Je l'ai cru, insensé que j'étais, et je suis venu dans ce grand navire de pierres ; mais l'air m'étouffe et leur pain est un poison pour moi. Je ne puis aller où je veux, je ne puis faire ce que je veux ; je suis comme un chien à l'attache.

V.

Les femmes se rient de moi quand je parle la langue de mon pays, et ici les gens de nos montagnes ont oublié la leur, aussi bien que nos vieilles coutumes : je suis un arbre transplanté en été, je sèche et je meurs.

VI.

Dans ma montagne, lorsque je rencontrais un homme, il me saluait en souriant et me disait : Dieu soit avec toi, fils d'Alexis! Mais ici je ne rencontre pas une figure amie, je suis comme une fourmi jetée par la brise au milieu d'un vaste étang.

NOTES.

[1] La république de Venise entretenait à sa solde un corps de soldats nommés esclavons. Un ramassis de Morlaques, Dalmates, Albanais, composait cette troupe, très-méprisée à Venise, ainsi que tout ce qui était militaire. Le sujet de cette ballade semble être un jeune Morlaque malheureux en amour et qui s'est laissé enrôler dans un moment de dépit.

Ce chant est fort ancien, à en juger par quelques expressions maintenant hors d'usage, et dont peu de vieillards peuvent encore donner le sens. Au reste, rien n'est plus commun que d'entendre chanter à un joueur de guzla des paroles dont il lui serait impossible de donner une explication quelconque. Ils apprennent par cœur fort jeunes ce qu'ils ont entendu chanter à leur père, et le répètent comme un perroquet redit sa leçon. Il est malheureusement bien rare aujourd'hui de trouver des poëtes illyriens qui ne copient personne et qui s'efforcent de conserver une belle langue, dont l'usage diminue tous les jours.

[2] Grand couteau qui sert de poignard au besoin.

CHANT DE MORT[1].

I.

Adieu, adieu, bon voyage ! Cette nuit la lune est dans son plein, on voit clair pour trouver son chemin. Bon voyage !

II.

Une balle vaut mieux que la fièvre : libre tu as vécu, libre tu es mort. Ton fils Jean t'a vengé; il en a tué cinq.

III.

Nous les avons fait fuir depuis Tchaplissa jusqu'à la plaine ; pas un n'a regardé derrière son épaule pour nous voir encore une fois.

IV.

Adieu, adieu, bon voyage ! Cette nuit la lune est dans son plein, on voit clair à trouver son chemin. Bon voyage !

V.

Dis à mon père que je me porte bien[2], que je ne me ressens plus de ma blessure, et que ma femme Hélène est accouchée d'un garçon.

VI.

Je l'ai appelé Wladin comme lui. Quand il sera grand, je lui apprendrai à tirer le fusil, à se comporter comme doit le faire un brave guerrier.

VII.

Chrusich a enlevé ma fille aînée, et elle est grosse de six mois. J'espère qu'elle accouchera aussi d'un garçon beau et fort ³.

VIII.

Twark a quitté le pays pour monter sur la mer ; nous ne savons pas de ses nouvelles : peut-être le rencontreras-tu dans le pays où tu vas.

IX.

Tu as un sabre, une pipe et du tabac, avec un manteau de poils de chèvre ⁴ : en voilà bien assez pour faire un long voyage, où l'on n'a ni froid ni faim.

X.

Adieu, adieu, bon voyage ! Cette nuit la lune est dans son plein, on voit clair pour trouver son chemin. Bon voyage !

NOTES.

¹ Ce chant a été improvisé par Maglanovich, à l'enterrement d'un heydugue son parent, qui s'était brouillé avec la justice et fut tué par les pandours.

² Les parents et les amis du mort lui donnent toujours leurs commissions pour l'autre monde.

³ Jamais un père ne se fâche contre celui qui enlève sa fille, bien entendu lorsque tout se fait sans violence. (Voy. note 1, l'*Amante de Dannisich*.)

⁴ On enterre les heyduques avec leurs armes, leur pipe et les habits qu'ils portaient au moment de leur mort.

LE SEIGNEUR MERCURE.

I.

Les mécréants sont entrés dans notre pays pour enlever les femmes et les petits enfants. Les petits enfants, ils les mettent sur leurs selles devant eux; les femmes, ils les portent en croupe et tiennent un doigt de ces malheureuses entre leurs dents [1].

II.

Le seigneur Mercure a levé sa bannière : autour de lui se sont rangés ses trois neveux et ses treize cousins; tous sont couverts d'armes brillantes, et sur leurs habits ils portent la sainte croix et des amulettes pour les préserver de malheur [2].

III.

Quand le seigneur Mercure fut monté sur son cheval, il dit à sa femme Euphémie, qui lui tenait la bride : « Prends ce chapelet d'ambre; si tu m'es fidèle, il restera entier; si tu m'es infidèle, le fil cassera et les » grains tomberont [3]. »

IV.

Et il est parti, et personne n'avait de ses nouvelles, et sa femme craignit qu'il ne fût mort ou que les Arnautes ne l'eussent emmené prisonnier dans leur pays. Mais, au bout de trois lunes, Spiridion Pietrovich est revenu.

V.

Ses habits sont déchirés et souillés de sang, et il se frappait la poitrine. Il dit : « Mon cousin est mort ; les » mécréants nous ont surpris, et ils ont tué ton mari. » J'ai vu un Arnaute lui couper la tête : à grand'peine » me suis-je sauvé. »

VI.

Alors Euphémie a poussé un grand cri, et elle s'est roulée par terre, déchirant ses habits. « Mais, dit Spi-» ridion, pourquoi tant s'affliger ? ne reste-t-il pas au » pays des hommes de bien ? » Et ce perfide l'a relevée et consolée.

VII.

Le chien de Mercure hurlait après son maître, et son cheval hennissait ; mais sa femme Euphémie a séché ses larmes, et la même nuit elle a dormi avec le traître Spiridion. Nous laisserons cette fausse femme pour chanter son mari.

VIII.

Le roi a dit au seigneur Mercure : « Va dans mon » château à Clissa¹, et dis à la reine qu'elle vienne me » trouver dans mon camp. » Et Mercure est parti, et il chevaucha sans s'arrêter trois jours et trois nuits.

IX.

Et quand il fut sur les bords du lac de Cettina, il dit à ses écuyers de dresser sa tente, et lui descendit vers le lac pour y boire. Et le lac était couvert d'une grosse vapeur, et l'on entendait des cris confus sortir de ce brouillard.

X.

Et l'eau était agitée et bouillonnait comme le tourbillon de la Jemizza quand elle s'enfonce sous terre. Quand la lune se fut levée, le brouillard s'est dissipé, et voilà qu'une armée de petits nains à cheval galopait sur le lac, comme s'il eût été glacé.

XI.

A mesure qu'ils touchaient le rivage, homme et cheval grandissaient jusqu'à devenir de la taille des montagnards de Douaré ; et ils formaient des rangs et s'en allaient en bon ordre, chevauchant par la plaine et sautant de joie.

XII.

Et quelquefois ils devenaient gris comme le brouillard, et l'on voyait l'herbe au travers de leurs corps; et d'autres fois leurs armes étincelaient, et ils semblaient tout de feu. Soudain un guerrier monté sur un coursier noir sortit des rangs.

XIII.

Et quand il fut devant Mercure, il fit caracoler son cheval et montrait qu'il voulait combattre contre lui. Alors Mercure fit le signe de la croix, et, piquant son bon cheval, il chargea le fantôme bride abattue et la lance baissée.

XIV.

Huit fois ils se rencontrèrent au milieu de leur course, et leurs lances ployèrent sur leurs cuirasses comme des feuilles d'iris ; mais à chaque rencontre le cheval de Mercure tombait sur les genoux, car le cheval du fantôme était bien plus fort.

XV.

« Mettons pied à terre, dit Mercure, et combattons
» encore une fois à pied. » Alors le fantôme sauta à bas de son cheval et courut contre le brave Mercure; mais il fut porté par terre du premier choc malgré sa taille et sa grande force.

XVI.

« Mercure ! Mercure ! Mercure ! tu m'as vaincu, dit
» le fantôme. Pour ma rançon, je veux te donner un
» conseil : ne retourne pas dans ta maison, car tu y
» trouverais la mort. » La lune s'est voilée, et le champion et l'armée ont disparu tout d'un coup.

XVII.

« Bien est fou qui s'attaque au diable, dit Mercure.
» J'ai vaincu un démon, et ce qui m'en revient, c'est
» un cheval couronné et une prédiction de mauvais au-
» gure. Mais elle ne m'empêchera pas de revoir ma mai-
» son et ma chère femme Euphémie. »

XVIII.

Et la nuit, au clair de la lune, il est arrivé au cimetière de Poghosclami[1]; il vit des prêtres et des pleureuses avec un chiaous ¹ auprès d'une fosse nouvelle, et près de la fosse était un homme mort avec son sabre à son côté et un voile noir sur sa tête.

XIX.

Et Mercure arrêta son cheval : « Chiaous, dit-il, qui » allez-vous enterrer en ce lieu ? » Et le chiaous répondit : « Le seigneur Mercure, qui est mort aujourd'hui. » Mercure se prit à rire de sa réponse ; mais la lune s'est voilée, et tout a disparu.

XX.

Quand il arriva dans sa maison, il embrassa sa femme Euphémie. « Euphémie, donne-moi ce chapelet que je » t'ai confié avant de partir ; je m'en rapporte plus à ces » grains d'ambre qu'aux serments d'une femme. » Euphémie dit : « Je vais te le donner. »

XXI.

Or, le chapelet magique s'était rompu ; mais Euphémie en avait fait un autre tout semblable et empoisonné. — « Ce n'est pas là mon chapelet, » dit Mercure. — « Comptez bien tous les grains, dit-elle ; vous savez » qu'il y en avait soixante-sept. »

XXII.

Et Mercure comptait les grains avec ses doigts, qu'il mouillait de temps en temps de sa salive, et le poison subtil se glissait à travers sa peau. Quand il fut arrivé au soixante-sixième grain, il poussa un grand soupir et tomba mort.

NOTES.

¹ Cette manière barbare de conduire des prisonniers est fort usitée, surtout par les Arnautes dans leurs surprises. Au moindre cri de leur victime, ils lui coupent le doigt avec les dents. D'après cette circonstance et quelques autres du même genre, je suppose que l'auteur de la ballade fait allusion à une guerre des anciens rois de Bosnie contre les musulmans.

² Ce sont, en général, des bandes de papier contenant plusieurs passages de l'Évangile, mêlés avec des caractères bizarres et enveloppés dans une bourse de cuir rouge. Les Morlaques appellent *zapis* ces talismans, auxquels ils ont grande confiance.

³ On voit à chaque instant des preuves du mépris que les Illyriens ont pour leurs femmes.

⁴ Clissa a été souvent la résidence des rois de Bosnie, qui possédaient aussi une grande partie de la Dalmatie.

⁵ Les histoires d'armées de fantômes sont fort communes dans l'Orient. — Tout le monde sait comment une nuit la ville de Prague fut assiégée par des spectres qu'un certain savant mit en fuite en criant : *Vézélé ! Vézélé !*

⁶ Ils sont remarquables par leur haute stature.

⁷ Sans doute que la maison du seigneur Mercure était dans ce village.

⁸ Ce mot est emprunté, je crois, de la langue turque ; il signifie maître des cérémonies.

LES BRAVES HEYDUQUES [1].

Dans une caverne, couché sur des cailloux aigus, est un brave heyduque, Christich Mladin. A côté de lui est sa femme, la belle Catherine, à ses pieds ses deux braves fils. Depuis trois jours ils sont dans cette caverne sans manger, car leurs ennemis gardent tous les passages de la montagne, et, s'ils lèvent la tête, cent fusils se dirigent contre eux. Ils ont tellement soif, que leur langue est noire et gonflée, car ils n'ont pour boire qu'un peu d'eau croupie dans le creux d'un rocher. Cependant pas un n'a osé faire entendre une plainte [2], car ils craignaient de déplaire à Christich Mladin. Quand trois jours furent écoulés, Catherine s'écria : « Que la sainte » Vierge ait pitié de vous, et qu'elle vous venge de vos » ennemis ! » Alors elle a poussé un soupir, et elle est morte. Christich Mladin a regardé le cadavre d'un œil sec ; mais ses deux fils essuyaient leurs larmes quand leur père ne les regardait pas. Le quatrième jour est venu, et le soleil a tari l'eau croupie dans le creux du rocher. Alors Christich, l'aîné des fils de Mladin, est devenu fou : il a tiré son hanzar [3], et il regardait le cadavre de sa mère avec des yeux comme ceux d'un loup qui voit un agneau. Alexandre, son frère cadet, eut horreur de lui. Il a tiré son hanzar et s'est percé le bras. « Bois mon sang, Christich, et ne commets pas » un crime [4]. Quand nous serons tous morts de faim, » nous reviendrons sucer le sang de nos ennemis. »

Alladin s'est levé, il s'est écrié : « Enfants, debout !
» mieux vaut une belle balle que l'agonie de la faim. »
Ils sont descendus tous les trois comme des loups enragés. Chacun a tué dix hommes, chacun a reçu dix balles dans la poitrine. Nos lâches ennemis leur ont coupé la tête, et, quand ils la portaient en triomphe, ils osaient à peine la regarder, tant ils craignaient Christich Alladin et ses fils⁵.

NOTES.

¹ On dit que Hyacinthe Maglanovich a fait cette belle ballade dans le temps où il menait lui-même la vie d'un heydúque, c'est-à-dire à peu de chose près la vie d'un voleur de grand chemin.

² Les heyduques souffrent la douleur avec encore plus de courage que les Morlaques même. J'ai vu mourir un jeune homme qui, s'étant laissé tomber du haut d'un rocher, avait eu les jambes et les cuisses fracturées en cinq ou six endroits. Pendant trois jours d'agonie il ne proféra pas une seule plainte ; seulement lorsqu'une vieille femme qui avait, disait-on, des connaissances en chirurgie, voulut soulever ses membres brisés pour y appliquer je ne sais quelle drogue, je vis ses poings se contracter et ses sourcils épais se rapprocher d'une manière effrayante.

³ Grand couteau que les Morlaques ont toujours à leur ceinture.

⁴ Ce mot rappelle celui de l'écuyer breton au combat des Trente : « Bois ton sang, Beaumanoir ! »

⁵ Les soldats qui font la guerre aux heyduques sont nommés pandours. Leur réputation n'est guère meilleure que celle des brigands qu'ils poursuivent ; car on les accuse de détrousser souvent les voyageurs qu'ils sont chargés de protéger. Ils sont fort méprisés dans le pays, à cause de leur lâcheté. Souvent dix ou douze heyduques se sont fait jour au travers d'une centaine de pandours. Il est vrai que la faim que ces malheureux endurent fré-

quemment est un aiguillon puissant pour exciter leur courage.

Lorsque les pandours ont fait un prisonnier, ils le conduisent d'une manière assez singulière. Après lui avoir ôté ses armes, ils se contentent de couper le cordon qui attache sa culotte, et la lui laissent pendre sur les jarrets. On sent que le pauvre heyduque est obligé de marcher très-lentement, de peur de tomber sur le nez.

L'AMANTE DE DANNISICH.

I.

Eusèbe m'a donné une bague d'or ciselée [1]; Wlodimer m'a donné une toque rouge [2] ornée de médailles; mais, Dannisich, je t'aime mieux qu'eux tous.

II.

Eusèbe a les cheveux noirs et bouclés; Wlodimer a le teint blanc comme une jeune femme des montagnes; mais, Dannisich, je te trouve plus beau qu'eux tous.

III.

Eusèbe m'a embrassée, et j'ai souri; Wlodimer m'a embrassée, il avait l'haleine douce comme la violette; quand Dannisich m'embrasse [3], mon cœur tressaille de plaisir.

IV.

Eusèbe sait beaucoup de vieilles chansons; Wlodimer sait faire résonner la guzla. J'aime les chansons et la guzla, mais les chansons et la guzla de Dannisich.

V.

Eusèbe a chargé son parrain de me demander en mariage; Wlodimer enverra demain le prêtre à mon père [4]; mais viens sous ma fenêtre, Dannisich, et je m'enfuirai avec toi.

NOTES.

[1] Avant de se marier, les femmes reçoivent des cadeaux de toutes les mains sans que cela tire à conséquence. Souvent une fille a cinq ou six adorateurs, de qui elle tire chaque jour quelque présent, sans être obligée de leur donner rien autre que des espérances. Quand ce manége a duré ainsi quelque temps, l'amant préféré demande à sa belle la permission de l'enlever, et elle indique toujours l'heure et le lieu de l'enlèvement. Au reste, la réputation d'une fille n'en souffre pas du tout pour cela, et c'est de cette manière que se font la moitié des mariages morlaques.

[2] Une toque rouge est pour les femmes un insigne de virginité. Une fille qui aurait fait un faux pas, et qui oserait paraître en public avec sa toque rouge, risquerait de se la voir arracher par un prêtre, et d'avoir ensuite les cheveux coupés par un de ses parents en signe d'infamie.

[3] C'est la manière de saluer la plus ordinaire. Quand une jeune fille rencontre un homme qu'elle a vu une fois, elle l'embrasse en l'abordant.

Si vous demandez l'hospitalité à la porte d'une maison, la femme ou la fille aînée du propriétaire vient vous tenir la bride du cheval, et vous embrasse aussitôt que vous avez mis pied à terre. Cette réception est très-agréable de la part d'une jeune fille, mais d'une femme mariée elle a ses désagréments. Il faut savoir que, sans doute par excès de modestie et par mépris pour le monde, une femme mariée ne se lave presque jamais la figure : aussi toutes sont-elles d'une malpropreté hideuse.

[4] Sans doute pour la demander aussi en mariage.

LA BELLE HÉLÈNE.

PREMIÈRE PARTIE.

I.

Asseyez-vous autour de Jean Bietko, vous tous qui voulez savoir l'histoire lamentable de la belle Hélène et de Théodore Khonopka, son mari. Jean Bietko est le meilleur joueur de guzla que vous ayez entendu et que vous entendrez jamais.

II.

Théodore Khonopka était un hardi chasseur du temps de mon grand-père, de qui je tiens cette histoire. Il épousa la belle Hélène, qui le préféra à Piero Stamati [1], parce que Théodore était beau et que Piero était laid et méchant.

III.

Piero Stamati s'en est venu un jour à la maison de Théodore Khonopka : « Hélène, est-il vrai que votre » mari est parti pour Venise et qu'il doit y rester un » an ? » — « Il est vrai, et j'en suis tout affligée, parce » que je vais rester seule dans cette grande mai- » son. » —

IV.

« Ne pleurez pas, Hélène, de rester seule à la maison.
» Il viendra quelqu'un pour vous tenir compagnie.
» Laissez-moi dormir avec vous, et je vous donnerai
» une grosse poignée de beaux sequins luisants, que
» vous attacherez à vos cheveux, qui sont si noirs. » —

V.

« Arrière de moi, méchant !.................
» ....? » — « Mais, dit le méchant
» Stamati, laissez-moi dormir avec vous, et je vous don-
» nerai une robe de velours avec autant de sequins
» qu'il en peut tenir dans le fond de mon bonnet. » —

VI.

« Arrière de moi, méchant ! ou je dirai ta perfidie à
» mes frères, qui te feront mourir. » ....
....
Or, Stamati était un petit vieillard camus et rabougri,
et Hélène était grande et forte.

VII.

Bien lui prit d'être grande et forte...............
....
Stamati est tombé sur le dos, et il est rentré dans sa
maison pleurant, les genoux à demi ployés et chancelant...

VIII.

Il est allé trouver un juif impie, et lui a demandé
comment il se vengerait d'Hélène. Le juif lui a dit :

« Cherche sous la pierre d'une tombe jusqu'à ce que tu
» trouves un crapaud noir² ; alors tu me l'apporteras
» dans un pot de terre. »

IX.

Il lui apporta un crapaud noir trouvé sous la pierre d'une tombe, et il lui a versé de l'eau sur la tête et a nommé cette bête Jean. C'était un bien grand crime de donner à un crapaud noir le nom d'un si grand apôtre !

X.

Alors ils ont lardé le crapaud avec la pointe de leurs ataghans jusqu'à ce qu'un venin subtil sortît de toutes les piqûres; et ils ont recueilli ce venin dans une fiole et l'ont fait boire au crapaud. Ensuite ils lui ont fait lécher un beau fruit.

XI.

Et Stamati a dit à un jeune garçon qui le suivait :
« Porte ce fruit à la belle Hélène, et dis-lui que ma
» femme le lui envoie. » Le jeune garçon a porté le beau fruit, comme on le lui avait dit, et la belle Hélène l'a mangé tout entier avec une grande avidité.

XII.

Quand elle eut mangé ce fruit, qui avait une si belle couleur, elle se sentit toute troublée, et il lui sembla qu'un serpent remuait dans son ventre.

Que ceux qui veulent connaître la fin de cette histoire donnent quelque chose à Jean Bietko.

DEUXIÈME PARTIE.

I.

Quand la belle Hélène eut mangé ce fruit, elle fit le signe de la croix, mais elle n'en sentit pas moins quelque chose qui s'agitait dans son ventre. Elle appela sa sœur, qui lui dit de boire du lait; mais elle sentait toujours comme un serpent.

II.

Voilà que son ventre a commencé à gonfler peu à peu, tous les jours davantage; si bien que les femmes disaient : « Hélène est grosse ; mais comment cela se » fait-il? car son mari est absent. Il est allé à Venise il » y a plus de dix mois. »

III.

Et la belle Hélène était toute honteuse et n'osait lever la tête, encore moins sortir dans la rue. Mais elle restait assise et pleurait tout le long du jour et toute la nuit encore. Et elle disait à sa sœur : « Que deviendrai-je quand mon mari reviendra? »

IV.

Quand son voyage eut duré un an, Théodore Khonopka pensa à revenir. Il monta sur une galère bien dorée, et il est revenu heureusement dans son pays. Ses voisins et ses amis sont venus à sa rencontre, vêtus de leurs plus beaux habits.

V.

Mais il eut beau regarder dans la foule, il ne vit pas la belle Hélène, et alors il demanda : « Qu'est devenue » la belle Hélène, ma femme? pourquoi n'est-elle pas » ici ? » Ses voisins se prirent à sourire ; ses amis rougirent, mais pas un ne répondit [1].

VI.

Quand il est entré dans sa maison, il a trouvé sa femme assise sur un coussin. « Levez-vous, Hélène. » Elle s'est levée, et il a vu son ventre qui était si gros. « Qu'est-ce cela? il y a plus d'un an, Hélène, que je » n'ai dormi avec vous ! » —

VII.

» Mon seigneur, je vous le jure par le nom de la » bienheureuse vierge Marie, je vous suis restée fidèle ; » mais on m'a jeté un sort qui m'a fait enfler le ventre. » Mais il ne l'a point crue, et il a tiré son sabre et lui a coupé la tête d'un seul coup.

VIII.

Lorsqu'elle eut la tête coupée, il dit : « Cet enfant qui » est dans son sein perfide n'est point coupable : je veux » le tirer de son sein et l'élever. Je verrai à qui il res- » semble, et ainsi je connaîtrai quel est le traître qui » est son père, et je le tuerai. »

VIII. (*Variante* [1].)

(Lorsqu'elle eut la tête coupée, il dit : « Je veux tirer » l'enfant de son sein perfide et l'exposer dans le pays,

» comme pour le faire mourir. Alors son père viendra
» le chercher, et par ce moyen je reconnaîtrai le traître
» qui est son père, et je le tuerai. »)

IX.

Il a ouvert son beau sein si blanc, et voilà qu'au lieu d'un enfant il n'a trouvé qu'un crapaud noir. « Hélas!
» hélas! qu'ai-je fait? dit-il. J'ai tué la belle Hélène,
» qui ne m'avait point trahi ; mais on lui avait jeté un
» sort avec un crapaud! »

X.

Il a ramassé la tête de sa chère femme et l'a baisée. Soudain cette tête froide a rouvert les yeux, ses lèvres ont tremblé, et elle a dit : « Je suis innocente, mais des
» enchanteurs m'ont ensorcelée par vengeance avec un
» crapaud noir.

XI.

» Parce que je suis restée fidèle, Piero Stamati m'a
» jeté un sort, aidé par un méchant juif qui habite
» dans la vallée des tombeaux. » Alors la tête a fermé les yeux, sa langue s'est glacée, et jamais elle ne reparla.

XII.

Théodore Khonopka a cherché Piero Stamati et lui a coupé la tête. Il a tué aussi le méchant juif, et il a fait dire trente messes pour le repos de l'âme de sa femme. Que Dieu lui fasse miséricorde et à toute la compagnie!

NOTES.

[1] Ce nom est italien. Les Morlaques aiment beaucoup dans leurs contes à faire jouer aux Italiens un rôle odieux. *Pasa*

vjerro, foi de chien, et *lantzmaniska vjerro*, foi d'Italien, sont deux injures synonymes.

² C'est une croyance populaire de tous les pays que le crapaud est un animal venimeux. On voit dans l'histoire d'Angleterre qu'un roi fut empoisonné par un moine avec de l'ale dans laquelle il avait noyé un crapaud.

³ Ce passage est remarquable par sa simplicité et sa concision énergique.

⁴ J'ai entendu chanter cette ballade de ces deux manières.

SUR LE MAUVAIS OEIL.

INTRODUCTION.

C'est une croyance fort répandue dans le Levant, et surtout en Dalmatie, que certaines personnes ont le pouvoir de jeter un sort par leurs regards. L'influence que le mauvais œil peut exercer sur un individu est très-grande. Ce n'est rien que de perdre au jeu ou de se heurter contre une pierre dans les chemins ; souvent le malheureux fasciné s'évanouit, tombe malade et meurt étique en peu de temps. J'ai vu deux fois des victimes du mauvais œil. Dans la vallée de Knin, une jeune fille est abordée par un homme du pays qui lui demande le chemin. Elle le regarde, pousse un cri et tombe par terre sans connaissance. L'étranger prit la fuite. J'étais à quelque distance, et, croyant d'abord qu'il avait assassiné la jeune fille, je courus à son secours avec mon guide. La pauvre enfant revint bientôt à elle, et nous dit que l'homme qui lui avait parlé avait le mauvais œil et qu'elle était fascinée. Elle nous pria de l'accompagner chez un prêtre, qui lui fit baiser certaines reliques et pendit à son cou un papier contenant quelques mots bizarres et enveloppé dans de la soie La jeune fille alors reprit courage ; et deux jours après, quand je continuai mon voyage, elle était en parfaite santé.

Une autre fois, au village de Poghoschiamy, je vis un jeune homme de vingt-cinq ans pâlir et tomber par terre de frayeur devant un heyduque très-âgé qui le regardait. On me dit qu'il était sous l'influence du mauvais œil, mais que ce n'était pas la faute du heyduque, qui tenait son mauvais œil de la nature, et qui même était fort chagrin de posséder ce redoutable pouvoir. Je voulus faire sur moi-même une expérience : je parlai au heyduque et le priai de me regarder quelque temps ; mais il s'y refusa toujours, et parut tellement affligé de ma demande, que je fus forcé d'y renoncer. La figure de cet homme était repoussante, et ses yeux étaient très-gros et saillants. En général il les tenait baissés ; mais quand, par distraction, il les fixait sur quelqu'un, il lui était impossible, m'a-t-on dit, de les détourner avant que sa victime ne fût tombée. Le jeune homme qui s'était évanoui l'avait regardé aussi fixement en ouvrant les yeux d'une manière hideuse et montrant tous les signes de la frayeur.

J'ai entendu aussi parler de gens qui avaient deux prunelles dans un œil, et c'étaient les plus redoutables, selon l'opinion des bonnes femmes qui me faisaient ce conte.

Il y a différents moyens, presque tous insuffisants, de se préserver du mauvais œil. Les uns portent sur eux des cornes d'animaux, les autres des morceaux de corail, qu'ils dirigent contre toute personne suspecte du mauvais œil.

On dit aussi qu'au moment où l'on s'aperçoit que le mauvais œil vous regarde, il faut toucher du fer ou bien jeter du café à la tête de celui qui vous fascine. Quelquefois un coup de pistolet tiré en l'air brise le charme fatal. Souvent des Morlaques ont pris un moyen plus sûr; c'est de diriger leur pistolet contre l'enchanteur prétendu.

Un autre moyen de jeter un sort consiste à louer beaucoup une personne ou une chose. Tout le monde n'a pas non plus cette faculté dangereuse, et elle ne s'exerce pas toujours volontairement.

Il n'est personne ayant voyagé en Dalmatie ou en Bosnie qui ne se soit trouvé dans la même position que moi. Dans un village sur la Trebignizza, dont j'ai oublié le nom, je vis un joli petit enfant qui jouait sur l'herbe devant une maison. Je le caressai et je complimentai sa mère, qui me regardait. Elle parut assez peu touchée de ma politesse et me pria sérieusement de cracher au front de son enfant. J'ignorais encore que ce fût là le moyen de détruire l'enchantement produit par des paroles. Très-étonné, je refusais obstinément, et la mère appelait son mari pour m'y contraindre le pistolet sur la gorge, quand mon guide, jeune heyduque, me dit : « Monsieur, je vous ai toujours vu bon et » honnête ; pourquoi ne voulez-vous pas défaire un en- » chantement que, j'en suis sûr, vous avez fait sans le » vouloir ? » Je compris la cause de l'obstination de la mère, et je me hâtai de la satisfaire.

En résumé, pour l'intelligence de la ballade suivante ainsi que de plusieurs autres, il faut croire que certaines personnes ensorcellent par leurs regards, que d'autres ensorcellent par leurs paroles, que cette faculté nuisible se transmet de père en fils, enfin, que ceux qui sont fascinés de cette manière, surtout les enfants et les femmes, sèchent et meurent en peu de temps.

MAXIME ET ZOÉ[1],

PAR HYACINTHE MAGLANOVICH.

I.

Oh! Maxime Duban! oh! Zoé, fille de Jellavich! que la sainte mère de Dieu récompense votre amour! Puissiez-vous être heureux dans le ciel!

II.

Quand le soleil s'est couché dans la mer, quand le voïvode s'est endormi, alors on entend une douce guzla sous la fenêtre de la belle Zoé, la fille aînée de Jellavich.

III.

Et vite la belle Zoé se lève sur la pointe du pied, et elle ouvre sa fenêtre, et un grand jeune homme est assis par terre qui soupire et qui chante son amour sur la guzla.

IV.

Et les nuits les plus noires sont celles qu'il préfère; et, quand la lune est dans son plein, il se cache dans l'ombre, et l'œil seul de Zoé peut le découvrir sous sa pelisse d'agneau noir.

V.

Et quel est ce jeune homme à la voix si douce? qui peut le dire? Il est venu de loin; mais il parle notre langue : personne ne le connaît, et Zoé seule sait son nom.

VI.

Mais ni Zoé ni personne n'a vu son visage; car, quand vient l'aurore, il met son fusil sur son épaule, et s'enfonce dans les bois, à la poursuite des bêtes fauves.

VII.

Et toujours il rapporte des cornes du petit bouc de montagne, et il dit à Zoé : « Porte ces cornes avec toi, » et puisse Marie te préserver du mauvais œil ! »

VIII.

Il s'enveloppe la tête d'un châle comme un Arnaute[2], et le voyageur égaré qui le rencontre dans les bois n'a jamais pu connaître son visage sous les nombreux plis de la mousseline dorée.

IX.

Mais une nuit Zoé dit : « Approche, que ma main » te touche. » Et elle a touché son visage de sa main blanche; et, quand elle se touchait elle-même, elle ne sentait pas des traits plus beaux.

X.

Alors elle dit : « Les jeunes gens de ce pays m'en- » nuient; ils me recherchent tous; mais je n'aime que

XI.

« Je monterai en croupe sur ton cheval, et tu m'em-
» mèneras dans ton pays, pour que je sois ta femme :
» il y a bien long-temps que je porte des *opanke*; je
» veux avoir des pantoufles brodées[1]. »

XII.

Le jeune joueur de guzla a soupiré, il a dit : « Que
» demandes-tu? je ne puis te voir le jour; mais des-
» cends cette nuit même, et je t'emmènerai avec moi
» dans la belle vallée de Knin : là nous serons époux. »

XIII.

Et elle dit : « Non, je veux que tu m'emmènes de-
» main, car je veux emporter mes beaux habits, et
» mon père a la clef du coffre. Je la déroberai demain,
» et puis je viendrai avec toi. »

XIV.

Alors il a soupiré encore une fois, et il dit : « Ainsi
» que tu le désires, il sera fait. » Puis il l'a embrassée;
mais les coqs ont chanté, et le ciel est devenu rose, et
l'étranger s'en est allé.

XV.

Et quand est venue l'heure de midi, il est arrivé à
la porte du voïvode, monté sur un coursier blanc
comme lait; et sur la croupe était un coussin de velours, pour porter plus doucement la gentille Zoé.

XVI.

Mais l'étranger a le front couvert d'un voile épais; à peine lui voit-on la bouche et la moustache. Et ses habits étincellent d'or, et sa ceinture est brodée de perles¹.

XVII.

Et la belle Zoé a sauté lestement en croupe, et le coursier blanc comme lait a henni, orgueilleux de sa charge, et il galopait laissant derrière lui des tourbillons de poussière.

XVIII.

« Zoé, dis-moi, as-tu emporté cette belle corne que » je t'ai donnée? » — « Non, dit-elle, qu'ai-je à faire » de ces bagatelles? J'emporte mes habits dorés et mes » colliers et mes médailles. » —

XIX.

« Zoé, dis-moi, as-tu emporté cette belle relique » que je t'ai donnée? » — « Non, dit-elle, je l'ai pen- » due au cou de mon petit frère, qui est malade, afin » qu'il guérisse de son mal. »

XX.

Et l'étranger soupirait tristement. « Maintenant que » nous sommes loin de ma maison, dit la belle Zoé, » arrête ton beau cheval, ôte ce voile et laisse-moi » t'embrasser, cher Maxime². »

XXI.

Mais il dit : « Cette nuit nous serons plus commodé- » ment dans ma maison : il y a des coussins de satin;

» cette nuit nous reposerons ensemble sous des rideaux
» de damas. » —

XXII.

« Eh quoi ! dit la belle Zoé, est-ce là l'amour que tu
» as pour moi ? Pourquoi ne pas tourner la tête de mon
» côté ? pourquoi me traites-tu avec tant de dédain ? Ne
» suis-je pas la plus belle fille de mon pays ? » —

XXIII.

« Oh ! Zoé, dit-il, quelqu'un pourrait passer et nous
» voir, et tes frères courraient après nous et nous ra-
» mèneraient à ton père. » Et parlant ainsi il pressait
son coursier de son fouet.

XXIV.

« Arrête, arrête, ô Maxime, dit-elle, je vois bien
» que tu ne m'aimes pas ; si tu ne te retournes pour
» me regarder, je vais sauter du cheval, dussé-je me
» tuer en tombant. »

XXV.

Alors l'étranger d'une main arrêta son cheval, et de
l'autre il jeta par terre son voile ; puis il se retourna
pour embrasser la belle Zoé : Sainte Vierge ! il avait
deux prunelles dans chaque œil !

XXVI.

Et mortel, mortel était son regard ! Avant que ses
lèvres eussent touché celles de la belle Zoé, la jeune
fille pencha la tête sur son épaule, et elle tomba de
cheval pâle et sans vie.

XXVII.

« Maudit soit mon père! s'écria Maxime Duban, qui
» m'a donné cet œil funeste[7]. Je ne veux plus causer
» de maux ! » Et aussitôt il s'arracha les yeux avec son
hanzar.

XXVIII.

Et il fit enterrer avec pompe la belle Zoé ; et, pour
lui, il entra dans un cloître; mais il n'y vécut pas
long-temps, car bientôt on rouvrit le tombeau de la
belle Zoé pour placer Maxime à côté d'elle.

NOTES.

[1] Cette ballade peut donner une idée du goût moderne. On y voit un commencement d'afféterie qui se mêle déjà à la simplicité des anciennes poésies illyriques. Au reste, elle est fort admirée et passe pour une des meilleures de Maglanovich. Peut-être faut-il tenir compte du goût excessif des Morlaques pour tout ce qui sent le merveilleux.

[2] En hiver les Arnautes s'enveloppent les oreilles, les joues et la plus grande partie du front avec un châle tourné autour de la tête et qui passe par-dessous le menton.

[3] Allusion à la coutume qui oblige les filles à porter cette espèce de chaussure grossière avant leur mariage. Plus tard elles peuvent avoir des pantoufles (*pachmak*), comme celles des femmes turques.

[4] C'est dans cette partie de l'habillement que les hommes mettent surtout un grand luxe.

[5] On voit ici comment la fable d'Orphée et d'Eurydice a été travestie par le poète illyrien, qui, j'en suis sûr, n'a jamais lu Virgile.

[6] C'est un signe assuré du mauvais œil.

[7] Il faut se rappeler que cet œil funeste est souvent héréditaire dans une famille.

LE MAUVAIS OEIL [1].

Dors, pauvre enfant, dors tranquille; puisse saint Eusèbe avoir pitié de toi!

I.

Maudit étranger! puisses-tu périr sous la dent des ours! puisse ta femme t'être infidèle!
Dors, etc.

II.

Avec des paroles flatteuses il vantait la beauté de mon enfant; il a passé la main sur ses cheveux blonds.
Dors, etc.

III.

Beaux yeux bleus, disait-il, bleus comme un ciel d'été, et ses yeux gris se sont fixés sur les siens.
Dors, etc.

IV.

Heureuse la mère de cet enfant, disait-il, heureux le père; et il voulait leur ôter leur enfant.
Dors, etc.

V.

Et par des paroles caressantes il a fasciné le pauvre garçon, qui maigrit tous les jours.
Dors, etc.

[1] Voir l'introduction, page 395.

VI.

Ses yeux bleus, qu'il vantait, sont devenus ternes par l'effet de ses paroles magiques.

Dors, etc.

VII.

Ses cheveux blonds sont devenus blancs comme ceux d'un vieillard, tant les enchantements étaient forts.

Dors, etc.

VIII.

Ah! si ce maudit étranger était en ma puissance, je l'obligerais à cracher sur ton joli front.

Dors, etc.

IX.

Courage, enfant, ton oncle est allé à Starigrad; il rapportera de la terre du tombeau du saint.

Dors, etc.

X.

Et l'évêque, mon cousin, m'a donné une relique que je vais pendre à ton cou pour te guérir.

Dors, etc.

LA FLAMME DE PERRUSSICH,

PAR HYACINTHE MAGLANOVICH.

I.

Pourquoi le bey Janco Marnavich n'est-il jamais dans son pays? Pourquoi voyage-t-il dans les âpres montagnes de Vorgoraz, ne couchant jamais deux nuits sous le même toit? Ses ennemis le poursuivent-ils et ont-ils juré que le prix du sang ne serait jamais reçu?

II.

Non. Le bey Janco est riche et puissant. Personne n'oserait se dire son ennemi, car à sa voix plus de deux cents sabres sortiraient du fourreau. Mais il cherche les lieux déserts et se plaît dans les cavernes qu'habitent les heyduques, car son cœur est livré à la tristesse depuis que son pobratime [1] est mort.

III.

Cyrille Pervan est mort au milieu d'une fête. L'eau-de-vie a coulé à grands flots, et les hommes sont devenus fous. Une dispute s'est élevée entre deux beys de renom, et le bey Janco Marnavich a tiré son pistolet sur son ennemi; mais l'eau-de-vie a fait trembler sa main, et il a tué son pobratime Cyrille Pervan.

IV.

Dans l'église de Perrussich ils s'étaient juré de vivre et de mourir ensemble ; mais, deux mois après avoir prêté ce serment, l'un des pobratimes est mort par la main de son frère. Le bey Janco depuis ce jour ne boit plus de vin ni d'eau-de-vie ; il ne mange que des racines, et il court çà et là comme un bœuf effrayé du taon.

V.

Enfin, il est revenu dans son pays et il est entré dans l'église de Perrussich : là, pendant tout un jour, il a prié, étendu, les bras en croix sur le pavé, et versant des larmes amères. Mais, quand la nuit est venue, il est retourné dans sa maison, et il semblait plus calme ; et il a soupé, servi par sa femme et ses enfants.

VI.

Et quand il se fut couché, il appela sa femme et lui dit : « De la montagne de Pristeg, peux-tu voir l'église » de Perrussich ? » Et elle regarda à la fenêtre et dit : « La Morpolazza est couverte de brouillard, et je ne » puis rien voir de l'autre côté. » Et le bey Janco dit : « Bon, recouche-toi près de moi. » Et il pria dans son lit pour l'âme de Cyrille Pervan.

VII.

Et quand il eut prié, il dit à sa femme : « Ouvre la » fenêtre et regarde du côté de Perrussich. » Aussitôt sa femme s'est levée, et elle dit : « De l'autre côté de la » Morpolazza, au milieu du brouillard, je vois une lu- » mière pâle et tremblotante. » Alors le bey a souri, et il dit : « Bon, recouche-toi. » Et il prit son chapelet et il se remit à prier.

VIII.

Quand il eut dit son chapelet, il appela sa femme et lui dit : « Prascovie, ouvre encore la fenêtre et re-
» garde. » Et elle se leva et dit : « Seigneur, je vois au
» milieu de la rivière une lumière brillante[2] qui che-
» mine rapidement de ce côté. » Alors elle entendit un grand soupir et quelque chose qui tombait sur le plancher. Le bey Janco était mort.

NOTES.

[1] L'amitié est en grand honneur parmi les Morlaques, et il est encore assez commun que deux hommes s'engagent l'un à l'autre par une espèce de fraternité nouvelle. Il y a dans les rituels illyriques des prières destinées à bénir cette union de deux amis qui jurent de s'aider et de se défendre l'un l'autre toute leur vie. Deux hommes unis par cette cérémonie religieuse s'appellent en illyrique *pobratimi*, et les femmes *posestrime*, c'est-à-dire, demi-frères, demi-sœurs. Souvent on voit les pobratimi sacrifier leur vie l'un pour l'autre ; et, si quelque querelle survenait entre eux, ce serait un scandale aussi grand que si, chez nous, un fils maltraitait son père. Cependant comme les Morlaques aiment beaucoup les liqueurs fortes et qu'ils oublient quelquefois dans l'ivresse leurs serments d'amitié, les assistants ont grand soin de s'entremettre entre les pobratimi, afin d'empêcher les querelles, toujours funestes dans un pays où tous les hommes sont armés.

J'ai vu à Knin une jeune fille morlaque mourir de douleur d'avoir perdu son amie, qui avait péri malheureusement en tombant d'une fenêtre.

[2] L'idée qu'une flamme bleuâtre voltige autour des tombeaux et annonce la présence de l'âme d'un mort, est commune à plusieurs peuples, et est généralement reçue en Illyrie.

Le style de cette ballade est touchant par sa simplicité, qualité assez rare dans les poésies illyriques de nos jours.

BARÇAROLE.

I.

Pisombo[1], pisombo! la mer est bleue, le ciel est serein, la lune est levée, et le vent n'enfle plus nos voiles d'en haut. Pisombo, pisombo!

II.

Pisombo, pisombo! que chaque homme prenne un aviron; s'il sait le couvrir d'écume blanche, nous arriverons cette nuit à Raguse. Pisombo, pisombo!

III.

Pisombo, pisombo! ne perdez pas de vue la côte à votre droite, de peur des pirates et de leurs bateaux longs remplis de sabres et de mousquets[2]. Pisombo, pisombo!

IV.

Pisombo, pisombo! voici la chapelle de saint Étienne, patron de ce navire : grand saint Étienne[3], envoie-nous de la brise; nous sommes las de ramer. Pisombo, pisombo!

V.

Pisombo, pisombo! le beau navire, comme il obéit au gouvernail! Je ne le donnerais pas pour la grande carraque qui met sept jours à virer de bord⁴. Pisombo, pisombo !

NOTES.

[1] Ce mot n'a aucune signification. Les matelots illyriens le répètent en chantant continuellement pendant qu'ils rament, afin d'accorder leurs mouvements.

Les marins de tous les pays ont un mot ou un cri à eux propre, qui accompagne toutes leurs manœuvres.

[2] Plusieurs de ces bateaux portent jusqu'à soixante hommes, et ils sont tellement étroits, que deux hommes de front ne sont pas assis commodément.

[3] Chaque bâtiment porte en général le nom du saint, patron du capitaine.

[4] Cette ridicule plaisanterie est commune à tous les peuples marins.

LE COMBAT
DE ZENITZA-VELIKA[1].

Le grand bey Radivoï a mené les braves avec lui pour livrer bataille aux infidèles. Quand les Dalmates[2] ont vu nos étendards de soie jaune, ils ont relevé leurs moustaches, ils ont mis leurs bonnets sur l'oreille, et ils ont dit : « Nous aussi, nous voulons tuer des mé-
» créants, et nous rapporterons leurs têtes dans notre
» pays. » Le bey Radivoï répondit : « Dieu y ait part ! » Aussitôt nous avons passé la Cettina et nous avons brûlé toutes les villes et tous les villages de ces chiens circoncis ; et, quand nous trouvions des juifs, nous les pendions aux arbres[3]. Le beglier-bey est parti de Bania-louka[4] avec deux mille Bosniaques pour nous livrer bataille; mais aussitôt que leurs sabres courbés ont brillé au soleil, aussitôt que leurs chevaux ont henni sur la colline de Zenitza-Velika, les Dalmates, ces misérables poltrons, ont pris la fuite et nous ont abandonnés. Alors nous nous sommes serrés en rond et nous avons environné le grand bey Radivoï. « Seigneur, nous
» ne vous quitterons pas comme ces lâches; mais, Dieu
» aidant et la sainte Vierge, nous rentrerons dans notre
» pays, et nous raconterons cette grande bataille à nos
» enfants. » Puis nous avons brisé nos fourreaux[5]. Chaque homme de notre armée en valait dix, et nos sabres étaient rougis depuis la pointe jusqu'à la garde. Mais,

comme nous espérions repasser la Cettina, le selichtar⁶ Mehemet est venu fondre sur nous avec mille cavaliers. « Braves gens, a dit le bey Radivoï, ces chiens sont trop » nombreux, nous ne pourrons leur échapper. Que » ceux qui ne sont pas blessés tâchent de gagner les bois; » ainsi ils échapperont aux cavaliers du selichtar. » Lorsqu'il eut fini de parler, il se trouva avec vingt hommes seulement, mais tous ses cousins; et tant qu'ils ont vécu, ils ont défendu le bey leur chef. Quand dix-neuf eurent été tués, Thomas, le plus jeune, dit au bey : « Monte sur ce cheval blanc comme la neige; il » passera la Cettina et te ramènera dans notre pays. » Mais le bey a refusé de fuir, et il s'est assis par terre les jambes croisées. Alors est venu le selichtár Mehemet qui lui a tranché la tête.

NOTES.

¹ J'ignore à quelle époque eut lieu l'action qui a fourni le sujet de ce petit poème, et le joueur de guzla qui me l'a récité ne put me donner d'autres informations, si ce n'est qu'il le tenait de son père et que c'était une ballade fort ancienne.

² Les Dalmates sont détestés par les Morlaques, et le leur rendent bien. On verra par la suite que l'auteur attribue à la trahison des Dalmates la perte de la bataille.

³ Les juifs sont dans ce pays l'objet de la haine des chrétiens et des Turcs, et dans toutes les guerres ils étaient traités avec la dernière rigueur. Ils étaient et sont encore aussi malheureux que le poisson volant, pour me servir de l'ingénieuse comparaison de sir Walter Scott.

⁴ Banialouka a été pendant long-temps la résidence du beglier-bey de Bosnie. Bosna Seraï est maintenant la capitale de ce pachalik.

⁵ Usage illyrien. C'est un serment de vaincre ou mourir.

⁶ Selichtar, mot turc qui veut dire *porte-épée*; c'est une des principales charges de la cour d'un pacha.

SUR LE VAMPIRISME.

En Illyrie, en Pologne, en Hongrie, dans la Turquie et une partie de l'Allemagne, on s'exposerait au reproche d'irréligion et d'immoralité si l'on niait publiquement l'existence des vampires.

On appelle vampire (*vudkodlak* en illyrique) un mort qui sort de son tombeau, en général la nuit, et qui tourmente les vivants. Souvent il les suce au cou; d'autres fois il leur serre la gorge, au point de les étouffer. Ceux qui meurent ainsi par le fait d'un vampire deviennent vampires eux-mêmes après leur mort. Il paraît que tout sentiment d'affection est détruit chez les vampires; car on a remarqué qu'ils tourmentaient leurs amis et leurs parents plutôt que les étrangers.

Les uns pensent qu'un homme devient vampire par une punition divine; d'autres, qu'il y est poussé par une espèce de fatalité. L'opinion la plus accréditée est que les schismatiques et les excommuniés enterrés en terre sainte, ne pouvant y trouver aucun repos, se vengent sur les vivants des peines qu'ils endurent.

Les signes du vampirisme sont : la conservation d'un cadavre après le temps où les autres corps entrent en putréfaction, la fluidité du sang, la souplesse des membres, etc. On dit aussi que les vampires ont les yeux ouverts dans leurs fosses, que leurs ongles et leurs cheveux croissent comme ceux des vivants. Quelques-uns se reconnaissent au bruit qu'ils font dans leurs tombeaux en mâchant tout ce qui les entoure, souvent leur propre chair.

Les apparitions de ces fantômes cessent quand, après les avoir exhumés, on leur coupe la tête et qu'on brûle leur corps.

Le remède le plus ordinaire contre une première attaque d'un vampire est de se frotter tout le corps, et surtout la partie qu'il a sucée, avec le sang que contiennent ses veines, mêlé avec la terre de son tombeau. Les blessures que l'on trouve sur les malades se manifestent par une petite tache bleuâtre ou rouge, telle que la cicatrice que laisse une sangsue.

Voici quelques histoires de vampires rapportées par dom Calmet dans son *Traité sur les apparitions des esprits et sur les vampires*, etc.

« Au commencement de septembre mourut dans le
» village de Kisilova, à trois lieues de Gradisch, un
» vieillard, âgé de soixante-deux ans, etc. Trois jours
» après avoir été enterré, il apparut la nuit à son fils,
» et lui demanda à manger ; celui-ci lui en ayant servi,
» il mangea et disparut. Le lendemain le fils raconta à
» ses voisins ce qui était arrivé. Cette nuit le père ne
» parut pas ; mais la nuit suivante il se fit voir et de-
» manda à manger. On ne sait pas si son fils lui en
» donna ou non, mais on trouva le lendemain celui-ci
» mort dans son lit. Le même jour, cinq ou six person-
» nes tombèrent subitement malades dans le village, et
» moururent l'une après l'autre en peu de jours.

» L'officier ou bailli du lieu, informé de ce qui était
» arrivé, en envoya une relation au tribunal de Bel-
» grade, qui fit venir dans le village deux de ses offi-
» ciers avec un bourreau, pour examiner cette affaire.

» L'officier impérial, dont on tient cette relation, s'y

» rendit de Gradisch, pour être témoin d'un fait dont
» il avait si souvent ouï parler.

» On ouvrit tous les tombeaux de ceux qui étaient
» morts depuis six semaines : quand on vint à celui du
» vieillard, on le trouva les yeux ouverts, d'une cou-
» leur vermeille, ayant une respiration naturelle, ce-
» pendant immobile comme un mort ; d'où l'on conclut
» qu'il était un signalé vampire. Le bourreau lui en-
» fonça un pieu dans le cœur. On fit un bûcher et l'on
» réduisit en cendres le cadavre. On ne trouva aucune
» marque de vampirisme ni dans le cadavre du fils, ni
» dans celui des autres. » —

« Il y a environ cinq ans qu'un certain heyduque,
» habitant de Médreïga, nommé Arnold Paul, fut écrasé
» par la chute d'un chariot de foin. Trente jours après
» sa mort quatre personnes moururent subitement et
» de la manière que meurent, suivant la tradition du
» pays, ceux qui sont molestés des vampires. On se
» ressouvint alors que cet Arnold Paul avait souvent ra-
» conté qu'aux environs de Cassova et sur les frontières
» de la Servie turque il avait été tourmenté par un
» vampire turc (car ils croient aussi que ceux qui ont
» été vampires passifs pendant leur vie le deviennent
» actifs après leur mort, c'est-à-dire que ceux qui ont
» été sucés sucent aussi à leur tour) ; mais qu'il avait
» trouvé moyen de se guérir en mangeant de la terre
» du sépulcre du vampire et en se frottant de son sang ;
» précaution qui ne l'empêcha pas cependant de le de-
» venir après sa mort, puisqu'il fut exhumé quarante
» jours après son enterrement, et qu'on trouva sur son
» cadavre toutes les marques d'un archivampire. Son
» corps était vermeil, ses cheveux, ses ongles, sa barbe
» s'étaient renouvelés, et ses veines étaient toutes rem-

» plies d'un sang fluide et coulant de toutes les parties
» de son corps sur le linceul dont il était environné. Le
» hadnagi ou le bailli du lieu, en présence de qui se fit
» l'exhumation, et qui était un homme expert dans le
» vampirisme, fit enfoncer, selon la coutume, dans le
» cœur du défunt Arnold Paul un pieu fort aigu, dont
» on lui traversa le corps de part en part; ce qui lui fit,
» dit-on, jeter un cri effroyable, comme s'il était en
» vie. Cette expédition faite, on lui coupa la tête et
» l'on brûla le tout. Après cela, on fit la même expédi-
» tion sur les cadavres de ces quatre autres personnes
» mortes de vampirisme, crainte qu'elles n'en fissent
» mourir d'autres à leur tour.

» Toutes ces expéditions n'ont cependant pu empê-
» cher que, vers la fin de l'année dernière, c'est-à-dire
» au bout de cinq ans, ces funestes prodiges n'aient re-
» commencé, et que plusieurs habitants du même vil-
» lage ne soient péris malheureusement. Dans l'espace
» de trois mois, dix-sept personnes de différent sexe et
» de différent âge sont mortes de vampirisme, quel-
» ques-unes sans être malades, et d'autres après deux
» ou trois jours de langueur. On rapporte entre autres
» qu'une nommée Stanoska, fille du heyduque Jo-
» tuitzo, qui s'était couchée en parfaite santé, se ré-
» veilla au milieu de la nuit toute tremblante, en fai-
» sant des cris affreux et disant que le fils du heyduque
» Millo, mort depuis neuf semaines, avait manqué de
» l'étrangler pendant son sommeil. Dès ce moment elle
» ne fit plus que languir, et au bout de trois jours elle
» mourut. Ce que cette fille avait dit du fils de Millo,
» le fit d'abord reconnaître pour un vampire : on l'ex-
» huma et on le trouva tel. Les principaux du lieu, les
» médecins, les chirurgiens examinèrent comment le

» vampirisme avait pu renaître après les précautions
» qu'on avait prises quelques années auparavant.

» On découvrit enfin, après avoir bien cherché, que
» le défunt Arnold Paul avait tué non-seulement les
» quatre personnes dont nous avons parlé, mais aussi
» plusieurs bestiaux dont les nouveaux vampires avaient
» mangé, et entre autres le fils de Millo. Sur ces indi-
» ces, on prit la résolution de déterrer tous ceux qui
» étaient morts depuis un certain temps, etc. Parmi
» une quarantaine on en trouva dix-sept avec tous les
» signes les plus évidents de vampirisme : aussi leur a-
» t-on transpercé le cœur et coupé la tête, et ensuite
» on les a brûlés et jeté leurs cendres dans la rivière.

» Toutes les informations et exécutions dont nous
» venons de parler ont été faites juridiquement, en
» bonne forme, et attestées par plusieurs officiers qui
» sont en garnison dans le pays, par les chirurgiens-
» majors des régiments et par les principaux habitants
» du lieu. Le procès-verbal en a été envoyé vers la fin
» de janvier dernier au conseil de guerre impérial à
» Vienne, qui avait établi une commission militaire
» pour examiner la vérité de tous ces faits. » (D. *Calmet*, t. II.)

Je terminerai en racontant un fait du même genre dont j'ai été témoin, et que j'abandonne aux réflexions de mes lecteurs.

En 1816, j'avais entrepris un voyage à pied dans le Vorgoraz, et j'étais logé dans le petit village de Varboska. Mon hôte était un Morlaque riche pour le pays, homme très-jovial, assez ivrogne, et nommé Vuck Poglonovich. Sa femme était jeune et belle encore, et sa fille, âgée de seize ans, était charmante. Je voulais rester quelques jours dans sa maison afin de dessiner des restes d'antiquités du voisinage, mais il me fut impossible de louer une chambre pour de l'argent; il me fallut la tenir de son hospitalité. Cela m'obligeait à une reconnaissance assez pénible, en ce que j'étais contraint de tenir tête à mon ami Poglonovich aussi longtemps qu'il lui plaisait de rester à table. Quiconque a dîné avec un Morlaque sentira la difficulté de la chose.

Un soir, les deux femmes nous avaient quittés depuis une heure environ, et, pour éviter de boire, je chantais à mon hôte quelques chansons de son pays, quand nous fûmes interrompus par des cris affreux qui partaient de la chambre à coucher. Il n'y en a qu'une ordinairement dans une maison, et elle sert à tout le monde. Nous y courûmes armés, et nous y vîmes un spectacle affreux. La mère, pâle et échevelée, soutenait sa fille évanouie, encore plus pâle qu'elle-même et étendue sur une botte de paille qui lui servait de lit. Elle criait : « Un vampire! un vampire! ma pauvre fille est morte! »

Nos soins réunis firent revenir à elle la pauvre Khava : elle avait vu, disait-elle, la fenêtre s'ouvrir, et un homme pâle et enveloppé dans un linceul s'était jeté sur elle et l'avait mordue en tâchant de l'étrangler. Aux cris qu'elle avait poussés le spectre s'était enfui et elle s'était évanouie. Cependant elle avait cru reconnaître dans le vampire un homme du pays mort depuis plus de quinze jours et nommé Wiecznany. Elle avait sur le cou une petite marque rouge; mais je ne sais si ce n'était pas un signe naturel, ou si quelque insecte ne l'avait pas mordue pendant son cauchemar.

Quand je hasardai cette conjecture, le père me repoussa durement; la fille pleurait et se tordait les bras, répétant sans cesse : « Hélas! mourir si jeune avant d'être mariée! » Et la mère me disait des injures, m'appelant mécréant, et certifiant qu'elle avait vu le vampire de ses deux yeux et qu'elle avait bien reconnu Wiecznany. Je pris le parti de me taire.

Toutes les amulettes de la maison et du village furent bientôt pendues au cou de Khava, et son père disait en jurant que le lendemain il irait déterrer Wiecznany et qu'il le brûlerait en présence de tous ses parents. La nuit se passa de la sorte sans qu'il fût possible de les calmer.

Au point du jour, tout le village fut en mouvement; les hommes étaient armés de fusils et de hanzars; les femmes portaient des ferrements rougis; les enfants avaient des pierres et des bâtons. On se rendit au cimetière au milieu des cris et des injures dont on accablait le défunt. J'eus beaucoup de peine à me faire jour au milieu de cette foule enragée et à me placer auprès de la fosse.

L'exhumation dura long-temps. Comme chacun voulait y avoir part, on se gênait mutuellement, et même plusieurs accidents seraient arrivés sans les vieillards, qui ordonnèrent que deux hommes seulement déterreraient le cadavre. Au moment où on enleva le drap qui couvrait le corps, un cri horriblement aigu me fit dresser les cheveux sur la tête. Il était poussé par une femme à côté de moi : « C'est un vampire ! il n'est pas » mangé des vers ! » s'écriait-elle, et cent bouches le répétèrent à la fois. En même temps vingt coups de fusil tirés à bout portant mirent en pièces la tête du cadavre, et le père et les parents de Khava le frappèrent encore à coups redoublés de leurs longs couteaux. Des femmes recueillaient sur du linge la liqueur rouge qui sortait de ce corps déchiqueté, afin d'en frotter le cou de la malade.

Cependant plusieurs jeunes gens tirèrent le mort hors de la fosse, et, bien qu'il fût criblé de coups, ils prirent encore la précaution de le lier bien fortement sur un tronc de sapin; puis ils le traînèrent, suivis de tous les enfants, jusqu'à un petit verger en face de la maison de Poglonovich. Là étaient préparés d'avance force fagots entremêlés de paille. Ils y mirent le feu, puis y jetèrent le cadavre et se mirent à danser autour et à crier à qui mieux mieux, en attisant continuellement le bûcher. L'odeur infecte qu'il répandait me força bientôt de les quitter et de rentrer chez mon hôte.

Sa maison était remplie de monde; les hommes, la pipe à la bouche; les femmes parlant toutes à la fois et accablant de questions la malade, qui, toujours très-pâle, leur répondait à peine. Son cou était entortillé de ces lambeaux teints de la liqueur rouge et infecte qu'ils prenaient pour du sang, et qui faisait un contraste affreux avec la gorge et les épaules à moitié nues de la pauvre Khava.

Peu à peu toute cette foule s'écoula, et je restai seul d'étranger dans la maison. La maladie fut longue. Khava redoutait beaucoup l'approche de la nuit, et voulait toujours avoir quelqu'un pour la veiller. Comme ses parents, fatigués par leurs travaux de la journée, avaient de la peine à rester éveillés, j'offris mes services comme garde-malade, et ils furent acceptés avec reconnaissance. Je savais que ma proposition n'avait rien d'inconvenant pour des Morlaques.

Je n'oublierai jamais les nuits que j'ai passées auprès de cette malheureuse fille. Les craquements du plancher, le sifflement de la bise, le moindre bruit la faisait tressaillir. Lorsqu'elle s'assoupissait, elle avait des visions horribles, et souvent elle se réveillait en sursaut en poussant des cris. Son imagination avait été frappée par un rêve, et toutes les commères du pays avaient achevé de la rendre folle en lui racontant des histoires effrayantes. Souvent, sentant ses paupières se fermer, elle me disait : « Ne t'endors pas, je t'en prie. Tiens un » chapelet d'une main et ton hanzar de l'autre ; garde-» moi bien. » D'autres fois elle ne voulait s'endormir qu'en tenant mon bras dans ses deux mains, et elle le serrait si fortement, qu'on voyait dessus long-temps après l'empreinte de ses doigts.

Rien ne pouvait la distraire des idées lugubres qui la poursuivaient. Elle avait une grande peur de la mort, et elle se regardait comme perdue sans ressource, malgré tous les motifs de consolation que nous pouvions lui présenter. En quelques jours elle était devenue d'une maigreur étonnante ; ses lèvres étaient totalement décolorées, et ses grands yeux noirs paraissaient encore plus brillants ; elle était réellement effrayante à regarder.

Je voulus essayer de réagir sur son imagination, en feignant d'entrer dans ses idées. Malheureusement, comme je m'étais d'abord moqué de sa crédulité, je ne devais plus prétendre à sa confiance. Je lui dis que dans mon pays j'avais appris la magie blanche, que je savais une conjuration très-puissante contre les mauvais esprits, et que, si elle voulait, je la prononcerais à mes risques et périls pour l'amour d'elle.

D'abord sa bonté naturelle lui fit craindre de me brouiller avec le ciel ; mais bientôt, la peur de la mort l'emportant, elle me pria d'essayer ma conjuration. Je savais par cœur quelques vers français de Racine ; je les récitai à haute voix devant la pauvre fille, qui croyait cependant entendre le langage du diable. Puis, frottant son cou à différentes reprises, je feignis d'en retirer une petite agate rouge que j'avais cachée entre mes doigts. Alors je l'assurai gravement que je l'avais tirée de son cou et qu'elle était sauvée. Mais elle me regarda tristement et me dit : « Tu me trompes ; tu avais cette pierre » dans une petite boîte, je te l'ai vue. Tu n'es pas un » magicien. » Ainsi ma ruse lui fit plus de mal que de bien. Dès ce moment elle alla toujours de plus en plus mal.

La nuit avant sa mort elle me dit : « C'est ma faute » si je meurs. Un tel (elle me nomma un garçon du vil- » lage) voulait m'enlever. Je n'ai pas voulu, et je lui ai » demandé pour le suivre une chaîne d'argent. Il est allé » à Marcaska en acheter une, et pendant ce temps-là le » vampire est venu. Au reste, ajouta-t-elle, si je n'avais » pas été à la maison, il aurait peut-être tué ma mère. » Ainsi, cela vaut mieux. » Le lendemain elle fit venir son père, et lui fit promettre de lui couper lui-même la gorge et les jarrets, afin qu'elle ne fût pas vampire elle-même, et elle ne voulait pas qu'un autre que son père commît sur son corps ces inutiles atrocités. Puis elle embrassa sa mère et la pria d'aller sanctifier un chapelet au tombeau d'un saint homme auprès de son village, et de le lui rapporter ensuite. J'admirai la délicatesse de cette paysanne, qui trouvait ce prétexte pour empêcher sa mère d'assister à ses derniers moments. Elle me fit détacher une amulette de son cou. « Garde-la, me dit- » elle, j'espère qu'elle te sera plus utile qu'à moi. » Puis elle reçut les sacrements avec dévotion. Deux ou trois heures après, sa respiration devint plus forte, et ses yeux étaient fixes. Tout d'un coup elle saisit le bras de son père et fit un effort comme pour se jeter sur son sein ;

elle venait de cesser de vivre. Sa maladie avait duré onze jours.

Je quittai quelques heures après le village, donnant au diable de bon cœur les vampires, les revenants et ceux qui en racontent des histoires.

LA BELLE SOPHIE[1],

SCÈNE LYRIQUE.

Personnages :

NICÉPHORE.
LE BEY DE MOÏNA.
UN HERMITE.
LE KOUM[2].

SOPHIE.
Chœur de jeunes gens.
Chœur des Svati[3].
Chœur de jeunes filles.

I.

LES JEUNES GENS.

Jeunes gens de Vrachina, sellez vos coursiers noirs, sellez vos coursiers noirs de leurs housses brodées : aujourd'hui parez-vous de vos habits neufs; aujourd'hui chacun doit se parer, chacun doit avoir un atag'an à poignée d'argent et des pistolets garnis de filigrane. N'est-ce pas aujourd'hui que le riche bey de Moïna épouse la belle Sophie?

II.

NICÉPHORE.

Ma mère ! ma mère ! ma jument noire est-elle sellée? Ma mère ! ma mère ! ma jument noire a henni : donnez-moi les pistolets dorés que j'ai pris à un bim-bachi;

donnez-moi mon ataghan à poignée d'argent. Écoutez, ma mère, il me reste dix sequins dans une bourse de soie; je veux les jeter aux musiciens de la noce. N'est-ce pas aujourd'hui que le riche bey de Moïna épouse la belle Sophie ?

III.

LES SVATI.

Oh ! Sophie, mets ton voile rouge, la cavalcade s'avance ; entends les coups de pistolet qu'ils tirent en ton honneur [4]. Musiciennes, chantez l'histoire de Jean Valathiano et de la belle Agathe ; vous, vieillards, faites résonner vos guzlas ; toi, Sophie, prends un crible, jette des noix [5]. Puisses-tu avoir autant de garçons ! Le riche bey de Moïna épouse la belle Sophie.

IV.

SOPHIE.

Marchez à ma droite, ma mère ; marchez à ma gauche, ma sœur. Mon frère aîné, tenez la bride du cheval ; mon frère cadet, soutenez la croupière. — Quel est ce jeune homme pâle qui s'avance sur une jument noire ? pourquoi ne se mêle-t-il pas à la troupe des jeunes svati ? Ah ! je reconnais Nicéphore ; je crains qu'il n'arrive quelque malheur. Nicéphore m'aimait avant le riche bey de Moïna.

V.

NICÉPHORE.

Chantez, musiciennes, chantez comme des cigales ! Je n'ai que dix pièces d'or ; j'en donnerai cinq aux musiciennes, cinq aux joueurs de guzla. — Oh ! bey de

Moïna, pourquoi me regardes-tu avec crainte ? N'es-tu pas le bien-aimé de la belle Sophie ? n'as-tu pas autant de sequins que de poils blancs à la barbe ? Mes pistolets ne te sont pas destinés. Hou ! hou ! ma jument noire, galope à la vallée des pleurs. Ce soir je t'ôterai bride et selle, ce soir tu seras libre et sans maître.

VI.

LES JEUNES FILLES.

Sophie, Sophie, que tous les saints te bénissent ! Bey de Moïna, que tous les saints te bénissent ! Puissiez-vous avoir douze fils tous beaux, tous blonds, hardis et courageux ! Le soleil baisse, le bey attend seul sous son pavillon de feutre : Sophie, hâte-toi, dis adieu à ta mère, suis le kuum : ce soir tu reposeras sur des carreaux de soie ; tu es l'épouse du riche bey de Moïna.

VII.

L'HERMITE.

Qui ose tirer un coup de feu près de ma cellule? qui ose tuer les daims qui sont sous la protection de saint Chrysostome et de son hermite ? Mais ce n'est point un daim que ce coup de feu a frappé, cette balle a tué un homme, et voilà sa jument noire qui erre en liberté. Que Dieu ait pitié de ton âme, pauvre voyageur ! je m'en vais te creuser un tombeau dans le sable auprès du torrent.

VIII.

SOPHIE.

Oh! mon seigneur, que vos mains sont glacées! oh! mon seigneur, que vos cheveux sont humides! Je tremble dans votre lit malgré vos couvertures de Perse. En vérité, mon seigneur, votre corps est glacé ; j'ai bien froid, je frissonne, je tremble; une sueur glacée a couvert tous mes membres. Ah! sainte mère de Dieu, ayez pitié de moi, mais je crois que je vais mourir.

IX.

LE BEY DE MOÏNA.

Où est-elle, où est-elle, ma bien-aimée, la belle Sophie? pourquoi ne vient-elle pas sous ma tente de feutre? Esclaves, courez la chercher, et dites aux musiciennes de redoubler leurs chants; je leur jetterai demain matin des noix et des pièces d'or. Que ma mère remette la belle Sophie au kuum de la noce; il y a bien long-temps que je suis seul dans ma tente.

X.

LE KUUM.

Nobles svati, que chacun remplisse sa coupe, que chacun vide sa coupe! La mariée a pris nos sequins, elle a volé nos chaînes d'argent [1]; pour nous venger, ne laissons pas une cruche d'eau-de-vie dans leur maison. Les époux se sont retirés; j'ai délié la ceinture de l'époux, livrons-nous à la joie. La belle Sophie épouse le riche bey de Moïna.

XI.

SOPHIE.

Mon seigneur, que t'ai-je fait? pourquoi me presser ainsi la poitrine? Il me semble qu'un cadavre de plomb est sur mon sein. Sainte mère de Dieu! ma gorge est tellement serrée, que je crois que je vais étouffer. O mes amies, venez à mon aide, le bey de Moïna veut m'étouffer! O ma mère! ô ma mère! venez à mon aide, car il m'a mordue à la veine du cou, et il suce mon sang.

NOTES.

¹ Ce morceau fort ancien et revêtu d'une forme dramatique que l'on rencontre rarement dans les poésies illyriques, passe pour un modèle de style parmi les joueurs de guzla morlaques. On dit qu'une anecdote véritable a servi de thème à cette ballade, et l'on montre encore dans la vallée de Seign un vieux tombeau qui renferme la belle Sophie et le bey de Moïna.

² Le kuum est le parrain de l'un des époux. Il les accompagne à l'église et les suit jusque dans leur chambre à coucher, où il délie la ceinture du marié, qui, ce jour-là, d'après une ancienne superstition, ne peut rien couper, lier, ni délier. Le kuum a même le droit de faire déshabiller, en sa présence, les deux époux. Lorsqu'il juge que le mariage est consommé, il tire en l'air un coup de pistolet, qui est aussitôt accompagné de cris de joie et de coups de feu par tous les svati.

³ Ce sont les membres des deux familles réunis pour le mariage. Le chef de l'une des deux familles est le président des svati et se nomme *stari-svat*. Deux jeunes gens, appelés *diveri*, accompagnent la mariée et ne la quittent qu'au moment où le kuum la remet à son époux.

⁴ Pendant la marche de la mariée, les svati tirent continuellement des coups de pistolet, accompagnement obligé de toutes les fêtes, et poussent des hurlements épouvantables. Ajoutez à cela les joueurs de guzla et les musiciennes, qui chantent des épithalames souvent improvisés, et vous aurez l'idée de l'horrible charivari d'une noce morlaque.

⁵ La mariée, en arrivant à la maison de son mari, reçoit des mains de sa belle mère ou d'une des parentes (du côté du mari) un crible rempli de noix ; elle le jette par-dessus sa tête, et baise ensuite le seuil de la porte.

⁶ La femme n'a pour dot que ses habits et quelquefois une vache ; mais elle a le droit de demander un cadeau à chacun des svati ; de plus, tout ce qu'elle peut leur voler est de bonne prise. En 1812, je perdis de cette manière une fort belle montre ; heureusement que la mariée en ignorait la valeur, et je pus la racheter moyennant deux sequins.

JEANNOT.

I.

Jeannot devait revenir à la ville, et il fallait passer la nuit par un cimetière. Or, c'était un poltron plus lâche qu'une femme ; il tremblait comme s'il avait eu la fièvre.

II.

Quand il fut dans le cimetière, il regardait à droite et à gauche, et il entendit comme quelqu'un qui rongeait, et il pensa que c'était un brucolaque qui mangeait dans son tombeau [1].

III.

« Hélas ! hélas ! dit-il, je suis perdu ; s'il me regarde, » il voudra me manger, car je suis si gras ! Il faut que » je mange de la terre de son tombeau [2] ; autrement c'est » fait de moi. »

IV.

Alors il s'est baissé pour prendre de la terre ; mais un chien qui rongeait un os de mouton a cru que Jeannot voulait le lui prendre : il lui a sauté à la jambe et l'a mordu jusqu'au sang.

NOTES.

[1] Espèce de vampire. (Voyez la notice sur les vampires.)

[2] Ce préservatif est fort en usage et passe pour être très-efficace.

IMPROVISATION[1]
DE HYACINTHE MAGLANOVICH.

I.

Étranger, que demandes-tu au vieux joueur de guzla? que veux-tu du vieux Maglanovich? Ne vois-tu pas ses moustaches blanches? ne vois-tu pas trembler ses mains desséchées? Comment pourrait-il, ce vieillard cassé, tirer un son de sa guzla, vieille comme lui?

II.

Hyacinthe Maglanovich, autrefois, avait la moustache noire; sa main savait diriger au but un lourd pistolet, et les jeunes hommes et les femmes l'entouraient la bouche béante d'admiration quand il daignait s'asseoir à une fête et faire résonner sa guzla sonore.

III.

Chanterai-je encore pour que les jeunes joueurs de guzla disent en souriant : Hyacinthe Maglanovich est mort, sa guzla est fausse, et ce vieillard tout cassé radote? Qu'il laisse à d'autres plus habiles que lui l'honneur de charmer les heures de la nuit en les faisant paraître courtes par leurs chants.

IV.

Eh bien ! qu'ils se présentent les jeunes joueurs de guzla, qu'ils nous fassent entendre leurs vers harmonieux. Le vieux Maglanovich les défie tous. Il a vaincu leurs pères aux combats de l'harmonie, il les vaincra tous; car Hyacinthe Maglanovich est comme ces vieux châteaux ruinés [2]. Mais les maisons neuves sont-elles aussi belles ?

V.

La guzla de Hyacinthe Maglanovich est aussi vieille que lui ; mais jamais elle ne se déshonora en accompagnant un chant médiocre. Quand le vieux poète sera mort, qui osera prendre sa guzla et en tirer des sons ? Non, l'on enterre un guerrier avec son sabre : Maglanovich reposera sous la terre avec sa guzla sur sa poitrine.

NOTES.

[1] Tout me porte à croire que ce morceau a été réellement improvisé. Maglanovich avait une grande réputation parmi ses compatriotes pour les impromptus, et celui-ci, au dire des connaisseurs du pays, est un de ses meilleurs.

[2] Allusion aux monuments antiques dont les ruines imposantes se rencontrent à chaque pas.

CONSTANTIN YACOUBOVICH.

I.

Constantin Yacoubovich était assis sur un banc devant sa porte : devant lui son enfant jouait avec un sabre ; à ses pieds, sa femme Miliada était accroupie par terre [1]. Un étranger est sorti de la forêt et l'a salué en lui prenant la main.

II.

Sa figure est celle d'un jeune homme ; mais ses cheveux sont blancs, ses yeux sont mornes, ses joues creuses, sa démarche chancelante. « Frère, a-t-il dit, » j'ai bien soif, et je voudrais boire. » Aussitôt Miliada s'est levée, et lui a vite apporté de l'eau-de-vie et du lait.

III.

— « Frère, quelle est cette éminence là-bas avec ces » arbres verts ? » — « N'es-tu donc jamais venu dans ce » pays, dit Constantin Yacoubovich, que tu ne con- » naisses pas le cimetière de notre race ? » — « Eh » bien ! c'est là que je veux reposer, car je me sens » mourir peu à peu. »

IV.

Alors il a détaché une large ceinture rouge, et il a montré une plaie sanglante. — « Depuis hier la balle » d'un chien de mécréant me déchire la poitrine : je

V.

— « Triste, triste fut ma vie ; triste sera ma mort.
» Mais sur le haut de ce tertre, dans cet endroit exposé
» au soleil, je veux que l'on m'enterre ; car je fus un
» grand guerrier, quand ma main ne trouvait pas un
» sabre trop pesant pour elle. »

VI.

Et sa bouche a souri, et ses yeux sortaient de leur orbite : soudain il a penché la tête. Miliada s'écria : « Oh ! Constantin, aide-moi ! car cet étranger est trop » pesant pour que je puisse le soutenir toute seule. » Et Constantin a reconnu qu'il était mort.

VII.

Puis il l'a chargé sur son cheval et l'a porté au cimetière, sans s'inquiéter si la terre latine souffrirait dans son sein le cadavre d'un ... schismatique [2]. Ils ont creusé la fosse au soleil, et ils l'ont enterré avec son sabre et son hanzar, comme il convient à un guerrier.

VIII.

Après une semaine, l'enfant de Constantin avait les lèvres pâles, et pouvait à peine marcher. Il se couchait tout triste sur une natte, lui qui aimait tant à courir çà et là. Mais la Providence a conduit dans la maison de Constantin un saint hermite, son voisin.

IX.

« Ton enfant est malade d'une maladie étrange : vois
» sur son cou si blanc cette tache rouge, c'est la dent

» d'un vampire. » Alors il a mis ses livres dans un sac, et il s'en est allé au cimetière, et il a fait ouvrir la fosse où l'on avait enterré l'étranger.

X.

Or, son corps était frais et vermeil; sa barbe avait crû, et ses ongles étaient longs comme des serres d'oiseau; sa bouche était sanglante, et sa fosse était inondée de sang. Alors Constantin a levé un pieu pour l'en percer; mais le mort a poussé un cri et s'est enfui dans les bois.

XI.

Et un cheval, quand les étriers lui coupent les flancs ², ne pourrait courir aussi vite que ce monstre; et son impétuosité était telle, que les jeunes arbres se courbaient sous son corps, et que les grosses branches cassaient, comme si elles eussent été gelées.

XII.

L'hermite a pris du sang et de la terre de la fosse, et en a frotté le corps de l'enfant; et Constantin et Miliada en ont fait autant; et le soir ils disaient: « C'est à » cette heure que ce méchant étranger est mort. » Et, comme ils parlaient, le chien a hurlé et s'est caché entre les jambes de son maître.

XIII.

La porte s'est ouverte, et un grand géant est entré en se baissant; il s'est assis les jambes croisées, et sa tête touchait les poutres de la maison; et il regardait Constantin en souriant, et celui-ci ne pouvait détourner les yeux, car il était fasciné par le vampire.

XIV.

Mais l'hermite a ouvert son livre, et il a jeté une branche de romarin dans le feu; puis, avec son souffle, il a dirigé la fumée contre le spectre, et l'a conjuré au nom de Jésus. Bientôt le vampire a tremblé et s'est élancé par la porte, comme un loup poursuivi par les chasseurs.

XV.

Le lendemain, à la même heure, le chien a hurlé et la porte s'est ouverte, et un homme est entré et s'est assis : sa taille était celle d'un soldat, et toujours ses yeux s'attachaient sur ceux de Constantin pour le fasciner; mais l'hermite l'a conjuré, et il s'est enfui.

XVI.

Et le lendemain un petit nain est entré dans sa maison, et un rat aurait bien pu lui servir de monture. Toutefois ses yeux brillaient comme deux flambeaux, et son regard était funeste; mais l'hermite l'a conjuré pour la troisième fois, et il s'est enfui pour toujours.

NOTES.

[1] Dans un ménage morlaque le mari couche sur un lit, s'il y en a un dans la maison, et la femme sur le plancher. C'est une des nombreuses preuves du mépris avec lequel sont traitées les femmes dans ce pays. Un mari ne cite jamais le nom de sa femme devant un étranger sans ajouter : *Da prostite, moya xena* (ma femme, sauf votre respect).

[2] Un Grec enterré dans un cimetière latin devient vampire, et *vice versa*.

[3] Les étriers turcs sont plats, assez semblables à des souliers, et tranchants sur les bords; ils servent ainsi d'éperons.

IMPROMPTU [1].

La neige au sommet du Prolog n'est pas plus blanche que n'est ta gorge. Un ciel sans nuage n'est pas plus bleu que ne sont tes yeux. L'or de ton collier est moins brillant que ne sont tes cheveux, et le duvet d'un jeune cygne n'est pas plus doux au toucher. Quand tu ouvres la bouche, il me semble voir des amandes sans leur peau. Heureux ton mari! Puisses-tu lui donner des fils qui te ressemblent!

[1] Cet impromptu fut fait à ma requête par un vieux morlaque pour une dame anglaise qui se trouvait à Traü en 1816.
Je trouve dans le Voyage à Boukhara de M. le colonel baron de Meyendorff une chanson faite par une jeune fille kirghise, qui offre une grande analogie avec celle-ci. Je demande la permission de l'insérer ici.

Chanson kirghise.

Vois-tu cette neige? eh bien! mon corps est plus blanc. Sur cette neige vois-tu couler le sang de ce mouton égorgé? eh bien! mes joues sont plus vermeilles. Passe par cette montagne, tu y verras un tronc d'arbre brûlé; eh bien! mes cheveux sont plus noirs.

Chez le sultan il y a des mollahs qui écrivent beaucoup, eh bien! mes sourcils sont plus noirs que leur encre.

LE VAMPIRE [1].

I.

Dans le marais de Stavila, auprès d'une source, est un cadavre étendu sur le dos. C'est ce maudit Vénitien qui trompa Marie, qui brûla nos maisons. Une balle lui a percé la gorge, un ataghan s'est enfoncé dans son cœur ; mais, depuis trois jours qu'il est sur la terre, son sang coule toujours rouge et chaud.

II.

Ses yeux bleus sont ternes, mais regardent le ciel : malheur à qui passe près de ce cadavre ! Qui pourrait éviter la fascination de son regard ? Sa barbe a crû, ses ongles ont poussé [2] ; les corbeaux s'éloignent de lui avec effroi, tandis qu'ils s'attachent aux braves heyduques qui jonchent la terre autour de lui.

III.

Sa bouche est sanglante et sourit comme celle d'un homme endormi et tourmenté d'un amour hideux. Approche, Marie, viens contempler celui pour lequel tu as trahi ta famille et ta nation ! Ose baiser ces lèvres pâles et sanglantes qui savaient si bien mentir. Vivant il a causé bien des larmes ; mort il en coûtera davantage.

....

[1] Ce fragment de ballade ne se recommande que par la belle description d'un vampire. Il semble se rapporter à quelque petite guerre des heyduques contre les podestats vénitiens.

[2] Signes évidents de vampirisme.

LA QUERELLE DE LEPA

ET

DE TCHERNYEGOR [1].

I.

Malédiction sur Ostoïx ! malédiction sur Nicolo Ziani, Nicolo Ziani au mauvais œil ! Puissent leurs femmes être infidèles, leurs enfants difformes ! Puissent-ils périr comme des lâches qu'ils sont ! Ils ont causé la mort de deux braves chefs............................

II.

Que celui qui sait lire et écrire, que celui qui aime à rester assis, s'occupe à vendre des étoffes à la ville. Que celui qui a du cœur mette un sabre à son côté, et qu'il vienne à la guerre. Là les jeunes gens gagneront des richesses................................

III.

O Lepá ! ô Tchernyegor ! le vent s'élève, vous pouvez déployer toutes vos voiles. La sainte Vierge et saint Eusèbo veillent sur vos légers vaisseaux; ils sont comme deux aigles qui descendent de la montagne noire pour ravir des agneaux dans la plaine.

IV.

Lepá est un brave guerrier, et Tchernyegor est aussi un brave soldat. Ils prennent beaucoup d'objets précieux aux riches fainéants des villes; mais ils sont généreux pour les joueurs de guzla, comme les braves doivent l'être : ils font l'aumône aux pauvres ².

V.

C'est pourquoi ils ont gagné le cœur des plus belles femmes. Lepá a épousé la belle Yevekhimia; Tchernyegor a épousé la blonde Nastasia; et, quand ils revenaient de la mer, ils appelaient d'habiles joueurs de guzla, et se divertissaient en buvant du vin et de l'eau-de-vie.

VI.

Quand ils eurent pris une riche barque, ils la tirèrent à terre, et ils virent une belle robe de brocart ³. Celui à qui elle appartenait dut être bien triste de perdre cette riche étoffe; mais cette robe pensa causer un grand malheur, car Lepá l'a convoitée et Tchernyegor aussi.

VII.

« J'ai abordé cette barque le premier, dit Lepá; je » veux avoir cette robe pour ma femme Yevekhimia. » — « Mais, dit Tchernyegor, prends le reste, je veux » parer de cette robe ma femme Nastasia. » Alors ils ont commencé à tirailler la robe, au risque de la déchirer.

VIII.

Le front de Tchernyegor a pâli de colère. — « A moi, » mes jeunes guerriers! aidez-moi à prendre cette » robe! » Et il a tiré son pistolet; mais il a manqué Lepá, et il a tué son page ⁴. Aussitôt les sabres sortirent de leurs fourreaux : c'était une chose horrible à voir et à raconter.

IX.

Enfin, un vieux joueur de guzla s'est élancé : « Ar-
» rêtez ! a-t-il crié, tuerez-vous vos frères pour une
» robe de brocart? » Alors il a pris la robe et l'a dé-
chirée en morceaux⁵. Lepá remit le premier son sabre
au fourreau, et Tchernyegor ensuite ; mais il regardait
Lepá de travers, parce qu'il avait un mort de plus⁶.

X.

Ils ne se sont point serré la main, comme ils avaient
coutume ; ils se sont séparés pleins de colère et pensant
à la vengeance. Lepá s'en est allé dans la montagne ;
Tchernyegor a suivi le rivage. Lepá se disait à lui-
même : « Il a tué mon page chéri qui m'allumait ma
» pipe : il en portera la peine. »

XI.

« Je veux aller dans sa maison prendre sa femme
» qu'il aime tant ; je la vendrai aux Turcs pour qu'il ne
» la revoie jamais. » Alors il a pris douze hommes avec
lui, et il s'en est allé à la maison de Tchernyegor. Je
dirai tout à l'heure pourquoi il ne trouva pas Tchernyegor à la maison.

XII.

Quand il fut arrivé à la maison de Tchernyegor, il
vit la belle Nastasia qui faisait cuire un agneau⁷. « Bon-
» jour, seigneur, dit-elle, veux-tu boire un verre d'eau-
» de-vie ? » — « Je ne viens pas pour boire de l'eau-
» de-vie ; je viens pour t'emmener avec moi : tu seras
» esclave, et tu ne seras jamais rachetée. »

XIII.

Il a pris la blonde Nastasia, et, malgré ses cris, il l'a emportée dans sa barque, et il a été la vendre à une caravelle à l'ancre près du rivage. Je cesserai de chanter Lepá, et je chanterai Tchernyegor. Il était furieux d'avoir un mort de plus. « Malédiction sur ma main, » j'ai manqué mon perfide ennemi ! »

XIV.

« Mais, puisque je ne puis le tuer, je veux enlever » sa femme chérie et la vendre à cette caravelle à l'an- » cre près du rivage : quand il reviendra dans sa maison » et qu'il ne verra plus Yevekhimia, il mourra certaine- » ment de douleur. » Alors il a mis son fusil sur son épaule et s'en est venu à la maison de la belle Yevekhimia.

XV.

— « Lève-toi, Yevekhimia, lève-toi, femme de Lepá : » il faut que tu me suives à ce vaisseau là-bas. » — « Comment ! seigneur, dit-elle, trahiras-tu ton frère ? » Sans avoir pitié d'elle, il l'a prise par ses cheveux noirs, et, l'ayant chargée sur ses épaules, il l'a menée dans sa barque, puis à bord de la caravelle.

XVI.

— « Patron, je veux de cette femme six cents pièces d'or. » — « C'est trop, dit le patron ; je viens d'en ache- » ter une plus belle pour cinq cents. » — « Donne-moi » cinq cents pièces d'or ; mais montre-moi cette femme- » là. » Alors il a reçu cinq cents pièces d'or, et il a livré la belle Yevekhimia, qui fondait en larmes.

XVII.

Ils sont entrés dans la cabine, et le patron a levé le voile de la belle Nastasia. Quand Tchernyegor a reconnu sa chère femme, il a poussé un grand cri, et de ses yeux noirs ont coulé des larmes pour la première fois. Il a voulu racheter sa femme; mais le Turc n'a pas voulu la revendre.

XVIII.

Il a sauté dans sa barque serrant les poings. « Ramez, mes jeunes gens, ramez au rivage ! Il faut que tous mes guerriers se rassemblent pour prendre ce gros vaisseau, car il renferme ma chère Nastasia. » La proue s'est couverte d'écume, la barque volait sur l'eau comme un canard sauvage.

XIX.

Quand il approcha du rivage, il vit Lepá qui s'arrachait les cheveux. « Ah ! ma femme Yevekhimia, tu es prisonnière dans cette caravelle; mais je perdrai la vie ou je te délivrerai ! » Tchernyegor a sauté à terre, et il a marché droit à Lepá et lui a serré la main.

XX.

— « J'ai enlevé ta femme, tu as enlevé la mienne. J'ai tué ton page chéri, tu m'as tué un homme de plus. Soyons quittes : périsse notre haine; soyons unis comme auparavant, et allons reprendre nos femmes. » Lepá lui a serré la main; il a dit : « Frère [1], tu parles bien. »

XXI.

Ils ont appelé leurs jeunes matelots; ils embarquent des fusils et des pistolets; ils rament à la caravelle, frères comme auparavant : c'était un beau spectacle à voir. Ils ont abordé ce gros vaisseau. — « Nos femmes, ou » vous êtes morts! » Ils ont repris leurs femmes, mais ils ont oublié d'en rendre le prix [1].

NOTES.

[1] Il est évident que cette intéressante ballade ne nous est point parvenue dans son intégrité. On suppose que le morceau que nous traduisons faisait autrefois partie d'un poëme sur la vie des deux pirates Lepá et Tchernyegor, dont un seul épisode s'est conservé.

La première stance contient des imprécations contre ceux qui ont causé la mort des deux héros. A en juger d'après leurs noms, un de ceux que le poëte semble accuser de trahison était Morlaque, et l'autre Dalmate ou Italien.

La seconde stance est d'une autre mesure que la première, et je ne sais si c'est avec raison que le vieillard de qui je la tiens la mêlait au reste de la ballade. D'ailleurs, les sentiments qu'elle exprime sont ceux de presque tous les Morlaques. — Le récit de la querelle des deux amis ne commence réellement qu'à la stance quatrième.

[2] L'auteur montre ici avec naïveté le motif de son admiration pour ces deux brigands.

[3] Venise fabriquait autrefois, comme on sait, une grande quantité d'étoffes de brocart d'or et d'argent pour le Levant.

[4] Les chefs ont toujours auprès d'eux un page qui porte leur pipe et prépare leur café en temps de paix, et qui charge leurs armes à la guerre. Voilà les principales fonctions d'un page morlaque.

[5] On peut voir par ce trait de quelle considération jouissent les vieillards et les poëtes.

⁶ Quand une famille a perdu un de ses membres par un assassinat, elle tâche de tuer quelqu'un de la famille ennemie. Ce mort trouve des vengeurs, et il n'est pas rare que dans l'espace d'une année une vingtaine de personnes périssent ainsi pour une querelle qui leur est étrangère. La paix ne peut se faire décemment que lorsque chaque famille compte autant de morts l'une que l'autre. Se réconcilier quand on a un mort de plus, c'est s'avouer vaincu.

⁷ Mot à mot, du mouton fumé assaisonné avec des choux; c'est ce que les Illyriens nomment *paçterma*.

⁸ *Frère* est mis là comme synonyme d'ami.

⁹ Ce dernier trait est caractéristique.

L'AMANT EN BOUTEILLE.

I.

Jeunes filles qui m'écoutez en tressant des nattes, vous seriez bien contentes si, comme la belle Khava [1], vous pouviez cacher vos amants dans une bouteille.

II.

La ville de Trebigne a vu un grand prodige : une jeune fille, la plus belle de toutes ses compagnes, a refusé tous les amants, jeunes et braves, riches et beaux.

III.

Mais elle porte à son cou une chaîne d'argent avec une fiole suspendue, et elle baise ce verre et lui parle tout le jour, l'appelant son cher amant.

IV.

Ses trois sœurs ont épousé trois beys puissants et hardis. « Quand te marieras-tu, Khava ? Attendras-tu » que tu sois vieille pour écouter les jeunes gens ? » —

V.

— « Je ne me marierai point pour n'être que l'é- » pouse d'un bey ; j'ai un ami plus puissant. Si je dé- » sire quelque objet précieux, à mon ordre il l'apporte.

VI.

« Si je veux une perle au fond de la mer, il plongera
» pour me l'apporter : ni l'eau, ni la terre, ni le feu
» ne l'arrêtent, quand une fois je lui ai donné un
» ordre.

VII.

» Moi, je ne crains point qu'il me soit infidèle : une
» tente de feutre, un logis de bois ou de pierre est une
» maison moins close qu'une bouteille de verre. »

VIII.

Et de Trebigne et de tous les environs les gens sont
accourus pour voir cette merveille ; et, si elle demandait
une perle, une perle lui était apportée.

IX.

Voulait-elle des sequins pour mettre dans ses cheveux [2], elle tendait sa robe et en recevait de pleines
poignées. Si elle eût demandé la couronne ducale, elle
l'aurait obtenue.

X.

L'évêque, ayant appris la merveille, en a été irrité.
Il a voulu chasser le démon qui obsédait la belle Khava,
et il lui a fait arracher sa bouteille chérie.

XI.

— « Vous tous qui êtes chrétiens, joignez vos priè-
» res aux miennes pour chasser ce noir démon ! » Alors
il a fait le signe de la croix et a frappé sur la fiole de
verre un grand coup de marteau.

XII.

La fiole s'est brisée : du sang en a jailli. La belle Khava pousse un cri et meurt. C'était bien dommage qu'une si grande beauté fût ainsi victime d'un démon [3].

NOTES.

[1] Ève.

[2] Les femmes attachent des sequins à leurs cheveux, qu'elles portent en nattes tombant sur les épaules. Cette mode est surtout adoptée dans les cantons limitrophes des provinces turques.

[3] Je trouve, dans le *Monde enchanté* du fameux docteur Balthasar Bekker, une histoire qui a beaucoup de rapport avec celle-ci :

« Environ l'an 1597, Dieu permit qu'aux prières des fidèles
» il apparût un certain esprit (l'on ne pouvait dire au commen-
» cement s'il était noir ou blanc) qui a fait apostasier plusieurs
» personnes. Il y avait une certaine fille appelée Bietka, qui
» était recherchée par un jeune homme appelé Zacharie. Ils
» étaient l'un et l'autre natifs de Wieclam, et y avaient été éle-
» vés. Ce jeune homme donc, nonobstant qu'il fût ecclésiastique
» et qu'il aspirât à la prêtrise, ne laissa pas de s'engager et de
» donner une promesse de mariage ; mais, son père l'ayant dé-
» tourné de ce dessein par la considération du rang qu'il tenait
» dans l'église, et voyant ainsi qu'il ne pouvait venir à bout de
» son entreprise, il s'abandonna à la mélancolie, de telle sorte
» qu'il attenta à sa propre vie, et s'étrangla. Peu de temps après
» sa mort, il apparut un esprit à cette jeune fille qui feignit
» d'être l'âme de ce Zacharie qui s'était pendu, et qui lui dit
» qu'il était envoyé de Dieu pour montrer le déplaisir qu'il avait
» de son crime, et que, comme elle avait été la principale cause
» de sa mort, il était venu pour s'unir à elle et pour accomplir
» sa promesse. Ce bel esprit sut si bien cajoler cette pauvre
» créature en lui promettant de l'enrichir, qu'il lui persuada
» qu'il était l'esprit de son amant défunt, tellement qu'elle se

» fiança avec lui. Le bruit de ce nouveau mariage de Bietka avec
» l'esprit de Zacharie se répandant tous les jours de plus en
» plus dans toute la Pologne, tous les curieux y accoururent de
» toutes parts.

» Plusieurs des nobles qui ajoutaient foi aux paroles de cet
» esprit firent connaissance avec lui, et il y en eut même qui
» le menèrent chez eux. Par ce moyen Bietka amassa beaucoup
» d'argent, d'autant plus que l'esprit ne voulait rendre aucune
» réponse, ni parler à personne, ni prédire la moindre chose,
» que par son consentement. Il demeura un an entier dans la
» maison du sieur Trepka, intendant de Cracovie; de là, allant
» de maison en maison, il vint à la fin demeurer chez une cer-
» taine dame veuve, appelée Wlodkow, où, pendant deux ans
» qu'ils y séjournèrent, l'esprit mit en œuvre toute son adresse
» et pratiqua tous les tours qu'il savait faire.

» Voici les principaux. Il donnait assurance des choses passées
» et présentes. Il élevait adroitement la religion romaine, et
» enfin il déclamait contre les évangéliques et assurait qu'ils
» étaient tous damnés. Il ne voulait pas même qu'aucun d'eux
» approchât de lui; car il estimait qu'ils étaient indignes de
» converser avec lui; mais il le permettait à ceux dont il était
» assuré qu'ils ne se souciaient pas tant de la religion que de
» la nouveauté, et par ce moyen il en attrapa plusieurs qu'il fit
» rentrer dans le papisme. Jusqu'ici personne n'avait su que
» cet esprit était le diable, et on ne l'aurait pas encore appris,
» si, dans l'année du jubilé 1600, certains Polonais, étant allés
» en Italie, n'eussent répandu le bruit de l'esprit de Zacharie
» parmi le peuple. Ce qu'un certain Italien, qui exerçait l'art
» magique, ayant appris, comme il y avait cinq ans que cet
» esprit qu'il tenait enfermé lui était échappé, il s'en alla en
» Pologne trouver cette dame Wlodkow, et demanda, au grand
» étonnement de tous les assistants, que ce diable qui lui avait
» déserté lui fût rendu; ce que la dame lui ayant accordé, il
» renferma de nouveau cet esprit malin dans une bague et le
» reporta en Italie; lequel diable, au dire de cet Italien, aurait
» causé de grands malheurs en Pologne s'il l'y eût laissé. »

CARA-ALI, LE VAMPIRE.

I.

Cara-Ali a passé la rivière jaune [1] ; il est monté vers Basile Kaïmis et a logé dans sa maison.

II.

Basile Kaïmis avait une belle femme, nommée Juméli ; elle a regardé Cara-Ali, et elle est devenue amoureuse de lui.

III.

Cara-Ali est couvert de riches fourrures ; il a des armes dorées, et Basile est pauvre.

IV.

Juméli a été séduite par toutes ces richesses ; car quelle est la femme qui résiste à beaucoup d'or ?

V.

Cara-Ali, ayant joui de cette épouse infidèle, a voulu l'emmener dans son pays, chez les mécréants.

VI.

Et Juméli dit qu'elle le suivrait ; méchante femme, qui préférait le harem d'un infidèle au lit conjugal !

VII.

Cara-Ali l'a prise par sa fine taille et l'a mise devant lui sur son beau cheval blanc comme la neige de novembre.

VIII.

Où es-tu, Basile? Cara-Ali que tu as reçu dans ta maison enlève ta femme Juméli que tu aimes tant!

IX.

Il a couru au bord de la rivière jaune, et il a vu les deux perfides qui la traversaient sur un cheval blanc.

X.

Il a pris son long fusil orné d'ivoire et de houppes rouges[2]; il a tiré, et soudain voilà que Cara-Ali a chancelé sur sa monture.

XI.

« Juméli! Juméli! ton amour me coûte cher. Ce
» chien de mécréant m'a tué, et il va te tuer aussi.

XII.

» Maintenant, pour qu'il te laisse la vie, je m'en vais
» te donner un talisman précieux, avec lequel tu achè-
» teras ta grâce.

XIII.

» Prends cet Alcoran dans cette giberne de cuir rouge
» doré[4]; celui qui l'interroge est toujours riche et aimé
» des femmes.

XIV.

» Que celui qui le porte ouvre le livre à la soixante-
» sixième page; il commandera à tous les esprits de la
» terre et de l'eau. »

XV.

Alors il tombe dans la rivière jaune, et son corps
flottait laissant un nuage rouge au milieu de l'eau.

XVI.

Basile Kalmis accourt, et, saisissant la bride du cheval, il avait le bras levé pour tuer sa femme.

XVII.

« Accorde-moi la vie, Basile, et je te donnerai un ta-
» lisman précieux : celui qui le porte est toujours riche
» et aimé des femmes.

XVIII.

» Que celui qui le porte ouvre le livre à la soixante-
» sixième page; il commandera à tous les esprits de la
» terre et de l'eau. »

XIX.

Basile a pardonné à son infidèle épouse; il a pris le
livre que tout chrétien devrait jeter au feu avec horreur.

XX.

La nuit est venue; un grand vent s'est élevé, et la
rivière jaune a débordé; le cadavre de Cara-Ali fut jeté
sur le rivage.

XXI.

Basile a ouvert le livre impie à la soixante-sixième page ; soudain la terre a tremblé et s'est ouverte avec un bruit affreux.

XXII.

Un spectre sanglant a percé la terre ; c'était Cara-Ali. « Basile, tu es à moi maintenant que tu as renoncé à ton Dieu. »

XXIII.

Il saisit le malheureux, le mord à la veine du cou, et ne le quitte qu'après avoir tari ses veines.

XXIV.

Celui qui a fait cette histoire est Nicolas Cossiewitch, qui l'avait apprise de la grand'mère de Juméli.

NOTES.

1 Probablement la Zarmagna, qui est très-jaune en automne.

2 Cet ornement se trouve fréquemment aux fusils des Illyriens et des Turcs.

3 Presque tous les musulmans portent un Alcoran dans une petite giberne en cuir rouge.

4 Le nombre soixante-six passe pour être très-puissant dans les conjurations.

LES POBRATIMI[1].

I.

Jean Lubovich était né à Traù, et il vint une fois à la montagne de Vorgoraz, et il fut reçu dans la maison de Cyrille Zborr, qui le régala pendant huit jours.

II.

Et Cyrille Zborr vint à Traù, et il logea dans la maison de Jean Lubovich, et pendant huit jours ils burent du vin et de l'eau-de-vie dans la même coupe.

III.

Quand Cyrille Zborr voulut s'en retourner dans son pays, Jean Lubovich le retint par la manche et lui dit : « Allons devant un prêtre et soyons *pobratimi*. »

IV.

Et ils allèrent devant un prêtre, qui lut les saintes prières. Ils communièrent ensemble et jurèrent d'être frères jusqu'à la mort de l'un ou de l'autre.

V.

Un jour Jean était assis, les jambes croisées[2], devant sa maison à fumer sa pipe, quand un jeune homme, les pieds tout poudreux, parut devant lui et le salua.

VI.

« Jean Lubovich, ton frère Cyrille Zborr m'envoie.
» Il y a près de la montagne un chien qui lui veut du
» mal, et il te prie de l'aider à vaincre ce mécréant. »

VII.

Jean Lubovich a pris son fusil dans sa maison ; il
a mis un quartier d'agneau dans son sac, et, ayant
poussé sa porte, il s'en vint dans la montagne de Vorgoraz.

VIII.

Et les balles que lançaient les pobratimi allaient toujours frapper le cœur des ennemis ; et nul homme, si
fort, si leste qu'il fût, n'eût osé leur tenir tête.

IX.

Aussi, ils ont pris des chèvres et des chevreaux, des
armes précieuses, de riches étoffes et de l'argent mo-
nayé, et ils ont pris aussi une belle femme turque.

X.

Des chèvres et des chevreaux, des armes et des
étoffes, Jean Lubovich a pris une moitié, et Cyrille
Zborr l'autre moitié ; mais la femme, ils ne pouvaient la
diviser.

XI.

Et tous deux voulaient l'emmener dans leur pays ; et
ils aimaient tous deux cette femme : de sorte qu'ils se
querellèrent pour la première fois de leur vie.

XII.

Mais Jean Lubovich dit : « Nous avons bu de l'eau-
» de-vie et nous ne savons ce que nous faisons : demain
» matin nous parlerons de cette affaire avec tranquillité.
» .... » Alors ils se sont couchés sur la même natte,
et ils ont dormi jusqu'au matin.

XIII.

Cyrille Zborr fut le premier qui s'éveilla, et il
poussa Jean Lubovich pour qu'il se levât. « Maintenant
» que tu es sobre, veux-tu me donner cette femme? »
Mais Jean Lubovich n'a pas répondu, et il s'est assis, et
des larmes coulaient de ses yeux noirs.

XIV.

Alors Cyrille s'est assis de son côté, et il regardait
tantôt l'esclave turque et tantôt son ami, et il regardait
quelquefois le hanzar qui était à sa ceinture.

XV.

Or, les jeunes gens qui étaient venus à la guerre
avec eux se disaient : « Qu'arrivera-t-il ? deux pobra-
» timi rompront-ils l'amitié qu'ils se sont jurée à l'é-
» glise ? »

XVI.

Quand ils furent restés assis pendant long-temps,
ils se levèrent à la fois, et Jean Lubovich a pris la main
droite de l'esclave, et Cyrille Zborr sa main gauche.

XVII.

Et des larmes coulaient de leurs yeux, grosses comme
des gouttes de pluie d'orage. Soudain ils ont tiré leurs

hanzars, et en même temps ils les ont plongés dans le sein de l'esclave.

XVIII.

« Périsse l'infidèle plutôt que notre amitié! » Alors ils se sont serré la main, et jamais ils ne cessèrent de s'aimer.

Cette belle chanson a été faite par Étienne Chipila, le jeune joueur de guzla.

NOTES.

[1] On a vu dans les notes de la *Flamma de Perrussich* l'explication de ce mot.

[2] C'est la manière la plus générale de s'asseoir.

[3] Ce peu de mots exprime assez bien les préparatifs de guerre d'un Morlaque.

HADAGNY[1].

PREMIÈRE PARTIE.

I.

Serral est en guerre contre Ostrowicz : les épées ont été tirées, six fois la terre a bu le sang des braves. Mainte veuve a déjà séché ses larmes, plus d'une mère pleure encore.

II.

Sur la montagne, dans la plaine, Serral a lutté contre Ostrowicz ainsi que deux cerfs animés par le rut. Les deux tribus ont versé le sang de leur cœur, et leur haine n'est point apaisée.

III.

Un vieux chef renommé de Serral appelle sa fille : « Hélène, monte vers Ostrowicz, entre dans le village » et observe ce que font nos ennemis. Je veux terminer » la guerre, qui dure depuis six lunes. »

IV.

Hélène a mis son bonnet garni de tresses d'argent et son beau manteau rouge brodé[2]. Elle a chaussé de forts souliers de buffle[3], et elle est partie pour la montagne au moment où le soleil se couchait.

V.

Les beys d'Ostrowicz sont assis autour d'un feu. Les uns polissent leurs armes, d'autres font des cartouches. Sur une botte de paille est un joueur de guzla qui charme leur veille.

VI.

Hadagny, le plus jeune d'entre eux, tourne les yeux vers la plaine. Il voit monter quelqu'un qui vient observer leur camp. Soudain il se lève et saisit un long fusil garni d'argent.

VII.

« Compagnons, voyez-vous cet ennemi qui se glisse
» dans l'ombre? Si la lumière de ce feu ne se réfléchis-
» sait pas sur son bonnet *, nous serions surpris; mais,
» si mon fusil ne rate, il périra. »

VIII.

Quand il eut baissé son long fusil, il lâcha la détente, et les échos répétèrent le bruit du coup. Voilà qu'un bruit plus aigu se fait entendre. Bietko, son vieux père, s'est écrié : « C'est la voix d'une femme! »

IX.

« Oh! malheur! malheur! honte à notre tribu! C'est
» une femme qu'il a tuée au lieu d'un homme armé d'un
» fusil et d'un ataghan! » Alors ils ont pris chacun un brandon allumé pour mieux voir.

X.

Ils ont vu le corps inanimé de la belle Hélène, et le rouge a coloré leurs visages. Hadagny s'est écrié :

« Honte à moi, j'ai tué une femme ! Malheur à moi,
» j'ai tué celle que j'aimais ! »

XI.

Bletko lui a lancé un regard sinistre. « Fuis ce pays,
» Hadagny, tu as déshonoré la tribu. Que dira Serral
» quand il saura que nous tuons des femmes comme les
» voleurs heyduques [5] ? »

XII.

Hadagny poussa un soupir ; il regarda une dernière
fois la maison de son père ; puis il mit son long fusil
sur son épaule, et il descendit de la montagne pour
aller vivre dans des pays éloignés.

XIII.

Cette chanson a été faite par Jean Wieski, le plus
habile des joueurs de guzla. Que ceux qui voudront savoir quelle fut la fin des aventures d'Hadagny paient le
joueur de guzla de son grand travail.

DEUXIÈME PARTIE [6].

I.

Je gardais mes chèvres appuyé sur mon long fusil [7].
Mon chien était couché à l'ombre, et les cigales chantaient gaiement sous chaque brin d'herbe ; car la chaleur était grande.

II.

Du défilé je vis sortir un beau jeune homme. Ses
vêtements étaient déchirés, mais on voyait encore

briller les broderies sous ses haillons. Il portait un long fusil garni d'argent, et à sa ceinture un ataghan.

III.

Quand il fut près de moi, il me salua et me dit : « Frère, ce pays n'est-il pas celui d'Ostrowicz ? » Alors je ne pus retenir mes larmes, et je poussai un profond soupir. « Oui, lui répondis-je. »

IV.

Alors il dit : « Ostrowicz était riche autrefois ; ses » troupeaux couvraient la montagne, ses guerriers fai- » saient briller quatre cents fusils au soleil. Mais au- » jourd'hui je ne vois que toi et quelques chèvres ga- » leuses. »

V.

Alors je dis : « Ostrowicz était puissant ; mais une » grande honte est tombée sur lui et lui a porté malheur. » Serral l'a vaincu à la guerre depuis que le jeune Ha- » dagny a tué la belle Hélène. »

VI.

— « Raconte-moi, frère, comment cela est arrivé. »— « Serral est venu comme un torrent ; il a tué nos guer- » riers, dévasté nos moissons et vendu nos enfants aux » infidèles. Notre gloire est passée ! »

VII.

— « Et le vieux Bietko, ne peux-tu me dire quel fut » son sort ? » — « Quand il a vu la ruine de sa tribu, » il est monté sur cette roche, et il appelait son fils Ha- » dagny, qui était parti pour des pays lointains.

VIII.

« Un bey de Serral, puissent tous les saints le mau-
» dire! lui tira un coup de fusil, et de son ataghan il
» lui coupa la gorge ; puis il le poussa du pied, et il le
» fit rouler dans le précipice. »

IX.

Alors l'étranger tomba la face contre terre ; et, tel
qu'un chamois blessé, il roula dans le précipice où son
père était tombé ; car c'était Hadagny, le fils de Bietko,
qui avait causé nos malheurs.

NOTES.

[1] Cette chanson est, dit-on, populaire dans le Monténègre ; c'est à Narenta que je l'ai entendue pour la première fois.

[2] Dans le Monténègre les femmes servent toujours d'espions. Elles sont cependant respectées par ceux dont elles viennent observer les forces et qui ont connaissance de leur mission. Faire la moindre insulte à une femme d'une tribu ennemie serait se déshonorer à jamais.

[3] En illyrique, *opanke* : c'est une semelle de cuir cru attachée à la jambe par des bandelettes ; le pied est recouvert d'une espèce de tricot bigarré. C'est la chaussure des femmes et des filles. Quelque riches qu'elles soient, elles portent les *opanke* jusqu'à leur mariage ; alors, si elles veulent, elles peuvent prendre les *pachmaks* ou chaussons en maroquin des femmes turques.

[4] Les bonnets sont garnis de médailles et de galons brillants.

[5] Le nom de heyduque est presque une injure pour les habitants des villages riches.

[6] On croit que cette seconde partie n'est pas du même auteur que la première.

[7] Les hommes ne sortent jamais sans être armés.

LES MONTÉNÉGRINS[1].

I.

Napoléon a dit : « Quels sont ces hommes qui osent
» me résister ? Je veux qu'ils viennent jeter à mes pieds
» leurs fusils et leurs ataghans ornés de nielles[2]. » Soudain il a envoyé à la montagne vingt mille soldats.

II.

Il y a des dragons, des fantassins, des canons et des
mortiers. « Venez à la montagne, vous y verrez cinq
» cents braves Monténégrins. Pour leurs canons, il y a
» des précipices ; pour leurs dragons, des rochers, et
» pour leurs fantassins, cinq cents bons fusils. »

III.

. . . .

IV.

Ils sont partis : leurs armes luisent au soleil ; ils
sont montés en ordre pour brûler nos villages ; ils sont
montés pour emmener dans leur pays nos femmes et nos
enfants[4]. Quand ils sont arrivés au rocher gris, ils ont
levé les yeux, et ils ont vu nos bonnets rouges.

V.

Alors a dit leur capitaine : « Que chaque homme
» ajuste son fusil, que chaque homme tue un Monténé-

» grin. » Aussitôt ils ont tiré, et ils ont abattu nos bonnets rouges qui étaient plantés sur des piquets [5]. Mais nous, qui étions à plat ventre derrière eux, nous leur envoyâmes une vive fusillade.

VI.

« Écoutez l'écho de nos fusils, » a dit le capitaine. Mais, avant qu'il se fût retourné, il est tombé mort et vingt-cinq hommes avec lui. Les autres ont pris la fuite, et jamais de leur vie ils n'osèrent regarder un bonnet rouge.

Celui qui a fait cette chanson était avec ses frères au rocher gris; il se nomme Guntzar Wossieratch.

NOTES.

[1] Il n'est pas de petit peuple qui ne s'imagine que les regards de l'univers sont fixés sur lui. Du reste, je crois que Napoléon ne s'est jamais beaucoup occupé des Monténégrins.

[2] Ce sont des ornements ciselés sur la poignée des armes précieuses, surtout sur les ataghans. On remplit les creux d'une composition d'un beau noir bleuâtre, et dont le secret est, dit-on, perdu dans le Levant.

[3] Ici manque une stance.

[4] L'habitude de faire la guerre avec les Turcs faisait penser aux Monténégrins que toutes les nations exerçaient les mêmes atrocités dans leurs expéditions militaires.

[5] Cette ruse fut fréquemment employée avec succès.

LE CHEVAL DE THOMAS II.

Pourquoi pleures-tu, mon beau cheval blanc? pourquoi hennis-tu douloureusement? N'es-tu pas harnaché assez richement à ton gré? n'as-tu pas des fers d'argent avec des clous d'or? n'as-tu pas des sonnettes d'argent à ton cou, et ne portes-tu pas le roi de la fertile Bosnie? — Je pleure, mon maître, parce que l'infidèle m'ôtera mes fers d'argent et mes clous d'or et mes sonnettes d'argent. Et je hennis, mon maître, parce qu'avec la peau du roi de Bosnie le mécréant doit me faire une selle.

LE FUSIL ENCHANTÉ.

Oh! qui verrait le fusil du grand bey Sawa, verrait une merveille. Il a douze capucines d'or et douze capucines d'argent, et la crosse est incrustée de nacre, et de la poignée pendent trois houppes de soie rouge.

D'autres fusils ont des capucines d'or et des houppes de soie rouge; à Banialouka, les armuriers savent incruster la nacre; mais où est l'ouvrier qui saurait chanter le charme qui rend mortelles toutes les balles du fusil de Sawa?

Et il a combattu le Delhi avec sa cotte de mailles à triples chaînons, et il a combattu l'Arnaute avec sa casaque de feutre garnie de sept doubles de soie. La cotte de mailles a été rompue comme une toile d'araignée, la casaque a été percée comme une feuille de platane.

Dawoûd, le plus beau des Bosniaques, attache sur son dos le plus riche de ses fusils; il emplit sa ceinture de sequins; de ses douze guzlas il prend la plus sonore. Il partit de Banialouka le vendredi, il arriva le dimanche au pays du bey Sawa.

Il s'est assis, il a préludé sur sa guzla, et toutes les filles l'ont entouré. Il a chanté des chansons plaintives, et toutes ont soupiré; il a chanté des chansons d'amour, et Nastasie, la fille du bey, lui a jeté son bouquet, et, toute rouge de honte, elle s'est enfuie dans sa maison.

Et la nuit elle ouvrit sa fenêtre et vit en bas Dawoûd,

assis sur un banc de pierre à la porte de sa maison ; et, comme elle se penchait pour le regarder, son bonnet rouge est tombé de sa tête, et Dawoûd l'a ramassé, puis rempli de sequins, il l'a rendu à la belle Nastasie.

— « Vois ce gros nuage qui descend de la montagne chargé de grêle et de pluie ; me laisseras-tu, exposé à l'orage, expirer à tes yeux ? » — Elle, détachant sa ceinture de soie, l'a liée par un bout à son balcon ; aussitôt le beau Dawoûd fut auprès d'elle.

— « Parle bas, tout bas ! Si mon père t'entendait, il nous tuerait tous deux. » Et ils se parlèrent pas, tout bas ; bientôt ils ne se parlèrent plus. Le beau Dawoûd descendit du balcon plus vite que n'aurait voulu Nastasie ; l'aurore paraissait, et il courut se cacher dans la montagne.

Et toutes les nuits il revenait au village, et toutes les nuits la ceinture de soie pendait attachée au balcon. Jusqu'au chant du coq il restait avec son amie ; au chant du coq il allait se cacher dans la montagne. La cinquième nuit il est venu pâle et sanglant.

— « Des heyduques m'ont attaqué, ils m'attendent au défilé de la montagne ; quand le jour viendra, quand il faudra te quitter, ils me tueront. Je t'embrasse pour la dernière fois. Mais si j'avais le fusil magique de ton père, qui oserait m'attendre ? qui pourrait me résister ?

— « Le fusil de mon père, comment pourrais-je te le donner ? Le jour, il est attaché sur son dos ; la nuit, il le tient sur son lit. Le matin, s'il ne le trouvait plus, il me couperait la tête assurément. » Et elle pleurait, et elle regardait le ciel du côté de l'orient.

— « Apporte-moi le fusil de ton père et mets le mien à sa place ; il ne s'apercevra pas de l'échange. Mon fusil a douze capucines d'or et douze capucines d'argent ; la crosse est incrustée de nacre, et de la poignée pendent trois houppes de soie rouge. »

Sur la pointe du pied, retenant son haleine, elle est entrée dans la chambre de son père ; elle a pris son fusil et mis celui de Dawoûd à sa place. Le bey a soupiré en dormant, et il s'est écrié : « Jésus ! » Mais il ne s'est pas éveillé, et sa fille a donné le fusil magique au beau Dawoûd.

Et Dawoûd examinait le fusil depuis la crosse jusqu'au guidon, et il regardait tour à tour la détente, la pierre et le rouet. Il embrassa tendrement Nastasie et lui jura de revenir le lendemain.

Il la quitta le vendredi, et il arriva le dimanche à Banialouka.

Et le bey Sawa maniait le fusil de Dawoûd. « Je deviens vieux, disait-il, mon fusil me semble lourd. Cependant il tuera encore bien des infidèles. » Or, toutes les nuits, la ceinture de Nastasie pendait attachée à son balcon, mais le perfide Dawoûd ne reparaissait pas.

Les chiens circoncis sont entrés dans notre pays, et nul ne peut résister à leur chef Dawoûd Aga. Il porte en croupe un sac de cuir, et des esclaves l'emplissent des oreilles de ceux qu'il tue. — Tous les hommes de Vostina se sont rassemblés autour du vieux bey Sawa.

Et Nastasie monta sur le toit de sa maison pour voir cette cruelle bataille, et elle reconnut Dawoûd comme il piquait son cheval contre son vieux père. Le bey, sûr de vaincre, a tiré le premier ; mais l'amorce seule a pris feu, et le bey tressaillit d'effroi.

Et la balle de Dawoûd a frappé Sawa au travers de sa cuirasse. Elle entra dans sa poitrine et sortit par son dos. Le bey soupira et tomba mort. Aussitôt un noir lui coupa la tête, et la pendit par sa moustache blanche à l'arçon de la selle de Dawoûd.

Quand Nastasie voit la tête de son père, elle ne pleure pas, elle ne soupire pas, mais elle prend l'habit de son jeune frère, le cheval noir de son jeune frère, et, dans la mêlée, elle cherche Dawoûd pour le tuer. Et quand Dawoûd vit ce jeune cavalier, il dirigea contre lui son fusil enchanté.

Et mortelle, mortelle fut la balle qu'il lança. La belle Nastasie soupira et tomba morte. Aussitôt un noir lui coupa la tête; et, comme elle n'avait pas de moustaches, il lui ôta son bonnet et la prit par ses longs cheveux; et Dawoûd reconnut les longs cheveux de la belle Nastasie.

Et il mit pied à terre et baisa cette tête sanglante.— « Je donnerais un sequin pour chaque goutte du sang de la belle Nastasie! je donnerais un bras pour la ramener vivante à Banialouka! » Et il a jeté le fusil magique dans le puits de Vostina.

LE BAN DE CROATIE.

Il y avait un ban de Croatie qui était borgne de l'œil droit et sourd de l'oreille gauche. De son œil droit il regardait la misère du peuple, de son oreille gauche il écoutait les plaintes des voyevodes ; et qui avait de grandes richesses était accusé, et qui était accusé mourait. De cette manière il fit décapiter Humanay-Bey et le voyevode Zambolich, et il s'empara de leurs trésors. A la fin, Dieu fut irrité de ses crimes, et il permit à des spectres de tourmenter son sommeil. Et toutes les nuits au pied de son lit se tenaient debout Humanay et Zambolich, le regardant de leurs yeux ternes et mornes. A l'heure où les étoiles pâlissent, quand le ciel devient rose à l'orient, alors, ce qui est épouvantable à raconter, les deux spectres s'inclinaient comme pour le saluer par dérision ; et leurs têtes, sans appui, tombaient et roulaient sur les tapis, et alors le ban pouvait dormir. Une nuit, une froide nuit d'hiver, Humanay parla et dit : « Depuis assez long-temps nous te saluons ; pourquoi ne nous rends-tu pas notre salut ? » Alors le ban se leva tout tremblant ; et, comme il s'inclinait pour les saluer, sa tête tomba d'elle-même et roula sur le tapis.

LE HEYDUQUE MOURANT.

« À moi! vieux aigle blanc, je suis Gabriel Zapol, qui t'ai souvent repu de la chair des pandours, mes ennemis. Je suis blessé; je vais mourir. Mais, avant de donner à tes aiglons mon cœur, mon grand cœur, je te prie de me rendre un service. Prends dans tes serres ma giberne vide et la porte à mon frère George pour qu'il me venge. Dans ma giberne il y avait douze cartouches, et tu verras douze pandours morts autour de moi. Mais ils sont venus treize, et le treizième, Botzai, le lâche, m'a frappé dans le dos. Prends aussi dans tes serres ce mouchoir brodé, et le porte à la belle Khava pour qu'elle me pleure. » Et l'aigle porta sa giberne vide à son frère George, et il le trouva qui s'enivrait d'eau-de-vie; et il porta son mouchoir brodé à la belle Khava, et il la trouva qui se mariait à Botzai [1].

[1] J'ai lu, l'année dernière, à Athènes, une chanson grecque dont la fin a quelque analogie avec celle de cette ballade. Les beaux génies se rencontrent. En voici une traduction.

La jeune Fille en Enfer.

Qu'elles sont heureuses, les montagnes! qu'ils sont bien partagés, les champs — qui ne connaissent pas Charon, qui n'attendent pas Charon! L'été des moutons, l'hiver des neiges. — Trois braves veulent sortir de l'enfer : l'un dit qu'il sortira au mois de mai, l'autre en été, le troisième en automne, lorsque les raisins sont mûrs. — Une fille blonde leur parla ainsi au séjour souterrain : — « Emmenez-moi, mes braves, menez-moi à l'air, à la lumière. » — « Fillette, tes habits font froufrou, le vent siffle dans tes cheveux. — Tes pantoufles craquent; Charon serait averti. » — « Eh bien! mes habits, je les ôte; mes cheveux, je les coupe; — mes petites pantoufles, je les laisse au bas de l'escalier. — Emmenez-moi, mes braves; menez-moi dans le monde d'en-haut, — que je voie ma mère qui se désole à cause de moi, — que je voie mes frères qui pleurent à cause de moi. » — « Fillette, tes frères, à toi, sont au bal à danser; — fillette, ta mère, à toi, est dans la rue à babiller. »

Ἡ ΚΟΡΗ ΕΙΣ ΤΟΝ ᾍΔΗΝ.

Καλὰ τὸ 'χουνε τὰ βουνὰ, καλάμοιρ' εἶν οἱ κάμποι
Ποῦ Χάρον δὲν παντέχουνε, Χάρον δὲν καρτεροῦνε·
Τὸ καλοκαίρι πρόβατα, καὶ τὸν χειμῶνα χιόνια.
Τρεῖς ἀνδρειωμένοι βούλονται τὸν Ἅδην νὰ τζακίσουν.
Ὁ 'νὰς λέγει τὸν Μάη νὰ βγῇ κι' ἄλλος τὸ καλοκαίρι,
Κι' ὁ τρίτος τὸ χινόπωρον ὁποῦ 'ναι τὰ σταφύλια.
Κόρη ξανθὴ τοὺς μίλησε ἀπὸ τὸν κάτω κόσμον·
— Πάρτε μ' ἀνδρειωμένοιμου κ' ἐμὲ 'ς ἀγεραχόσμον!
— Κόρη, βροντάῃ τὸ ῥοῦχασου, φυσοῦν καὶ τὰ μαλλία σου,
Κτυπάει τὸ καλίγισου καὶ μᾶς νογάει ὁ Χάρος.
— Ἐγῶ τὰ ῥοῦχα γδύνωτα καὶ τὰ μαλλία τὰ κόβω,
Καὶ τὰ καλιγοπάπουτζια 'ς τὴν σκάλαν τ' ἀπιθώνω·
Πάρτε μ' ἀνδρειωμένοιμου κ' ἐμὲ 'ς τὸν πάνω κόσμον,
Νὰ πάω νὰ ἰδῶ τὴν μάνναμου, πῶς χλίβεται γι' ἐμένα
Νὰ πάω νὰ ἰδῶ τ' ἀδέρφιαμου, πῶς κλαίουνε γι' ἐμένα.
— Κόρη 'σένα τ' ἀδέρφιασου εἰς τὸν χορὸν χορεύουν.
Κόρη 'σένα ἡ μάννασου 'ς τὴν ῥούγαν κουφεντιάζει.

TRISTE BALLADE

DE LA NOBLE ÉPOUSE D'ASAN-AGA [1].

Qu'y a-t-il de blanc sur ces collines verdoyantes? Sont-ce des neiges? sont-ce des cygnes? Des neiges? elles seraient fondues. Des cygnes? ils se seraient envolés. Ce ne sont point des neiges, ce ne sont point des cygnes : ce sont les tentes de l'aga Asan-Aga. Il se lamente de ses blessures cruelles. Pour le soigner, sont venues et sa mère et sa sœur; sa femme chérie, retenue par la timidité, n'est point auprès de lui [2].

Quand la douleur s'est apaisée, il fait dire à sa fidèle épouse : « Ne me regarde pas dans ma maison blanche, » ni dans ma maison, ni devant mes parents. » La dame, en entendant ces paroles, se renferme dans son appartement toute triste et accablée. Voilà que des pas de chevaux retentissent près de sa maison, et la pauvre femme d'Asan-Aga, croyant que son mari s'approche, court à son balcon pour se précipiter. Mais ses deux filles ont suivi ses pas : « Arrête, mère chérie! ce n'est » point notre père Asan-Aga, c'est notre oncle Pintoro-» vich-Bey. »

L'infortunée s'arrête; elle serre dans ses bras son frère chéri. « Ah! mon frère! grande honte! Il me ré-» pudie, moi qui lui ai donné cinq enfants! »

Le bey garde un morne silence; il tire d'une bourse de soie rouge un écrit qui lui rend sa liberté [3]. Maintenant elle pourra reprendre la couronne de mariée, aussitôt qu'elle aura revu la demeure de sa mère.

La dame a lu cet écrit; elle baise le front de ses deux fils et la bouche vermeille de ses deux filles; mais elle ne peut se séparer de son dernier enfant, encore au berceau. Son frère, sans pitié, l'arrache avec peine à son enfant, et, la plaçant sur son cheval, il rentre avec elle dans sa maison blanche. Elle resta peu de temps dans la maison de ses pères. Belle, de haut lignage, elle fut recherchée bientôt par les nobles seigneurs du pays. Entre tous se distinguait le cadi d'Imoski.

La dame implore son frère : « Ah! mon frère, puissé-je ne te pas survivre! Ne me donne à personne, je t'en » conjure ; mon cœur se briserait en voyant mes en-» fants orphelins. » Ali-Bey ne l'écoute point; il la destine au cadi d'Imoski.

Elle lui fait encore une dernière prière : qu'il envoie au moins une blanche lettre au cadi d'Imoski, et qu'il lui dise : « La jeune dame te salue, et par cette lettre » elle te fait cette prière : quand tu viendras avec les no-» bles svati, apporte à ta fiancée un long voile qui la » couvre tout entière, afin qu'en passant devant la mai-» son de l'aga, elle ne voie pas ses orphelins. »

Quand le cadi eut lu cette blanche lettre, il rassembla les nobles svati. Les svati allèrent chercher la mariée, et de sa maison ils partirent avec elle tous remplis d'allégresse.

Ils passèrent devant la maison de l'aga; ses deux filles du haut du balcon ont reconnu leur mère; ses deux fils sortent à sa rencontre, et appellent ainsi leur mère : « Arrête, mère chérie! viens goûter avec nous! » La malheureuse mère crie au stari-svat : « Au nom du » ciel! mon frère stari-svat, fais arrêter les chevaux

40.

« près de cette maison, que je puisse donner quelque
« chose à mes orphelins. » Les chevaux s'arrêtèrent près
de la maison, et elle donna des cadeaux à ses enfants.
A ses deux fils elle donne des souliers brodés d'or ; à
ses deux filles des robes bigarrées ; et au petit enfant,
qui était encore au berceau, elle envoie une chemisette.

Asan-Aga a tout vu retiré à l'écart ; il appelle ses
deux fils : « Venez à moi, mes orphelins ; laissez là cette
« mère sans cœur qui vous a abandonnés ! »

La pauvre mère pâlit, sa tête frappa la terre, et elle
cessa de vivre aussitôt, de douleur de voir ses enfants
orphelins.

NOTES.

1 On sait que le célèbre abbé Fortis a traduit en vers italiens
cette belle ballade. Venant après lui, je n'ai pas la prétention
d'avoir fait aussi bien ; mais seulement l'ai fait autrement. Ma
traduction est littérale, et c'est là son seul mérite.

La scène est en Bosnie, et les personnages sont musulmans,
comme le prouvent les mots d'aga, de cadi, etc.

2 Il nous est difficile de comprendre comment la timidité empêche une bonne épouse de soigner un mari malade. La femme
d'Asan-Aga est musulmane, et, suivant ses idées de décence,
elle ne doit jamais se présenter devant son mari sans être appelée. Il paraît cependant que cette pudeur est outrée, car Asan-
Aga s'en est irrité. Les deux vers illyriques sont remarquablement concis, et par cela même un peu obscurs :

  Oblaziga mater i sestriza;
  A glivbouza od stida ne mogla.

  Vinrent la mère et la sœur,
  Mais la bien-aimée par honte ne put.

3 *Knigu oprochtenja.* Mot à mot, un papier de liberté ; c'est
l'acte de divorce.

4 Pintorovich-Bey, comme chef de famille, dispose de sa sœur,
comme il pourrait le faire d'un cheval ou d'un meuble.

LA NOBLE ÉPOUSE D'ASAN-AGA.

Cette ballade, si remarquable par la délicatesse des sentiments, est véritablement *traduite*. L'abbé Fortis en a publié l'original, accompagné d'une traduction, ou plutôt d'une imitation en vers italiens. Je copie ma version littérale et exacte, ayant été faite sous les yeux d'un Russe, qui m'en a donné le mot à mot.

M. Ch. Nodier a publié également une traduction de cette ballade, à la suite de son charmant poème de Smarra.

MILOSCH KOBILICH.

Je dois la ballade suivante à l'obligeance de feu M. le comte de Sorgo, qui avait trouvé l'original serbe dans un manuscrit de la bibliothèque de l'Arsenal à Paris. Il croyait ce poème écrit par un contemporain de Milosch.

La querelle des filles de Lazare, le duel de ses deux gendres, la trahison de Vuk Brancovich et le dévouement de Milosch y sont racontés avec des détails entièrement conformes à l'histoire.

Le récit commence vers 1389, lorsque Lazare Grébillanovich, roi de Servie, se disposait à repousser une formidable invasion d'Amurat Ier.

Qu'elles sont belles les roses rouges dans le blanc palais de Lazare ! Nul ne sait quelle est la plus belle, quelle est la plus grande, quelle est la plus rouge.

Ce ne sont point des roses rouges; ce sont les fillettes de Lazare, le seigneur de la Servie aux vastes plaines, le héros, le prince d'antique race.

Lazare marie ses fillettes à des seigneurs : Vukassava à Milosch Kobilich [1], Marie à Vuk Brancovich, Militza au tzar Bajazet [2].

Il maria au loin Jeline au noble seigneur George Czernoevich, au jeune voyevode de la Zenta [3].

Il se passa peu de temps, et les trois sœurs ont visité leur mère; la sultane Militza ne vient point, car le tzar Bajazet le défend.

Les jeunes sœurs se saluent doucement; las ! bientôt

elles se querellèrent, vantant chacune son époux dans le blanc palais de Lazare.

La femme de George Czernoevich, la dame Jeline a dit : — « Aucune mère n'a enfanté un noble, un brave,
» un chevalier, comme a fait la mère de George Czer-
» noevich. »

La femme de Brancovich a dit : — « Aucune mère n'a
» enfanté un noble, un brave, un chevalier, comme a
» fait la mère de Vuk Brancovich. »

Elle riait l'épouse de Milosch, elle riait Vukassava, et elle s'écria : — « Trêve à vos vanteries, mes pauvres pe-
» tites sœurs !

» Ne me parlez pas de Vuk Brancovich ; ce n'est point
» un cavalier de renom. Ne me parlez pas de George
» Czernoevich ; il n'est ni brave ni fils de brave.

» Parlez de Milosch Kobilich, noble de Novi Pazar.
» C'est un brave fils de brave, enfanté par une mère de
» l'Herzegowine ! »

La femme de Brancovich s'en est irritée. De sa main, elle frappe Vukassava au visage. Elle la frappe légèrement, et le sang lui jaillit du nez.

La jeune Vukassava saute sur ses pieds, et, toute en larmes, rentre dans son blanc palais. Elle appelle en pleurant Milosch, et lui dit avec calme :

— « Si tu savais, mon cher seigneur, ce que dit la
» femme de Brancovich ? que tu n'es pas noble fils de
» noble, mais vaurien fils de vaurien. Encore, elle se
» vante, la femme de Brancovich, et dit que tu n'ose-
» rais paraître en champ clos en face de son seigneur
» Brancovich ; car tu n'es pas brave de la main droite. »

Ces paroles sont amères à Milosch. Il saute sur ses pieds de brave ; il s'élance sur son cheval de bataille, et appelle Vuk Brancovich.

— « Ami Vuk Brancovich, si une mère t'a enfanté,
» sors, viens avec moi au champ des braves, pour que
» nous voyions qui de nous est le plus vaillant. »

Vuk n'a pu se dédire. Il s'élance sur son cheval de bataille et sort sur la plaine unie; il entre au champ des joutes.

Là ils se heurtent de leurs lances de bataille, mais les lances de bataille volent en éclats. Ils tirèrent leurs sabres suspendus à leur côté, mais les sabres se cassèrent aussi.

Alors ils se frappèrent de leurs pesantes masses, et les plumes des masses s'envolèrent. Le sort favorisa Milosch; il désarma Vuk Brancovich.

Milosch Kobilich a dit : — « Vante-toi maintenant,
» ô Vuk Brancovich! Va te vanter à ta fidèle épouse, dis-
» lui que je n'ose jouter avec toi.

» Je puis te tuer, ô Vuk! je puis habiller de noir ton
» épouse chérie. Mais je ne te tuerai pas, car nous som-
» mes amis. Va-t'en avec Dieu, mais ne te vante plus. »

Peu de temps s'est passé, et les Turcs viennent as-saillir Lazare. Murat-Soliman est à leur tête. Ils pillent, ils brûlent villages et villes.

Lazare ne peut endurer leurs ravages; il rassemble son armée. Il appelle à lui Vuk Brancovich; il appelle le héros Milosch Kobilich.

Il prépare un festin de princes, car princes sont les conviés du festin. Quand ils eurent bien bu du vin, il parla ainsi aux seigneurs assemblés :

— « Écoutez, mes héros, vous ducs et princes, mes
» braves éprouvés, demain nous attaquerons les Turcs.
» Nous obéirons à Milosch Kobilich.

» Car Milosch est un preux chevalier : Turcs et chré-

» tiens le redoutent ; il sera le voyevode[8] devant l'ar-
» mée ; et après lui Vuk Brancovich. »

Ces paroles sont amères à Vuk ; car il ne peut plus
voir Milosch. Il appelle Lazare, et lui parle en secret.

— « Ne sais-tu pas, doux seigneur, que tu as réuni
» en vain tes soldats ! Milosch Kobilich te trahit ; il sert
» le Turc, il a menti à sa foi. »

Lazare se tait ; il ne répond rien ; mais, à la fin du
souper, Lazare boit dans la coupe d'or. Ses larmes coulent en gouttes pressées, et c'est ainsi qu'il devise doucement :

— « Ni au tzar, ni au césar[9] ! mais à mon gendre
» Kobilich, qui veut me trahir comme Judas a trahi
» son créateur ! »

Milosch Kobilich jure par le Dieu tout-puissant qu'il
n'y a place en son cœur pour la trahison ou la mauvaise
foi. Il saute sur ses pieds de brave et rentre dans ses
blanches tentes. Jusqu'à minuit il pleure ; après minuit
il fait sa prière à Dieu.

Quand l'aurore a blanchi, quand l'étoile du matin a
montré son front, il monte son meilleur cheval et galope au camp du sultan.

Milosch prie les gardes du sultan : — « Laissez-moi
» entrer dans la tente du sultan. Je lui livrerai l'armée
» de Lazare ; je remettrai Lazare vivant entre ses
» mains. »

Les Turcs crurent Kobilich et le menèrent aux pieds
du sultan. Milosch s'agenouille sur la terre noire ; il baise
le pan de la robe du sultan, il baise ses genoux. Soudain
il saisit son hanzar et frappe Murat au cœur ; puis, tirant son sabre suspendu à son côté, il hache les pachas
et les visirs[10].

Mais il eut aussi un triste sort, car les Turcs le dispersèrent sur leurs sabres. Ce que fit Vuk Brancovich, ce qu'il fit, qu'il en réponde devant Dieu.

NOTES

1 On l'appelle aussi Obilich. J'ai suivi la leçon de M. de Sorgo.

2 Bajazet, deuxième fils de Murat. Il n'était pas encore tzar, c'est-à-dire empereur, car il ne fut proclamé qu'après la bataille de Cossovo.

3 Le Monténégro.

4 Milosch était en réalité d'une naissance obscure, et ne devait son élévation qu'à ses exploits.

5 Suivant quelques auteurs, ce fut Vukassava qui frappa Marie.

6 Le combat fut autorisé par Lazare.

7 Il faut entendre par *plumes*, les lames de fer disposées comme des rayons à l'extrémité des masses d'armes.

8 Général en chef.

9 Probablement en portant des santés on commençait par celle du roi, puis celle de l'empereur d'Allemagne.

10 Amurat vécut encore assez pour apprendre le succès de la bataille de Cossovo.

Quelques auteurs racontent sa mort différemment. Ils disent qu'après la défaite des Serviens le sultan, parcourant à pied le champ de bataille, remarquait avec surprise l'extrême jeunesse des chrétiens qui jonchaient la plaine de Cossovo. — « Il n'y a que de jeunes fous, » lui dit on de ses visirs, « qui osent affronter tes armes. » Un Servien blessé reconnaît le sultan, il se relève d'un effort désespéré, et le blesse mortellement de son poignard. Il fut aussitôt massacré par les janissaires.

On dit, à l'appui de l'autre version qui fait mourir Amurat de la main de Milosch, que c'est depuis cette époque que les ambassadeurs paraissent désarmés en présence des empereurs ottomans. Le général Sébastiani est, je crois, le premier qui ait refusé d'ôter son épée lorsqu'il fut présenté au sultan Sélim.

Vuk Brancovich livra aux Turcs le corps d'armée qu'il commandait. Lazare combattit avec valeur; mais son cheval gris pommelé, s'étant échappé, fut pris par les ennemis, qui le promenèrent en triomphe de rang en rang. Les Serviens, à cette vue, croyant leur roi mort ou prisonnier, perdirent courage et se débandèrent. Entraîné dans la déroute, Lazare fut pris vivant, et bientôt après égorgé par ordre de Bajazet comme une victime offerte aux mânes de son père.

On prétend que la main droite de Milosch Kobilich, enchâssée dans de l'argent, fut attachée au tombeau d'Amurat.

FIN DE LA GUZLA.

TABLE.

CHRONIQUE DU RÈGNE DE CHARLES IX.	1
Préface.	3
Chap. I. Les Reîtres.	13
II. Le Lendemain d'une fête.	33
III. Les jeunes Courtisans.	42
IV. Le Converti.	58
V. Le Sermon.	69
VI. Un Chef de parti.	77
VII.	80
VIII. Dialogue entre le lecteur et l'auteur.	87
IX. Le Gant.	91
X. La Chasse.	101
XI. Le Raffiné et le Pré-aux-Clercs.	114
XII. Magie blanche.	124
XIII. La Calomnie.	136
XIV. Le Rendez-vous.	140
XV. L'Obscurité.	151
XVI. L'Aveu.	156
XVII. L'Audience particulière.	162
XVIII. Le Catéchumène.	170
XIX. Le Cordelier.	175
XX. Les Chevau-Légers.	180
XXI. Dernier effort.	190
XXII. Le Vingt-Quatre août.	206
XXIII. Les deux Moines.	213
XXIV. Le Siége de La Rochelle.	228
XXV. La Noue.	233
XXVI. La Sortie.	241
XXVII. L'Hôpital.	248
LA DOUBLE MÉPRISE.	261
LA GUZLA.	345
Avertissement.	347
Préface de la première édition.	351

Notice sur Hyacinthe Maglanovich	353
L'Aubépine de Veliko	357
La Mort de Thomas II, roi de Bosnie	364
La Vision de Thomas II	367
Le Morlaque à Venise	372
Chant de mort	374
Le seigneur Mercure	377
Les braves Heyduques	383
L'Amante de Dannisich	386
La belle Hélène, première partie	388
La belle Hélène, deuxième partie	391
Sur le Mauvais œil, introduction	395
Maxime et Zoé	398
Le Mauvais œil	401
La Flamme de Perrussich	406
Barcarole	409
Le Combat de Zenitza-Velika	411
Sur le Vampirisme	413
La belle Sophie	421
Jeannot	429
Improvisation de Hyacinthe Maglanovich	430
Constantin Yacoubovich	432
Impromptu	436
Le Vampire	437
La Querelle de Lepa et de Tchernyegor	438
L'Amant en bouteille	445
Cara-Ali, le vampire	449
Les Pobratimi	453
Hadagny, première partie	457
Hadagny, deuxième partie	459
Les Monténégrins	462
Le Cheval de Thomas II	464
Le Fusil enchanté	465
Le Ban de Croatie	469
Le Heyduque mourant	470
Triste ballade de la noble épouse d'Asan-Aga	472
Milosch Kobilich	476

www.ingramcontent.com/pod-product-compliance
Lightning Source LLC
Chambersburg PA
CBHW050241230426
43664CB00012B/1787